工業4.0理論與實務

劉益宏・柯開維・郭忠義・王正豪・林顯易・陳凱瀛・蕭俊祥・汪家昌 編

序

　　自從德國政府於2011年訂出了「工業4.0」高科技戰略計畫後，人類第四次工業革命也揭開了序幕。這波將工業從「自動化」推向「智慧化」的產業革命，將傳統大量生產之「自動化製造」模式，進化為少量、多樣、快速客製化製造之「智慧製造」，以提升縱向生產鏈、橫向同業協同製造之效率，並解決日益嚴重的工作年齡人口數下降所造成的缺工問題。因此，近年來，世界各先進製造國家無不舉全國之力來提升競爭力，身為製造業要角的台灣，也必須跳入這波產業升級的浪潮中，以維持台灣在製造舞台之競爭力。2015年6月，台灣政府制定了「生產力4.0」政策並頒訂實施，無論是產業界、學界，還是科研單位，皆投入生產力4.0之研究及關鍵技術開發。國立臺北科技大學(以下簡稱本校)長久以來不但在台灣高教及技職體系扮演著教學、研究、技術紮根的角色，也為台灣中小企業的人才培育上一直貢獻實質之幫助，使得本校畢業生始終成為企業界最受歡迎的人才來源之一。為了在這波工業革命的浪潮中貢獻一份心力，本校召集了相關老師，經由密集的討論、分配、整合，訂出了適合在校學生、業界工程師學習及參考的工業4.0學習教材，在此教材下，由淺入深地介紹每一個工業4.0的關鍵議題，並加入了實際案例分析，讓讀者可從此教材中了解相關知識，最終培養具有整合製造能力，期盼為台灣在工業4.0之世界競爭舞台上，培育出具有競爭力之人才。

國立臺北科技大學校長 **姚立德** 謹識

一〇五年五月二十三日

目錄

序 iii

目錄 iv

▶ **CH01 工業4.0簡介**

1.1 背景 1-2

1.2 發展現況及趨勢 1-3

1.3 智慧工廠技術綜觀 1-5

1.4 結語 1-8

▶ **CH02 物聯網**

2.1 物聯網基本概念 2-2

2.2 物聯網感知層技術與相關標準 2-6

2.3 物聯網網路層技術與相關標準 2-25

2.4 物聯網應用層技術與相關標準 2-33

2.5 物聯網應用實務與面臨之挑戰 2-53

▶ **CH03 雲端運算**

3.1 雲端基礎設施即服務與應用 3-3

3.2 雲端平台技術與應用 3-16

3.3 雲端軟體即服務系統開發 3-31

3.4 行動裝置應用程式開發 3-44

3.5 雲端運算平台測試 3-62

3.6 雲端資訊安全與防護 3-75

▸ CH04 大數據

4.1 巨量資料管理 4-3
4.2 巨量資料探勘與分析 4-13
4.3 巨量資料應用 4-27
4.4 巨量資料的挑戰 4-36

▸ CH05 人工智慧

5.1 人工智慧 5-2
5.2 機率 5-3
5.3 演算法分析與設計 5-15
5.4 軟性計算 5-25
5.5 工程最佳化與應用 5-29
5.6 機器學習 5-40

▸ CH06 智慧化現場管理

6.1 E化製造(E-manufacturing) 6-2
6.2 製造執行系統簡介 6-16

▸ CH07 智慧製造

7.1 近代製造技術特論 7-3
7.2 機器人整合製造 7-11
7.3 機器視覺之原理與工業應用 7-22
7.4 智慧型控制應用 7-35

目錄

▸ CH08 工業4.0之應用與發展-足鞋驗配

8.1 潛在的客製化鞋墊需求 8-3

8.2 足鞋驗配的檢驗配製證 8-5

8.3 足鞋驗配的量測技術與數位化-智慧製造
　　的第一步 8-7

8.4 足鞋驗配的專業分析與大數據分析(巨量
　　資料) 8-11

8.5 足鞋驗配的建模技術與雲端資料庫 8-28

8.6 足鞋驗配的數位化製造(NC加工與3D列
　　印) 8-37

8.7 足鞋驗配的臨床實証及服務 8-43

8.8 總結 8-44

01

工業4.0簡介

本章作者(依筆劃順序排列)
⊙ 黃士嘉─國立臺北科技大學電子工程系
⊙ 陸元平─國立臺北科技大學機械工程系
⊙ 劉益宏─國立臺北科技大學機械工程系

▶1.1 背景

工業革命，指的是因為科學及技術上之重大突破，使得社會與產業結構產生重大變化。根據不同的技術創新所帶來的產業結構改變，史上已經歷了四次工業革命。第一次工業革命發生在18世紀末至19世紀，起源於英國，由於蒸汽機之發明，蒸汽驅動之動力機械開始出現，替代了以手工為主的製造模式，進而出現了機器工廠。20世紀初期，隨著電動機的發明，工業從「蒸汽時代」進入了「電氣時代」，實現了電能與機器能的互換，開啟了以電力工業為主的大量生產線製造，促進了經濟發展，也改變了人類的生活模式，此為第二次工業革命。

第二次大戰過後，科學發展日新月異，隨著資訊科技及技術的不斷創新，資訊技術(Information Technology, IT)開始融入生產，1970年以後，基於單機自動化及產線自動化之「自動化工廠」成為製造主流，傳統的電力生產模式開始轉變為自動化大量生產，產品越來越複雜、精密，生產週期也大幅縮短，科研成果導入生產線的速度也越來越快，整個生產模式從以往的「電氣時代」邁入數位革命所帶來的「自動化時代」，稱為第三次工業革命。

21世紀初期，隨著機器人技術、感測器技術、物聯網技術、雲端運算技術、實體虛擬化技術、巨量分析技術之成長，整合這些相關技術於少量多樣性之快速客製化製造，以往的「自動化製造」將轉變為「智慧製造」，以「智慧工廠」取代「自動化工廠」所開啟的「智慧時代」來臨，稱為第四次工業革命，此概念首見於2011年德國提出的「工業4.0 (Industry 4.0)」高科技戰略計畫。隨著工業4.0之概念被提出，全球製造業國家紛紛提出對策來提升製造競爭力，避免該國在此次工業革命之潮流中被淘汰。

民國70年之前，台灣以勞力密集發展經濟，之後為了因應世界快速發展趨勢、提升台灣在製造科技工業之競爭力，政府開始將台灣製造分成四個不同的時期，分別訂定不同之發展方針及實施政策，此四個時期分別為：

1. **生產力1.0 (民國71年–88年)**：以資本密集發展自動化技術及相關產業。

2. **生產力2.0 (民國89年–99年)**：以技術密集發展電子及IT化產業。

3. **生產力3.0 (民國100年–105年)**：以知識密集發展智慧自動化技術。

4. **生產力4.0 (民國105年–113年)**：將以智慧密集發展智慧製造、商業服務、農業等產業。

▶ 1.2 發展現況及趨勢

　　隨著全球人口結構改變，許多國家已逐步邁入高齡化社會，全球製造業者所面臨的勞動力成本上漲、工作年齡人口縮減等問題日益嚴重。此外，現今製造業者更必須隨時面對不穩定的訂單、少量多樣的快速客製化生產、生產良率的控制，與備料庫存壓力等問題。因此，為解決上述問題，在製造業主要國家如德國、美國、中國，均加強提升其製造業的智慧化程度，相關的計畫、組織亦陸續被提出或成立：

1. 德國政府於2011年提出「工業4.0」計畫[1]，為其落實「2020高科技戰略」的十大計畫之一；工業4.0是以虛實系統(Cyber-Physical System, CPS)[2]為製造系統的核心，並結合物聯網(Internet of Things, IoT)及網路服務(Internet of Service, IoS)[3]來建構智慧工廠(Smart Factory)[4]，形成智慧製造與智慧服務的全新商機與商業模式，讓德國製造業在全球競爭上維持其競爭優勢。

2. 美國政府於2011年6月提出「先進製造夥伴關係(Advanced Manufacturing Partnership, AMP)」計畫[5]來實現「再工業化政策」，此目標係建立及維持美國先進製造技術的領導地位，創造高質工作機會，吸引製造業回流。為達此目標，建構了國家製造機構網路(National Network of Manufacturing Institute, NNMI)，將政府及學界科研成果落實產業發展上。

3. 美國奇異公司(或稱通用電氣，General Electric, GE)於2012年提出「工業網際網路(Industrial Internet)」白皮書[6]，工業網際網路的目標，是要融合兩工業變革之結果，包含工業革命帶來的眾多機器與設備，以及數位革命帶來的運算、資訊、通訊系統。

　　2014年，奇異(GE)、AT&T、思科(Cisco)、IBM和英特爾(Intel)，在美國共同成立「工業網際網路聯盟(Industrial Internet Consortium, IIC)」[7]；該聯盟是會員資格開放的團體，致力於打破科技孤立壁壘，促進實體世界和數位世界的融合，為更有效存取巨量資料提供支援。該聯盟的形成，使各個組織能更便利地連結，並促使資產、操作及資料最佳化，以提高靈活性，釋放所有工業領域的商業價值。

4. 「智慧製造領袖聯盟（Smart Manufacturing Leadership Coalition, SMLC）」於2012年在美國成立[8]；這是由民間事業機構、行政機關、大學校院與研究單位所組成的非營利性組織。該聯盟的目的，係促成製造業利益相關者形成研發團體，以利推動智慧化製造與建立相關的標準規範和共享平台。

5. 日本於2015年提出人機共存未來工廠，其發展策略著重於結合感測器、控制與驅動系統、雲端平台及計算、人工智慧等技術之次世代機器人，並開發機器人聯網(Internet of Robots)技術，期許重振日本經濟及製造業。

6. 韓國政府於2014年提出「製造創新3.0」政策來促進中小型製造業建立智慧化之生產流程及次世代智慧工廠，並藉由產業融合、改革等手段，達到製造業轉型之目的。

7. 中國政府於2012年啟動第12個五年計畫[9]，全力發展智慧型製造設備、智慧型控制系統、高級數值控制機器、物聯網及其應用，以減少對外國的技術依賴，並追求全球的技術領先地位。2015年進一步實施「中國製造2025」之十年計畫，將製造從自動化升級為智動化，期許中國在2025年擠身於世界製造強國行列。

8. 在台灣，為提升產業競爭以及因應台灣未來產業發展需求，行政院科技顧問組於2010年12月舉辦「智慧型自動化產業發展策略會議」，加速推動智慧型自動化產業，使台灣產業走向高科技、高附加價值、注重研發創新之產業模式。另外，經濟部工業局於2011年8月成立「智慧型自動化產業發展推動辦公室」[10]，協助開發智慧自動化技術，並將技術導入高科技製造業、傳統製造業、自動化產品與設備產業，與智慧型機器人產業。

　　台灣行政院在2015年6月爲推動國內產業升級召開了「2015年行政院生產力4.0科技發展策略會議」，凝聚產官學各方意見擬定了「行政院生產力4.0發展方案(Taiwan Productivity 4.0 Initiative)」提交第九次科技會報討論，同年7月於行政院院會報告，作爲推動台灣生產力4.0科技發展之政策依據，並聚焦於製造業、商業服務業、農業等三大產業，期許國內面對第四次工業革命時，能夠促進國內產業創新轉型、掌握關鍵技術開發能力，藉以提高國際競爭力。

　　上述針對智慧化製造的計畫與組織，名稱或許不一樣，但中心思想與最終目標卻相當一致，也就是利用資訊及通訊科技(Information and Communication Technology, ICT)，來建立數位化、虛擬化、網路化的智慧工廠。由此可知，建立智慧工廠是各國製造業提升其競爭力的必要手段。

▶ 1.3 智慧工廠技術綜觀

　　由德國「工業4.0」[1]、美國「先進製造夥伴關係」[5]、美國「工業網際網路」[6]的計畫內容，可歸納出智慧工廠的致能技術，包含物聯網、雲端運算(Cloud Computing)、巨量資料分析(Big Data Analytics)，與虛實系統。

1. 物聯網

　　網際網路(Internet)目前已是人們重要的溝通管道之一，而在未來，網際網路將進一步朝物聯網的方向發展[11]。透過物聯網，可以實現人與人、人與物、物與物之間的溝通與交流。物聯網的實現，需要多種資訊技術的整合與應用。發展物聯網需要七大關鍵技術，分別爲：(1)無線射頻辨識技術（Radio Frequency Identification, RFID）；(2)感測技術；(3)IPv6以應付物聯網龐大的IP地址需求；(4)即時無線傳輸技術、(5)通訊；(6)奈米級高智能嵌入技術；(7)標準化的統一平台。由於物聯網可促進人類生活的便利性，所以代表著龐大的商機，因此各國政府，包含美國、歐盟、日本、中國、台灣，已將物聯網視爲重要的發展項目，提升國家經濟與產業競爭力。另一方面，各大型企業，包含台積電、英特爾(Intel)、IBM、eBay、思科(Cisco)、奇異(GE)、ARM，亦已針對物聯網積極展開佈局，以搶佔市場與獲取利益。預期在未來，物聯網將被使用於涵蓋交通、金融、通訊、能源、航太、智慧家電、智慧建築、醫療保健、政府管理等各種產業與應用中[12, 13]。

2. 雲端計算

雲端運算是近年來基於網際網路所發展出的運算方式，主要可提供3個層次的服務：(1)基礎設施即服務(IaaS)－提供用戶運算基礎建設；(2)平台即服務(PaaS)－提供用戶開發、測試、佈署及裝載雲端應用所需之系統與環境；(3)軟體即服務(SaaS)－提供用戶各種應用程式軟體。由於雲端運算服務屬於隨選服務(On-demand Service)，因此已被許多企業視為重要的運算與儲存資源[14-17]。

此外，隨著行動裝置的普及與行動通訊、社交網站的蓬勃發展，行動雲端運算(Mobile Cloud Computing)[18]及社交雲端運算(Social Cloud Computing)[19]，亦為熱門的雲端運算之應用。在製造應用方面，雲製造(Cloud Manufacturing)是近年來最熱門的研究議題[20-23]。雲製造系統，可將各種分散的軟體或硬體製造資源，包裝成雲端服務。雲製造系統的應用範圍可涵蓋產品生命週期中的設計、模擬、製造、測試、管理與其他相關工作，以及各種機台的支援服務。由於製造業為全球化與分散化的產業，因此，雲製造預期可以為台灣製造業帶來新的商業模式，以增加台灣製造業的競爭力。

3. 巨量資料分析

雲端運算掀起了新一代的資訊革命，也帶來了資訊爆炸式的成長，根據國際數據資訊公司(International Data Corporation, IDC)的研究報告指出，自2010年全球資料量已進入ZB時代(1 ZB為1兆GB)，並且每年以60%的速度攀升，這意味著每18個月全球的資料量將翻倍[24]。另外，根據IBM在2012年的研究報告指出，每天全球產生2.5百萬兆位元組的資料[25]。利用適當的資料探勘工具[26]，可以從巨量資料中擷取出有用訊息。巨量資料探勘可應於不同領域，如國土安全與反恐監控[27]、顧客管理與商務行銷[28]。在製造應用方面，幾項基於工業4.0的研究顯示，將生產過程中所產生的巨量資料進行探勘分析，可萃取出與產品或製程相關的有用資訊，利於做為生產時各項即時決策之依據[29, 30]，網路資料上的交換。

在未來智慧工廠中，生產設備與被加工件(Workpiece)均裝設了各種感測器，並透過物聯網技術連接起來，而在生產過程中，將產生大量與生產相關的資料。這意味著智慧工廠所產生的巨量資料，資料特性不但大量且快速，更具複雜性與多元性，有別傳統的Structured Query Language (SQL)資料處理方式，NoSQL(Not only SQL)會在智慧工廠的巨量資料儲存與處理，扮演重要的角色，並且延伸出多種資料儲存方式，例如：文件型(Document)、記憶體型(In-memory)、鍵值型 (Key-Value)、圖學型(Graph)等。同時透過NoSQL的 MapReduce資料運算上的平行特性，有效的增加智慧工廠的巨量資料的處理速度。NoSQL可以即時處理智慧工廠中結構化(Structured)、半結構化(Semi-structured)和非結構化(Unstructured)的資料，讓智慧工廠所產生的多樣性資訊更容易處理，也可以透過簡潔的JSON (JavaScript Object Notation)數據交換語言，增加資料的流通性。更進一步，可以對這些大數據進行資料探勘[26]，將可萃取出與產品或生產相關的有用資訊，將這些資訊轉換成適當的形式，便成為製造系統的智慧，例如，使製造系統具有錯誤診斷與保養預測[30]的能力。雲端運算具有豐富的計算與儲存資源，若將資料處理與探勘的功能建置成雲端服務，將成為製造工廠的智慧服務[48]，可提供給不同的物件，例如：被加工件中的程式、電腦中的網頁、行動手機中的應用程式，透過網路隨需使用。如此，可進而建立各種不同的智慧應用，例如，藉由網路進行產品的錯誤診斷與保養預測之售後服務[29, 30]。

另外，針對工廠中產生的大數據，開發各種資料探勘、分析的演算法(Algorithm)與軟硬體架構，也是重要的議題。然而，面對巨量資料時，過往之資料探勘、機器學習、人工智慧演算法，將無法即時處理如

此龐大之數據,目前透過Apache Hadoop、Apache Spark等大型集群上的記憶體內運算技術(In-memory)、MapReduce平行運算技術和分布式檔案系統的設計,達到智慧工廠所需的高效能巨量資料分析處理。

4. 虛實系統

　　虛實化系統具備感知、計算、控制,與通訊能力,可以感知其周遭實體世界的狀態或事件,並做相應的計算與控制,同時,虛實化系統也能與外界通訊,且可利用網際網路上的各種資料存取與資料處理服務[31]。目前虛實化系統已被應用在許多領域,包含智慧電網、智慧交通、智慧家電、智慧建築、植入式醫療裝置。在製造應用方面,未來的智慧工廠將充分利用虛實化系統技術,如無線系統整合、無線控制、機器學習、感測器,連結起智慧產品、智慧機器、智慧生產系統,與智慧服務。虛實化系統可緊密地整合感知、跨平台通訊、控制,可對產品的設計、製造產品的機器與生產系統,以及產品的售後服務帶來創新的應用[32]。

　　對於智慧工廠之即時規劃及排程,虛實系統也成為關鍵技術。為了讓虛實化生產系統達到虛實合一的境界,必須發展虛、實系統的整合架構與方法,以及發展虛、實模組之間通訊與互動的方法。為了開發與驗證虛實化生產系統,也必須發展虛實化動態系統相關之建模(Modeling)、模擬,與行為預測之技術。同時,如何保護虛實化生產系統之資訊安全也是重要的議題。另外,為了推展虛實化生產系統,也需要建立虛實化生產系統之整合測試與展示範例。沒有虛實系統之工廠,就無法成為工業4.0所定義的智慧工廠。

▶ 1.4 結語

　　工業4.0所帶來的第四次工業革命,已成為全球以製造為主國家的當前重要議題,回顧過往,製造已歷經了自動化、量產化、數位化、全球化,此波的工業革命所著重的智慧化,將是未來國家是否維持競爭力的關鍵,不論是德國的工業4.0科技戰略政策、美國的再工業化政策、日本的人機共存未來工廠、韓國的次世代智慧工廠、中國製造2025、台灣的生產力4.0，皆以智慧化為目標，在此目標之下，如何整合感測器、物聯網、雲端計算、人工智慧、巨量資料分析、虛實系統、機器人協同、人機協同技術來引領製造升級，便成為當前工業4.0之關鍵課題。在工廠智慧自動化方面，台灣的ICT技術具備世界水準、產業供應鏈結構完整、3C業者對新技術嘗試及接受度高、自動化業者具備豐富IC與平面顯示器(FPD)等高階自動化系統技術研發能量，因此有利台灣快速建立智慧自動化自主技術。此外，在全球老年化社會所帶來的工作年齡人口不斷縮減的缺工問題之下，推動智慧製造儼然已成為解決缺工、逆轉人工危機的有效手段。因此，本書在後面的各個章節，將針對以上相關技術由淺入深地介紹，期盼能夠讓讀者對工業4.0有全盤且深入之了解。

➡ 參考文獻 ⬅

[1] H. Kagermann, W. Wahlster, and J. Helbig, "Recommendations for Implementing the Strategic Initiative INDUSTRIE 4.0," in Final Report of the Industry 4.0 Working Group, ed: National Academy of Science and Engineering, Germany, 2013.

[2] M. Riedl, H. Zipper, M. Meier, and C. Diedrich, "Cyber-physical systems alter automation architectures," Annual Reviews in Control, vol. 38, pp. 123-133, 2014.

[3] Z. Bi, L. Xu, and C. Wang, "Internet of Things for enterprise systems of modern manufacturing," IEEE Transactions on Industrial Informatics, vol. 10, pp. 1537-1546, 2014.

[4] T. James, "Smart Special - Smart Factories," Engineering and Technology Magazine, vol. 7, pp. 64-67, 2012.

[5] Advanced Manufacturing Partnership. Available: http://www.manufacturing.gov/amp.html

[6] P. C. Evans and M. Annunziata, "Pushing the Boundaries of Minds and Machines," in GE White Paper, ed: General Electric, 2012.

[7] Industrial Internet Consortium. Available: http://www.industrialinternetconsortium.org/

[8] Smart Manufacturing Leadership Coalition. Available: https://smartmanufacturingcoalition.org/

[9] "中國國民經濟和社會發展第十二個五年規劃綱要," ed. 中華人民共和國, 2011.

[10] 經濟部工業局智慧型自動化產業發展推動辦公室. Available: https://www.moeaiauto.org.tw/index.aspx

[11] L. Trappeniers, M. A. Feki, F. Kawsar, and M. Boussard, "The internet of things: the next technological revolution," Computer, vol. 46, pp. 0024-25, 2013.

[12] J. Jin, J. Gubbi, S. Marusic, and M. Palaniswami, "An information framework for creating a smart city through Internet of things," IEEE Internet of Things Journal, vol. 1, pp. 112-121, 2014.

[13] S. D. T. Kelly, N. Suryadevara, and S. C. Mukhopadhyay, "Towards the implementation of IoT for environmental condition monitoring in homes," IEEE Sensors Journal, vol. 13, pp. 3846-3853, 2013.

[14] C. Wang, Z. Bi, and L. Xu, "IoT and cloud computing in automation of assembly modeling systems," IEEE Transactions on Industrial Informatics, vol. 10, pp. 1426-1434, 2014.

[15] C. Fehling, F. Leymann, and R. Retter, "Your Coffee Shop Uses Cloud Computing," IEEE Internet Computing, vol. 18, pp. 52-59, 2014.

[16] H. Zhang, G. Jiang, K. Yoshihira, and H. Chen, "Proactive Workload Management in Hybrid Cloud Computing," IEEE Transactions on Network and Service Management, vol. 11, pp. 90-100, 2014.

[17] D. Wu, M. J. Greer, D. W. Rosen, and D. Schaefer, "Cloud manufacturing: Strategic vision and state-of-the-art," Journal of Manufacturing Systems, vol. 32, pp. 564-579, 2013.

[18] A. Khan, M. Othman, S. Madani, and S. Khan, "A survey of mobile cloud computing application models," IEEE Communication Surveys & Tutorials, vol. 16, pp. 393-413, 2014.

[19] S. Caton, C. Haas, K. Chard, K. Bubendorfer, and O. F. Rana, "A Social Compute Cloud: Allocating and Sharing Infrastructure Resources via Social Networks," IEEE Transactions on Services Computing, vol. 7, pp. 359-372, 2014.

[20] X. Xu, "Cloud manufacturing: A new paradigm for manufacturing businesses," Australian Journal of Multi-Disciplinary Engineering, vol. 9, 2013.

[21] P. Helo, M. Suorsa, Y. Hao, and P. Anussornnitisarn, "Toward a cloud-based manufacturing execution system for distributed manufacturing," Computers in Industry, vol. 65, pp. 646-656, 2014.

[22] X. V. Wang and X. W. Xu, "An interoperable solution for Cloud manufacturing," Robotics and Computer-Integrated Manufacturing, vol. 29, pp. 232-247, 2013.

[23] L. Ren, L. Zhang, L. Wang, F. Tao, and X. Chai, "Cloud manufacturing: key characteristics and applications," International Journal of Computer Integrated Manufacturing, pp. 1-15, 2014.

[24] IDC: The premier global market intelligence firm. Available: http://www.idc.com/

[25] IBM. Big Data at the Speed of Business. Available: http://www-01.ibm.com/software/data/bigdata/

[26] H. Hu, Y. Wen, T. Chua, and X. Li, "Towards Scalable Systems for Big Data Analytics: A Technology Tutorial," IEEE Access, vol. 2, pp. 652-687, 2014.

[27] A. A. Cardenas, P. K. Manadhata, and S. P. Rajan, "Big Data Analytics for Security," IEEE Security & Privacy, vol. 11, pp. 74-76, 2013.

[28] M. Musolesi, "Big Mobile Data Mining: Good or Evil?," IEEE Internet Computing, vol. 18, pp. 78-81, 2014.

[29] T. Bohme, "Industry 4.0: Two Examples for the Factory of the Future," SAP, 2014.

[30] J. Lee, H.-A. Kao, and S. Yang, "Service innovation and smart analytics for industry 4.0 and big data environment," Procedia CIRP, vol. 16, pp. 3-8, 2014.

[31] 黃士嘉, 劉祐賓, 周聖凱(2016)。7天學會大數據資料處理 NoSQL：MongoDB 入門與活用。台灣：博碩出版社。

[32] P. Wright, "Cyber-physical product manufacturing," Manufacturing Letters, vol. 2, pp. 49-53, 2014.

02

物聯網

本章作者(依筆劃順序排列)
- 呂志誠—國立臺北科技大學機械工程系
- 李仁貴—國立臺北科技大學電子工程系
- 李昭賢—國立臺北科技大學電子工程系
- 李達生—國立臺北科技大學能源與冷凍空調工程系
- 林信標—國立臺北科技大學電子工程系
- 段裘慶—國立臺北科技大學電子工程系
- 柯開維—國立臺北科技大學資訊工程系
- 陳彥霖—國立臺北科技大學資訊工程系
- 陳清祺—國立臺北科技大學能源與冷凍空調工程系
- 蕭榮修—國立臺北科技大學電子工程系
- 譚旦旭—國立臺北科技大學電機工程系

2.1 物聯網基本概念

物聯網的概念最早出現在比爾蓋茨1995年「未來之路」一書，在書中，比爾蓋茲已經提及物聯網(Internet of Things, IoT)的概念，只是當時受限於無線網絡、硬體及感測設備的發展，並未引起世人的重視。1998年，美國麻省理工大學首先提出了當時被稱作「EPC (Electronic Product Code)系統」的物聯網的構想；1999年，美國EPCglobal 的Auto-ID中心首先提出物聯網的概念，稱物聯網主要是建立在物品編碼、RFID技術和網際網路的基礎上，實施智慧化識別與管理；2005年，ITU發佈了「ITU網際網路報告2005：物聯網」，綜合上述二者內容，正式提出「物聯網」的概念，包括了所有物品的聯網和應用，宣稱小至牙刷、大至洗衣機、汽車等都可以透過網路相聯與通信[1]。

本節將對物聯網基本定義、架構、技術需求及應用範疇等面向作一概念性介紹，藉此讓讀者在未進入物聯網技術相關細節前先得以一窺堂奧。

2.1.1 物聯網發展

物聯網有許多相似的名稱，例如：大陸稱其為物聯網、台灣稱其為智慧聯網、Cisco公司稱其為Internet of Everything (IoE)、美國加州柏克萊大學稱其為Cyber-Physical System(CPS[2])、IBM公司稱其為Smarter Planet (2009年)等等。物聯網的重點是參與聯結之物品會適時產生資訊且都須具備有通訊聯結能力，而許多物品或裝置的資訊絕大部分為感測元件所產生，因此感測元件與網路通訊技術自然就成為了物聯網的核心，近年來雖有一些標準是因應物聯網應用而制訂，但物聯網本身則用到更多既有技術，是一項跨領域之各種技術的整合應用。

基本定義

物聯網(Internet of Things, IoT)一詞，顧名思義是指將眾多物體(各種裝置和設備)及其所產生的資訊都能經由各式網路相連結，透過現有的網際網路形成巨大的「物物相連的網際網路」，進行資訊收集、發佈、儲存、分析及開發各式可能之應用並進而創造商機。藉由物聯網將使物體具備智慧,使人與人、人和物體、物體和物體之間可以隨時建立相互溝通與對話的環境。

依目前物聯網雖才剛起步就已帶動產業鏈波動觀之,預估至2020年將有多達數十億的物體聯網,屆時聯網物體之多樣性、網路資料流量之爆發、大量數據處理與各式新型應用服務之可能發展,將更令人期待與驚艷。

協定層架構

類似網路通訊協定分層架構之概念,綜整ITU、歐洲物聯網研究計畫小組(Cluster of European Research Projects on Internet of Things, CERP-IoT)等研究機構針對物聯網的定義與概念,整理出一般可接受的物聯網架構主要可分為三層,如圖2-1所示:(1)第一層為「感知層(Perception layer)」,由各種資訊擷取、識別的感知元件所組成,包括RFID、標籤技術、感測技術、通訊技術以及人工智慧;(2)第二層為「網路層 (Network layer)」,即各類無線傳輸技術,包含無線通訊網路、感測網路、EPCglobal網路架構以及新一代網絡;(3)第三層為「應用層 (Application layer)」,即物聯網的各種應用領域,例如:智慧監測、智慧城市、智慧醫療等。細分之下,介於網路層與應用層間還存在一個子層為「雲端運算(cloud computing)技術」,主要負責提供各種類型的平台,串聯各種傳輸網路和應用服務。

⊃ 圖2-1 物聯網3層協定架構

但隨著IoT發展，三層架構在某些應用不足以適當描述，故有五層架構之提案[3]。此五層分別為：(1)商務層(Business layer)：定義各種IoT應用服務之工作與管理、使用者的隱私性與相關應用之研究；(2)應用層(Application layer)：決定適用於IoT的應用，它們需符合認證、智慧與安全等特性；(3)處理層(Processing layer)：負責處理感知層收集的資訊，以利後續之儲存與分析，將大量需要資料庫軟體、雲端運算、智慧處理等技術；(4)傳輸層(Transport layer)：扮演類似圖2-1之網路層角色，同時要能支援IPv6網際網路協定，讓每個連網物體都可被定址，以及(5)感知層(Perception layer)：定義IoT中每個物體的實體意義(例如：位置與溫度等)，收集資訊與信號轉換。

本章將以本小節所描述之物聯網分層架構依序介紹，包含「物聯網感知層技術與相關標準」、「物聯網網路層技術與相關標準」以及「物聯網應用層技術與相關標準」三大主題。

2.1.2 物聯網相關技術需求

智慧型穿戴裝置為結合穿戴於使用者身上之智慧計算裝置與物聯網融合之新興多媒體通訊互動技術，其可提供與網路之功能延伸連動、紀錄管理、或存取雲端服務，這類智慧型穿戴裝置產品如：智慧型眼鏡、智慧型手錶、運動與健身手環、其他智慧健康生理穿戴感測器(脈搏計、血壓計、睡眠監視器等)，這些穿戴式裝置並可經由物聯網技術加以連結，構成智慧裝置生態體系。根據Gartner, IEK的分析報告，穿戴裝置市場在2014年已初具成形，預估2018年全球市場規模達206億美元(1.91億台幣)。

再者，自2012年6月Google發表Google Glass計畫之後，智慧眼鏡成為穿戴式裝置應用之一大殺手級應用，吸引許多國內外大廠投入該技術之開發與研究，智慧眼鏡可以提供使用者在各種居家生活、遊戲娛樂、教育應用、運動休閒、健康照護、線上社群等各項應用服務的全新使用者體驗，由於其可隨身配戴之特性，使用者得以讓身體自由活動或不間斷工作，其使用便利性相比傳統手持裝置有了巨大的提升。透過物聯網技術，智慧眼鏡並可以與各種穿戴式智慧計算物件，例如：智慧手環、手錶、衣物、與健康感測器等結合，其可以提供大幅提昇各年齡層使用者在生活輔助與便利性的使用體驗。

然而，目前市面上的智慧穿戴式裝置系統產品，技術主要多為國外大廠如Google、Apple等企業掌握，且這些產品系統的功能仍有許多限制，其資訊顯示效果仍受限制、人機互動操作介面仍無法滿足上述新興應用服務之需求、使用續航力不足、長時間穿戴舒適度…等議題。因此，如何針對新一代智慧穿戴式眼鏡的服務與應用模式，發展各項關鍵技術模組，包含運算平台、資訊顯示、人機互動、視覺辨識、網路通訊、定位感測、省電機制等技術，提升國內產業對於穿戴式智慧裝置研發的競爭力，是非常關鍵的。

目前穿戴式裝置與物聯網的發展動態有下列四項值得關注的焦點：

◉ **與Smart Device的互連：**在物聯網內，電冰箱等智慧家電可以互相感測傳訊給穿戴式裝置，通知使用者需要的資訊。提供環境，人體心跳，體脂肪…等偵測要素。對於許多的使用者來說，有更多有效的工具，協助管理生活以及健康身心的正常發展。

◉ **雲端技術的提升：**由於穿戴式裝置本身設計的原理是朝向低能耗的使用方式，因此所有重要複雜運算便會存往後端伺服器執行。近幾年雲端技術的興起，使得穿戴式裝置使用的概念越趨於真實。許許多多的應用相繼出現，如影像辨識、物件偵測、擴充實境等，都是可以利用雲端技術的巨大運算資源，輔以網路得以完成，增添穿戴式裝置的使用靈活度。

◉ **操作簡便的自然人機介面：**穿戴式裝置除了可以和行動裝置相連接之外，還可以透過語音或手勢進行新的人機互動情境，包括娛樂遊戲、社群連結、健康照護、智慧監控等，提供人性化、有效與即時的互動操作。但是目前這些自然人機介面的方便性與準確度仍有待提升。

⊙ **好的使用者體驗**：穿戴式裝置必須「融合」各種媒體內容(廣播電視、視訊、音訊、文字、圖像及數據等)，「整合」各項關鍵應用，提供具備服務品質(Quality of Service, QoS)、使用者體驗(Quality of Experience, QoE)、安全性、互動性和可靠性的多媒體服務予使用者，才能夠產生商品差異化，激起消費者的購買意願。

2.2 物聯網感知層技術與相關標準

2.2.1 各式感測器與基本原理

感測器(Sensor)是由對周圍環境或者人體身上的某些物理化學反應，轉成可量化的電訊號，通常常見的有溫度感測器、光度感測器、陀螺儀、加速計、影像感測器等、深度感測器……等。

常用於穿戴式裝置之感測器大致可以分成幾種類型[5][6]：

1. **與電能有關**：如電壓，電流感測器等。
2. **與機械動力有關**：如加速規、陀螺儀等。
3. **與磁力有關**：如磁場感測器等。
4. **與化學有關**：如空氣有機微粒感測等。
5. **與光學有關**：如影像感測器、深度感測器等。
6. **與生物訊號有關**：如溫度感測器、心跳感測器等。

因為大部分的感測器本身是沒有辦法直接拿來利用，需要放大訊號以便讀取，所以在機構上通常會接到微電腦控制器(Microcontroller)上面，如圖 2-2 所說明加速規、陀螺儀、磁場感測器均接到微電腦控制器上。這讓應用上有極大好處，無論是做有線無線傳輸訊號到遠端機器上，都提高了便利性與增加應用擴充性。

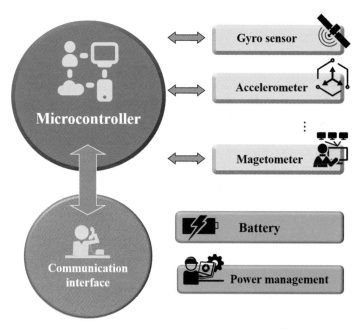

🔾 圖2-2 穿戴式感測器系統架構圖[4]

　　對於感測器的工作原理有很多不同的地方，這邊我們取加速度規 (accelerometer)、影像感測與深度資訊感測器進一步舉例簡介。

加速規原理[7][8]

　　在牛頓第二運動定律中，如果一個質量 m 受到加速度 a，那麼必然有一個力量 F 作用於該質量上，可敘述為 F = ma。如果一個彈性係數為 k 的彈簧從它的平衡位置拉長(延伸)至 X 距離，那麼必然有一個力量作用於彈簧上，表示為 F = kX。若將該原理應用在電子元件上面，使用壓電材料來表示虎克定律中的受力 F 轉成的電訊號，如圖2-3所表示。當外力加入，加速規耐震物質會施加一變化的力量於壓電元件上；此壓電元件因壓電效應產生對應的電荷能量，當加速度頻率增加到大約加速規共振頻率的某倍率時，其耐震物質的加速度等於整個感測器的加速度。因此，壓電元件所產生的電荷與施加到感測器的加速度將成比例。由感測器的輸出端測量電荷量，可得出對應的加速度。

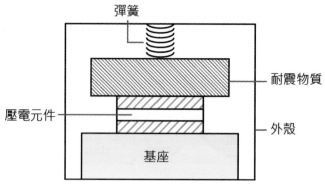

⊃ 圖2-3 加速規內部示意圖[8]

影像感測器

　　色彩感測器即我們在行動裝置上常見的攝影模組，其原理大致可分為三種，分別是光轉換成光電流、光轉換成類比電壓以及光轉換成數位輸出等，前者表示實際光感測器的輸入部分，由於未經處理過的光電流信號相當微弱，因此必須加以放大，以便將它轉換到可使用的位準大小。因此，大部分實際使用的類比輸出色彩感測器，最少都會整合一個轉阻放大器來提供電壓輸出。

　　而將光信號轉換為類比電壓輸出的色彩感測器部分，通常搭配色彩濾光的系列光二極體以及內建電流到電壓轉換電路（通常為轉阻放大器）所組成，每個光二極體上所感受到的光會被轉換成一個光電流，大小則依亮度以及經濾光後的光波長而定。如果沒有濾光片，標準的矽質光二極體基本上可以偵測由紫外線到可見光範圍的波長，最高響應值則在光譜近紅外線部分的 800 nm 與 950 nm 範圍處。紅、綠、藍穿透式色彩濾光片能讓光二極體的光譜響應，並進行調整與最佳化，設計良好的濾光片將能夠帶來相當接近人類眼睛的光譜響應，而光二極體所產生的光電流，則使用一個電流到電壓轉換器轉換成為 VRout、VGout 與 VBout 輸出[9]。

在色彩感測方面，主要分爲兩種模式：反射式與穿透式。

1. 反射式感測：

在進行反射式感測時，色彩感測器會偵測由物體表面所反射的光，這時光源與色彩感測器被安排接近受測目標的表面，由光源，如白熾燈、螢光燈、白光 LED 或經調整的 RGB LED 模組等發出的光經表面反射，並透過色彩感測器加以測量。表面反射光的色彩爲表面本身色彩的函數，例如當白光照射在紅色表面時，反射光爲紅色，反射的紅色光進入色彩感測器後會產生 R、G、B 輸出電壓，透過對這三個電壓值進行解析，就能決定偵測到的色彩顏色，由於三個輸出電壓會隨著反射光的強度線性增加，因此色彩感測器也同時測量了物體表面的反射能力。

2. 穿透式感測：

以穿透式模式運作時，感測器被安排在面對光源處，色彩感測器搭配濾光片的光二極體陣列會將進入光信號轉換成 R、G、B 光電流，接著放大並轉換爲類比電壓。由於光信號的所有三個輸出值都會隨著光的強度線性增加，因此感測器可測量光的色彩以及整體的強度。穿透式感測可以用來決定透明介質，例如玻璃或透明塑膠、液體或氣體的顏色，在這類應用中，光會在進入色彩感測器前經過透明介質，因此透明介質的色彩就可以由色彩感測器的電壓來決定。

TOF深度感測器

Time of Flight (ToF) Camera深度感測攝影機，其原理透過主動元件向場景發射，經過調製近紅外光(Near infrared radiation, NIR)或雷射光(LASER)，此光源打到物體上後反射傳到被動CMOS感測元件上，CMOS接收到之光源會與原本發射出去之訊號產生相位移(phase-shift)，透過計算發射和接收到反射的光的相移來取得距離資訊，需注意環境光源(Ambient Light)也會被接收因此導致SNR(signal-to-noise ratio)降低，但這部分因爲其頻率不符合發射出的光源，所以可以分辨出來，並進行濾除，示意圖如圖2-4所示。由於其光學電子元件與功率消耗均可以客製化到即爲輕量化，因此其可逐漸將廣泛應用於穿戴式人機互動與電腦視覺技術之上。

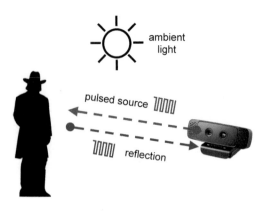

○ 圖2-4 TOF工作原理示意圖[10]

　　TOF可以取得整個場景的深度圖(depth map)，傳輸部分包含一個照明(illumination)區塊，對目標場景發射調製光(modulated light)，感測部分包含一像素陣列(pixel array)來接收此場景內的光，此像素陣列還有像素內解調(in-pixel demodulation)的功能，解調後資料為類比資料，這些類比資料必須被讀出(readout)後處理，這段在不同時間(time instance)發生的資料採集(data acquisition)間隔被稱為積分時間(integration time)，而資料被讀出的間隔稱為讀出時間(readout time)，其運作如下圖2-5所示。

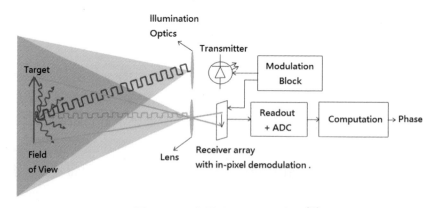

○ 圖2-5 TOF底層運作原理示意圖[11]

　　在理論理想情況下TOF傳送出方形波，接收回來也是方形波，所以可以用一個簡易的時間系統來計算距離如下圖2-6所示：

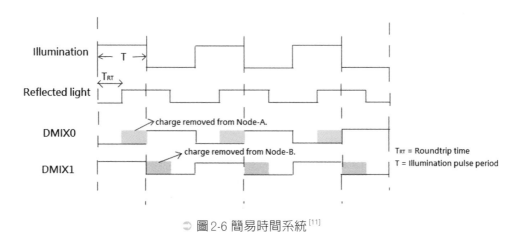

🔁 圖2-6 簡易時間系統[11]

　　基於上述原理，TOF攝影機所取得之深度資訊影像，可以應用於穿戴式裝置的人物動作與手勢偵測，並可以應用於輔助使用者辨識前方環境，可達成多種穿戴式人機互動與生活輔助應用。

2.2.2 穿戴式感測裝置

　　常見的穿戴式裝置大致可分成六類：(1)頭戴式(Head-worn)：智慧眼鏡、(2)腕戴式(Wrist-worn)：可進一步分成智慧手錶與智慧手鍊、(3) 耳戴式(Ear-worn)：智慧耳機、(4)指戴式(Finger-worn)：智慧戒指、(5)其他：智慧項鍊…等。穿戴式裝置結合物聯網等產品，其核心應用可大略分為醫療和娛樂兩大範疇，分別敘述如下：

醫療

　　日本IT大廠富士通(Fujitsu)在2014年12月24日宣布，該社與日本4個日本國立醫療研究機構簽約，從2015年3月起，進行雲端醫療資料庫與巨量資料應用，藉由醫療院所的患者身體與基因情報，與富士通的超級電腦及IT技術，進行整合醫療雲系統研發，與新的預防治療方式研究。富士通目前積極發展雲端資料庫與巨量資料的IT系統事業，繼農業雲端資料庫後，現在又進行醫療相關研發，將從日本國立癌症研究中心取得個人病歷與基因資料進行分析，獲得癌症罹患與發病進程各項資訊；再與國立循環器病研究中心合作，以穿戴式裝置獲得患者睡眠

運動等生活資料，分析心血管疾病規律。富士通藉由前段兩個研究，在2016年底前，建構從穿戴裝置到資料庫系統的全套醫療雲端軟硬體，然後與日本國立長壽醫療研究中心合作，藉由該中心1.3萬高齡人士資料，與穿戴式裝置的即時監控，在2018年底前開發出失智症之類老人疾病的早期發現系統，同時包含癌症與心血管疾病相關治療系統。另外，富士通也與日本國立東京醫科齒科大學合作，研發結合現有電子病歷表與基因資料的新系統，並研發新的疾病資料解析技術之巨量資料分析的雲端系統[12]，如圖2-7所示，為富士通所提之穿戴式感應手套。

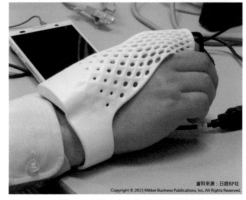

⊃ 圖2-7 富士通的手套感測器

娛樂

⊃ 圖2-8 娛樂用智慧眼鏡

　　以穿戴式眼鏡為例，Google Glass在以炫風之姿順利的搶下全世界的目光之後，立即有許多廠商跟上，其中以精工愛普生Moverio BT-200拿下CREATEC Japan 2014生活創新獎，如圖2-8所示，與前代Moverio BT-100相較，其重量減輕、解析度提高、顯示畫面變大、亮度提升，因支援side by side左右並排格式的影片3D顯示，凸顯這款眼鏡特別著墨娛樂功能，因此也在應用程式下了不少功夫，包括：導入擴增實境技術來顯示使用者所在位置的景點介紹、當使用者觀賞國外表演時，會顯示日文字幕，並可透過下載App擴充原本沒有的通話功能，2014年5月已於日本上市。東芝Glass重42公克，相較Google的「Google Glass」、愛普生Moverio BT-200等同類型智慧眼鏡，東芝Glass相當輕巧，鏡架上裝有攝影機，將拍攝的影像直接投影到鏡片，其功能像是一個微型投影機，由於該眼鏡所採用的投影零組件很輕，因此東芝Glass整個外觀造型像是普通的膠框眼鏡，未來還會再升級眼鏡的電池續航力，以提升使用者體驗。

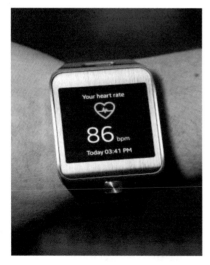

⟳ 圖2-9 三星Bio-Processor鎖定健康管理功能之穿戴裝置，法新社

⟳ 圖2-10 第一毛織旗下品牌Rogatis推出與三星電子、KT攜手打造的智慧套裝

三星強調，Bio-Processor 不僅可單獨搭載在智慧型手錶、手環等穿戴式裝置上，也可與行動應用處理器(AP)連結，作感測器中樞(Sensor Hub)應用，能搭載在具健康管理功能的智慧型手機上。搭載該晶片的裝置，將能測量體脂肪、呼吸、心跳、血壓等數據[13]。智慧襯衫指的是在襯衫、套裝等衣服中搭載感測器，透過監測使用者的心跳、身形、動作等來提供醫療保健服務以及生活紀錄(life Logging)的穿戴式產品。Starbase 報告也指出，最近智慧襯衫除了注重既有功能外，也開始與知名設計師品牌合作，引起外界的注目[14]，如圖2-9、圖2-10所示。

▶ 2.2.3 整合式感測器發展

前述各節已經對於感測器的原理與型式有了基本的介紹。今日順應物聯網技術興起以及攜帶式與穿戴式(wearable)裝置的主流發展，傳統的感測器功能與應用已逐漸無法滿足上述的應用需求。因此，開發者對於下世代的感測器發展就更加注重其與系統間的整合應用。

傳統上，除了感測器本身的感測能力之外，還必須發展感測(transducing)或介面(interface)電路，甚至包括微處理器(microprocessor)的相關技術。自1980年代起，所謂的智慧型(smart)或智能型(intelligent)感測器概念就被開始研究。例如，Middelhoek 與 Audet[15]提出了矽基感測器整合於感測或介面電路晶片，可被稱為積體智慧型感測器(integrated smart sensor)；若是將感測器與感測電路整合於同一封裝結構，而非同一晶片，則稱為混合式智慧型感測器(hybrid smart sensor)。上述之智慧型感測器具有能將感測器的原始電子訊號完成調校或放大的能力。此外，智慧型感測器亦能完成訊號轉換的功能，例如，絕大多數的感測器均是類比式的感測原理，所以類比轉換成數位的功能就不可或缺。最後，當微處理器也被考慮於此電路設計時，智慧型感測器便能實現數位處理的電子訊號。之後，Hauptmann[16]稱呼上述之積體智慧型感測器為積體或整合式感測器(integrated sensor)，而把混合式智慧型感測器稱為感測器系統(sensor system)或是感測器陣列(sensor array)，此處的感測器系統或陣列可用來定義為使用相同或是相異的多個感測器於感測應用中。

　　進一步而言，如果微處理器被應用於感測器執行校正、自我測試與診斷等相對高階的功能，那麼此感測器可被稱爲智能型感測器(intelligent sensor)。Gardner[17]進一步將智能型感測器定義爲將微處理器全部或部分地與積體智慧型感測器整合於同一矽晶片上者。在種類繁多的工程應用中，以上所討論的各種傳統或智慧型感測器，甚至是智能型感測器均有可能被大量創造與使用，而以上對於定義感測器未來的整合發展，相信會對讀者有所助益。

　　對於智慧型抑或智能型感測器而言，絕對是下一世代感測器的終極目標。其包括了以下的各項優點：

1. 微小體積與重量。

2. 量產製造與低單位成本。

3. 低雜訊與自動訊號轉換。

4. 增強之元件敏感度。

5. 可達成低功耗特性。

6. 具備自我測試與自動校正診斷功能。

7. 具有與外界通訊及學習適應之能力。

8. 縮減模組大小之微系統設計準則。

　　然而，在實現智慧型抑或智能型感測器的同時，仍可能會遭遇以下的缺失與挑戰：

1. 感測器、感測電路與微處理器之間的訊號干擾。

2. 複雜之熱管理對策。

3. 在感測器與積體電路間之製程限制與非整合性問題(incompatibility)。

4. 單一封裝之困難程度。

5. 單晶片之低維修特性。

　　長久以來，感測器的設計與製造受限於複雜的應用材料、設計準則與製造程序，一直無法建立像微電子產業般的標準製造平台。直到二十世紀末期，微機電系統(microelectromechanicl systems, MEMS)技術進入成熟應用階段,終於成為前述智慧型微感測器的設計製造主要平台。近十年來,它更結合了當今微電子產業極為成熟的CMOS製程標準,衍生而成CMOS-MEMS設計製造平台,成為現今全球各類型的單體、智慧型與高階智能型感測器的主流設計製造標準。

隨著近年來物聯網及智慧終端裝置的急速發展,CMOS-MEMS感測器已成為推動新智慧科技的核心關鍵,目前已經開始應用於各式消費性或穿戴式裝置產品中。這些微機電元件結合了積體電路、無線傳輸硬體與系統韌體及漸趨成長的雲端運算與巨量數據(big data)分析科技,逐漸形成功能強大、無所不在的智慧型微系統,對於未來各種聯網應用提供良好的發展基礎。因此,微機電技系統技術與其廣泛的物聯網應用市場將是繼半導體產業之後最被看好的世紀明星產業之一,也是目前全球先進國家積極投入研發資源之兵家必爭領域。

▶ 2.2.4 RFID感測技術

RFID的英文全名為Radio Frequency Identification,中文為無線射頻辨識,此技術透過無線電波傳輸數據訊號,由內建之晶片執行識別及資訊讀寫[18]。RFID無須實體接觸,即可讀取數據。RFID擁有非接觸式感應、感應速度快,以及使用壽命長等優點,故被廣泛應用於個人身份識別,例如大樓門禁、員工考勤之監控。除外,也應用在電子繳費系統,例如台北悠遊卡、香港八達通卡等。在倉儲物流管理方面有存貨盤點、從原物料採購至半成品與成品之生產、運輸、倉儲配送、銷售,以及售後服務等所有供應鏈環節之即時監控,可供隨時準確掌握產品相關資訊。另外,RFID亦已廣泛應用於醫療照護,包括電子病歷、生理訊號監測、與住院病患之追蹤管制等[19]。

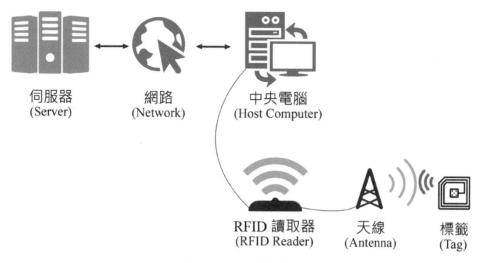

伺服器
(Server)

網路
(Network)

中央電腦
(Host Computer)

RFID 讀取器
(RFID Reader)

天線
(Antenna)

標籤
(Tag)

⤷ 圖2-11 RFID系統示意圖

　　圖2-11為RFID系統示意圖[20]，RFID標籤(Tag)可附在商品上，或嵌入商品內。此標籤可用來辨識商品，且可包含其他的資訊，例如製造單位、製造日期、製造數量等。RFID標籤由3個元件組成，包括處理器、記憶體、以及無線電發送器(內含天線及相關電路)。

　　以下為RFID系統運作流程之一例[21]：

1. RFID讀取器(Reader)讀取RFID標籤資料，RFID讀取器的天線發射之訊號會在標籤周圍產生無線電場。

2. 當RFID標籤進入讀取器範圍時，標籤會被無線電磁波的能量啟動，並將記憶體中的資料傳送到讀取器(有些RFID標籤是主動式，內附電池，毋需接收RFID讀取器的能量即可自行傳送資料)。

3. 讀取器可透過有線或無線方式連上網路，將接收的資料傳送到中央電腦。中央電腦可用來追蹤商品運送的完整過程，例如讀取器可能位於倉庫，當商品離開時，讀取器會傳送商品的運送資訊給中央電腦。

4. 多個RFID讀取器置於供應鏈上各個區域，將讀取自RFID標籤的資訊送回中央電腦，因此製造商可立即知道商品運送出去的時間。

5. 在商店的RFID讀取器可以追蹤商品何時在倉庫上架及下架，以及銷售的速度。讀取器也可以在購物者將購物車推出門時自動結算金額，消除大排長龍的現象，因此提高服務的品質。

　　許多國際大廠已導入RFID系統，其中的經典案例為全球百貨零售業龍頭沃爾瑪(Wal-Mart)，沃爾瑪旗下前一百大供應商都已採用RFID系統。根據Wal-Mart的估計，倘若所有的供應商和所有Wal-Mart分店全面採用RFID的標籤，每年將可節省84億美元的支出，減少5%的公司存貨及降低7%倉庫管理的人事成本[22]。

主動式RFID

　　圖2-12為主動式標籤之一例[24]，主動式標籤本身具有內部電源供應器(例如電池)用來供應內部晶片所需電源，且可透過天線發送與接收訊號。通常主動式標籤擁有較長的讀取距離，有較大的記憶體容量，以及可儲存及處理讀取器傳送來的附加訊息。主動式標籤可藉由內部電力，不斷發射記憶體儲存的資料至讀取器。主動式標籤會在周遭形成有效工作區，偵測附近有無讀取器發射之呼叫訊號，並將內部資料傳送給讀取器。主動式RFID標籤的缺點為體積較大、需要電源(例如電池)、成本較高等。優點為可讀寫記憶體大，且其傳輸距離可達100公尺以上[19]。

被動式RFID

　　被動式標籤無內部電源，其內部晶片藉由天線接收到的電磁波能量而被驅動，並向讀取器發出訊號。被動式標籤的讀取距離較主動式RFID短，但被動式標籤具有價格低廉，體積小，無需內部電源等優點。其傳輸距離約為3至5公尺[19]，圖2-13為被動式標籤之一例[23]。

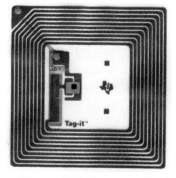

⇨ 圖2-12 主動式RFID標籤一例　　⇨ 圖2-13 被動式RFID標籤一例

RFID ISO/IEC 18000-7規範

　　目前RFID的相關規範主要由ISO (International Organization for Standardization)、Electronic Product Code (EPC) Global、及Ubiquitous ID Center (UID)等三大標準組織所制訂，這些規範讓所有RFID讀取器均能讀取RFID標籤的資料，以下舉ISO/IEC 18000-7為例說明大致的規範內容。

　　ISO/IEC 18000-7定義一個以空氣為介質，且操作在433 MHz的主動式RFID標籤。ISO/IEC 18000-7提供一個通用的技術規範予ISO技術委員會來發展RFID應用標準，主要目的在於提高相容性及鼓勵發展互動性的產品。此外ISO/IEC18000-7裡定義上行(uplink)和下行(downlink)等技術特性參數，例如RFID之工作頻率(例如低頻系統之125-150 KHz、高頻系統之13.56 MHz、極高頻系統之433 MHz、860-960 MHz、以及微波系統之2.45 GHz-5.8 GHz)、工作通道所佔用之頻帶寬度、RFID之最大功率、RFID之調變方式、工作週期、數據編碼、傳輸位元率及位元錯誤率等[25]。

2.2.5 無線感測網路

無線感測網路(WSN)

隨著微機電與無線電技術的進步，具有無需基礎建設、自我組織與多重跳躍路由特性的無線感測網路(Wireless Sensor Networks, WSN)已成為近年來廣為應用的無線網路架構之一，其特點如下：

1. 無需基礎建設 (Non-Infrastructure Network)：

無線感測網路中免建置基地台或專屬中繼站，每一感測節點皆具有無線短距資料傳收與轉遞的功能，換言之，任一節點皆可做為中繼點以代為傳遞訊息。此外，任一個感測節點皆可隨時加入或離開網路拓樸，且不會因為某一節點失效而影響到整體網路之運作。

2. 自我組織 (Self-Organized)：

無線感測網路無需仰賴基礎建設，每一節點都具有路由機制，於節點佈署之後即可快速地自動偵測鄰近節點以組構成一自主的網路拓樸。因此於無線感測網路中，該網路之佈署較迅捷且容易。

3. 多重跳躍路由 (Multi-Hop Routing)：

當無線感測網路中的任一節點欲與其通訊涵蓋範圍之外的節點進行傳訊時，可先藉由與鄰近節點做資訊交換後，再仿照此方式達成以「多重跳躍」路由的型式來傳遞訊息。

無線感測網路之拓樸規模可由數千甚至上萬個感測節點所連結組成，節點之間乃透過無線電波進行雙向短距通訊，藉此回傳節點於場景內所偵測到的訊息，如濕度、溫度、亮度、壓力、扭力及震動力等。於待監測之場域內，除非發生因節點故障而導致通訊鏈結斷裂，需要人力到現場作調修外；一般而言，皆可由遠距遙控目標區內之感測節點現況。此舉對於不易部署網路或高風險區域，應用此WSN不失為可行的新解決方案。

　　無線感測節點之硬體製作、通訊協定及軟體設計等相關的技術與規範皆持續開發中。硬體製作部分，主要朝微型化、節電能、通訊品質等於晶片上作效能整合。由於硬體技術的精進，感測節點得以部署於更嚴苛的環境中，並可延長感測器工作壽命與可通訊之時效。而改良通訊協定亦可減低封包的遺失率與縮短封包的傳遞時間，並減少資料傳遞所需的耗電量，以增進總體節點趨向於負載平衡之目標。隨著多元的感測器與應用場景，除了硬體效能與通訊協定改善外，尚需研發所需的軟體系統以支援WSN也是關鍵技術之一。

　　綜上可知，無線感測網路是基於「無需基礎建設」的拓樸結構，以不受制於時空的藩籬，使用者得於任何時間、任何地點即可查詢最新的監測資訊，因此可廣為應用於各類領域中，以大幅節省昂貴的人力管理成本，並縮短處理意外事件所需的時間。

　　以農業上應用為例，農夫或果農透過無線感測網路之建置與應用，可在第一時間監測得知所屬農地或果園內之害蟲數量，進而於最短時間內速作因應以消滅害蟲入侵。尚可外加監控環境濕度、溫度、亮度與風力之感測器，以記錄氣候與害蟲入侵數量的關係，使農夫或果農能夠盡早因應氣候變化以利適時作預防[26]。如此可大幅地節省傳統上所需的維護人力，進而提昇作物防範病蟲害之精準度。

　　於日常作息上，無線感測網路更可對居家、工廠、辦公室與展覽場所等空間之環境品質與節能管制上作即時偵測，例如溫度、濕度、照明度、耗電量與特殊氣體(如CO)等。透過這類環境感測資訊，再佐以後端的控管系統，便可遠端自動操控窗簾之升降與角度調整、或者調節空調系統之目標溫度與風量，進而加速「節能減碳」並提昇室內環境的舒適感，以達到智慧建築的目的。

　　WSN於居家保全可搭配現行的監控與巡防系統，可監測人員入侵、火災、瓦斯洩漏、CO與室內動態等場景資訊，以達成全年無休智慧保全之目標。此外，應用在遠距醫療照護之服務，可監測病患之體溫、血壓、血糖、血氧濃度與心率等生理資訊，以達到智慧居家照護之目的。圖2-14所示爲WSN應用範例,當人員於野外活動而遭受蟲害襲擊受傷(如蜜蜂螫傷、蛇咬傷)、不愼跌傷或身體不適以致不良於行時,藉由WSN回報含有GPS訊息至後端,則醫護系統可於第一時間內緊急啓動救護機制。

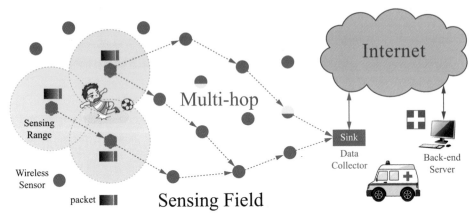

● 圖2-14 無線感測器網路野外監測範例

　　伴隨著通訊、電源與微型化等技術與時俱進,無線感測網路乃是目前物聯網重要的網路架構之一,其應用領域更可無遠弗屆。依據國際研究機構IDTechEx之分析報告[27],WSN之市場規模將從2014年10億美元,預估成長至2022年其規模可望高達20億美元以上。由此洞悉,無線感測網路在未來應用上仍極具高度的市場潛力與發展性。

工業無線感測網路(IWSN)之需求

　　智慧工廠已爲近期無線感測網路新興的應用之一,主要著眼於監控廠區內之用水、用電、照明、空調、空氣品質、生產製程或倉儲管理等項目,進而有效節省高額水電費支出,並營造廠區高度安全且優質的作業環境。此外,亦可透過WSN監測線上之設備負載與生產線流程,以促進製程智慧化,進而提昇自動生產之效益與降低所需之人力與維護成本。

伴隨著元件微型化、省電能與嵌入式技術之整合演進，促使無線感測網路亦可部署於嚴峻的工業環境上，這類型廠區常呈現高溫高熱、高噪音、高電壓、高雜訊等徵兆。因此「工業無線感測網路」日漸受到業界高度的重視與了解，可涵蓋之應用領域頗為廣泛，例如：空汙監測、水質監測、輻射偵測、電磁波偵測、漏水/漏電檢測、廢棄物管理、人車出入控管、智慧照明、智慧空調、智慧製程、智慧倉管、智慧物流與智慧廠辦等[28]，可謂不勝枚舉。

對於工業無線感測網路而言，目前的挑戰在於建置與維運的成本以及有無相關標準可供遵循。由於工業用感測器元件必須可耐受於較為嚴苛的作業環境，因此其製作技術門檻比一般型感測器較高，當然其成本就較昂貴。

目前可運用於WSN之通訊技術包含：Zigbee、WirelessHART、ISA100.11a、WiFi及藍牙(Bluetooth)等，如表2-1無線感測網路之無線通訊方式所列。通訊協定採用IEEE 802.15.4或802.11，所用通訊頻段則以ISM-band為主。由於工業應用與一般住商辦應用不盡相同，故須更完善通訊協定以適用於工業無線感測網路，此為WSN另項挑戰。

■ 表2-1 無線感測網路之無線通訊方式

通訊技術	通訊協定	通訊頻率 (ISM-band)
1.Zigbee	IEEE 802.15.4	2.4 GHz與900 MHz
2.WirelessHART	IEEE 802.15.4	2.4 GHz
3.ISA100.11a	IEEE 802.15.4	2.4 GHz
4.Wi-Fi	IEEE 802.11a/b/g/n/ac	2.4 GHz與5 GHz
5.Bluetooth	IEEE 802.15.1	2.4 GHz

圖2-15所示為單一感測節點之基本硬體結構，包含有「必要模組」：感測元件/ADC、短距無線傳收通訊、精簡處理器/記憶體、電源供應單元等項。惟尚可外加「選項模組」：它型感測元件/ADC、定位裝置(如GPS)、可自走載具、事件反應器、電源產生器(如太陽能板)等。

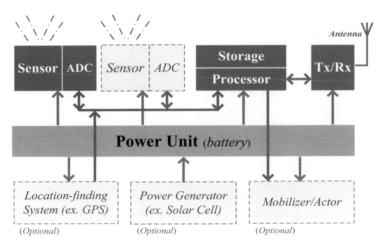

Hardware Components of Wireless Node

⊃ 圖2-15 感測節點之基本硬體結構

　　一般而言，工業無線感測網路需要更高度的作業安全性、可靠性、即時偵測與反應能力。如表2-1所列，WirelessHART和ISA100.11a係相對較新的通訊技術，於工業領域也較受關注，皆植基於IEEE 802.15.4協定。WirelessHART係於2007年由HART通訊基金會所發佈，為工業領域制定「開放式可互通」之無線通訊標準，主要為製程監控而設計，其可連結大量感測節點。而ISA100.11a則定義感測器與無線手持裝置等多種工業無線設備，試圖提供一項簡單、安全且可靠的通訊傳輸方式，因此ISA100.11a以建構一低耗電量與低傳輸率的無線網路為主。

　　於工業自控系統中，廠商也關心如何防範駭客入侵網路。因此需要強化資料加密/解密之技術以適用於IWSN。而如何強化無線網路傳輸的安全機制，需持續性作研議與開發。對於高度要求資通安全的工業網路而言，目前IEEE 802.15.4是合適的通訊協定，可藉由802.15.4所規範的相關安全性標準來傳輸資料。

　　以維護性而言，傳統式系統以人工定期維護為主，較缺乏時效性進而增高系統潰敗之風險。然而，於無線感測網路監控下之設備維護，管理員或維護員可輕易地隨時、隨地由遠端下達指令至指定感測器，以監控設備運作之現況，包括：連續運轉時間、生產總量、物料用量、耗電量、工作溫度、生產效能或器械損耗等訊息。如此可盡早啟動負載調節與安全性維修，藉以延長廠區設備之壽命，並有效提增總體產能。

綜上所述，工業無線感測網路仍受限於建置與維運所需的成本以及相關標準的制訂。但隨著技術與時俱進，如IEEE 802.11ac所支援的傳輸速度就比802.11n快上3至4倍，這勢必會激發新的應用情境與功能，其工業網路模式也會隨之蛻變。例如：透過無線感測網路可即時查詢各設備之運作情況，以判斷是否需要作負載調整、設備維修或增添物料等，也可追蹤倉庫現存的成品/半成品數量與移動中的物流量。深信工業無線感測網路的效益與重要性將日益遞增，於迎戰嶄新的物聯網(IoT)應用與新崛起的工業4.0之下，WSN將成為工業感測網路架構的重要基石。

2.3 物聯網網路層技術與相關標準

2.3.1 無線網路

行動通訊的服務與應用日益普及，智慧型手持式裝置的使用量已經有快速的發展趨勢，人手一機以及各種裝置皆須上網已經是現代人必須的常態，目前主流的行動通訊標準為無線區域網路與蜂巢式行動通訊網路，近年來為提供大量裝置上網的功能，Wi-Fi無線區域網路與4G公眾無線行動網路都朝向整合物聯網的應用發展，其中最受到重視的標準為Wi-Fi Direct[29]與LTE Direct[30]。

Wi-Fi無線區域網路

無線產品的應用在這幾年已達到巔峰，普及率之高甚至成為標準配備項目，舉凡筆記型電腦，手機，平板電腦幾乎皆配置無線網卡，使用者也日與俱增，無線區域網路(Wireless Local Area Network, WLAN)不論使用在家庭、戶外熱點、辦公區更重視提升資料流通量，現行無線網路設計規範皆參照國際電機電子工程師學會(Institute of Electrical and Electronics Engineers, IEEE) 802.1x系列爲標準，2.4 GHz頻段包含IEEE-802.11b、802.11g、802.11n、802.11ac，佔用頻寬分別爲22、20、40及80MHz[31][32][33][34][35][36]。 最早在1999年IEEE802.11描述無線區域型網路的型態包含自組網Ad Hoc及基礎設施網 Infrastructure Networks兩種。Ad Hoc主要使用方式爲無線連接雙方皆爲相同或單一的網卡，藉由設定兩張無線網卡相互連接並互傳資料，Infrastructure 結構則是能多個用戶端(client)同時連接至AP彼此分享資源。由於早期技術受限問題，第一代無線網路僅能達到1及2 Mbps，遠低於IEEE 802.3 乙太網路規範的Ethernet 10/100 Mbps資料流通量，所以並未能將無線的便利性發揮。

但IEEE緊接著推出802.11a及802.11b分別應用在 5 GHz及2.4 GHz頻段無線網路，在802.11a資料量可由6,9,12,18,24,36,48及54 Mbps使用於5 GHz頻段，至於802.11b則是以1,2,5.5及11 Mbps使用在2.4 GHz頻段，802.11a使用正交調頻調變方式(Orthogonal Frequency Division Multiplexing, OFDM)使得data rate遠高於802.11b。 有鑑於此，IEEE於2003年推出在2.4 GHz使用OFDM調變方案 802.11g並且向下相容於802.11b產品，IEEE於2009年9月正式批准IEEE802.11n 的標準，此新標準可工作在2.4GHz和5GHz的頻段上，採用MIMO-OFDM 的技術做傳輸，802.11n不僅支援標準頻寬20MHz外，同時也支援雙倍頻寬40MHz，在使用40MHz頻寬和4×4的MIMO 傳輸天線時，理論值資料傳輸速率最高可達600 Mbps，比802.11g快上10倍左右，也比先前的無線網路能傳送更遠的距離，目前比 80.11n 更新且受矚目的標準爲802.11ac，可支持80MHz的頻寬，傳送速度超過1Gbps。

在眾多Wi-Fi的標準與技術中，近年最受到重視且可應用於物聯網的技術是Wi-Fi Direct[29]，Wi-Fi Direct使Wi-Fi設備直接連接，使具Wi-Fi晶片的裝置可簡單連結，方便做事，如列印，共享，同步和顯示。經 Wi-Fi認證的Wi-Fi Direct裝置可連接到家庭或辦公室的熱點網絡，使行動電話，照相機，印表機，個人電腦，和遊戲設備將能夠直接連接到彼此，以快速，方便地傳送內容和共享應用程序。即使沒加入Wi-Fi網絡，具Wi-Fi Direct功能的設備可以查詢到可用的設備，並要求與之進行連接，收到邀請的設備可決定是否接受邀請，使用者可以只與信任的設備或人聯繫。裝置透過標準的WPA2安全機制進行連線。一群裝置亦可用Wi-Fi direct形成群組，Wi-Fi Direct支援一對多與多對一的應用，在群組中只要有一裝置具Wi-Fi Direct的功能即可以連接所有設備，而無需Wi-Fi的網絡或熱點，不須再次連線即可隨處使用，走到哪裡用到哪裡。Wi-Fi Direct具移動方便性，快速聯網，方便使用，安全性佳等優點。

3G/4G公眾無線行動網路

從早期的第二代行動通訊系統到第三代行動通訊系統，已從單純的語音及簡訊通訊進步到數據的傳送，但這些已經不足以滿足消費者的需求，如今要求的是擁有更快的多媒體影音傳送服務以及可以隨時隨地的無線上網[30][29]。而解決這些問題最需要的就是擁有更大的頻寬，但頻寬的大小在無線通訊服務上是非常有限的，傳統的3G通訊系統已不符使用，所以為了讓有限的無線頻寬能更有效的利用，國際電信聯盟已經制定了新一代移動通信系統，命名為 IMT-Advanced的或第四代(4G)移動通信系統。根據性能和技術要求定義在未來的IMT-Advanced系統可以支援非常高的峰值數據傳輸速率，1Gbps的靜態和行人環境，以及高達100MBps的高速移動環境[37][38][39][40][41]。

LTE第八版系統的下行鏈路採用OFDMA技術做為傳輸系統，主要支援FDD與TDD兩種雙工模式，有關循環區間(Cyclic Prefix, CP)依據環境需求可採用Normal與Extended兩種長度，信號調變方式可採用QPSK、16QAM與64QAM三種。另外LTE系統中的無線電資源分配(Radio Resource Allocation)是以資源塊(Resource Block, RB)為最小資源分配單元，LTE訊框架構在時域上為0.5秒的時間長度，共有6或7個OFDM訊號組成，在頻域上為180kHz的頻寬，由12個子載波組合而成，子載波間距為15 kHz。另外，為考慮降低傳輸的PAPR以達到節能目標，LTE第八版系統的上行鏈路採用SC-FDMA作為傳輸系統。

目前LTE支援最高的傳輸頻寬爲20MHz，其頻譜效能可能無法超越目前的LTE效能目標太多。另外考量到用戶端的大小限制、複雜度和成本等因素，也並無法藉由多天線技術(MIMO)來提升傳輸效能，於是3GPP在LTE-Advanced(以下簡稱LTE-A)系統提出載波聚合(Carrier Aggregation, CA)技術，希望以LTE系統現有的載波，稱爲成員載波(Component Carriers, CCs)做爲基礎，將兩個或更多以上的成員載波聚合在一起以形成更大的頻寬給特定用戶端(UE)使用，便可提升資料傳輸速率。

爲支援物聯網的相關應用，行動通訊裝置的數量越來越多，然而物聯網的裝置大都是低功率且價格低廉的裝置，所以資源受到限制，因此部分的室內裝置可能因爲距離毫微微型蜂巢式基地台(Femtocell Base Stations, FBS)太遠或者是通道環境不佳，造成傳輸資料位元的錯誤率大幅上升，所以可能會導致部分裝置無法進行資料傳送。使用機器對機器(Machine-to-Machine, M2M)或裝置對裝置(Device to Device, D2D)的通訊方式，可有效提升傳輸速率，機器對機器技術的目標就是使所有機器設備都能具備聯網與通訊的能力，它涵蓋了所有實現在人、機器與系統之間建立連接的技術與手段。M2M系統爲一種機器對機器與機器對人之間的網路系統，所以M2M必須要實現機器對機器間的資料通訊或是經由閘道(Gateway)提供使用者取得資料或進行對機器的控制之互相對應的功能[42]。在這個框架中，涉及到多種技術問題和選擇。例如：機器如何構成網路？使用何種通訊方式？資料如何整合到原有的資料系統中或者用於新建的資訊系統中？但無論哪一種M2M技術與應用，都得涉及到5個重要的技術部分，如表2-2所示，分項說明如下。

➡ 表2-2 M2M系統組成架構

應用層
中間層
通訊網路
M2M硬體
機器設備

1. **機器設備**：使機器具備提供數據的能力，讓機器有訊息感知、計算能力與無線通訊能力。機器提供數據的能力的基本方法有兩種：

   (1) 在生產設備的時就將 M2M 的裝置嵌入於硬體當中。

   (2) 對現有機器進行改裝，讓它具備通訊與聯網的能力。

2. **M2M 硬體**：M2M 硬體是使機器獲得遠端通訊和聯網能力的部分。現今的 M2M 硬體可以分為下列五種：嵌入式硬體、可組合式硬體、調制解調器 (Modem)、傳感器與識別標識 (location Tags)。

3. **通訊網路**：將訊息傳送到目的地。通訊網路在整個 M2M 技術框架中處於核心地位，包括：廣域網路 (WAN)、區域網路 (LAN) 以及個人區域網路 (PAN) 等。

4. **中間層**：中間層在通訊網路和 IT 系統間扮演橋接作用。中間層包括兩部分：M2M 閘道和數據收集。閘道是 M2M 系統中的「翻譯員」，它獲取來自通訊網路的數據，將數據傳送給訊息處理系統。主要的功能是完成不同通訊協議之間的轉換。

5. **應用層**：數據收集是為了將資料變成有價值的訊息。對原始資料進行不同加工與處理，並將結果呈現給需要這些訊息的觀察者和決策者。這些中間件包括：數據分析和商業智能設備，異常情況報告、工作流程設備、倉庫和存儲設備等。

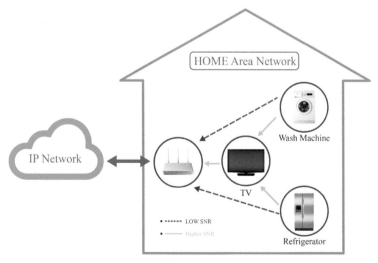

⊃ 圖 2-16 家用 D2D 網路架構

圖2-16為家用M2M連接至外部無線網路的示意圖，各家用裝置彼此可直接通訊，或透過其他裝置轉傳，最後透過AP或Femtocell/smallcell的基站，連接至Wi-Fi或LTE網路。在家庭用的機器產品通常是小且價格便宜，這使得M2M在通訊上受到一些約束，包括傳送功率的大小、計算能力、機器內部儲存能力與頻寬的大小，由於這些限制，造成在設計家用的M2M構成挑戰來實現高連結度、高效率與高可靠度的家庭網路系統，M2M技術需解決的問題[43]包括干擾、動態選擇使用的通道、設備通訊協定、自我組網、安全性、與資源限制。

LTE Direct即是實現D2D通訊架構的新技術，將被制定在LTE R12以後的版本中。LTE Direct增強了下述三方面LTE網路的功能，讓LTE Direct提供業者開發新的功能與應用服務，亦提供使用者更廣泛的使用體驗。

1. 可在500公尺的範圍內偵測到上千個具LTE Direct功能的裝置。

2. 在不揭露使用者位置的前提下，提供安全省電的聯網機制。

3. 可互相合作，在通用的框架下提供方便操作的偵測使用者機制，可擴展LTE功能，使消費者可以在更大範圍內使用差異化的用戶體驗。

▶ 2.3.2 近距低速率無線通訊

行動通訊技術可分為長距離無線通訊技術以及近距離無線通訊技術兩大類，長距離無線通訊技術主要應用在大範圍的行動上網、行動通話以及國際漫遊等通訊服務；近距離無線通訊技術可應用在短距離資料的讀取及寫入、身份識別與物流管理等服務。本節將簡介新興近距離無線通訊技術，包括近場通訊(Near Field Communication, NFC)、藍牙(Bluetooth)、以及紫蜂通訊(Zigbee)等[44]。

NFC近場通訊

近場通訊(NFC)，又稱近距離無線通訊，是一種適用於短距離的高頻無線通訊技術，可供內建NFC模組之裝置進行非接觸式之點對點傳輸、卡片模式傳輸、以及讀寫作業。NFC衍生自RFID的技術，但傳輸距離較RFID設備短(大約10公分)，且一次只能讀取一張NFC標籤，而RFID可從100公尺或更遠的範圍一次讀取多張RFID標籤，但NFC由於距離短，加上點對點的特性，使得資料不易被竊取，因此較其他近距離無線通訊技術安全。NFC主要由Philips、Sony和Nokia主導開發，在2004年成立NFC聯盟。NFC工作頻率為13.56 MHz，其傳輸位元率有106 Kbits/sec、212 Kbits/sec及424 Kbits/sec三種[45]，目前近場通訊有ISO/IEC IS 18092、EMCA-340，以及ETSI TS 102 190等國際規範。

NFC可執行多項與RFID標籤和感應式智慧卡相同的功能，NFC的通訊模式有三種，包括讀寫模式、點對點模式、以及卡片模擬模式[46][47][48]。

◉ 讀寫模式

在讀寫模式中，NFC讀取器/寫入器會從NFC智慧型裝置讀取資料並處理。例如，使用者透過具有NFC功能的手機，就能擷取網址自動連上網站、不需輸入文字就能傳送簡訊、自動取得折價券等，以上應用只需裝置輕觸物體即可實現。

◉ 點對點模式

在點對點模式中，任何具備NFC功能的讀取器/寫入器都能與另一端的NFC讀取器/寫入器通訊並交換資料，在此模式中，一端的讀取器/寫入器會做為標籤，用來建立通訊連結，例如，兩個具有讀取器/寫入器的裝置(例如智慧型手機)能夠彼此通訊。

◉ 卡片模擬模式

卡片模擬模式可用來取代非接觸式智慧卡，讓NFC裝置能使用現有的感應式卡片設備，進行購票、通行管制、支付交通和過路費，以及非接觸式付款等。

Bluetooth藍牙通訊

藍牙(Bluetooth)是一種短距離的高頻無線通訊技術，藍牙的版本從最初的1.x版至2015年的4.2版，在安全性、功率消耗、強健性、速率等方面已有相當大的進展。典型的藍牙工作頻率為2.4 GHZ，傳輸距離從10 m至100 m，傳輸速率1-3 Mbits/sec (有效傳輸速率為721 Kbits/sec)，耗電量約1 W。Bluetooth Smart為低功耗版本，耗電量約為0.01 W至0.5 W，其工作頻率為2.4 GHZ。1994年電信商愛利信(Ericsson)開始發展藍牙技術，其初衷為研發可取代RS-232協定的無線通訊技術。藍牙能連結多個裝置且同步傳輸，目前藍牙由藍牙技術聯盟(SIG)負責維護其技術標準，這個聯盟擁有超過20,000家公司成員，其成員的領域分布在電信、電腦、網路與消費性電子產品等領域[49]。

藍牙比較熱門的應用為室內定位、行動支付、以及穿戴式裝置等。藍牙4.0版本的出現已打破過去硬體的藩籬，蘋果iBeacon技術透過使用低功耗藍牙技術(Bluetooth Low Energy，也就是Bluetooth 4.0或者Bluetooth Smart)執行室內定位及行動支付功能。iBeacon基地台會發射訊號，用戶只要進入該訊號範圍，用戶端程式便會告知用戶是否要連結。之後iBeacon會回傳與基地台的相對位置，並推播訊息給用戶，若要使用iBeacon付款，只需靠近POS機即可感應並完成結帳。在穿戴式裝置方面，藍牙Bluetooth Smart擁有低功耗的優點，可提高行動智慧型裝置的續航力[50][51][52]。

ZigBee紫蜂通訊

紫蜂(ZigBee)是一種短距離低位元率的無線網路協定，其特性為體積小、功耗低，其傳輸距離約為10公尺至100公尺，傳輸速率理論值為20 Kbits/sec (868 MHz)至250 Kbits/sec (2.4 GHz)，規範所定義的工作頻率為2.4 GHz，中國則採用784 MHz，歐洲868 MHz，美洲及澳洲915 MHz。ZigBee可透過網狀網路(mesh network)、星狀網路(star network)、或樹狀網路(tree network)將數據藉由中介的ZigBee接力傳送至遠方的目的地。Zigbee網路具有自我修復能力，傳送資料時，每個發送的封包送達接收端後會回傳訊息，若發送端未收到回傳訊息，代表數據並未確實送達，發送端將會再重送數據至接收端，此方式使ZigBee數據傳輸之可靠度提高。ZigBee採用128位元對稱式加密，使其具高度安全性，一個ZigBee網路最多有65,535個節點。Zigbee規範採用IEEE 802.15.4標準，ZigBee目前主要由ZigBee聯盟(目前有210個會員)及IEEE 802.15.4小組負責標準之研訂及維護[53]。

ZigBee的應用領域很廣，包括物聯網、家電控制、物件辨識、個人健康照護、工業與環境控制、智慧家庭、無線感測網路、消費性電子、PC週邊產品與感測器等[54]。

ZigBee聯盟已在2015年第四季發佈3.0版本[55]，其優點如下：

1. 更高的傳輸可靠度，利用多重跳接式無線網路(multi-hop mesh networking)，消除單點故障帶來的損害，也擴大網路的覆蓋範圍。

2. 更低的功率消耗，例如門窗感測器的電池可工作七年。

3. 更大的擴展性，可以滿足智慧家庭及智慧城市的需求。

4. 更好的安全性，因使用多種安全機制，例如AES-128加密等機制。

2.4 物聯網應用層技術與相關標準

2.4.1 EPC Global標準

自從美國沃而瑪(Wal-Mart)的倉儲管理系統決定採用RFID後，國內對RFID的熱度可以說是達到了沸點。目前我國政府單位、研究單位與國內廠商皆投入相當多的資源來發展這塊領域，從TAG, Reader硬體製造、Middleware中介軟體、RFID應用系統的開發、製造到協助國內廠商符合Wal-mart規定的RFID驗測中心，國內的RFID產業正在形成並逐步成熟當中[56]。目前的RFID雖然已漸漸應用於供應鏈上，但由於各家公司的規格並不統一，使其仍為企業內的封閉應用，要拓展RFID到企業之外的運用，並且有助於整個供應鏈，必須要有的獨特且標準化的識別物品方式，來搜尋和分享已被識別物品的描述資料；美國麻省理工學院(Massachusetts Institute of Technology, MIT)與統一編碼協會

(Uniform Code Council, UCC) 以及一些學術單位、贊助廠商於1999年共同成立MIT Auto-ID中心(Auto-ID Center)，企圖開發一個結合RFID技術、網路技術、資訊平台的世界性標準，提出產品電子碼(Electronic Product Code, EPC) 架構，在供應鏈系統中，以一串數字來識別特定一項商品，再透過RFID標籤由讀取器讀入，讀取器將這個數字傳送到電腦或是應用系統中的過程稱為物件名稱解析服務(Object Name Service, ONS)。物件名稱解析服務系統會鎖定電腦網路中的定點抓取有關商品的資訊，如同這些商品被生產時即可被追蹤一樣。產品電子碼存放在RFID標籤中，被RFID讀取器讀出後，即可提供追蹤產品電子碼所代表的物品名稱及相關資訊，並立即識別及分享供應鏈中的物品資料，有效率地提供資訊透明度[57]。

EPCglobal簡介

1999年美國麻省理工學院成立了自動識別技術中心(Auto-ID Center)，並且提出了「產品電子碼」的概念後，就與世界上七所知名大學共同組成Auto-ID實驗室(Auto-ID Labs)。2003年10月，Auto-ID中心宣告結束，並移轉EPC的概念，由比利時的EAN國際標準組織(EAN International)與美國的統一編碼協會創建了另一個非營利性國際組織EPCglobal Inc.接手，這也代表著EPC由學術研究進入到商業應用的階段，由EPCglobal負責管理和推廣EPC工作，並且與Auto-ID Labs保持密 合作，使研究機構與使用者之間架起一座溝通的橋樑。

EPCglobal成立的目的是為了推動EPC機制，並且訂定標準規範，使這個機制能在全球廣泛地應用，EPCglobal建立的網路架構又稱為「物聯網(The Internet of Things)」，主要因為它準備利用現有網際網路(Internet)的網路架構，在全球建立起一個龐大的物品資訊交換網路，所有參與流通的物品都具有唯一身份辨識號碼─EPC產品編碼，藉由EPCglobal網路架構配合相關機制，將使具有EPC編碼的物品，在網路上能準確的定位與追蹤，並且為每項物品建立一套完整的電子履歷，使偽造商品(無電子履歷)不能流通，目前反應較熱絡的產業除快速移轉消費產品(Fast Moving Consumer Goods, FMCG)之外，還有健康醫療產業(Health & Life Science, HLS)和運輸物流產業(Transportation & Logistics Services, TLS)[57]。

EPCglobal標準

　　EPCglobal Network(圖2-17)是實現RFID技術所闡述Internet of things願景的具體途徑，讓企業間可以合作，並透過電子方式共享資料。EPCglobal網路之生命週期始於製造商於產品上貼有產品電子碼的RFID標籤(步驟1)，並且於EPC Information Service (EPCIS)中記 產品資料(步驟4)，並記錄於經銷商的EPCIS中(步驟5)，當經銷商的EPCIS新增加了資訊後，便會向EPC Discovery Service (EPCDS)進行註冊(步驟2)，如製造日期、有效日期和製造地點等，每當EPCIS增加了F某些商品的資訊，便會向EPCDS進行註冊，以便後續商品的追蹤(步驟3)；當商品到達供應鏈下個定點時，例如經銷商，此產品電子碼會被讀取及追蹤(步驟6)[57]。

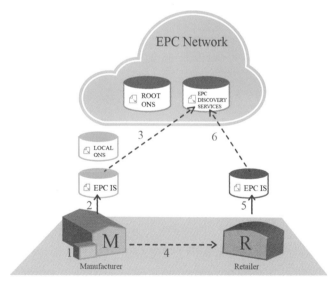

⊃ 圖2-17·EPCglobal網路運作[57]

EPCglobal網路的架構元素

　　EPCglobal網路的RFID技術初階段著重在供應鏈的應用，因此須建構傳遞物件資訊的整體網路，網路主要構成有五個元素：產品電子碼、標籤和讀取器、EPC中介軟體(EPC Middleware)、物件名稱解析服務，以及EPC資訊服務[57]，分項敘述於下：

1. 產品電子碼(Electronic Product Code, EPC)

　　產品電子碼即物件的身分證號碼，以一連串結構化編號用來識別貨物、位置、服務、資產等有形無形的物體，在供應鏈中產品電子碼的應用可參考圖2-18，每一物件都有自己獨一無二的產品電子碼。

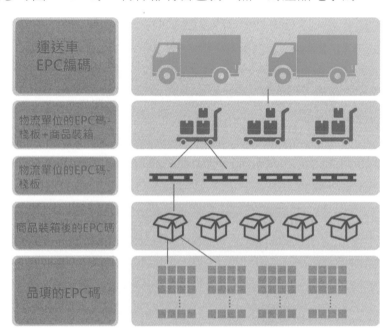

○ 圖2-18 供應鏈中的EPC碼應用[57]

2. RFID標籤與讀取器(Tag and reader)

　　標籤內封裝有晶片以儲存物件獨一無二的編碼，儲存在電子標籤中的最重要資訊就是產品電子碼，藉此可以與資料庫中的大量存儲記錄相聯繫，用以建立包括產品的生產地點、製造日期、有效期限以及應該運往何地等重要資訊。透過標籤內的天線經由讀取器將代表該物件的產品電子碼傳遞出去。RFID的讀取器相當於條碼的掃描器，其可發出無線電波磁場以讀取標籤中之資料，並將之傳遞到現場的系統中或經由網際網路將資料送到遠端的資料庫系統中。

3. EPC中介軟體 (EPC middle ware)

介於讀取器與EPCIS間，主要所負責的任務是將由讀取器傳來的資料做加工、資料傳遞，以及資料過濾等工作，傳送到EPCIS及企業的其他電腦系統。

4. 物件名稱解析服務 (Object name service, ONS)

電子標籤對於一個開放式的、全球性的追蹤物品的網路需要一些特殊的網路結構．因為標籤中只儲存了產品電子碼，電腦還需要一些將產品電子碼對應到相對應之商品資訊的方法，這個角色就由物件名稱解析服務來擔當；它是一個自動的網路服務系統，類似網域名稱解析服務 (Domain Name Service, DNS)。

5. EPC資訊服務 (EPC Information Services, EPCIS)

EPCIS是EPCglobal網路資訊的儲存庫 (Repository)，主要提供商業夥伴間交換EPC相關資料的服務。EPCIS從中介軟體接到讀取的各類資料，將之轉成實體標記語言 (Physical Markup Language, PML) 格式後，儲存在資料庫內，以作為產品查詢、追蹤服務的基礎。在之後的章節會對EPCglobal網路的相關元件做詳細的介紹。

EPCglobal network與Internet的比較

EPCglobal網路又被稱為是Internet2，因此有些觀念衍生於Internet，圖2-19是EPCglobal網路和Internet網路的對照比較圖，從圖中可以藉由Internet的觀念來了解到EPCglobal網路架構。

Internet	EPC Network
DNS	EPC ONS
Search Engine	EPC DS
WWW Server	EPC IS
HUB/ 無線基地台	RFID Reader
IP Address	EPC 碼
MAC Address	Tag's ID
網卡/無線網卡	RFIE Tag 電子標籤
Computers 電腦	Object 物件

⊃ 圖2-19 EPCglobal 網路和 Internet 網路之比較[57]

EPCIS引導之物聯網未來發展

　　EPCIS可配合RFID或條碼之應用，進行下端商業資料之聯結，同時配合上端ONS提供之查詢服務，架構起RFID network，與傳統Internet不同，RFID network更重視資料分層處理以及整合應用，除減少網路傳輸所需頻寬，更由資料串連，整合What, Where, When, Why四項資訊，可實現處理程序得自我辨識，此為物聯網智慧架構實現的初步[56]。

■ 2.4.2 醫療資訊系統及相關標準

　　醫學資訊(medical informatics)數位化一直是近年來醫院發展重要的趨勢，數位化後的資訊提供了更為簡便的資料儲存、處理、交換及重製等優點。為了讓各設備製造廠商或醫院資訊化過程有所依據，數位醫學資訊的標準化成為國際組織重要的研究議題。

　　如圖2-20所示，醫院資訊大致可分為院務管理資訊、病歷資料及醫療器材產出的資料，例如：醫學影像及心電圖等。由於資料型態多元且龐雜，必須有系統地將資料依需求架構成不同的應用系統。目前常用的醫學資訊系統包含專門處理病歷及醫院管理等流程的 HIS (hospital information system)系統；專門處理及儲存醫學影像的 PACS(Picture archiving and communication system)系統；以及放射科 為主的RIS(radiology information system)系統最為常見。其中，由於資料格式上的差異及資料處理的特性，各醫學資訊系統中又分別定義專屬的資料格式。HIS系統常用的**數據標準**為HL7(health level 7)，PACS則以DICOMA(digital imaging and communications in medicine)為主要的資料架構及運作規範。三者之間的協同運作及在醫院內所扮演的角色如圖2-21所示。

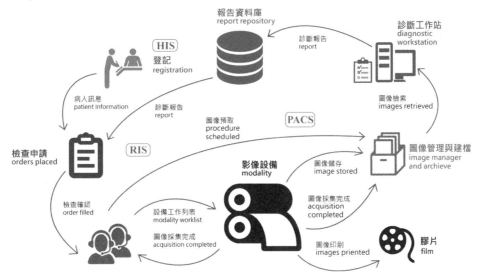

⊃ 圖2-20 各種醫學資訊系統運作示意圖

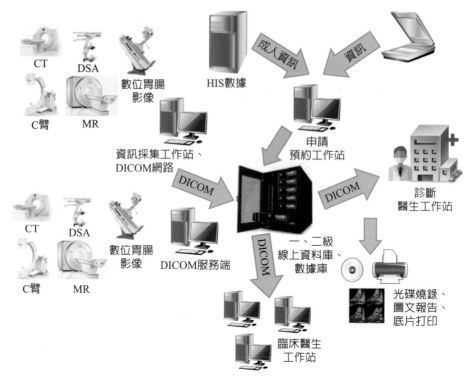

○ 圖2-21 PACS系統架構圖[58]

醫療資訊系統(HIS/RIS)與HL7

　　HIS系統從病人到院掛號、看診、用藥等流程均進行資訊化。所使用資訊交換標準為HL7，是一個專門建立國際健康照護標準的自發性非營利組織所制定。多用於HIS/RIS系統，基於此標準的系統，都能進行數據對接。

醫療影像儲存與通訊系統(PACS)與DICOM

　　PACS是一種專門用來儲存、取得、傳送與展示醫療影像的電腦或網路系統。完整的PACS系統可以由不同的醫學影像器材取得影像，如：超音波(Ultrasound)、核磁共振(MR)、正子斷層掃描(PET)、電腦斷層掃描(CT)、乳房攝影與X光攝影等醫學影像成像醫材。數位化成像醫材通常採用DICOM做為資料交換標準。但由於醫材使用年限較長，醫院內可能同時存在類比輸出的成像醫材以及符合DICOM協定的數位成像醫材。如圖2-21所示，類比輸出成像醫材必須透過影像擷取及DICOM協定閘道器進行格式轉換，符合DICOM協定之醫療器材數位成像醫材則是透過DICOM服務器與整個PACS介接。其中，醫師使用的顯示器及印表機，均需符合DICOM協定，因此常稱為DICOM Viewer及DICOM printer。

醫療數位影像傳輸協定是一組通用的醫學影像標準協定，內含檔案格式的定義及網路通信協定，應用於醫學影像的處理、儲存、列印、傳輸。DICOM是以TCP/IP為基礎的應用協定，並以TCP/IP聯繫各個系統。兩個能接受DICOM格式的醫療儀器間，可藉由DICOM格式的檔案，來接收與交換影像及病人資料。DICOM可以整合不同廠商的醫療影像儀器、伺服器、工作站、列印機和網路設備，使它們都能整合在PACS系統中。

醫療儀器通訊介面與傳送標準(MIB)與IEEE 11073

有鑑於居家用醫療器材種類繁多，各自有不同的連接介面、使用者介面，常造成介接上的問題。為了改善此狀況，CEN、ISO及 IEEE等國際組織共同提出一套關於醫療器材通訊的標準協定(ISO/IEEE 11073)，此標準提供一種開放式的通訊系統，讓不同品牌醫療器材的軟硬體能相互溝通。並由國際聯盟Continua推動ISO/IEEE 11073成為醫療/健康器材通訊標準。如圖2-22 IEEE11073應用示意圖所示，X73的系統架構，不同品牌的Vender所生產的醫療器材可透過X73 Adapter轉換成符合ISO/IEEE 11073規範。

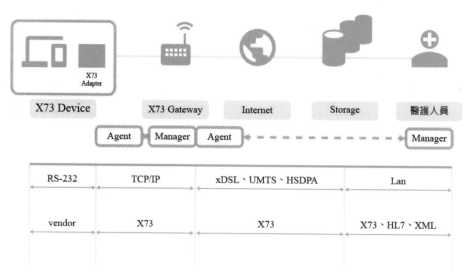

圖2-22 IEEE11073 應用示意圖

圖2-23 ISO/IEEE 11073 協定堆疊[59]

圖2-23為ISO/IEEE 11073的協定堆疊[59]，ISO/IEEE 11073所規範的醫療器材實體通訊介面有RS232C (Serial)、紅外線介面(IrDA)、藍牙(Bluetooth)、USB及Zigbee無線通訊協定。20601則是將各儀器量測到的生理資訊加以編碼。10404則是定義血氧濃度計(pulse oximeter)的資料格式及通訊介面；10407則是定義血壓計(blood pressure)的資料格式及通訊介面；10417則是定義血糖計(glucose)的資料格式及通訊介面；10406則是定義脈搏計(pulse)的資料格式及通訊介面；10405則是定義體重計(weight scale)的資料格式及通訊介面；10408則是定義體溫計(thermometer)的資料格式及通訊介面。

2.4.3 工業無線感測網路傳輸技術標準

隨著無線感測網路(wireless sensor network, WSN)技術的快速演進，在工業領域中採用這種低成本、低功率、安裝容易的無線標準成為了一種趨勢。然而在惡劣的工業環境中，無線通訊非常容易受到干擾。機械運作所產生的電磁波和噪音、其他無線網路像是WiFi的共存、以及障礙物所造成訊號衰減等因素，都會嚴重影響無線通訊的訊號穩定度。通訊網路的可靠度和即時性都是工業環境應用基本且重要的需求，WirelessHART[60]和ISA100.11a[61]等工業無線感測網路標準就是為了能在流程自動化及生產製造中符合這種嚴苛的需求所制定。International Society of Automation之ISA100委員會將工業應用分成0-5等級，依照訊息即時性需求，從最低的第5級到最高的第0級劃分，如表2-3所示。不同等級的應用會有不同的服務品質(quality of service, QoS)需求，延遲時間的要求也會有所差異。現行的工業無線傳輸標準主要目標在非關鍵性控制以及監控的應用(表2-3的等級2~5)[62]。工業無線感測網路(industrial wireless sensor network, IWSN)的彈性、自組網路、低成本、及快速佈建等特性，已經成為工業自動化系統大有可為的技術[63]。

⇒ 表2-3 ISA100 應用等級

種類	等級	應用	描述	
安全	0	緊急操作	總是關鍵性的	訊息即時性需求增加
控制	1	閉迴路管理性控制	經常是關鍵性的	
	2	閉迴路監督性控制	通常非關鍵性的	
	3	開迴路控制	人員參與迴路	
監控	4	通知	短暫的操作(如事件性的維護)	
	5	紀錄及下載/上傳	無須立即操作(如資料蒐集)	

IEEE 802.15.4

IEEE 802.15.4[64]是一種低速率無線個人區域網路(low-rate wireless personal area network, LR-WPAN)標準，致力於提供簡單、低成本的通訊網路。IEEE 802.15.4 標準定義了實體層(physical layer, PHY)及媒介存取控制層(medium access control, MAC)，上層的協定則由使用者自行訂定。其中ZigBee[65]就是WSN最常見的通訊協定，建立於IEEE 802.15.4標準上，且另行定義了網路層及應用層的規範。

◉ IEEE 802.15.4 實體層

IEEE 802.15.4實體層共定義了27個半雙工的頻道，分別運作在868 MHz(頻道0)、915 MHz(頻道1~10)及2.4 GHz ISM頻段(頻道11~26)，如圖2-24所示。資料速率分別為 20 kbps、40 kbps及250 kbps。因運作在免執照的ISM頻段，因此使用直接序列展頻(direct sequence spread spectrum, DSSS)技術來降低同頻段的干擾。PHY層負責無線電收發機的開關、能量偵測、鏈路品質計算、頻道淨空評估、頻道的選擇、以及封包的收發。此外，實體層還負責設備之間無線鏈路的建立、調變及解調變及發射機與接收機之間的同步等工作[66]。

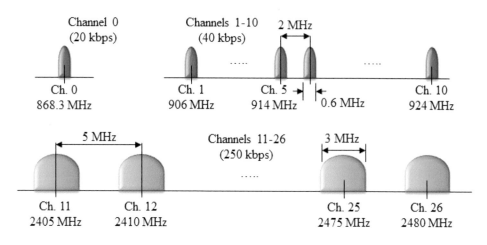

圖2-24 IEEE 802.15.4於868/915 MHz及2.4 GHz頻段之頻道示意圖

◉ IEEE 802.15.4 媒介存取控制層

　　媒介存取控制層提供了共用頻道之間的存取控制，以及可靠的資料傳輸。IEEE 802.15.4 主要利用載波偵測多重存取／碰撞避免(carrier sense multiple access with collision avoidance, CSMA/CA)機制。當有資料需要傳送時，必須先監聽頻道，確認頻道沒人在使用之後再進行傳送，以降低封包發生碰撞的機率[66]。MAC層的特性是信標(beacon)的管理、頻道的存取、保證時槽(GTS)的管理、訊框的驗證、ACK訊框的傳送、及設備的加入與退出[64]。IEEE 802.15.4定義了兩種運作模式，分別為信標啟用(beacon-enabled)模式，以及非信標啟用(non beacon-enabled)模式。在非信標啟用模式下，節點使用非時槽化CSMA/CA協定來進行資料的傳輸。然而在信標模式下，頻道存取的管理則是透過superframe來管理。Superframe的起始是一個beacon封包，緊隨著16個相同大小的時槽[67]，是由個人區域網路協調者(PAN coordinator)所發送如圖2-25所示。Superframe可細分為活動區間與閒置區間[68]，處於閒置區間的節點可以進入休眠模式，而活動區則可再區分為競爭區間(contention access period, CAP)跟免競爭區間(contention free period, CFP)。免競爭區由保證時槽(guaranteed time slot, GTS)所組成，可被網路協調者分配給特定節點，已免除碰撞。

⟳ 圖2-25 Superframe架構

IEEE 802.15.4e

　　工業應用具有關鍵性的需求，例如低延遲、惡劣的工業無線射頻環境所需的可靠度等，都是IEEE 802.15.4無法充分解決的。因此，IEEE標準協會於2012年通過了 IEEE 802.15.4e標準[69]，參考了WirelessHART[60]、ISA100.11a[61]及WIA-PA[70]等工業無線感測網路標準，針對既有 IEEE 802.15.4的MAC層做了一些修改，以符合工業應用的需求。MAC的強化包含了行為模式，以支援特定應用領域，例如流程自動化(process automation)、工廠自動化(factory automation)。除此之外，還包括了通用功能的提升，但不限定在特定應用領域上。MAC行為模式種類如下：

1. **時槽化跳頻(time-slotted channel hopping, TSCH)**：針對像是流程自動化的應用領域。利用時間同步後的通訊與跳頻來達到頻譜和時間的冗餘，以提供網路的穩健性。

2. **低延遲確定性網路(low latency deterministic networks, LLDN)**：針對像是工廠自動化的應用領域。透過分配專屬時槽予LLDN設備來形成一個確定性的系統。在LLDN模式下，傳輸媒介的存取是透過由固定長度superframe所定義的分時多工(time division multiple access, TDMA)方案。

3. **確定性與同步的多頻道擴充(deterministic and synchronous multi-channel extension, DSME)**：針對一般的工業應用以及商用的應用。DSME模式於兩個面強化了IEEE 802.15.4，分別為GTS時槽數

量的延伸，能以確定性的網路延遲來涵蓋多跳式網狀網路，以及支援頻道多樣性之頻道數量的使用。

4. **射頻識別一瞥(radio frequency identification blink, BLINK)**：針對像是物品和人員的識別、定位、追蹤等應用領域。此模式提供了設備在加入網路之前，與其他設備進行ID和資料溝通的方式，而且不需要ACK。

5. **非同步多頻道匹配(asynchronous multi-channel adaptation, AMCA)**：針對大型基礎設施應用領域。在大型、不同地理位置的網路裡，時有使用單一頻道的佈建，卻無法連結到網路內所有設備的情形。因頻道品質落差大，而且不對稱的鏈路品質常發生在鄰近的兩個節點上，造成節點無法正常接收另一方所傳送的訊息。AMCA模式就是爲了此情境所制訂。AMCA模式使用在非信標啓用的個人區域網路內。

WirelessHART與ISA100

1. WirelessHART

於2007年所發表的WirelessHART[60]是工業流程控制的第一個無線標準[71]。WirelessHART是一種運作在2.4 GHz ISM頻段上的安全網路標準。底層基於IEEE 802.15.4實體層，定義了新的資料鏈結層、網路層、傳輸層及應用層。WirelessHART採用分時多工(time division multiple access, TDMA)技術，所有設備必需進行時間同步，並在使用事先排程好的10 ms固定長度時槽進行通訊[62]。TDMA可以降低封包碰撞發生的機率；由於設備只需在其所分配到的時槽醒過來，其他時間則進入休眠狀態，因此可以減少電源的消耗。使用跳頻(channel hopping)技術，並且透過頻道黑名單機制來過濾干擾嚴重的頻道，以提升通訊的可靠度。WirelessHART是在原有Highway Addressable Remote Transducer (HART)有線傳輸協定加入了無線的功能，所以能相容於有HART設備。在工業無線感測網路標準當中，WirelessHART是唯一完整具體說明應用層的協定[63]。

2. ISA100

ISA100是國際自動化協會(International Society of Automation, ISA)的成員之一，負責制訂無線自動化系統的相關標準，其焦點在於成為工業無線標準之一，涵蓋各種不同應用，例如流程應用、資產追蹤和識別等[62]。ISA100.11a[61]是ISA100於2009年所發表的第一個標準，旨在於為非關鍵性控制以及監控應用提供一個安全與可靠的無線通訊[72]。ISA100.11a與WirelessHART一樣是基於IEEE 802.15.4實體層，運作在2.4 GHz頻段上。MAC層則採用混合模式，結合了TDMA及CSMA/CA機制。ISA100.11a的可變長度時槽為不同需求之系統提供了更高的彈性。跳頻與頻道黑名單機制有助於確保無線通訊的避免干擾。有別於WirelessHART使用的單一跳頻模式，ISA100.11a支援三種跳頻模式，分別為：時槽化跳頻，每次跳頻使用一個時槽；慢跳頻，使用多個時槽之後再進行跳頻；以及結合前兩項的混合式跳頻。ISA100將傳統OSI模型中的網路層下推到資料鏈結層，取而代之的是可以在 IEEE 802.15.4網路中支援IPv6的6LoWPAN[73]協定。ISA100.11a可透過穿隧技術(tunneling)混用於PROFIBUS、Modbus、HART等既有之有線網路協定。

■ 2.4.4 車輛間通訊(Vehicle-to-Vehicle)協定

車載資通訊(Telematics)是結合車用電子、網路通訊之應用整合技術，以提升交通運輸安全與品質為出發點，建構智慧型運輸系統(Intelligent Transport System, ITS)，世界各國無不積極投入相關資源推動車載資通訊之發展，降低因交通意外或運輸壅塞造成之國家成本，進而達成節約能源。隨著物聯網的蓬勃發展，智能車(Smart Car)或連網車(Connected Vehicle)亦成為萬物聯網不可或缺的一角[74]，連接網際網路(Internet)不僅能改善行車安全，亦可進一步提供各式各樣的車內娛樂(In-Vehicle Infotainment, IVI)，引發另一波產業商機，包含：多媒體影音服務(Multimedia Audio/Video Services)與車用導航系統(Automotive Navigation System)。

綜觀車載通訊系統的組成，包含：(1)車上機(On-Board Unit，OBU)與(2)路側單元(Road-Side Unit，RSU)，車上機負責車輛與外界的通訊功能，考量行車安全，目前車上機是獨立於行車控制之外，換言之，車上機不負責車內控制元件間的通訊；另一方面，路側單元(RSU)負責提供經過車輛連接網際網路的通訊功能。依據車載通訊系統的組成[75][76]，可將通訊模式分成以下四種：(1)車內通訊(In-Vehicle Communication)：乘客隨身裝置與車上機之間的通訊，涵蓋範圍僅限於車輛內部空間，目前常見的通訊技術為藍牙(Bluetooth)，多用於免持聽筒或多媒體娛樂；(2)車路通訊(Vehicle-to-RSU (V2R) Communication)：車上機與路側單元之間的通訊，涵蓋範圍約在1公里內，目前常見的通訊技術包含：微波(Microwave)、紅外線(Infrared)以及Dedicated Short Range Communications (DSRC)，通訊特點是車上機會隨車輛移動、路側單元則是固定位置，因此，目前多用於電子收費(Electronic Toll Collection, ETC)、定點資訊上/下載…等；(3)車間通訊(Vehicle-to-Vehicle (V2V) Communication)：車上機與車上機之間的通訊，涵蓋範圍約在1公里內，和車路通訊的不同點在於車輛皆保持移動，且需要雙向傳輸，目前主要通訊技術為DSRC，可用於碰撞警示(Collision Warning)、緊急車輛接近警示(Emerging Vehicle Warning)、交通路況警告(Traffic Condition Warning)…等；(4)車外通訊(Vehicle-to-Infrastructure (V2I) Communication)：車上機與網際網路之間的通訊，涵蓋範圍最廣，從幾公里到幾百公里，目前常見的通訊技術包含：3G/4G電信網路(Cellular Network)、微波存取全球互通(Worldwide Interoperability for Microwave Access, WiMAX)，可讓車上機或車內乘客取得各種網路服務。

根據以上通訊模式，在車載網路通訊協定的發展上，可運用於車路通訊(V2R Communication)與車間通訊(V2V Communication)的DSRC通訊協定最為熱門[77]，其中，美國方面是由美國材料和試驗協會(American Society for Testing and Materials, ASTM)依照IEEE 802.11a為基礎，依照車載網路環境的需求，制定出IEEE 802.11p作為實體層(Physical Layer)與媒體存取控制層(Media Access Control (MAC) Layer)的網路協定，隨後由電機電子工程師學會(Institute of Electrical and Electronics Engineers, IEEE) 1609工作群組(Working Group)以IEEE 802.11p為基礎，制定一系列上層的網路協定組(Protocol Suite)，故IEEE 802.11p與1609網路協定組又合稱為Wireless Access in Vehicular Environments (WAVE)。另一方面，歐盟方面則是由Car 2 Car Communication Consortium (C2C-CC)為主導，參考IEEE 802.11p修改成適合歐洲的版本，至於上層網路協定組則由C2C-CC自行制定。以IEEE 802.11p為基礎的DSRC通訊協定的特點在於其低延遲(Low Latency)，考量車輛行駛過程環境變化與駕駛反應時間，為達到行車安全以避免交通事故發生，大多數應用所要求的資訊傳遞延遲時間低於0.1秒，而現行之2.5G/3G電信網路以及微波存取全球互通(WiMAX)約在1.5秒以上、IEEE 802.11以及藍牙(Bluetooth)網路約在3秒以上，而IEEE 802.11p約可達到0.002秒的低延遲時間。

除了底層低延遲之DSRC通訊協定以外，目前在車載通訊上仍需解決數個議題，首先，車輛間使用DSRC通訊協定與其他車輛或路側單元可動態組成一車輛隨意網路(Vehicular Ad-hoc Network, VANET)[78][79]，換言之，車輛可以與鄰近(範圍內)的其他車輛直接建立DSRC通訊，而每一車輛具有路由(Routing)功能，故同屬一個車輛隨意網路(VANET)的非鄰近成員車輛可透過多點跳躍(Multi-hop)連接，由於車輛具不斷改變其地理位置之特性，故車輛隨意網路必須解決如何維持動態拓撲(Topology)之議題；其次，一旦動態拓撲(Topology)決定後，則必須解決內部成員之間的路由以及轉送(Forwarding)演算法，目前在路由部分大多將車輛地理位置納入考量，在轉送(Forwarding)部分大多將封包優先權納入考量；再者，即使同屬一個車輛隨意網路其成員車輛也會因路況而造成車間通訊品質，在無法預測流量負載或有效頻寬情況下，如何維持服務品質(Quality of Service, QoS)或建構延遲容忍網路(Delay Tolerant Network, DTN)，將會是另一研究議題；最後，車輛隨意網路可能因交通路線而達成位置預測，然而，各成員車輛之間的通訊仍需注意相關網路安全(Security)以及隱私權(Privacy)等相關議題。

▶ 2.4.5 機器間通訊(Machine-to-Machine)協定

隨著高速寬頻網路的廣布，各種資通訊(ICT)應用服務已逐漸融入現代人日常生活當中，特別是無線行動通訊技術的不斷進化，搭配智慧型手機(Smart Phone)、平板電腦(Tablet PC)，乃至於新一代的穿戴式裝置(Wearable Device)的推陳出新，強調萬物聯網的「物聯網(Internet of Things, IoT)」時代，促使原先以人對人(Human-to-Human, H2H)為核心的網路通訊技術面臨新一波的挑戰，近期機器對機器(Machine-to-Machine, M2M)無線通訊技術已逐漸受到矚目，廣義的機器對機器(M2M)通訊是指毋須人工介入，機器之間可達成自主化相互溝通與交換資訊[80]，然而，目前的網路通訊協定的設計仍考慮到人的相關行為與需求，舉例來說，在無線網路的媒體存取控制層(MAC)中，當無線裝置欲送出資料前，必須先確認是否有其他裝置正在使用，若有其他裝置正在存取，則必須隨機等待一段時間後再次檢查，其中，隨機等待的時間其目的就是考量人的使用行為特徵，藉由隨機產生等待時間，將可錯開不同裝置使用無線網路的時機，然而，此一機制設計面對物聯網中大量無線感測設備可能在同一時間點存取網路，將可能造成網路使用率(Utilization)下降，影響網路效能，故機器對機器通訊對於物聯網的未來發展將會是不可或缺的一環。

狹義的說，機器對機器通訊的定義為負責收集資料的裝置可將資訊利用有線(Wired)或無線(Wireless)網路自動傳遞至遠端的伺服器或雲平台(不需要仰賴人工參與)，供人或其他裝置計算處理或加值服務，因此，機器對機器通訊強調透過網路通訊技術實現人與機器之間的智能化與無縫接軌，已有相關產業導入機器對機器通訊技術[82][83]，例如：在智慧電網(Smart Grid)產業方面，整合機器對機器通訊技術於電力監控、管理與控制，使用智慧電表(Smart Meter)自動收集與監控家電(Home

Appliance)耗電情況，並透過家庭網路(Home Network)集中統一將電力消耗資料匯流至遠端電力公司，或者，提供使用者遠端控制家電的開關，減少不必要的電力消耗；在健康照護(Healthcare)產業方面，整合機器對機器通訊技術於老人或慢性病患者的長期照護，讓老人或患者穿戴生理訊號(Bio-signal)感測裝置，長期監控與追蹤老人或患者生理變化，遇到生理指數緊急變化，可以第一時間聯絡急救單位，若生理指數穩定，亦可減少老人或患者頻繁前往醫院檢查。除此之外，機器對機器通訊亦可應用於行車安全、自動化生產、工廠管理、智慧建築…等諸多產業之上。

　　如前述之產業應用現況，利用機器對機器通訊所匯集的網路流量之特性不同，譬如：短期(short-term)、突發(burst)的流量或週期性(Periodic)、遙測(Telemetry)的流量，故目前機器對機器通訊技術與協定多實現於獨立的垂直系統(Vertical System)，欠缺水平(Horizontal)方向異質整合的標準，因此，智慧物件網路協定聯盟(Internet Protocol for Smart Objects (IPSO) Alliance)致力於推動相關機器對機器(M2M)通訊的協定標準，其中歐洲通訊規範委員會(European Telecommunications Standards Institute, ETSI)制定機器對機器通訊的功能架構(Functional Architecture)[81][84]，依照設備可分成三部分：(1) M2M裝置(M2M Device)：具有M2M服務能力(Service Capacity)與負責執行M2M應用程式(Application)、(2) M2M區域網路(M2M Area Network)：負責串連M2M裝置與M2M閘道器、以及(3) M2M閘道器(M2M Gateway)：雷同M2M裝置，但具有代理伺服器(Proxy)功能，可提供其他裝置連接並取得M2M服務，此功能架構亦制訂核心網路功能(Core Network Functionality)、網路管理功能(Network Management Function)與M2M管理功能(M2M Management Function)。

更進一步，網際網路工程任務小組(Internet Engineering Task Force, IETF)先後成立IPv6 over Low power WPAN (6lowpan)、Routing Over Low power and Lossy networks (roll)、Constrained RESTful Environments (core)等工作群組(Working Group)，首先，6lowpan工作群組主要制定一調適層協定(Adaption Layer Protocol)，負責讓IEEE 802.15.4協定上可運行IPv6協定，由於IEEE 802.15.4與IPv6的封包大小差異甚大，因此，6lowwpan工作群組制定Packet Fragmentation、Header Compression與Optimized Neighbor Discovery機制；其次，roll工作群組針對類似IEEE 802.15.4的Low Power and Lossy Network (LLN)制定相關路由(Routing)協定；最後，core工作群組考量感測元件的運算、儲存與電量受限制，故針對感測元件制定輕量化(Light-Weighted) Hyper-Text Transfer Protocol (HTTP)，稱為Constrained Application Protocol (CoAP)，使得感測元件可以使用RESTFul API進行存取與控制。

▶ 2.5 物聯網應用實務與面臨之挑戰

■ 2.5.1 物聯網與智慧醫療照護

近年來，遠距照護服務的發展可說是高齡化及少子化趨勢下的重要議題。透過科技的輔助，不僅照護人力得到最佳化安排，也使得被照護者獲得更好的服務品質。為了瞭解受照護者的身心狀態進而規劃最適當的照護服務，即時生理訊號的量測成為重要的核心技術。而加入物聯網的概念，使得相關的健康資訊可隨時傳遞到照護者或資料中心進行分析，更將照護服務推廣到無所不在(Ubiquitous)的照護情境，一般稱之為「智慧醫療照護」。

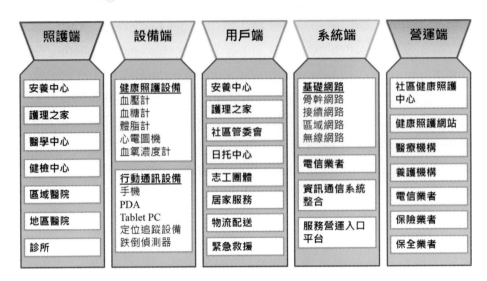

● 圖2-26 醫療照護服務產業示意圖

　　圖2-26所示，智慧醫療照護是跨領域的服務系統，包括照護端、營運端、系統端及設備端與用戶端各種角色的連結。而主要的應用場域又分為「智慧化居家/社區健康照護服務」、「智慧化機構照護服務」及「智慧化醫療院所」等。所涉及的產業分工及專業智能的投入，均是服務體系是否能自主運作重要的議題。物聯網所具備的即時資訊傳輸能力，讓上述應用服務更具可實現及完整性。例如：所有設備端醫療器材均具有連網能力，即時將用戶端的訊息傳送到數據中心，進行最佳化照護規劃，達到真正的「無所不在」照護服務。

　　圖2-27所示，為一「智慧化居家/社區健康照護服務」案例，透過在家/社區的醫療器材量測被照護者生理訊號，並透過視訊對話，讓受照護者與醫療院所專業護理人員對話，可減少舟車勞頓到院看診的辛勞。

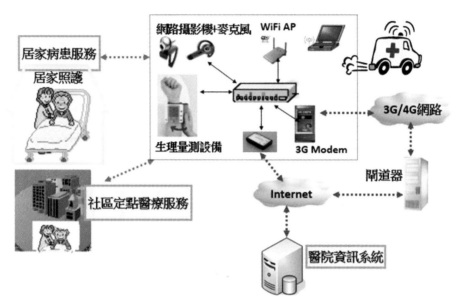

➲ 圖2-27「智慧化居家/社區健康照護服務」案例

2.5.2 物聯網與智慧雲端健康管理

近年來，穿戴式裝置從計步、睡眠等基本功能，陸續增加心率及情緒、疲勞、血壓等生醫加值應用，使得穿戴式裝置應用從自主健康管理慢慢走向行動醫療照護的應用。如圖2-28所示，生理訊號量測(Vital Signal measurement)的精確度及穩定度一直是能否成為醫療應用重要的指標，由於穿戴式裝置的使用並未限制使用者必須在靜止狀態下量測生理訊號。因此，身體產生的肌電訊號(EMG)以及晃動產生的接觸雜訊，成為穿戴式裝置必須克服的雜訊干擾議題。長久以來，量測生理訊號後，透過閘道器(Gateway)或資料收集器(Data Collection)將資料轉傳到雲端(Cloud)平台或網站，並進行數據分析(Data Analysis)，一直是資通訊領域努力展示的平台架構。長期累積的Big data仍必須進行應用端分析(Application)及提出有效的服務(Service)，方能讓使用者有感。因此，不同應用領域的專家必須投入(例如：運動教練、醫師或營養師等)方能解譯Big data所代表的意義。這也是目前穿戴式服務體系需努力建構的一環。

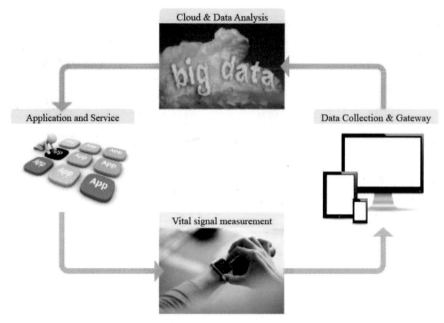

◐ 圖2-28 穿戴式裝置服務體系架構圖

　　穿戴式裝置可以透過各種生理、健康及環境的感測資料擷取，讓使用者在行動過程中達到更即時的智慧化與便捷化。透過在光容積(PPG)感測器、心電圖(ECG)感測器、三軸加速度(G值)感測器、陀螺儀感測器…等，偵測人體參數變化，藉著演算法處理後，可以獲得心率、血氧、血壓、步數(卡路里消耗)、疲勞偵測、情緒狀態、睡眠品質等多種健康參數，再利用後端加值服務與雲端服務之連結，形成「智慧雲端健康管理」服務體系。

　　如圖2-29所示，穿戴式應用服務所牽涉的專長領域頗多，非單一廠商所能完整建構。因此，必須以生態體系(Eco-system)方式說明垂直整合的分工。其中，感測器(Sensoring)部分必須增加各種物理量的擷取(例如：多軸慣性感測器、汗液生化感測器及環境感測器等)。透過各種感測器的研發，並以微機電技術微小化及低號電設計，方能應用於穿戴式服務。這也是目前相對艱難的前瞻議題。

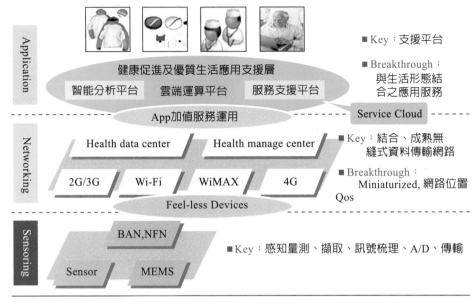

■ Key：支援平台

■ Breakthrough：
與生活形態結
合之應用服務

■ Key：結合、成熟無
縫式資料傳輸網路

■ Breakthrough：
Miniaturized, 網路位置
Qos

■ Key：感知量測、擷取、訊號梳理、A/D、傳輸

Application

健康促進及優質生活應用支援層

智能分析平台　　雲端運算平台　　服務支援平台

App加值服務運用　　　　Service Cloud

Networking

Health data center　　　Health manage center

2G/3G　　Wi-Fi　　WiMAX　　4G

Feel-less Devices

Sensoring

BAN,NFN

Sensor　　MEMS

➲ 圖2-29 穿戴式智慧雲端健康管理應用服務垂直整合示意圖

2.5.3 物聯網與智慧家庭(IoT and Smart House)

　　除了電腦與網路外，資通訊科技還能為人類生活帶來哪些助益？隨著IT技術成熟，人們開始思考如何運用科技提高生活品質，智慧家庭便是墊基在此思惟下的產物，也藉此將物聯網與智慧家庭連結。智慧家庭，根據維基百科的定義，乃是將各種家庭自動化設備，利用網路系統之連結，使其發揮整體性高效率之服務功能，以確保居家之安全、居住環境之健康及生活之便利，並提供舒適之生活品質，創造人性化之居住環境 [85]。

　　住宅類建築是以居住用途為目的，提供安全便利、健康舒適的居家環境為訴求，以滿足現代生活需求為導向，因此應用科技產業發展的技術，建構因應生活需求的智慧化住宅為現階段住宅建設的必然趨勢。從技術面來看，智慧家庭又可稱之為家庭自動化，以自動控制技術為基礎，發展出涵蓋安全監控、居家照護、便利舒適、及節能環保的不同應用模式。而建構這些功能，則須仰賴各種資通信與新服務技術，透過基

礎設施平台，進行整合及妥善管理維運，方能發揮具體功效，以提昇居住空間品質，達成住宅智慧化之目的。

自動化系統-智慧家庭之首要功能

所謂家庭自動化系統乃是利用微處理電子技術，集中管理與自動控制家中的電器產品及系統，例如照明燈、電視、保全系統、空調、視聽音響等，其系統由前端控制系統和後台控制主機組成，使用者經由前端下達控制命令，再透過後台控制主機來驅動各項設備。因此，相較於早期對數位家庭的定義，智慧家庭的範疇更能符合智慧居家生活的應用情境，儘管數位家庭不等同於智慧家庭，但是數位家庭過去打下的ICT基礎建設，將使得近年來熱門的智慧家庭概念得以快速被實現[86] [87]。

家庭自動化不只控制主機的形態多元，就連前端控制介面也有許多不同選擇，最常見的就是嵌入在牆面內的LCD面板，經由RS-485與乙太網路線串連控制主機，使用者在控制面板下達指令，控制主機收到後才會對設備執行命令。除了牆上的控制面板外，通常還有1台手持式搖控器，經由紅外線、Zigbee、Wi-Fi等無線技術，將訊息傳送至控制面板。此外，網路技術的成熟，也為使用者提供遠端操控的便利性，只要透過手機、PDA、筆記型電腦連上網路就能控制室內設備，住戶在回家前，可以先行啟動空調、燈光、或其他家電設備，增添生活中的便利舒適[86]。

智慧家庭產品與應用案例

1. 智慧家居系統與物聯雲連線平臺

廈門大洋通信(Netvox)，基於ZigBee無線傳輸與IEEE 802.15.4網路協定開發的全新智慧家居系統，未來可應用於各種家庭及工業自動化，提供包括像是門鈴、門鎖、安全監控及警報器等自動化功能應用，如圖2-30(a)所示，物聯智慧公司ThroughTeK提出一套IOTC物聯雲連線平臺，採用P2P連線可快速和物聯網設備互連，像是提供居家溫度調控、環境監控、燈光、窗簾控制等，如圖2-30(b)所示[88]。

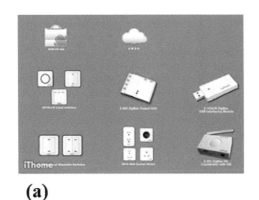

(a)

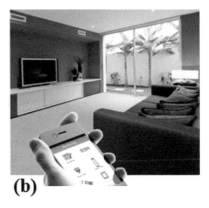

(b)

○ 圖2-30 智慧家居系統與IOTC物聯雲連線平臺[88]

2. 家用智慧平臺的物聯網控制盒

金磚通訊開發家用智慧平臺的物聯控制盒，可經由Wi-Fi和家中產品裝置相連，像是可用來自動開關電視、門鎖也能作為警報器感測，甚至經由ZigBee無線傳輸也能提供更全面的物聯應用，如圖2-31(a)所示。優網通推出的物聯網控制盒，提供各種訊號聯結和通訊埠，可以與各種家電設備透過網路聯結並控制。例如，警報系統可以讓家庭具有防盜功能，還可將感測器、開關等多種標準末端設備連接到乙太網路設備。如圖2-31(b)所示[88]。

(a)

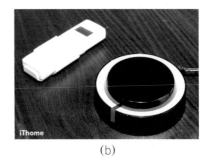

(b)

○ 圖2-31 物聯網控制盒[88]

3. 智慧健康手環

OAXIS STAR.21穿戴式手環主打健康功能，透過與手機同步可用於提供各式健康資訊，像是計步、心跳、血壓、卡路里以及睡眠狀況等，作爲使用者的健康管理之用。如圖2-32所示[88]。

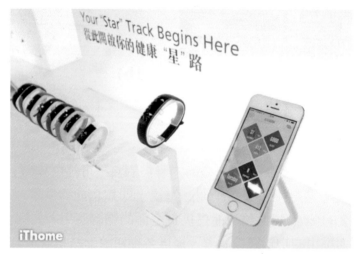

➲ 圖2-32 智慧健康手環[88]

智慧家庭發展的未來趨勢

如前所提，智慧家庭的應用模式分成安全監控、健康照護、便利舒適、及永續節能四種，從這些實際案例及市場需求來看，目前，智慧家庭的應用主要集中在安全監控、遠端控制、及健康照護等層面上。整體而言，在居家環境需求項目中，安全及健康爲優先考量的兩個項目，其次則爲舒適與便利性，最後才是娛樂、環保、及節能，除了需求性考量外，價格亦爲重要的評估因素[86] [87]。

2.5.4 物聯網與智慧城市(IoT and Smart City)

　　智慧城市是把新一代信息技術充分運用在城市的各行各業之中，基於知識社會下一代創新(創新2.0)的城市信息化高級形態，實現信息化、工業化與城鎮化深度融合，有助於緩解「大城市病」，提高城鎮化質量，實現精細化和動態管理。關於智慧城市的具體定義比較廣泛，目前在國際上被廣泛認同的定義是，智慧城市是新一代信息技術支撐、知識社會下一代創新(創新2.0)環境下的城市形態，強調智慧城市不僅僅是物聯網、雲計算等新一代信息技術的應用，更重要的是透過知識社會的創新2.0的方法論應用，構建用戶創新、開放創新、大眾創新、協同創新為特徵的城市可持續創新生態[89]。

　　智慧城市通過在人力和社會資本，以及在交通和信息通訊基礎設置上的投資來推動可持續經濟增長和提高生活質量，並且通過參與式的管理對上面的資源及自然資源進行科學的管理。一些智慧城市建設的先行城市也越來越突出以人為本的可持續創新，比如歐盟啟動了面向知識社會創新2.0的Living Lab計劃，致力於圍繞市民需求將城市建設為各方共同參與的開放創新空間，比如維也納大學對城市體系評價的六個指標，即智慧的經濟、智慧的運輸業、智慧的環境、智慧的居民、智慧的生活和智慧的管理等六個方面。目前，智慧城市的建設是信息技術、都市計畫等領域的熱點問題。IDC(Internet Data Center)定義了一個智慧城市發展成熟模型，將智慧城市分成3個等級，如表2-4所示，第一級是透明化政府，重視線上開放資料，跨政府部門間的部分合作，開始倡導低碳、節能、提供市民和企業少許e化服務等。第二級是參與性政府，政府開始在線上分享有價值的資訊，開始推動智慧建築、建置智慧交通平台、打造整合式監控系統、提供豐富的e化服務平臺。而第三級政府則成為包容性的政府，能位民眾或企業量身打造提供資訊，廣泛採用零耗能建築、低碳交通普及化、導入整體智慧網路、提供可預測性的安全、能源與服務平臺等[90]。

▶ 表2-4 智慧城市發展成熟模型

	第3級 連結期	第2級 整合期	第1級 分散期
政府	●具包容性 ●量身打造主動提供的資訊 ●利益關係者為中心的合作機制	●參與性政府 ●線上分享有價值的資訊 ●跨部門合作	●透明化政府 ●線上開放資料 ●政府部門間具限制的合作
建築物	●廣泛採用零耗能建築	●增加智慧建築滲透率	●強化建築的能源使用標準
交通	●普及私有/公有的低碳交通應用	●建置智慧交通最佳化平臺	●解決交通阻塞相關應用 ●提倡低碳交通工具
能源與環境	●可操控的整體智慧網路 ●普及的專業消費主義（prosumerism）	●整合的智慧測量工具與感測器 ●增加共享的再生能源 ●消費者參與計畫	●導入部分智慧感光、智慧電網等科技 ●使用部分再生能源 ●減少放射線計畫
服務	●預測性的安全、能源與服務連接平臺普及化	●整合監控與控制系統 ●豐富的e化服務平臺	●為公共安全提供一些整合監測與控制系統 ●已提供市民與企業些許e化服務

▶ 2.5.5 物聯網與智慧工廠(IoT and Smart Factory)

　　過去無交集的工控領域與IT領域，在物聯網時代開始對話。為了實現「智慧工廠」，物聯網利用感測器取得資料，加以分析後找到各種關聯應用，背後蘊藏的技術關鍵就是大數據[91]。人類歷史的幾次工業革命包含：「工業1.0」指的是在1784年，由勞力轉為機械重點是勞動力的改變，稱為第一次工業革命。「工業2.0」指的是在1870年開始使用電力，重點是生產設備動力的改變，稱為第二次工業革命。「工業3.0」指的是在1960年發展出可程式邏輯控制器，並把多種資訊科技之技術導入應用於生產線，成為不可缺乏的生產元素之一，稱為第三次工業革命。「工業4.0」則是由德國政府於2012年推動的高科技戰略(High-Tech Strategy)，而在2009年時，美國也宣布推動「再工業化」政策，未來將透過傳統產業現代化升級和創新，來重振美國本土工業[92]。這些皆起因於歐美主要國家針對製造業振興、製造業回流等國家需要，陸續提出先進製造、智慧製造等概念之推動政策，主要是將物聯網及網路通訊技術全面導入於生產過程與企業經營，使產品、設備、企業間之數據與資訊可以高度虛實整合與應用，因而將此稱為第四次工業革命。根據德國的工業4.0報告，未來的智慧工廠在每個生產環節、每個操作設備都具備獨立自主的能力，可自動化完成生產線操作。且每個設備都能相互溝通、即時監控周遭環境，隨時找到問題加以排除，也具有更靈活、彈性的生產流程，因應不同客戶的產品需求[93]。

相對於目前製造業的工廠發展現況，若要從現有製造工廠進化為智慧工廠，則需要「巨量資料與雲端運算、虛擬工廠設計與自動化系統整合、物聯網裝置與系統、智能裝置與系統、機器人與機器手臂」等五大關鍵領域同步發展，並高度結合與整合，才能使製造工廠正式進化為智慧工廠。所謂工廠之「智慧化」，是指該工廠具有「可自主調整廠區與產線之產能配置、可自主調整上下游供應配送、可自主優化生產環境之資源與能源配置、可輔助人員正確完成各種操作與組裝、可即時逆向追蹤生產進度與履歷」等特色。綜合各個主要國家對先進製造之想法，智慧工廠應用ICT(Information and Communication Technology)、硬體軟體與系統整合技術，使工廠生產行為具有感測聯網、資料蒐集分析(Big Data)、人工智慧(Artificial Intelligence, AI)、虛實系統整合(Cyber Physical System, CPS)，且可進行人機協同作業等特色[92]。而網通電器與電信的整合也可降低進入智慧工廠的門檻，2013年由英特爾、思科、GE、IBM及AT&T等網通、電器及電信大廠，共同組成的工業網路結盟(Industrial Internet Consortium, IIC)，更打算透過建立一套開放互通標準的工業物聯網智慧系統，將未來所有智慧型設備、工業機器、人員、流程與資料通通連結在一起，來降低未來工業應用和流程，所需花費的人力時間和操作複雜度[91]。

　　未來各類的產業將慢慢會走向智慧工廠，而大資料分析對於產業發展智慧工廠則扮演關鍵的角色。透過大資料分析，機器設備可以自己學習、分析與決定，只是其決定的能力，是透過大資料分析不斷從大量資料中學習，然而，要從大資料開始朝向智慧工廠，資料分析開發和應用軟體與人才是重要關鍵之一。當萬物互連，工廠設備得以互相對話，製造流程變得更有效率，意味著「少量多樣」、「客製化與速度」的時代來臨了。產業如何藉此機會由代工業走到前端，直接與市場連結，成為小而美、能根據市場靈活應變的製造業，在工業4.0時代才有可能成為贏家[91]。

問題討論

1. 請定義何謂 IoT？

2. IoT 的基本三層協定層架構為何？

3. 請簡述 RFID 有何優點？

4. 請簡述被動式 RFID 的工作原理？

5. 請簡述主動式 RFID 的工作原理？

6. 本書中提到可運用於 WSN 之通訊技術有哪些？

7. Wi-Fi 的 Infrastructure mode 和 Ad Hoc mode 有何差異？

8. 請簡述 M2M 或 D2D 的系統組成架構。

9. 試比較 ZigBee 和 Bluetooth 的差異。

10. ISO/IEC 18000-7 規範是應用在哪項無線通訊技術的標準？

11. 請描述 EPC Global 成立的背景。

12. 請描述 EPC Global 的網路運作。

13. 請比較 EPC Global network 與 Internet 的差異。

14. 請列出 EPCglobal 網路的主要構成元素。

15. 請簡述何謂醫療資訊系統？

16. IEEE 802.15.4 的媒介存取採用哪一種協定？並請簡述其基本原理。

17. 何謂家庭自動化系統？

18. 試列出智慧家庭應用案例。

19. 試描述智慧城市發展的模型等級。

20. 試描述四次工業革命的主要內容。

21. 試描述智慧工廠主要的應用內容。

22. 物聯網的應用不勝枚舉，你可以想像一些本章末提到的應用情境嗎？

參考文獻

[1] 李達生、翁仲銘、彭永新著，物聯網核心技術、原理與應用，前程文化事業，2012年。

[2] Lee, Edward (January 23, 2008). "Cyber Physical Systems: Design Challenges," University of California, Berkeley Technical Report No. UCB/EECS-2008-8.

[3] Omar Said and Mehedi Masud, "Towards Internet of Things: Survey and Future Vision," International Journal of Computer Networks (IJCN), Volume 5, Issue 1, pp.1-17, 2013.

[4] 低功耗與感測技術為穿戴電子技術核心：http://www.digitimes.com.tw/tw/dt/n/shwnws.asp?cnlid=13&packageid=8379&id=0000374029_UQZLYOKW3E3AYL8KVHE6C&cat

[5] Sensors: Different Types of Sensors: http://www.engineersgarage.com/articles/sensors

[6] A Sensor Classification Scheme: http://ijlalhaider.pbworks.com/w/file/fetch/64130986/A%20Sensor%20Classification%20Scheme.pdf

[7] 加速規原理：http://www.ni.com/white-paper/12/zht/

[8] 速度與加速度感測器實驗設備G28/EV：http://www.me.lhu.edu.tw/~sdchen/SensorLab/G28.pdf

[9] RGB色彩感測器的技術與應用：http://www.compotechasia.com/a/ji_fen_/_ziji_/gan_ji_0/2006/0918/7529.html

[10] Li, Larry. "Time-of-Flight Camera–An Introduction." Texas Instruments-Technical White Paper (2014).

[11] TI, Introduction to the Time-of-Flight (ToF) System Design, 2013.

[12] 范仁志，"富士通結合醫療--發展醫療雲端系統，" 25 12 2014. [線上]. Available: http://www.digitimes.com.tw/

[13] 嚴思涵，"三星Bio-Processor研發完成　進軍手機及穿戴裝置市場，" 22/12/2014. [線上]. Available: http://www.digitimes.com.tw/

[14] 陳思齊，"啟動穿戴裝置時代　智慧襯衫等創新產品搶眼，" 16 12 2014. [線上]. Available: http://www.digitimes.com.tw/

[15] S. Middelhoek and S.A. Audet, Silicon sensors, Academic Press, (1989), pp.249-286.

[16] P. Hauptmann, Sensors, principles and applications, Prentice Hall, (1991).

[17] J.W. Gardner, Microsensors, principles and applications, Wiley,(1994), pp.14-17.

[18] 高志中，RFID 資訊應用系統之設計實務，博碩書局，2009。

[19] 維基百科：https://zh.wikipedia.org/wiki/%E5%B0%84%E9%A2%91%E8%AF% 86%E5%88%AB，Accessed on July 13, 2015。

[20] 張清樹，具備主動推薦功能之智慧型 e 化餐飲服務系統之研究，國立台北科 技大學電機系博士論文，2010 年。

[21] Preston Gralla，行動通訊概論，培生 - 普林斯頓書局，2006 年。

[22] 陳瑞順，RFID 概論與應用，第四版，全華書局，2012 年。

[23] 3M 公司，http://www.3m.com.tw，Accessed on July 14, 2015。

[24] reelyActive，http://shop.reelyactive.com/，Accessed on July 14, 2015。

[25] ISO，http://www.iso.org，Accessed on July 13, 2015。

[26] http://www.coa.gov.tw/

[27] http://www.idtechex.com/

[28] http://www.libelium.com/

[29] "Wi-Fi CERTIFIED Wi-Fi Direct-Personal, portable Wi-Fi to connect devices anywhere, any time," Wi-Fi Alliance October 2010.

[30] "LTE Direct Always-on Device-to-Device Proximal Discovery," Qualcomm Technologies, Inc. Aug., 2014.

[31] IEEE Std 802.11b-1999, "Supplement to IEEE Standard for Local and metropolitan area networks Specific requirements Part 11: Wireless LAN Medium Access Control (MAC) and Physical Layer (PHY) specifications Higher-Speed Physical Layer Extension in the 2.4 GHz Band," Sept. 1999.

[32] IEEE Std 802.11g-2003, "IEEE Standard for Local and metropolitan area networks Specific requirements Part 11: Wireless LAN Medium Access Control (MAC) and Physical Layer (PHY) specifications Amendment 4: Further Higher Data Rate Extension in the 2.4 GHz Band," Jun. 2003.

[33] IEEE Std 802.11n, "IEEE Standard for Local and metropolitan area networks Specific requirements Part 11: Wireless LAN Medium Access Control (MAC) and Physical Layer (PHY) specifications Amendment 4: Enhancements for Higher Throughput," Oct 2009.

[34] IEEE Std 802.15.1-2005, "IEEE Standard for Local and metropolitan area networks" Specific requirements Part 15.1: Wireless medium access control(MAC) and physical layer(PHY) specifications for wireless personal area networks(WPANS)," June 2005.

[35] IEEE Std 802.11a-1999, "Supplement to IEEE Standard for Local and metropolitan area networks Specific requirements Part 11: Wireless LAN Medium Access Control (MAC) and Physical Layer (PHY) specifications High-speed Physical Layer in the 5 GHz Band," 1999.

[36] IEEE Std 802.11ac/D4.0, "Draft STANDARD for Local and metropolitan area networks Specific requirements Part 11: Wireless LAN Medium Access Control (MAC) and Physical Layer (PHY) specifications Amendment 4: Enhancements for Very High Throughput for Operation in bands below 6 GHz," Oct. 2012.

[37] "Requirements Related to Technical　Performance for　IMT-Advanced Radio Interface(s)", ITU-R Rec. M.2134, 2008.

[38] "Further Advancements for E-UTRA: Physical Layer Aspects," 3GPP TR 36.814 v. 1.2.1, Tech. Spec. Group Radio　Access Network, Rel. 9, June 2009.

[39] "Carrier Aggregation Active Mode", 3GPP R2-093104,　Huawei, San Francisco, CA, May 2009.

[40] "Base Station (BS) Radio　Transmission and Reception", 3GPP TS 36.104 v. 9.1.0, Tech. Spec. Group Radio　Access Network, Rel. 9, Sept. 2009.

[41] "User Equipment (UE) Radio　Transmission and Reception", 3GPP TS 36.101 v. 9.1.0, Tech. Spec. Group Radio　Access Network, Rel. 9, Sept. 2009.

[42] C. Inhyok, Y. Shah, A. Schmidt, A. Leicher and M. Meyerstein, "Trust in M2M communication", IEEE Vehicular Technology Magazine, vol.4, no.3, pp.69-75, Sept. 2009.

[43] Y. Zhang, R. Yu, W. Yao, S. Xie, Y. Xiao and M. Guizani, "Home M2M Networks: Architectures, Standards, and QoS Improvement," IEEE Communications Magazine, special issue on "Machine to Machine Communications", vol.49, no.4, pp.44-52, April 2011.

[44] 林丁丙、郭閎森，近場通訊發展概況，中國無線電協進會，2013 年。

[45] Wikipedia: https://zh.wikipedia.org/wiki/%E8%BF%91%E5%A0%B4%E9%80%9A%E8%A8%8A，Accessed on July 15, 2015.

[46] iMobile，http://imobile.tw/2011/10/03/introduction-to-nfc/, Accessed on July 14, 2015.

[47] NXP，http://www.tw.nxp.com/

[48] NFC forum，http://nfc-forum.org/

[49] iThome，http://www.ithome.com.tw/

[50] Inside 網摘，https://share.inside.com.tw/

[51] 新電子，http://www.mem.com.tw/

[52] Bluetooth，http://www.bluetooth.com/

[53] EETimes，http://www.eetimes.com/

[54] 李俊賢，無線感測網路與 ZigBee 協定簡介，電信國家型科技計畫，2006 年。

[55] Zigbee：http://www.ZigBee.org/

[56] 陳文欽，RFID 產業標準－EPCglobal Network 介紹，IT＇s 通訊，2007。

[57] Shih-Cheng Horng, Introduction to RFID, CSIE CYUT, 2011.

[58] http://jpkc.fimmu.com/yx/kj/bingli/p321.shtml

[59] http://standards.ieee.org

[60] HART Communication, [Online]. Available: http://www.hartcomm.org

[61] ISA, [Online]. Available: http://www.isa.org

[62] V. C. Gungor and G. P. Hancke, "Industrial WSN Standards," in Industrial Wireless Sensor Networks: Applications, Protocols, and Standards, New York: CRC Press, 2013, ch. 16, pp. 339-354.

[63] V. C. Gungor, and G. P. Hancke, "Industrial Wireless Sensor Networks," in The Industrial Electronics Handbook - Industrial Communication Systems 2nd ed., CRC Press, 2011, ch. 6, pp. 6-1~6-15.

[64] IEEE Standard for Local and metropolitan area networks - Part 15.4: Low-Rate Wireless Personal Area Networks (LR-WPANs), IEEE 802.15.4, 2011.

[65] ZigBee Alliance, [Online]. Available: http://www.zigbee.org

[66] C. Buratti, M. Martalo, R. Verdone, and G. Ferrari, "Wireless Sensor Networks," in Sensor Networks with IEEE 802.15.4 Systems: Distributed Processing, MAC, and Connectivity, Springer Berlin Heidelberg, 2011, pp. 3-28.

[67] S. Mahlknecht, T. Dang, M. Manic, and S. A. Madani, "ZigBee," in the Industrial Electronics Handbook - Industrial Communication Systems, 2nd ed., CRC Press, 2011, ch. 50, pp. 50-1-50-10.

[68] 曾煜棋、林政寬、林致宇、潘孟鉉，2011，無線網路：通訊協定、感測網路、射頻技術與應用服務，台北：碁峰出版社。

[69] IEEE Standard for Local and metropolitan area networks - Part 15.4: Low-Rate Wireless Personal Area Networks (LR-WPANs) Amendment 1: MAC sub layer, IEEE 802.15.4e, 2012.

[70] Chinese Industrial Wireless Alliance, [Online]. Available: http://www.wia.org.cn/en/06.asp/

[71] J. Song, S. Han, X. K. Mok, D. Chen, M. Lucas, and M. Nixon, "WirelessHART: Applying Wireless Technology in Real-Time Industrial Process Control," in Proc. of the 14th IEEE Real-Time and Embedded Technology and Applications Symp. (RTAS 2008), 2008, pp. 377-386.

[72] S. Petersen and S. Carlsen, "WirelessHART Versus ISA100.11a: The Format War Hits the Factory Floor," Industrial Electronics Magazine, vol. 5, issue 4, pp. 23-34, Dec. 2011.

[73] 6LoWPAN – IPv6 over Low-Power Wireless Personal Area Networks, [Online]. Available: http://tools.ietf.org/html/rfc4919

[74] F. Yang, S. Wang, J. Li, Z. Liu, and Q. Sun, "An overview of Internet of Vehicles," Communications, China , Vol. 11, No. 10, pp. 1-15, Oct. 2014.

[75] K. Zheng, Q. Zheng, P. Chatzimisios, W. Xiang, and Y. Zhou, "Heterogeneous Vehicular Networking: A Survey on Architecture, Challenges and Solutions," IEEE Communications Surveys & Tutorials, doi: 10.1109/COMST.2015.2440103, Jun. 2015.

[76] A. Vegni, and V. Loscri, "A Survey on Vehicular Social Networks," IEEE Communications Surveys & Tutorials, doi: 10.1109/COMST.2015.2453481, Jul. 2015.

[77] G. Karagiannis, O. Altintas, E. Ekici, G. Heijenk, B. Jarupan, K. Lin, and T. Weil, "Vehicular Networking: A Survey and Tutorial on Requirements, Architectures, Challenges, Standards and Solutions," IEEE Communications Surveys & Tutorials, Vol. 13, No. 4, pp. 584-616, Jul. 2011.

[78] J. Harri, F. Filali, and C. Bonnet, "Mobility models for vehicular ad hoc networks: a survey and taxonomy," IEEE Communications Surveys & Tutorials, Vol. 11, No. 4, pp. 19-41, Dec. 2009.

[79] J. Cheng, J. Cheng, M. Zhou, F. Liu, S. Gao, and C. Liu, "Routing in Internet of Vehicles: A Review," IEEE Transactions on Intelligent Transportation Systems, , doi: 10.1109/TITS.2015.2423667, May 2015.

[80] G. Wu, S. Talwar, K. Johnsson, N. Himayat, and K.D. Johnson, "M2M: From mobile to embedded internet," IEEE Communications Magazine, Vol. 49, No. 4, pp. 36-43, April 2011

[81] I. Danila, R. Dobrescu, D. Popescu, R. Marcu, and L. Ichim, "M2M service platforms and device management," Proceedings of 9th International Symposium on Advanced Topics in Electrical Engineering (ATEE), pp. 67-72, 7-9 May 2015.

[82] A. Al-Fuqaha, M. Guizani, M. Mohammadi, M. Aledhari, and M. Ayyash, "Internet of Things: A Survey on Enabling Technologies, Protocols and Applications," IEEE Communications Surveys & Tutorials, doi: 10.1109/ COMST.2015.2444095, Jun. 2015.

[83] S. Jalali, "M2M solutions — Design challenges and considerations," Proceedings of IEEE Recent Advances in Intelligent Computational Systems (RAICS), pp. 210-214, 19-21 Dec. 2013.

[84] J. Kim, J. Lee, J. Kim, and J. Yun, "M2M Service Platforms: Survey, Issues, and Enabling Technologies," IEEE Communications Surveys & Tutorials, Vol. 16, No. 1, pp. 61-76, First Quarter 2014.

[85] 維基百科：https://zh.wikipedia.org/zh-tw/ 智慧住宅。

[86] 羅亦珖，物聯網技術與趨勢，電子時報，http://www.digitimes.com.tw, 2012/01/17

[87] 享受智慧生活--從家庭開始，全亞文化網, ubiqelife.com/EN/5-1-3.html

[88] 以物聯網實現智慧家庭-Computex 2014 特別報導, iThome, 2014/06/06。

[89] 楊晨欣，智慧城市的發展關鍵, iThome, 2013/07/19。

[90] 智慧城市，維基百科：https://zh.wikipedia.org/wiki/%E6%99%BA%E6%85%A7%E5%9F%8E%E5%B8%82 (accessed at 2015/07/30)

[91] 吳韻萱，智慧工廠讓生產流程變智慧了，數位時代，第 249 期, 2015/02/22。

[92] 陳景松，佈局智慧工廠之主要業者動態，MIC 研究報告，2015/08/03。

[93] 余至浩，半導體大資料應用的下一步：智慧工廠，iThom, 2014/11/19。

03

雲端運算

本章作者(依筆劃順序排列)
- ⊙ 王永鐘—國立臺北科技大學電機工程系
- ⊙ 王貞淑—國立臺北科技大學資訊與財金管理系
- ⊙ 江珮穎—國立臺北科技大學資訊工程系
- ⊙ 張右辰—美商西思艾科技集團
- ⊙ 郭忠義—國立臺北科技大學資訊工程系
- ⊙ 陳英一—國立臺北科技大學資訊工程系
- ⊙ 葉振忠—美商西思艾科技集團
- ⊙ 劉建宏—國立臺北科技大學資訊工程系

「雲端」泛指「網路」，名稱來自工程師在繪製示意圖時，常以一朵雲代表「網路」。凡運用網路溝通多台電腦的運算工作，或是透過網路連線取得遠端主機服務等，都被泛稱「雲端運算」。雲簡化表示網際網路上種類數目繁多的電腦和底層基礎設施。端則泛指任何可以使用瀏覽器或網路等通信介面，如各式電腦、行動裝置利用網路使之彼此合作、服務無遠弗屆的概念。在實現此概念的過程中，產生許多相應的技術。這朵「雲」代表什麼，這些「端」如何合作，本章將逐一介紹雲端運算技術與平台架構在工業4.0中所扮演的角色。

3.1節介紹雲端基礎設施即服務的概念與應用，包括各種核心的虛擬技術。因應工業4.0衝擊，本節後半部分將雲端基礎設施即服務的概念導入視訊會議平台，予以設計並實做出此系統，應用於臺北科大的課程錄影線上系統。

3.2節介紹雲端三大服務模式(IaaS, PaaS, SaaS)中成長最快的服務 - 雲端平台即服務(PaaS)，包括其定義、架構，應用程式開發環境範例，以及解決方案的提供者。期能讓讀者能夠瞭解如何能站在巨人的肩膀，應用雲端平台及服務，快速創造工業4.0的應用加值系統。

在工業4.0時代，智慧工廠的靈活性是整個生產價值鏈提升的要素，資訊軟體發展技術則是智慧工廠在裝備、管理與交易等應用環節的關鍵。3.3節聚焦於雲端軟體即服務的開發流程，探討不同的軟體工程發展技術如何強化雲端軟體產品的開發品質，並且介紹一個成功的發展個案，其如何快速開發各行業的雲端應用平台。

行動裝置是雲端運算中終端使用者的利器，3.4節介紹行動裝置iPhone的應用程式開發過程，並以一個計算BMI的App為例，說明如何使用iOS 5開發工具發展iPhone應用程式。

雲端運算平台要能發揮其效能，必須達到一定的品質水準，而測試是控制品質的關鍵措施。3.5節針對雲端運算平台的測試探討三個重要測試主題，包括基礎設施即服務(IaaS)的驗證測試、軟體即服務(SaaS)的驗證測試、以及行動終端裝置的測試。後半部分探討雲端平台之軟體測試即服務(TaaS)的技術與應用，並且介紹臺北科大軟體工廠研發的雲端測試服務平台與行動裝置自動化測試整合工具。

根據世界經濟論壇調查指出，超過半數的調查者認為資訊安全機制為影響物聯網與雲端發展等工業4.0的重要議題，隨著各種裝置設備透過雲端連接與共享資訊，雲端資訊安全框架與防護措施將是實體與虛擬世界結合的重要防線。3.6節探討雲端設備層級認證到應用平台以至行動裝置的安全性機制。

▶ 3.1 雲端基礎設施即服務與應用

雲端運算服務架構最底層為基礎設施即服務(Infrastructure as a Service, IaaS)，亦即提供硬體基礎資源給客戶，包括運算、儲存、網路等，客戶無須購買伺服器、網絡設備，即可任意部署和運作處理、儲存、網絡和其它基本運算資源，雖無法控管基礎設施，但可透過作業系統儲存資料與使用所部署的應用程式。本節首先於3.1.1介紹促成雲端基礎設施及服務的核心技術，虛擬化技術，包括網路虛擬化、儲存體虛擬化、計算機系統虛擬化等[1]。3.1.2介紹IaaS的典型應用－雲端視訊會議平台的技術與應用。3.1.3則介紹臺北科技大學自行研發的雲端視訊會議平台系統[2]，該系統的技術已運用於臺北科技大學課程錄影系統。

■ 3.1.1 雲端基礎設施虛擬化技術

1950年代虛擬化概念首次提出，目前虛擬化技術的應用非常廣泛，例如虛擬記憶體、JVM、VMware等。透過虛擬化技術，可以使用尚未虛擬化前的資源存取方式，來存取虛擬化後的資源。資源的抽象化方法並不受時限、地理位置或底層資源的實體組態限制。

雲端基礎架構虛擬化包括網路虛擬化、儲存體虛擬化、計算系統虛擬化、軟體虛擬化以及桌面虛擬化，以下分別簡介其虛擬化技術。

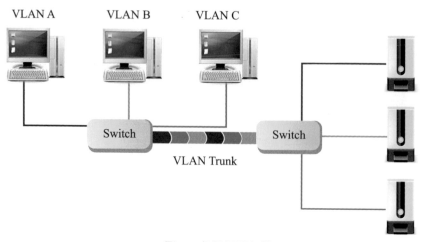

◯ 圖3-1 虛擬網路架構

　　網路虛擬化包括區域網路虛擬化(Virtual LAN)和私有網路虛擬化(Virtual Private Network)。網路虛擬化是以軟體方式來有效結合與管理軟/硬體網路資源及網路功能，如圖3-1，不同的虛擬區域網路透過交換器(Switch)傳送資料，交換器可以是實體交換器與虛擬交換器，交換器之間的網路可以使用幹線技術(VLAN Trunk)。VLAN Trunk是建立一個不同VLAN的公共通道，在此通道傳輸資料時，各個VLAN的封包會有一個該VLAN的特有識別標記。實體網路資源的子集合，也可稱為虛擬網路，虛擬網路的特性有(1)可延展性：易於擴展需要的資源，可動態創建或刪除虛擬網路連線；(2)恢復性：容易從故障中還原，發生問題時，可透過備用的連線重新傳送封包；(3)安全性：增加替代傳輸路徑及使用者間的隔離獨立性，並可搭配實體或虛擬防火牆一起運作；(4)可用性：任何時間皆可使用網路資源。外部網路虛擬化是將多個物理網路整合成一個邏輯虛擬網路單元，或將一個物理網路切分為多個邏輯虛擬網路單元。內部網路虛擬化是在單一系統上，提供類似網路的功能給所需的虛擬機器。

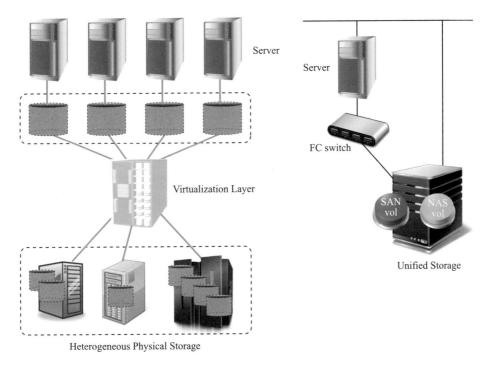

Server

Server

FC switch

SAN vol

NAS vol

Virtualization Layer

Unified Storage

Heterogeneous Physical Storage

圖 3-2 虛擬儲存體架構

　　儲存體虛擬化架構如圖3-2左半部所示，以各種儲存設備為基礎，經由軟體或硬體集中管控，打破其實體限制達成特定應用。藉由伺服器、網路交換器或儲存設備的虛擬化控制，集合多個異質實體儲存設備，不論其容量或效能，創造出一個虛擬儲存裝置，其回應客戶的存取需求同如實體儲存裝置一般，使客戶只需面對虛擬裝置，不須在意背後實體儲存設備配置方法，而能完成資料存取的動作。目前儲存裝置大多著重於磁碟/區塊虛擬化；虛擬化管理軟體則多存在於磁碟陣列的專屬控制晶片，或在應用伺服器上以卷冊管理(Volume manager)軟體的形式呈現。虛擬化技術包括虛擬磁碟區域網路(Virtual Storage Area Network, VSAN)、統一儲存體(Unified Storge)、磁碟容量虛擬化(Thin Provisioning)，以及磁碟陣列(Redundant Array of Inexpensive Disks, RAID)虛擬化等。統一儲存體以陣列控制器(Array Controller)的虛擬化核心，將SAN與NAS(Network-attached Storage)整合於單一磁碟陣列

中，SAN與NAS協定均由控制器支援，以簡化儲存架構、增進管理效能，如圖3-2右半部所示。

計算機系統虛擬化是同一實體主機上運行多個獨立的作業系統，如圖3-3所示，可以分為寄宿虛擬化和原生虛擬化。其核心技術包括記憶體虛擬化、CPU虛擬化、以及周邊設備與IO虛擬化。

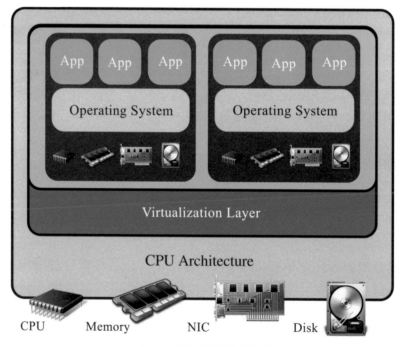

⊃ 圖3-3 計算機系統虛擬化

Hypervisor是一種雲端虛擬化作業系統，包含核心作業系統功能元件(Kernel)以及虛擬機器監控程式(Virtual Machine Monitor, VMM)。Hypervisor允許眾多的客體作業系統(Guest Operating System)同時在一個實體機器上執行，並可直接與實體機器硬體溝通。寄宿虛擬化的Hypervisor是虛擬機器監控程式(Virtual Machine Monitoring, VMM)在主機作業系統(Host operating system)的應用程式上執行，例如VMware Workstation和Microsoft Virtual PC等。原生虛擬化的Hypervisor是虛擬機器直接在硬體上執行，例如Citrix Xen、VMware ESX Server、Microsoft Hyper-V等。

　　CPU虛擬化有全虛擬化(Full-Virtualization)、半虛擬化(Para-Virtualization)和硬體支援虛擬化(Hardware-assisted virtualization)。全虛擬化應用例如VMWare、Xen、Xvisor、Kvm，不需要硬體或作業系統的協助，而是透過軟體模擬虛擬的硬體環境，透過Hypervisor實現，不用修改作業系統核心，作業系統不知自己在虛擬化環境下運作。半虛擬化須要修改作業系統核心，客體作業系統(Guest OS)知道自己在虛擬化環境下運作，也知道有其他客體作業系統的存在，並且可以直接接觸真實的計算機硬體。硬體支援虛擬化顧名思義需要硬體的支援，引入新的指令和處理器運作模式，讓Hypervisor及客體作業系統在不同的模式下運作。

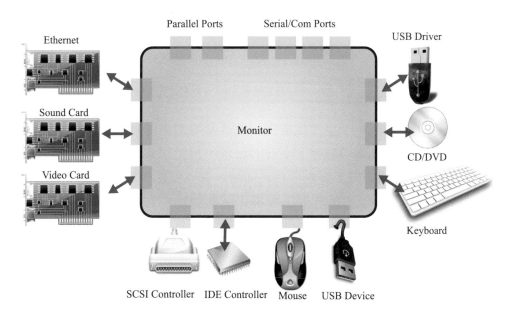

○ 圖3-4 周邊設備與IO虛擬化

　　一台伺服器主機要執行許多虛擬主機，Hypervisor需要使用記憶體虛擬技術，統一運用大量的實體記憶體資源。虛擬記憶體技術包括透通分頁分享(Transparent Page Sharing, TPS)、記憶體氣球(Memory Ballooning)、記憶體壓縮(Memory Compression)以及陰影分頁(Shadow

Page Tables)等機制。用陰影分頁技術,是把虛擬機器的記憶體對應到實體主機的記憶體,有效減少虛擬化平台維護虛擬 / 實體記憶體的工作負載,提升主機整體工作效率。若上述記憶體優化機制仍無法滿足記憶體資源需求,管理系統便會啟動記憶體與第二儲存體切換(Swapping)動作,讓虛擬主機能繼續運作,但會影響並降低實體伺服器的運作效能。第二儲存體盡量使用效能接近記憶體的SSD固態硬碟,配合快取記憶體(Read Cache)機制協同運作,以保持系統的高效能。

周邊設備與IO虛擬化技術,以軟體的方式實現周邊設備與IO彈性管理,可以設計更多的虛擬設備功能,如圖3-4所示。桌面虛擬化其目的是為達到在一個終端環境運行多個不同系統的目的。軟體虛擬化意味著可以在不同的終端機器使用自己的應用,就像Java應用程式在其Java虛擬機器(JVM)執行一般。

3.1.2 雲端視訊會議平台技術與應用

視訊會議早在1990年代被提出,其基本需求是收發音視訊且顯示在使用者端。Adobe Flash Player的出現,讓使用者可在網頁瀏覽器中安裝以進行各種不同多媒體服務。同時,業界與學術界也多使用其開發網路和視訊電話等產品。視訊會議相關軟體已經徹底改變我們的生活方式,體驗前所未有的便利性。目前市場上有很多視訊會議產品,例如Skype提供使用者傳送即時訊息與音視訊電話,使用者可以付費方式進行多方視訊電話、會議等。這些系統通常難以整合在自己開發的系統中。若使用Open Meeting等開放原始碼的視訊會議軟體,使用者可以透過網頁達到視訊會議的功能。因為透過網頁使用,使用者不需額外安裝其他軟體就可直接使用視訊會議系統,但其主要運用在研究實驗室中,較難對不同需求做即時改變。

因應工業4.0衝擊,本節將雲端概念導入視訊會議平台,設計實做視訊會議平台,讓使用者可透過網頁方式,進行視訊會議。此系統可應用於以下各種情境:線上課後輔導課程、線上客戶服務系統、線上一對一教學系統、線上即時解題系統等。系統設計老師(客服人員),和學生

(使用者)兩種角色，老師的目的是進行線上教學、解答、服務學生，可同時與一或多個學生進行線上互動。學生是系統主要服務對象，學生在會議開始前，和老師確認雲端視訊會議的時間，於官方網站上輸入姓名即可進入視訊會議系統。

目前市面上有許多相關產品與技術，例如桌面分享軟體 TeamViewer、Quick Screen Share、join.me、Splashtop、Skype、Google 桌面等服務。TeamViewer 市站率很高，運作流程也很簡便。Google 桌面分享也很方便，使用者執行 Google Chrome 瀏覽器就可進行桌面分享。Red5 是多媒體視訊串流伺服器，主要功能有傳輸視訊、音訊串流，並可用 flv 格式錄製視訊、mp3 格式錄製音訊。Red5 使用 Java 語言撰寫，運用 Adobe 定義的 RTMP 協定傳輸音訊和視訊。很多社群開發專案採用 Red5 多媒體視訊串流伺服器，如 BigBlueButton、Open Meeting 等，優點是不需授權金，且在開放原始碼社群上，有很多人同時開發 Red5 Media Server，更新速度迅速且穩定。目前版本已支援 H.264 編碼的多媒體資料。Red5 多媒體串流伺服器的架構中，Spring Framework 是開放原始碼的應用程式框架，任何 Java 應用程式可使用其框架核心所提供的功能。Red5 多媒體串流伺服器用 Srping Framework 整合 Jetty 網頁伺服器以及 Apache Mina 網頁伺服器，並且透過外部 Configuration file 動態調整伺服器相關參數。Jettey 網頁伺服器是基於 Java 開發的 HTTP 網頁伺服器及 Java Servlet 容器。Mina 是網頁應用程式框架，提供事件導向的非同步應用程式介面，使 Java NIO 可在 TCP 或 UDP 的傳輸層上傳送資料。Red5 伺服器中 RTMP 是由 Macromedia 開發定義，目的是為讓 Adobe Flash Player 跟 Flash Media Server 可以在網路上傳送音視訊和資料的協定。RTMP 是基於 TCP 傳輸層上運作，預設閘道為 1935。RTMP 提供使用者端如 Adobe Flash Player 透過將 RMPT 資料用 HTTP 包裝，用 POST 方法傳遞給伺服器端，通常是 Flash Media Server。

3.1.3 雲端視訊會議平台設計

本雲端視訊會議系統由國立臺北科技大學電機系王永鐘教授帶領研究團隊自行研發[2]，該系統的技術已運用於臺北科技大學課程錄影系統。本系統使用SCR(Screen Capture Recorder)軟體，此軟體可讓使用者定義桌面或程式影像、錄製桌面的聲音、影像存成mp4格式，即時將錄製的影像送到虛擬鏡頭，透過網路送到遠端電腦。Screen Capture Recorder是使用C++撰寫的開放原始碼，安裝在Java JRE的Windows環境。在本視訊會議系統中，Screen Capture Recorder影像設定的pixel值為桌面全螢幕，將影像透過虛擬視訊鏡頭讓使用者選用，以實作出桌面分享的功能。

本視訊會議系統的設計目標是易於嵌入其他系統。參加會議者的相關資料為從Apache伺服器取得會議、學生列表、檔案列表等資訊，以及和Red5伺服器建立視訊串流連線、文字傳輸連線。系統分為使用者端和伺服器端，使用者端是由Bootstrap和Thinkphp寫成的官方網頁，供使用者在任何裝置的瀏覽器下快速查看會議列表資訊與即時創建新的會議功能。使用者端另一個由Flex寫成的Flash程式，因為Flash程式在網頁中的執行環境為Adobe Flash Player，如此可具跨平台作業系統能力。伺服器端包括Apache伺服器、資料庫和Red5伺服器。Apache伺服器和資料庫負責會議創建、會議查詢、學生創建、會議檔案查詢、會議檔案上傳下載、檔案轉檔功能等。所有資訊都寫入資料庫，並採用具MVC架構的THinkPHP套件撰寫。Red5伺服器負責雲端會議平台所有視訊串流連線、音訊串流連線以及使用者在線與否。整體架構圖如圖3-5。

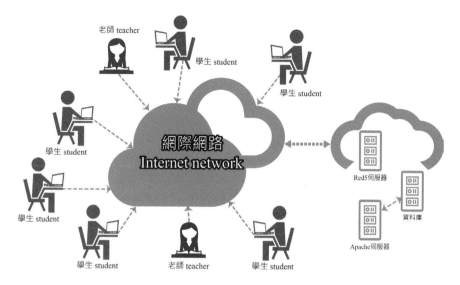

⊃ 圖3-5 本視訊會議平台架構圖

　　視訊會議平台伺服器端設計跟實作分爲兩個部分，一是平台資料庫，另一爲雲端視訊平台伺服器。平台資料庫設計整個視訊會議平台的資料庫架構、關聯以及欄位資訊，而雲端視訊平台伺服器功能實作平台所有功能。

　　會議系統最重要的是會議資訊管理，若無資料庫系統管理會議相關資料，將無法保存會議資訊，無法在日後做進一步功能擴充。系統使用資料庫伺服器MySQL。使用者透過官方網站點選會議查詢，或新建會議等操作，都會在伺服器端與資料庫查詢或新建，資料庫將結果用自定的XML格式回傳官方網站。圖3-6爲會議系統資料表與其關係，以及資料表欄位型態和意義。

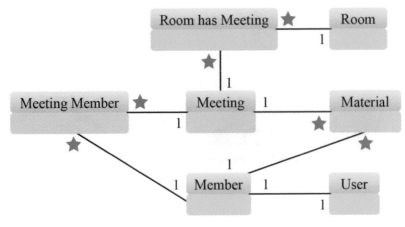

◑ 圖3-6 視訊會議平台資料庫關聯圖

　　本系統共有七個資料表，Meeting為儲存會議資訊，包含會議名稱、會議開始時間和會議長度。Room儲存房間名稱、會議室數量。Users儲存使用者名稱、使用者電子信箱。Member儲存使用者角色、使用者ID。Meeting_Member採用MeetingId和MemberId連結Meeting與Member資料表的關聯。Room_Meeting採用Room和Meeting連結Room和Meeting資料表的關聯。Material儲存使用者上傳檔案的檔案位置、檔案名稱、檔案大小、上傳檔案的使用者Id和檔案所屬的會議室等。本系統共有五項關聯：

1. **Material和Meeting一對多的關聯**：Material資料表代表會議中的教材，Meeting資料表代表會議的基本資料，一間會議室可擁有多個教材檔案。

2. **Material和Member一對多的關聯**：Member資料表代表會議成員，一個會議成員可以上傳多個教材檔案。

3. **Users和Member一對多的關聯性**：Users代表使用者，一個使用者可以是多個會議中的成員。

4. **Meeting和Member透過Meeting_Member表示一對多的關係**：Meeting_Member代表每一個會議室所擁有的會議成員。

5. **Room和Meeting為一對多關係**：Room資料表代表房間資訊，一間房間可以擁有多間會議。

　　雲端視訊會議平台使用ThinkPHP為伺服器網頁應用程式開發工具，MVC架構將網頁應用程式分為模型(Model)，視圖(View)和控制器(Controller)。

　　在模型部分，ThinkPHP使用物件關聯映射(ORM）的資料庫操作模組。定義自己的資料庫操作物件和類別。經過映射的模型讓開發人員在開發時，不需撰寫SQL查詢語言，而可使用ThinkPHP自定義的物件和類別來操作。同時，當使用不同的關聯式資料庫時，並不需更改ThinkPHP自定資料庫操作模組，因ThinkPHP支援大部分的關聯資料庫，此意味當需變更資料庫時，可節省很多資料庫查詢語言重新撰寫時間。

　　在控制器部分，扮演模型和視圖的中間者。當使用者透過視圖端發出請求時，請求會送到控制器，由控制器做資料判斷並呼叫相關的模型來處理。在ThinkPHP中，一個控制器可有多個action，如此可區分每個不同功能的action，應用程式架構變得簡潔好管理。當控制器收到模型處理後的資料，呼叫視圖並把相關資料用既定格式傳送至使用者視圖端，顯示在網頁應用程式。

　　新增使用者和建立會議，此功能為視訊平台新增使用者並建立會議室，本系統有別於傳統會議系統，不需預約會議室，也不需提前把使用者加入會議室。而是由使用者撥打視訊電話給其他使用者以建立連線。當使用者輸入名字後，資料庫同時新增連線使用者的資料，並新增會議室。此功能由Users控制器的UsersAction和Meeting控制器的MeetingAction完成，流程如下：

1. Users控制器將使用者新增功能轉交給UsersAction處理。

2. UsersAction新建連線使用者的資料，並回傳相關ID。

3. UsersAciton呼叫Meeting控制新建會議。

4. Meeting控制器呼叫MeetingAction新建會議，並將會議室名稱、會議室創建時間、會議室所屬房間等資料寫入資料庫。最後回傳會議室ID、會議成員ID給Users控制器。

5. Users 控制器根據 MeetingAction 回傳的結果，組成連線使用者所屬的會議室網址，並將學生瀏覽器頁面直接導入會議室網址。

查詢會議列表，此功能提供使用者查詢已經存在的會議室列表，並顯示會議名稱、會議創建時間、會議成員等。此功能由 Meeting 控制器的 MeetingAction 完成，流程如下：

1. Meeting 控制器將學生的會議查詢交給 MeetingAction 處理。

2. MeetingAction 呼叫 MeetingModel 查詢資料庫。

3. MeetingModel 篩選還未結束的會議室，並回傳相關資料。

4. MeetingAction 收到 MeetingModel 的回傳資料，並把資料傳送至使用者視圖端顯示。

上傳檔案和轉檔功能，使用者可上傳要給會議成員的檔案或要放在白板上分享的檔案，會議成員可不用離開會議，用檔案分享工具上傳檔案。此功能可用於很多情境，以教學情境為例：學生可將自己的功課或投影片上傳，供大家一同觀看，使用者也可下載學生功課檔案進行評分。上傳除將檔案儲存在 Apache 伺服器中，還需轉換檔案格式，使用者完成上傳完檔案後，便可直接在白板功能區選擇自己上傳的檔案展示給其他參予會議人員觀看。上傳檔案的流程需增加轉檔功能，其流程如下：

1. 使用者選擇上傳檔案功能。

2. Apache 伺服器判斷檔案路徑是否存在。

3. 若存在檔案路徑，將檔案複製到目的路徑。若檔案路徑不存在，則新建路徑，而後將檔案複製到目的路徑。

4. 將檔案名稱編碼轉為 BIG5，解決 PHP 在 UTF-8 編碼下，解讀中文檔名時的問題。

5. 判斷檔案格式，若(1)檔案格式不為 PDF 或 JPEG，則透過 Libre Office command line tool 將檔案轉換成 PDF 格式，並存放至 PDF 資料夾；(2)檔案格式為 PDF，直接將檔案存放至 PDF 資料夾；(3)檔案格式為 JPEG，則跳至步驟6。

6. 將原始檔案資料寫入資料庫。

7. 將原始檔案檔名全改為資料庫中的檔案編碼，此編碼須唯一，以確保檔案不會有重複問題。

8. 創建一個由檔案編碼為檔名的資料夾，且為 image 資料夾的子資料夾。

9. 判斷檔案格式，如果原始檔案格式不為 JPEG，將所轉換的 PDF 檔案透過 Image Magick 轉檔成 JPEG 檔，並存入剛剛新建的資料夾，如果檔案格式為 JPEG 檔，則直接將檔案放到剛剛建立的資料夾內。

10. 最後回傳 SUCCESS 資訊。

　　下載檔案功能提供會議成員不用離開會議，即可進行下載。此功能可用於許多情境，以教學情境為例，學生可將自己的功課或投影片上傳，供大家一同觀看，使用者也可透過下載檔案的功能將學生的功課下載，進行評分。下載檔案流程如下：

1. 使用者選擇檔案並開始下載。

2. 系統根據會議編號、檔案編號、檔案名稱、伺服器路徑組合下載路徑。

3. 使用者由系統產生的連結下載檔案，當使用白板觀看。

　　上傳檔案功能、下載圖片檔、檔案轉檔三個功能合併，讓師生可針對各類型檔案，如 PPT(x)、DOC(x)、PDF、JPEG 等，分享給會議中所有人，達到即時溝通與分享的目的。在白板分享的功能中，透過下載轉檔過新建的 JPEG 檔，將其展示在白板供大家討論觀看。

　　對於桌面分享功能，有鑑於截取桌面並將截取圖片以視訊串流方式送到遠方電腦進行分享有很多安全性問題，實作上無法讓使用者不安裝額外應用程式以達此功能。使用者先安裝 Screen Capture Recode 軟體於電腦內，桌面分享功能利用 Screen Capture Recoder 的截取桌面影像輸入虛擬視訊鏡頭，使用者可透瀏覽器的視訊鏡頭把桌面影像視訊傳送至遠端電腦，Flex 在瀏覽器的 Adobe Flash Player 中執行時，呼叫虛擬視訊鏡頭將影像以視訊串流送到遠端伺服器進行發布分享。桌面分享功能流程如下：

1. 使用者進入會議系統。

2. 使用者點選桌面分享功能。

3. 本系統將進行電腦版本判斷。

4. 若為Windows版本，判斷有無虛擬桌面分享軟體。

5. 如果有虛擬桌面分享軟體，則開啟虛擬桌面軟體功能並開始桌面分享功能。如果沒有虛擬桌面分享軟體，使用者下載桌面分享軟體，並安裝，然後重新登入會議系統。

6. 若為Mac版本，下載Mac版本的外掛程式，開啟虛擬桌面軟體功能並開始桌面分享功能。

▸3.2 雲端平台技術與應用

　　雲端平台即服務(Platform as a Service, PaaS)是雲端三大服務模式(IaaS, PaaS, SaaS)中成長最快(如圖3-7)的一個服務，本節內容主要在介紹雲端平台即服務(PaaS)的定義、架構，以及PaaS解決方案的提供者。

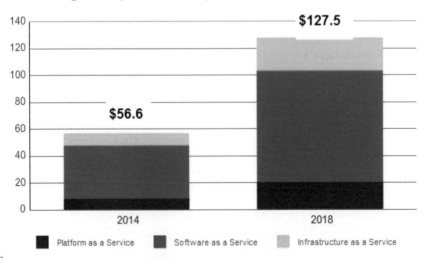

Worldwide Public IT Cloud Services Spending by Segment (in $ billions)

⊃ 圖3-7 雲端服務的成長預測

3.2.1 雲端平台即服務(PaaS)的定義

根據資策會的定義(http://www.iiiedu.org.tw/ites/Cloud.htm#CCPAAS)，雲端平台即服務(Platform as a Service, PaaS)，平台即服務指的是「將整合設計、開發、測試、部署、代管等功能的平台提供給使用者的雲端運算服務，藉由打造程式開發與作業系統平台，讓開發人員可以透過網路撰寫程式與服務，並依據流量或運算資源使用量來進行收費」，也就是說，PaaS的使用者透過PaaS平台供應商所提供的程式開發/測試工具與環境，將應用程式或服務建構於雲端架構之上。PaaS提供軟體開發與測試/運行所需的環境，讓使用者能夠掌控應用程式開發與運行的環境，而讓PaaS去代為管理作業系統、伺服器、資料儲存以及網路等基礎架構。從這樣的定義看來，PaaS的雲端服務模式所針對的正是企業中應用程式或服務的開發與管理者。

圖3-8所示比較了雲端三大服務模式(IaaS, PaaS, SaaS)的差別。利用PaaS服務來開發應用程式，和利用IaaS服務來開發應用程式顯然不太相同。相較於IaaS，PaaS服務所提供的是一個完整的應用程式開發與執行環境，將許多和軟硬體與基礎設施相關的細節予以封裝起來。因此，應用程式開發者不需要去擔心如何調較資料庫伺服器要如何配置與設定才能達到應有的服務水平，也不需要考量如何處理眾多網路服務的負載平衡、容錯或是災難復原等技術細節。

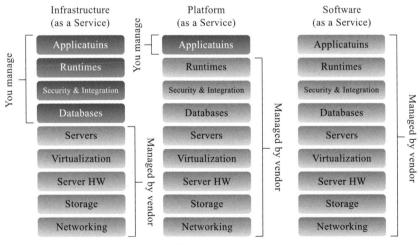

◎ 圖3-8 雲端三大服務模式(IaaS, PaaS, SaaS)的差別

使用PaaS服務的應用程式開發者所面對的，簡單的說就是一個被抽象化後的應用程式開發(development)、佈署(deployment)、管理(management)與執行環境(runtime)，PaaS服務通常提供了若干不同用途的插件(plugin)或API與可使用多樣化程式語言的整合開發與測試工具(IDE)，讓應用程式開發者能夠無須碰觸到各種系統運行的細節來據以開發應用程式。

3.2.2 PaaS帶給企業的助益

PaaS帶給企業的助益茲分別說明如下。

彈性資源分配，降低企業成本－企業可依據使用者的需求動態調整資源的配置，彈性取得所需的資源，不需要一次購足只是短暫需求的資源，造成之後部分資源閒置的浪費，大幅降低企業的總體擁有成本(total cost of ownership)。

專注程式開發，縮短上線時程－PaaS提供應用程式開發者一個以雲端系統為開發目標的環境。這個環境除了一個支援線上合作(Online collaboration)與多種程式開發語言(C#、Javascript等)的整合式開發環境(Integrated development environment, IDE)外，也包含多樣化的模板(Templates)，組件(Reusable Components)，插件(Plugins)、函式庫(Libraries)，以及其它開發流程(設計，測試，版本控制，託管，監控等)所需的工具，讓開發者可以加速開發，測試，佈署的流程，縮短上線所需時間。簡單的說，開發者只需專注開發流程，最後將程式上傳至雲端，其餘環境都由PaaS服務供應商提供。

優化營運環境，提升服務品質－PaaS服務的供應商負責將應用程式運行的環境最佳化，應用程式開發者完全不用煩惱諸如資料儲存，資訊安全，負載平衡，系統容錯，故障轉移等系統相關細節。企業因PaaS所得到的這個優化的整合營運環境，運行於其中的應用程式所提供的服務品質也自然也就隨著提升了。

▶ 3.2.3 PaaS的服務組成

從圖3-8中比較IaaS與PaaS的差別，可以清楚看出PaaS提供的服務有一部分是需仰賴 IaaS的服務，不同之處在於PaaS提供了 Runtime, Security & Integration 以及Database這三種服務。以下分別就執行環境(Runtime)，安全(Security)，以及應用整合(Application Integration)來說明。

執行環境（Runtime）

使用PaaS平台服務的開發者可選用平台所支援的程式與言語與開發框架開發程式，然後將程式佈署於平台的執行環境(Runtime)中即可執行程式。在選擇PaaS平台服務提供者時需注意不同PaaS平台服務提供者所支援的程式語言與開發框架不同。

PaaS平台服務所支援的程式語言與框架，以下分成客戶端(Client Side)與伺服器端(Server Side)說明如下。

客戶端程式語言/開發框架

對於Web與行動程式開發，常見的客戶端程式語言與開發框架如表3-1所列，以下根據開發框架分別說明如下。

▶ 表3-1 iOS與Android平台中常見的程式語言與開發框架

程式語言	開發框架	執行環境 作業系統	開發工具
HTML, CSS, Javascript	Cordova,	iOS, Android	Microsoft Visual Studio
Javascript	Titanium	iOS, Android	Microsoft Visual Studio
C#	Xamarin	iOS, Android	Microsoft Visual Studio
Java	Android SDK	Android	Android Studio, Eclipse
Object-C, Swift	iOS SDK	iOS	Xcode

◉ **Cordova**

Cordova的前身是PhoneGap，Adobe在2011年收購PhoneGap，其後又將原始碼捐給Apache軟體基金會，成為Codorva；Adobe則保留原來PhoneGap的商標所有權。

Cordova是一套開放源碼的行動應用程式開發框架，提供一套完整的裝置相關函式庫，讓開發者可使用HTML、CSS與JavaScript網頁程式設計語言，即可針對iOS與Android裝置，運用裝置內如攝影機，麥克風等內建硬體設備，製作出和原生App一樣的功能。Cordova之所以能讓網頁技術在原生環境中執行，其主要關鍵技術在於運用WebView的瀏覽器環境，讓使用者可以不用分別使用Java與Objective-C或Swift來開發Android與iOS行動裝置的應用，只需要用HTML、CSS、Javascript來開發一次，最後編譯得到的apk與ipa程式即可分別在兩種主要平台上執行，節省許多開發時間，更大大降低開發的門檻，讓許多網頁程式設計的高手也能夠在短時間中開發出跨平台的行動應用程式。這裡值得注意的是使用Cordova框架所開發出來的HTML、CSS、Javascript程式，在為不同平台(iOS或Android)App打包時仍然需要用到對應系統平台的SDK(軟體開發套件)。

Cordova的開發可使用微軟的Microsoft Visual Studio 2013 Update 3以上的版本，開發環境的作業系統建議使用Windows 8以上的版本。

◉ **Titanium**

Titanium和Cordova一樣，也是一套跨平台應用程式開發的框架，2008年底時由Appcelerator公司推出，目前支援iOS / Android / Blackberry等行動裝置平台，以及Windows / Linux / OS X三種主流的桌上平台。

Titanium讓使用者可以用JavaScrip進行開發，但也同時支援PHP、Ruby或是Python。應用程式透過Appcelerator所提供的裝置API可以使用行動裝置上如攝影機或是麥克風等內建裝置設備或是其他原生裝置上的功能。

相較於Titanium有比較好的UI整合，因為透過Cordova框架開發的應用程式UI使用的是HTML與CSS，而Titanium則是利用客製化的API或XML來製作UI。Titanium更勝一籌的地方是它的跨平台編譯技術，Titanium可將Javascript轉譯成iPhone應用程式的原始碼，甚至可讓開發者利用Xcode開啓、編譯與執行，就和在Xcode中開發的原生程式一模一樣。因為這樣的緣故，利用Titanium所開發出來的跨平台應用程式，在效能與介面上的呈現上一般也較使用Cordova所開發出來的跨平台應用程式為佳，但其程式碼可再利用程度相對地來說就較Codova為差。

◉ Xamarin

Xamarin和Cordova與Titanium一樣，也是一套行動應用程式的開發框架。Xamarin由Novell公司的Mono專案發展而來，後來陸續推出支援iOS的Mono Touch framework以及Mono For Android Framework，在2011年時，獨立成立一家公司，成為Xamarin。

Xamarin支援使用C#來開發跨平台(iOS、Android、Windows)，開發者可用微軟的Microsoft Visual Studio與.NET提供的函式庫來開發跨平台應用程式。對於應用程式的製作，Xamarin提供兩種選擇，一是利用原生環境的設計工具分別為各個平台設計使用者介面，或是使用Xamarin提供的XML設計工具Xamarin Designer，然後再轉換成各平台所需要的格式。在UI的設計與製作上，Xamarin和Titanium非常相像。

表3-2所列為Cordova、Titanium與Xamarin三種跨平台應用程式開發框架的比較。

▶ 表3-2 Cordova, Titanium, 與Xamarin三種跨平台應用程式開發框架比較

	Cordova	Titanium	Xamarin
平台	iOS, Android, Windows Phone, Blackberry	iOS, Android, Blackberry	iOS, Android, Windows Phone
程式語言	Javascript, HTML, CSS	Javascript, PHP, Ruby, Python	C#
價格	免費	免費	美金300/平台/年
UI	Web UI	原生	原生
裝置存取API	部分	完整	完整
效能	最差	次高	最高

◉ **Android SDK**

　　欲開發原生的Android應用程式,開發者需要使用Java為程式語言。在開發之前,需先從甲骨文(Oracle)網站下載並安裝Java軟體開發套件(JDK)。

　　除了JDK之外,開發者還需要下載並安裝Android提供的軟體開發套件(Android SDK)。Android SDK是一套開發Android應用程式需要的基本函式庫套件,除了提供許多在開發過程中所需要的基本工具,也包含一些管理與下載資源的程式。

　　Android在2014年底發表一套全新的整合開發環境(IDE)工具Android Studio,取代原先廣為使用的Eclipse。

◉ **iOS SDK**

　　欲開發原生的iOS應用程式,開發者需要使用Objective-C或是較新的Swift程式語言,配合iOS SDK軟體開發套件,在蘋果提供的整合開發環境Xcode中進行開發。

◉ Objective-C

是 NeXT 公司所開發的一套以 C 語言為基礎的物件導向式程式語言，其許多特性與 Smalltalk 程式語言非常相似。在蘋果併購 NeXT 公司之後，Objective-C 就成為 Mac OS X 與 iOS 作業系統上的主要應用程式語言。

蘋果在 2014 年的 WWDC 上發表全新的 Swift 程式語言，意欲將來取代已經使用超過 20 年的 Objective-C。Swift 有腳本語言的特色，採用 Objective-C 的命名參數以及動態物件模型，可以無縫對接到現有的 Cocoa 框架，也可和現有的 Objective-C 程式碼相容並存，同時支援程序式（procedural）程式設計和物件導向（object-oriented）程式設計。Swift 支援程式碼預覽，讓開發者在尚未編譯前即可執行 Swift 程式碼看到結果。

伺服器端程式語言/開發框架

對於 Web 與行動程式開發，常見的伺服器端程式語言與開發如表 3-3 所列，以下根據開發框架分別說明如下。

◉ ASP.NET MVC

ASP.NET MVC 是微軟基於 ASP.NET 的一種開發框架，它實際上是一組函式庫，讓使用者可以使用 MVC 的軟體工程架構來開發 ASP.NET 的應用程式。

➡ 表3-3 伺服器端程式語言與開發框架

程式語言	開發框架
C#, C++ or VB	ASP.NET MVC
Python	Django Python
Ruby	Ruby On Rails
Java	Java Play
Javascript	Node.js

所謂MVC，指的是Model – View-Controller，它是軟體工程中的一種軟體架構模式，將軟體系統切割爲三個部分；模型(Model)、視圖(View)，與控制器(Controller)。在這種軟體架構中，模型負責資料的直接存取，並實作資料的處理方式。模型不依賴視圖和控制器，但視圖須先在模型上註冊，以監視資料在模型中的狀態，並負責呈現經由控制器從模型中取出的資料。控制器負責控制應用程式的流程，對使用者的行爲作出回應，並在資料改變時，更新模型中的資料。

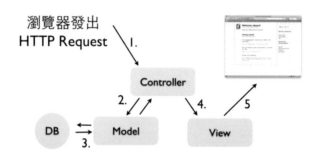

🡲 圖3-9 以MVC模式開發的應用程式在Web 架構中的運作模式
(https://ihower.tw/rails4/intro.html)

圖3-9所示是一個以MVC模式開發的應用程式在Web架構中的運作模式的示意圖。

其運作的步驟爲：(1)行動裝置或瀏覽器發出http請求；(2)控制器要求模型從資料庫中取得資料；(3)模型從資料庫取得資料，讓控制器取回；(4)控制器將取回之資料給視圖呈現；(5)回傳HTML畫面。

◉ **Django Python**

Django是一個以Python 爲語言的Web程式開發框架。它和ASP.NET MVC一樣，也採用MVC軟體架構模式開發Web程式。Django的設計注重組件的可重複使用性和可插拔性，敏捷開發，以及DRY法則(Don't Repeat Yourself)，讓開發複雜、資料庫驅動的網站變得簡單。DRY法則指的是撰寫出重複的程式碼是件壞事，Django所使用的Python有下列特色：

1. **動態語言：** 像 PHP、Ruby、以及 Javascript 等語言一樣，Python 可在執行時可動態改變變數參照型態，並能動態加入函式，物件或程式碼。要注意的是，動態語言讓使用者易學易用，相較於靜態語言如 C 與 C++，更能輕鬆處理複雜與瑣碎的需求，在開發 Web 應用程式的效率上較高。

2. **直譯語言：** Python 是一種直譯語言，具有高可攜性並可立即執行不須經過編譯。

3. **強定型的語言：** Python 是強定型語言，讓開發者透過嚴格的規範來減少程式錯誤的發生機率。

4. **簡潔而高效的語言：** Python 本身的語法設定，或是從而衍生出來的設計慣例，都十分的簡潔與一致性，這讓開發者能夠在較短的時間內使用較少的程式碼，完成既定的工作。

5. **與其他語言整合度高：** Python 與其他語言的整合度高，可以呼叫使用許多使用其他語言開發出來的模組，其中，與 C 的整合度極高，讓開發者可以讓 Python 程式配合使用在執行上效率較好的 C 程式去負責需要高執行效能或大量運算的部分。

6. **跨平台：** 只要平台支援直譯，Python 就能夠在不更改程式碼的狀況下跨平台執行。

◉ **Ruby On Rails**

Ruby on Rails 是一套使用 Ruby 語言的物件導向式 Web 應用程式開發框架，和 ASP.NET MVC 與 Django 一樣，程式的開發採用 MVC 軟體架構模式。比較特殊的是，Ruby on Rails 內建就支援單元測試和整合測試。

和 Django 類似，Ruby On Rails 也強調 DRY 原則，會預設各種好的設定與慣例，並且使用 Resources 和標準的 HTTP 動詞來建構 Restful 的 Web 服務 (Web Service)。

◉ Play Framework

Play是一套使用Java為程式語言的Web應用程式開發框架，和前述三個框架一樣，程式的開法也是採用MVC軟體架構模式。Play Framework和傳統的Struts等Java框架十分不同，其特色如下。

1. **不使用Java EE**：Play Framework捨棄使用Java EE，意味者不使用JSP (Java Server Page)與Servlet，是一個全新的架構。

2. **完整函式庫**：不像Java EE，許多工作都需要開發者自行完成，Play Framework則提供一套完整函式庫，讓使用者可以透過這些API，加速應用程式的開發。

3. **採用MVC軟體架構模式**：與前面所提的三個框架相同，都採用MVC的軟體架構模式。

4. **自動產生實用程式命令**：和Ruby On Rails一樣，Play Framework可以使用專有的命令程式來自動生成Web應用程式的基本模板，開發者再針對這些模板進編修改寫即可。

5. **Java和Scala的標準相對應**：Play Framework 2.0以上的版本，引進了在虛擬器上執行的程式語言Scala。許多部分的程式除了使用Java，也可使用Scala來撰寫程式。

6. **強調協定優於配置的設計**：和Struts等框架不同的是，Play Framework預設各種好的設定與慣例，而不是將應用程式的各種資訊寫入設定檔中。設定檔的建置與管理，當應用程式開發規模變得很大時會變得相當困難。

7. **優秀的錯誤報告功能**：Play Framework大大提升錯誤的報告功能，當錯誤發生時，Play Framework會在瀏覽器呈現發生錯誤的程式碼，開發者不會面對一堆錯誤訊息，但找不到錯誤的根源。

安全(Security)

從安全的風險考量上來看，PaaS的安全服務可分為資料安全、程式碼安全、資源共享安全等三個面向，茲分別說明如下：

◉ **資料安全**：PaaS平台針對資料安全所提供的服務需涵蓋使用中的資料，儲存起來的資料，以及傳遞中的資料。PaaS需可針對這三類資料提供加密防護的API或服務。

◉ **程式碼安全**：PaaS平台須能夠確保在開發中的程式碼不被沒有正當授權的使用者取得。對於已經Build好的程式，也必須提供適當的安全防護措施，不至被盜取後使用反組譯等的方式取得程式原始碼。

◉ **資源共享安全**：因為雲端服務的基本概念之一是"資源共享"，以致企業開發出來的程式或所需的資料會與其他企業所開發的程式或所需的資料放在同一台實體的伺服器或是共用記憶體。PaaS平台需能夠確保即使是資源共享，也能夠有適當的防護，不致造成資料程式遭盜取或洩漏的情況。

應用整合(Application Integration)

PaaS平台針對應用程式可提供下列三種整合。

◉ **企業內**：針對同一企業所開發的不同應用提供整合服務。

◉ **平台合作廠商**：企業所開發的應用可以透過PaaS平台與平台的合作廠商所提供的應用(SaaS的一部分)整合。

◉ **外部雲**：企業所開發的應用可以透過PaaS平台與佈署於外部雲的其他應用整合。

3.2.4 PaaS應用程式開發環境範例

圖3-10所示爲一PaaS所提供的應用程式開發環境範例，茲分別說明如下。

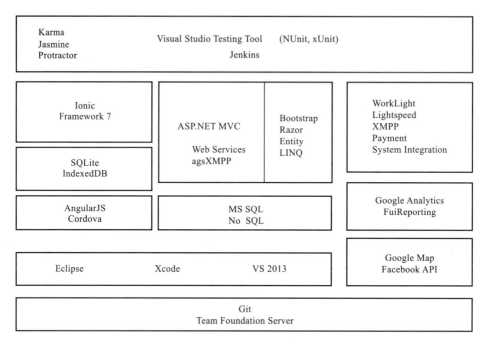

○ 圖3-10 PaaS 應用程式開發環境

測試工具

◉ **Karma**：Karma一個基於Node.js的JavaScript測試執行過程管理工具(Test Runner)。讓使用者可以監控文件的變化，然後自行執行，再通過console.log顯示測試結果。其最大特色在於讓應用程式開發者可以在網路中使用任何裝置連接並測試程式碼。Karma可以整合入CI (Continuous Integration持續整合)的工具(如Jenkins)配合Jasmine與Protractor進行自動測試。

◉ **Jasmine**：Jasmine是一個基於Node.js的Javascript單元測試框架，透過Karma可讓Jasmine的測試自動完成。

◉ **Protractor**：也是一個基於Node.js的測試工具。在預設的情況下，Protractor會使用Jasmine做為測試框架，是一個可以模擬使用者在瀏覽器上操作行為的有用工具。xUnit與NUnit – 是Visual Studio所提供的兩種專門針對.NET框架所開發出來的開放原碼的單元測試工具。Jenkins – 是一個持續整合(Continuous Integration, CI)的工具，應用程式開發者可以透過這樣的工具，檢查在版本控制伺服器 (如GitHub) 上的程式碼是否有變動，並自動進行程式碼的編譯與測試。

使用者介面框架(UI Framework)

Ionic Framework是一個基於AngularJS的混和式應用程式(Hybrid Apps)的HTML 5的UI開發框架，該框架是基於AngularJS所延伸出來的畫面製作工具。與Cordova搭配，讓行動應用程式的開發可以使用Javascript，HTML5與CSS3來製作。簡而言之，使用Ionic Framework可以讓行動應用開發者，免除一些製作頁面所需的程式撰寫工作。

行動應用程式開發框架

◉ **AngularJS**：是一個使用HTML、JavaScript和CSS來建立Web或行動應用程式的框架。它是一套開放源碼的Javascript函式庫，可以讓應用程式開發者透過MVC模式開發應用程式，簡化後續對程式修改與功能擴充，並提高程式的可重複利用性。

◉ **Cordova**：是一套開放源碼的行動應用程式開發框架，它提供一套裝置(device)相關的API。通過這套API，應用程式開發者可以用JavaScript來使用如攝影機，麥克風等原生裝置功能。

前端的資料儲存

◉ **SQLite**：是一個嵌入式的小型跨平台的關聯式資料庫，最大的缺點是多人同時存取時，容易造成讀寫操作的阻塞或錯誤，效能因此會出現問題。

◉ **IndexedDB**：是一個輕量級的NOSQL資料庫，最大的特色是相較於SQLite的速度快許多，以及Javascript Object的支援。

工業4.0理論與實務

整合式開發環境(Integrated Development Environment, IDE)

- **Eclipse**：是一套由Open Source Community所創建的開發軟體，被廣泛地被當作Java應用程式與Android App開發的主要工具，除了支援Java語言外，Eclipse已可透過外掛模組，讓應用程式開發者可以使用C++、Python或是PHP等其他語言進行開發。

- **Xcode**：是一套由蘋果公司所開發設計的Mac OS及iOS應用程式整合開發環境(IDE)，目前支援Objective-C與較新的Swift程式語言。

- **Visual Studio**：是微軟的一套開發工具，用來建置可在多種平台上執行的應用程式(Web、行動、或雲端)，Visual Studio支援使用C#、C++、Javascript、Python、Visual Basic等程式語言進行開發，並具備將應用程式部署於Microsoft Azure雲端服務的功能。

3.2.5 PaaS解決方案的提供者

Windows Azure

Azure是Microsoft提供的一個橫跨IaaS與PaaS雲端服務平台。Azure提供四種服務：虛擬機器(Virtual Machines)、雲端服務(Cloud Services)、網站服務(Websites)，以及資料儲存(Storage)。其中虛擬機器、網站服務，以及資料儲存屬於IaaS，雲端服務則是本節的重點PaaS服務。Azure讓開發者透過Visual Studio與Azure SDK，使用自己喜歡的語言如.NET、Java、Node.js、PHP、Python或Ruby來開發並佈署雲端服務。

3.3 雲端軟體即服務系統開發

3.3.1 雲端運算與企業組織

　　雲端運算是一個無所不在的資訊科技服務模型，客戶可按需求(on-demand)經由獨立設備和位置，透過網路並採取自助服務(self-service)的方式取得想要的資源。對於使用者而言，雲端運算提供的好處包含共享的服務品質、動態擴展、快速佈署、虛擬化以及與最少的服務供應商互動等優點。而在使用雲端服務時，使用不同的功能，也將以不同的價錢計算，使用者僅需支付使用費用，而不需負擔前期龐大的建置成本。

　　雲端運算對於企業組織而言，無論對於成本、機會、資源運用、IT創新及服務品質等各方面，皆提供了極大的優勢，包括：

1. **大幅降低成本：**使規模較小的企業也能從運算密集(compute-intensive)的商業分析中受益，那些需要高運算能力的資源原本只提供給大型的公司。而這些運算的實行通常為了增加運算的效率而需要強大的計算能力，雲端運算增添了這些資源的動態配置的可行性。

2. **提供大量的機會：**一些雲端運算供應商運用他們的雲端平台優勢，在許多仍處於IT革命階段的第三世界國家(third-world countries)廣泛佈署IT服務。

3. **擴大經濟規模：**雲端是最合適的基礎設施架構，可分享於不同的終端使用者，每個人可能以不同的方式用它。使用者彼此間是完全分開的，且靈活的基礎架構使得更多的使用者加入系統時運算上的負荷仍能保持平衡，意即使用者數量上升，隨機存取的需求負荷可以更平衡，致使經濟規模擴大。

4. **降低IT創新的阻礙：**雲端運算可以降低IT創新的阻礙，這一點可以從許多前景無限的創業公司(startups)看出，像是Facebook、YouTube、Uber。

5. **促使企業更易於擴展IT服務**：由於雲端運算資源管理是透過軟體，因此當出現新的顧客需求時可以針對這些新的需求快速的進行佈署，雲端運算的目的是透過軟體應用程式介面(APIs)動態的擴大或縮小資源配置，且盡可能使客戶端能與最少的服務供應商接觸。

雲端運算SWOT分析彙整如表3-4所示[11][12][13][14]：

➡ 表3-4 雲端運算SWOT分析

Strengths優勢	Weaknesses劣勢
● 有效利用運算資源的能力 ● 減少各項IT成本 ● 節約能源 ● 規模經濟	● 喪失對實體資料的控制 ● 供應商無法作出對環境需求的高品質服務和有利的保證
Opportunities機會	Threats威脅
● 幫助開發中國家、中小型企業獲得資訊科技利益 ● 整合不同雲端服務以期創造新的網路服務 ● Green IT意識抬頭	● 對傳統IT模式造成衝擊 ● 雲端供應商的破產 ● 隱私及安全議題 ● 缺乏標準規範及法規

匯整雲端運算的SWOT分析如表3-4，雲端運算技術使以往不可能的應用程序和服務提供變得有可能，例如：

◉ **平行批次處理(parallel batch processing)**：使使用者能夠利用強大的處理能力，在短時間內分析龐大的數據。

◉ **商業決策分析(business analytics)**：利用龐大電腦資源從大量的數據中了解客戶、購買習慣和供應鏈等等。

◉ **延伸運算密集型的桌面應用程序(extensions of compute-intensive desktop applications)**：雲端可以將處理過的龐大資料數據呈現在前端，而那些繁瑣的運算過程則只留在後端。

3.3.2 雲端運算核心技術

雲端運算能夠快速成型並開始充分展現，其運作方式最主要仰賴三項核心技術，包括：

1. **Virtualization**：虛擬化是一種從使用者端隱藏物理特性的運算平台技術，這種仿真運算平台，像一個獨立的系統，但不同於物理系統，它可以根據需要進行配置，使維護和擴充變得更容易，讓運算基礎架構能更好的被利用。其優點為降低運營成本和預算，以及節省資料中心所占用的土地。

2. **Multitenancy**：分租平台是一種軟體架構技術，探討與實作如何於多使用者的環境下共用相同的系統或程式元件，並且仍可確保各使用者間資料的隔離性。這可以使系統資源的利用更完善；因為原本的硬體需求本來相當大，原來同一個應用軟體如要服務多個客戶，就必須複製一個完全一樣的應用軟體，相當佔用資源。

3. **Web Services**：由W3C對Web service定義"Web Services為一個軟體系統，用以支持網路間不同機器的互動操作"。該定義說明在不同機器間，也包括許多不同的系統，但最常使用的術語是指客戶端和伺服器端透過HTTP協議來進行通訊使用的網路。而網路服務可以在應用程序之間的介面作規範，方便客戶端使用軟體(如Web瀏覽器)來存取伺服器端的應用程式。

3.3.3 雲端運算佈署模式

雲端運算的佈署模式約可歸類為：公有雲、私有雲、混合雲、社群雲四種，分述如下：

1. **公有雲(Public Cloud)**：公有雲的特徵就是所有人都可以透過網路，取得經由第三方提供的服務，對於佈署IT提供一個符合經濟效益(cost-effective)的解決辦法，尤其對於中小型企業。Google Apps就是一個顯著的例子，另外YouTube和Facebook也是典型的公有雲。

2. **私有雲(Private Cloud)**：私有雲相較公有雲，提供雲端環境中更多的好處，像是可以更彈性的提供更多服務，且讓使用者擁有更好的隱私保護。私有雲多半租用於企業組織，因其在雲端基礎架構上提供了更好的控制與管理。

3. **混合雲(Hybrid Cloud)**：混合雲是結合公有雲與私有雲，最典型的混和雲模式應用為非關鍵性(non-critical)的訊息業務就外包給公有雲，而關鍵業務(business-critical)服務與數據則保留控制權在組織內部的私有雲中。

4. **社群雲(Community Cloud)**：社群雲大多被龐大組織或政府單位控制或使用，它們通常有共通利益(shared interests)，像是安全需求、共同使命等。最常見的例子為美國的聯邦政府(United States federal government)，它是最大的社群雲使用者，其開設的Apps.gov服務網站，透過雲端以聯邦政府為中心，連結州和地方政府。

3.3.4 雲端運算廠商角色

表3-5彙整四類雲端運算角色，包括：創始者、技術提供者、推動者及創新改革者；並列舉各類角色之代表廠商[10]。

▶ 表3-5 雲端運算提供者角色及代表廠商

Established Players (創始者)	
IBM	IBM提供雲端運算服務稱為藍雲(Blue Cloud)，為企業提供存取工具，使他們能夠經由IBM的雲端管理大型應用程式和資料庫。IBM還提供諮詢服務，幫助企業進入雲端的基礎設施。最近更與Google和大學合作，研發新的軟體開發方式，幫助學生和研究人員更能面對未來雲端應用的挑戰。
Google	Google的App Engine提供企業組織存取Google的雲端運算平台，提供軟體工具建立和託管Web的應用程序。主要的SaaS服務為Google Apps，像是線上office，G-mail和雲端日曆等。2007年，Google收購了專門從事網際網路安全及數據加密的公司-Postini，並提供一套電子郵件和網路安全服務，讓Google成為一個可信賴的SaaS雲端提供者。

表3-5 雲端運算提供者角色及代表廠商(續)

Microsoft	Microsoft於2010年開發並發佈的雲端作業平台Windows Azure，提供的是平台即服務(PaaS)，但未來可能會開放基礎設施即服務(IaaS)的服務項目。在Azure服務平台可以使用微軟提供的一些工具，像是Live，.Net，SQL，SharePoint和微軟的動態CRM。
AT&T	AT&T提供兩種雲端服務，一為Synaptic Hosting，提供公用運算服務依使用量付費，供企業彈性使用IT資源並能夠隨時取得所需的處理及儲存能力。AT&T的全球網路架構上總計有38個網路資料中心(IDC)，其中在美國、歐洲，及亞洲有5個超級資料中心，用來作為連結AT&T雲端服務的地區性閘道，透過虛擬伺服器及IDC代管架構可提供企業大規模的運算及隨選應用程式服務；另一為Synaptic Storage，能使客戶存儲數據在AT&T的雲端。
Technology Providers (技術提供者)	
Apache	在2005年開發Hadoop，一個具分散式運算、運算加速及運算節點備援的穩定特性，以Yahoo的應用最為廣泛，Yahoo!在2008年，於2千台伺服器上安裝執行一萬個Hadoop虛擬機器，用以分散運算超過5PB的網頁內容，分析1兆個網路連結以建立索引資料。目前Yahoo!已將Hadoop技術實際用於旗下Yahoo!搜尋工作上，例如比對同義字、熱門關鍵字分析等等，其他如電子郵件、內容、廣告等業務也運用Hadoop分散式運算技術，因應全球的龐大工作要求。
EMC	提供兩個關鍵的雲端運算要素，即儲存(storage)和虛擬化軟體(virtualization)。最近EMC正積極進行一項名為vCloud的計畫，這項計畫原為VMware所發起，旨在幫助客戶從內部雲端和外部雲端中即時、按需求且安全地獲得所需要的計算能力並提高靈活性以應對業務需求，同時節省大量的投資成本和營運成本。

CISCO	相較於前面幾家企業,為較晚進入雲端領域的公司。CISCO 協同合作夥伴 VMware 與 EMC,提供最前瞻性的解決方案。CISCO 以整合通訊協同運作、端對端的基礎架構服務及全面性資安防護策略,提供差異化的雲端技術,客製化的解決方案使企業競爭力大幅提升,目前已有許多導入 CISCO 雲端技術設備的例子。 Cisco 並沒有自己開發的雲端系統,但卻有和 SaleForce.com 對於中小型企業,共同推出一項稱為 Customer Interaction Cloud 的服務。該服務採用 Cisco 自家技術,並加入 Salesforce.com 的客服中心軟體套件一同銷售。透過 Cisco 的技術,不論客戶利用哪一種方式(電話、網頁、電子郵件等)與公司連繫,都可以整合到 Salesforce.com 的 CRM 系統,並讓客戶服務部門的人員可以快速回覆。
Enablers (推動者)	
CapGemini	CapGemini 為全球最大 IT 顧問公司之一,提供採用 Google Apps Premier Edition(GAPE) 的大型企業支援服務,協助 Google 將 Google Apps 擴大到大型企業。GAPE 是 Google Apps 進階版,採用代管模式,提供諸如電子郵件、文字處理、試算表、即時通訊及行事曆等應用服務。每個帳號一年的費用是 50 美元。
RightScale	RightScale 的所提供的平台是 SaaS 服務,客戶可將本身的 IT 服務掛載到 Amazon 上,由 RightScale 協助客戶進行 VM 的建置,Load balance、自動備份,並提供監控與錯誤追蹤報表。RightScale 必須要熟悉客戶的 IT 營運方式,其所提供的服務是很獨特的。
Vordel	提供多種硬體和軟體產品,幫助企業佈署他們的應用程序,並提供企業利用雲端運算達到管理、高效能、操作互動性和安全的架構。

Innovators (創新改革者)	
Amazon	Amazon為一個雲端運算的先驅者，它是第一個對於存取虛擬伺服器和數據儲存空間提供隨取隨付的公司。主要的雲端服務包括：EC2和S3，EC2(Elastic Compute Cloud)專門提供龐大運算能力的雲端平台，為Amazon所有雲端運算服務中最重要的一環，主旨在使用具網路規模的強大運算能力，使得程式開發工作更有效率的完成。EC2的運算能力是可調整的，使用者可完全控制電腦資源，並透過Web服務介面隨時配置適當的運算能力，以節省運算時間與開發成本；S3(Simple Storage Service)為Amazon提供的網路儲存空間，因EC2為不具儲存功能的虛擬運算空間，因此需搭配S3將運算資源存放在雲端儲存空間，不然大量的開發程式資料在關閉虛擬主機後將全部消失，這也是S3存在的目的，S3一樣提供簡單Web服務介面，讓使用者只要在有網路的地方，就可以在Amazon S3上存取所要的資料。另外，Amazon設計的SimpleDB全文檢索資料庫，也提供資料庫的索引和查詢功能。開發人員只要透過簡單的Web介面，就可操作具龐大網路規模的Amazon SimpleDB，且不需要花時間在資料庫的管理上，讓開發人員可以更專注的在開發工作上。
SalesForce.com	SalesForce.com是第一個知名和成功的SaaS推動者。公司推出的Force.com網站，提供on-demand隨選式軟體服務架構，讓不打算使用SaleForce.com CRM功能的客戶可以自行研發並打造完全符合自己需求的雲端客戶關係軟體服務，例如：專案管理系統、報價管理系統、客戶管理系統…等。
Enonaly	Enomaly推出一個Elastic Computing Platform (ECP)的彈性運算平台，讓IT人員能很輕易的將企業內的Data Center與外部的Data Center做整合，使用者在一個管理介面中就能夠管理內外的資源，也可以很輕易的將某個VM從一個Data Center移到另一個去。目前，Enomaly已得到Intel的支持，在長期發展雲端運算服務上是一大助力。

3.3.5 雲端經濟及付費模式

隨著網際網路不斷的普及，使得網路應用服務漸漸融入生活，而「雲」的概念也隨之而生。「雲端服務」讓使用者不需要了解IT基礎設施的內容及知識，只需要一台可以連上網路的設備，即可使用各項服務。對很多公司來說，資訊部門是成本支出的部門，雖然無法帶來任何營收，但又不可缺少。就企業使用者觀點，雲端運算有別於傳統資訊設施的投資，它強調較低的整體擁有成本(Total Cost of Ownership, TCO)，TCO包含整體獲得成本(Total Cost of Acquisition, TCA)與營運成本(Operating Cost)，使用者僅需就其使用的服務支付(Pay-As-You-Go)IT的TCO，降低TCO及減少能源的消耗。

表3-6為取自文獻[16]中雲端運算及價格策略之彙整表，在雲端服務及價格策略問題上，有很多學者進行相關之研究，並從不同方式及論點，以解決雲端服務及價格策略之問題。

表3-6 雲端服務廠商收費模式

廠商	收費方式	服務模式
Amazon EC2	使用者付費	平台即服務
Amazon S3	訂閱付費	基礎架構即服務
Gmail Drive	訂閱付費/免費	軟體即服務
Salesforce.com	使用者付費	軟體即服務/平台即服務
Box.net	使用者付費	軟體即服務
中華電信hicloud S3	訂閱付費	軟體即服務
中華電信hicloudPaaS	使用者付費	平台即服務
OpSource	訂閱付費	軟體即服務
Seagate EVault	訂閱付費	軟體即服務
Windows Azure	使用者付費	平台即服務/基礎架構即服務

　　雲端供應商提供「雲端服務」，雲端服務對企業來說無須成立資訊部門、聘請專業人士及採購伺服器等設備，只要向雲端供應商要求服務，即可得到彈性服務並降低成本。「雲端服務」在供應商推廣下會漸漸普及，對雲端服務需求者來說不用考慮設備的規格，只要考慮雲端的服務及價格，因此只要選擇自身最適合的需求即可。學者Wyld[15]認為「雲端服務」會如同基礎設施(例：水、電、通訊)一樣的收費方式，基於這種「用多少，付多少」方式，以儲存服務依存儲量或流量的多寡、運算服務則依運算的能力不同來決定價格。目前針對雲端運算及價格策略的相關研究彙整如表3-7所示。

➡ 表3-7 雲端服務及價格策略相關文獻

作者	主題	內容
Weinhardt et al. (2009)[16]	Business Models in the Service World	指出雲端服務廠商的價格策略，目前多為使用者付費(Pay-per-use)，其次為訂閱付費(Subscription)，只有少部分提供免費(Free)。
Samimi and Patel (2011)[17]	Review of pricing models for grid & cloud computing	軟體傳統訂價是一次性付款，而SaaS需一種新的訂價方式，而PaaS和IaaS多為使用者付費或使用者固定付費(Pay-per-use Fixed Pricing)，使用者固定付費即是訂閱付費。
Wang et al. (2012)[18]	When cloud meets eBay: Towards effective pricing for cloud computing	指出現行的拍賣式訂價模式，會使使用者面臨無法公平競爭有限資源的問題，更會導致謊報價格及資源分配不公，因此提出一種新的拍賣式定價機制，主要可使公平競爭的有限資源及提高雲端服務廠商的收入。
Li and Li(2011)[19]	A research of resource provider-oriented pricing mechanism based on game theory in Cloud Bank model	基於雲端銀行模式，利用賽局理論提出基於動態賽局訂價機制，此訂價機制可以決定儲存資源的價格，可以使雲端銀行在IaaS市場中更具競爭力。

3.3.6 雲端SaaS平台成功案例：
InfoShareTM of CSI Technology

　　SI Technology Group(美商西思艾科技集團)專攻美國警政、司法應用軟體，並且專長於網路、軟體、及通訊的整合，在美國業界具有相當的知名度，目前已在台灣和中國設有分公司。1996年來致力於政府內部管理系統的開發，專精於警政、司法、情報、消防等各級政府機構的專業軟體研發及資訊整合服務。自1997年推出旗下頂尖產品InfoShareTM至今，達100%的紐澤西州檢察官辦公室以及美國夏威夷州、新墨西哥州、北卡羅萊納州、和奧克拉荷馬等州的各級政府機構，都使用CSI所提供領先市場的案件及文件管理系統、事件管理系統、犯罪分析及情報系統等相關產品(例如：911報案與警力派遣、疑犯情報蒐集、民事及刑事案件偵查、政風調查、線人管理、證物管理與鑑識分析、犯罪現場管理、沒收物管理、性犯罪管理、家暴管理、逃犯追蹤、青少年犯罪、各級法院事件與訴訟管理、監獄管理等)。CSI專注於治安管理的相關產業並從上到下建立完整的產品線以涵蓋各種犯罪管理的需求，如圖3-11所示。

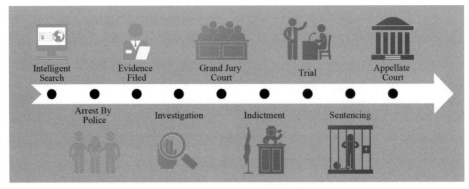

⊃ 圖3-11 CSI治安管理產品線

InfoShareTM 4.0

　　當前的製造業領域，生產者主要面對的三大課題是生產效率、速度、靈活性。生產效率不單是指製造的生產效率，速度也不是指在短時間內製造出單元。企業需要具備的，是「投放市場的時間」(Time-to-market)，應對客戶多樣化需求的靈活性。這代表的是「隨選生產」(Production on Demand)，也就是即時制定生產計畫，工業 4.0 －智慧生產的概念應運而生。當工業 4.0 解決這些重大課題的時候，製造的形態或許將發生翻天覆地的改變。

同樣地，在軟體產業也正面臨著相同的挑戰。資訊科技已經成為現代人生活不可或缺的一部分，不論是在生活上的個人應用程式，或是企業營運的各種管理資訊系統等。自從 1970 年代的商用軟體、1980 年代的大眾化消費軟體推出以來，軟體應用一步步地改變著人類的行為模式。軟體所帶來的衝擊仍是持續不間斷的，到了 2000 年前後興起的網際網路加值服務，直至今日當紅的雲端運算，再再顯示了軟體應用的推陳出新總是能以顛覆性的創新，超越人們的想像，卻又在潛移默化中將人類文明帶向下一個世代。隨著人們對資訊科技的高度依賴，被廣泛應用於各項產業領域，尤其是當今日新月異的時代所追求的時效性與差異化，這些大量需求不斷湧進，不得不迫使軟體產業正視軟體的生產效率、速度與靈活性這三大課題。

軟體的開發與設計仰賴的是人類的智慧與經驗，而社會結構人口老化已成全球趨勢，勞動力不足的此時，需要被服務的人口數遠大於能提供服務的人口數，勞力密集產業藉由自動化生產尋求解法。正當產業結構轉型，已開發國家的工業和製造業比重逐年下降，而知識密集產業崛起的此時，軟體產業其勞動力的缺口之大，尤其從美國近年來軟體工程師嚴重不足的情況，便可窺探一二，需求遠大於供給的處境，軟體產業又該如何因應？

CSI 乘著軟體發展的潮流，自 1997 年推出旗下頂尖產品 InfoShareTM 至今，歷經三次重大技術改革與升級，由 Web-based 應用程式出發，經過跨平台跨瀏覽器整合，擴展至雲端運算，而目前正在研發中的 InfoShareTM 4.0 則是架構在雲端基礎之上追求軟體智慧生產解決方案，與工業 4.0 的概念不謀而合，如圖 3-12 所示。

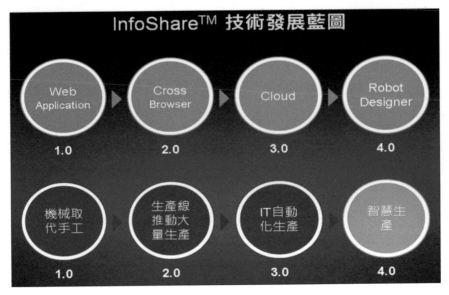

⟜ 圖3-12 InfoShareTM技術發展藍圖

　　雲端運算技術蓬勃發展的今日，各類商業軟體設計的技術、做法與應用已趨近成熟，在此立足點上InfoShareTM 4.0將尋求一個Big Data與SaaS完美結合。利用SaaS模組化與物件化的技術，大幅提升這些程式元件的可再利用性以及可分享性，使得新軟體在開發時，能快速找到合用的元件，重複利用，不僅降低重工的資源浪費，也加快軟體開發的速度。再藉由Big Data大數據分析過去相似系統之設計經驗，用以設計新系統並再回饋累積經驗值，這樣自我回饋學習的機制，由程式來設計軟體的概念，稱之為Robot Designer。意即軟體設計機器人，用來設計軟體的機器人。

　　CSI的核心技術，即InfoShareTM的前身，在非常早期便有了類似於SOA（服務導向架構）的構想來發展EAI（企業應用整合）於網頁應用程式。其架構同樣強調軟體開發必須具備可重複使用，能拼裝，且易於擴充的特性。當然，也必須滿足業界標準，諸如NIEM（國家資訊交換協定）及GJXML（全球司法XML數據模型）。這樣以元件來進行組合的應用程式，不但可以緊密結合在完整的產品線，也可以透過Web Service（網際服務）技術鬆散地與外部異質系統進行耦合。透過長期的實現，可證明這樣的架構的確可以大大的減少系統的複雜度及重複且勞力密集的程式撰寫工作，並且將必要的人力及研究運用在更具附加價值的BPM（業務流程管理）及資料結構設計，如圖3-13所示。在這樣成功的基礎上，接續地累積大量的產業知識並將所有需求以事件流程歸納成一個個可定義的模組。如此一來，一個簽核系統流程便可在很短的時間，依據不同客戶的需求調整設定成各自需要的功能並有效地縮短了從概念到原型所需的時間，也省去耗時費力的測試工作。當SOA架構組成的其中兩大元素Component（軟體元件）及Process（流程）皆能被模組化，未來要使產業專家能夠自行客製第三個元素Service（服務）是可以期待的。

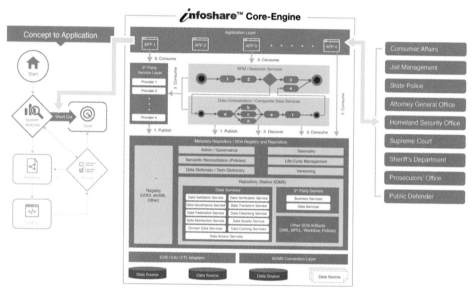

⊃ 圖3-13 InfoShareTM 核心引擎

Robot Designer

Robot Designer以大數據為後盾，SaaS為基礎，雲端為手法。用機器人來設計應用程式，其實就是提供一個雲端平台，讓各界領域的使用者透過一個簡易操作的介面，以需求導向的方式向Robot Designer訴說需求，就如同與機器人對話一般。而接獲需求的Robot Designer隨即做大數據分析，搜尋過往資料，是否有相似需求的應用程式可做參考，其做法為何，是否能找到可套用的程式元件；經驗不足之處則再向使用者提問，而程式設計師只須針對不足的元件作開發。而且，此次的設計經驗與新開發的元件亦將分別回饋至經驗數據庫與程式元件庫，做為Robot Designer下一次設計與開發系統的參考資源。

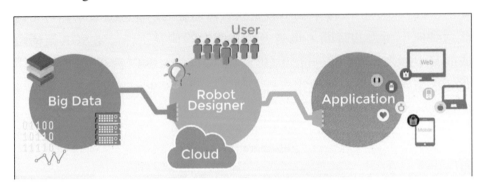

○ 圖3-14 Robot Designer示意圖

最終，當資料庫資料足夠豐富、SaaS元件庫足夠完整，以及Robot Designer的需求分析判斷足夠精準之時，不再需要產業專家的協助，一般使用者也能輕鬆與Robot Designer互動，快速客製符合自己需求的應用程式，如圖3-14所示。軟體智慧生產的時代即來臨，將為軟體產業帶來巨大的變革。

3.4 行動裝置應用程式開發

本節介紹行動裝置iPhone的應用程式開發過程，並以一個計算身高體重BMI值的App為例，簡要說明如何使用iOS 5提供的開發工具發展iPhone的應用程式。

3.4.1 StoryBoard

在iOS 5中，StoryBoard是用來設計手機UI的Interface builder整合介面工具。在創建專案時內建在專案內部，以產生UI及進行元件布置的工具。如圖3-15所示，檔案名稱預設爲Main.storyboard，中間爲storyboard的主要顯示介面，可以加入右下角的UI元件像是Label、Button、TextField等。

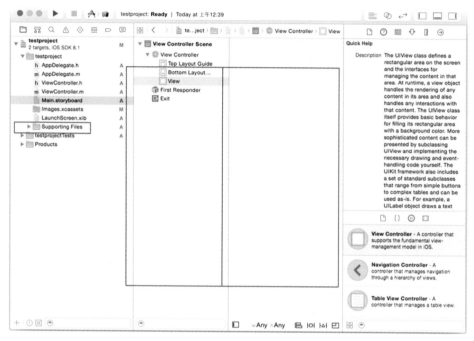

⊃ 圖3-15 StoryBoard

　　Inspector(檢視區)，圖3-15右半邊的Inspector用來查看各元件的屬性。Inspector如圖3-16上方由左而右分六種狀態頁：

1. **檔案**：當前選擇的檔案的資訊。

2. **Help**：提供當前元件的詳細說明。

3. **類別**：設定當前元件關聯的class。

4. **屬性**：設定屬性，包括內容與文字顏色。

5. **尺寸**：設定當前元件的位置與長寬。

6. **連結**：連接元件與程式碼。

　　圖3-15右下角爲Library，包含各種檔案類型與UI元件，Library有以下四種分頁，提供不同的元件如圖3-17：

➲ 圖3-16 Inspector

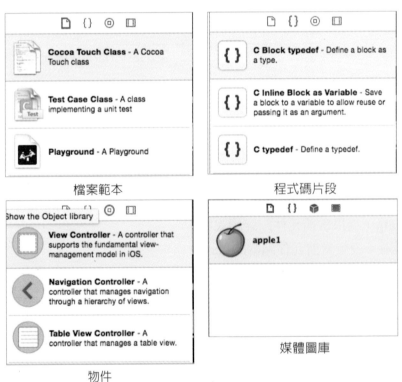

檔案範本　　　　　　　　　　程式碼片段

物件　　　　　　　　　　媒體圖庫

➲ 圖3-17 Library of four pages

3.4.2 常用元件介紹

如圖3-18，Label提供一個顯示文字的View，Label Attributes：Text：設定要顯示的文字。Color：文字的顏色。Font：設定文字字型與大小。Baseline：設定文字基線對齊方式。Align Baseline：對齊基線。Align Centers：對齊View中央。Align None：對齊View左上方。Line Breaks：超出View寬度處理。Clip：直接將超出範圍的字串裁掉。Character Wrap：以字元為單位換行。Word Warp：以單字為單位換行。Truncate Head：不顯示句子開頭文字。Truncate Middle：不顯示中間文字。

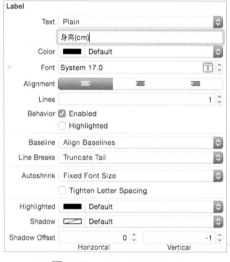

⊃ 圖3-18.a Label Attributes

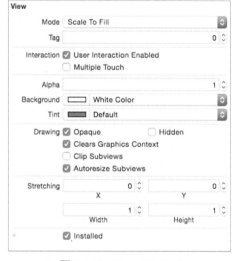

⊃ 圖3-18.b ViewAttributes

◉ **Truncate Tail：**不顯示句子尾端文字。Shadow：設定陰影。Tag：標記，用來辨識不同的元件。Interaction：設定與使用者互動。Multiple Touch:是否支援多點觸控。Alpha：設定元件的透明度。Background：設定背景顏色。

◉ **Drawing：**Opaque：不透明。Hidden：設定隱藏元件。Clear Graphics Context：清除元件內容。Clip Subviews：超出Subviews切掉。autoresize Subviews：Subviews自動調整。

Button可以監聽多種觸碰的事件的按鈕，觸碰事件被觸發時，會傳送動作訊息到目標的物件，如圖3-19，Button Attributes:

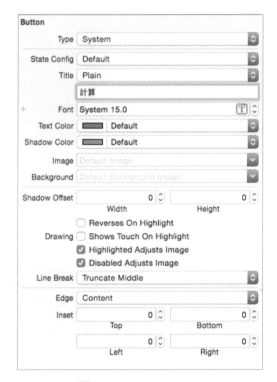

◯ 圖3-19 Button Attributes

Text：設定要顯示的文字。Type:選擇按鈕的類別。State Config:狀態設定。Title:設定按鈕上的文字。Text Color:設定文字顏色。Shadow Color:設定陰影顏色。Image:用自訂的圖片作為按鈕。Background:設定背景樣式。Drawing: Reverses On Highlight :陰影是否要改變，Shows Touch On Highlight:按鈕是否標示，Highlighted Adjusts Image:調整Image，Disabled Adjusts Image: Disabled調整Image。Edge / Inset: Content:按鈕內全部內容的矩形區域邊界，Title:按鈕標題內容的矩形區域的邊界，Image:按鈕圖示內容的矩形區域的邊界。

TextField提供一個可編輯的文字區塊，如圖3-20，TextField Attributes：

⊃ 圖3-20 TextField Attributes

　　Text:設定顯示的文字。Color:設定文字顏色。Font:設定文字字型與大小。Alignment:設定對齊的方式。Placeholder:設定提示的文字。Background:設定背景圖片。Disabled: Disabled時的背景圖片。Border Style:設定邊框的樣式。Clear Button:設定文字欄位清除按鈕。Capitalization：設定英文大寫。None：不需要全部大寫。Words：單字的第一個字母大寫。Sentences：每段句子的第一個字母大寫。All Characters：全部的字母都是大寫。Correction：字串修正設定。Default：預設。No：不需要修正。Yes：需要修正。Keyboard:設定鍵盤的格式。Appearance:設定鍵盤出現的樣式。Return Key:設定返回鍵的功能。Auto-enable Return Key：輸入才有功能。Secure:輸入文字會隱藏，改以點表示。鍵盤樣式如圖3-21所示。

Default，ASCII Capable

Number &Punctuation

URL

Number Pad

Phone Pad

Name Phone Pad

➲ 圖3-21 鍵盤樣式

3.4.3 建立IBOutlet關聯

Interface Builder並不會知道所有在元件與程式之間的關聯，只有前面加IBOutlet和IBAction，才能知道元件與何種變數或函式相關聯。要建立IBOutlet /IBAction關聯，打開assistant雙視窗，如圖3-22所示，選取元件，按下Ctrl按鍵或滑鼠右鍵，依下圖用滑鼠連接到@implementation之中，如果此元件為Button按鈕，可以建立此按鈕所對應的函式。

➲ 圖3-22 建立IBOutlet關聯到@implementation

也可如圖3-23，將元件連接到 @interface 之中，形成此元件在程式中所對應的變數。

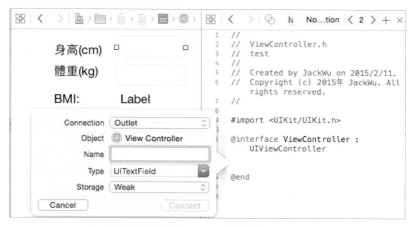

⮑ 圖3-23 建立IBOutlet關聯到 @interface

3.4.4 Button 相關事件介紹

在建立Button與所對應的函式關聯時，可以設定以何種事件來觸發。

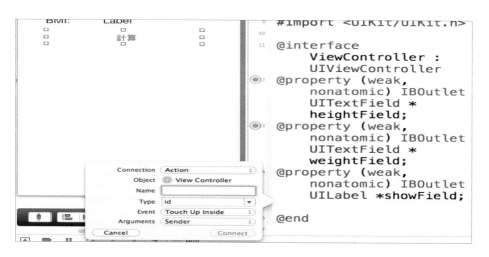

⮑ 圖3-24 建立Button與所對應的函式關聯

　　如圖 3-24，Touch Cancel：觸碰按鈕時有來電等原因，導致中止動作時觸發的事件。Touch Down：觸碰按鈕的瞬間所觸發的事件。Touch Down Repeat：連續觸碰按鈕兩次所觸發的事件。Touch Drag Enter：從按鈕外拖曳回按鈕內時，所觸發的事件。Touch Drag Exit：觸碰按鈕時拖曳出按鈕外時，所觸發的事件。Touch Drag Inside：觸碰按鈕時手指拖曳於按鈕內時，將連續觸發此事件。Touch Drag Outside：觸碰按鈕時手指拖曳於按鈕外面時，將連續觸發此事件。Touch Up Inside：觸碰按鈕或於按鈕內拖曳，手指於按鈕內離開才觸發此事件。Touch Up Outside：手指於按鈕外離開時才觸發此事件。

▶ 3.4.5 多連結

　　一個 IBOutlet 只能對應一個元件，一個 IBAction 可對應各元件，空的連結執行時會報告錯誤，必須要指定元件相連。注意改變 IBOulet 變數名稱時，要將此元件中舊的連結刪除，否則會出現錯誤。

▶ 3.4.6 iPhone 模擬器

　　模擬器可以模擬實機執行的情形，方便開發者直接在模擬器上觀看結果，不需立刻佈署到實機上。部分硬體裝置例如 GPS 定位、加速度計 (Accelerometer)、錄影照相功能只能透過實機執行外，大部分功能模擬器幾乎都能模擬。如圖 3-25 執行的電腦有連接網路，模擬器可透過電腦上網使用 (Command + →) 或 (Command + ←) 旋轉模擬器，模擬直立或橫置的畫面。利用上方選單來對模擬器模擬物理功能例如左右旋轉，或者按下 HOME 鍵等實機上的功能。

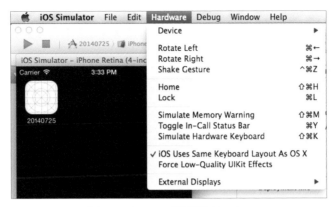

⊃ 圖 3-25 iPhone 模擬器 Hardware

3.4.7 專案版本及應用程式icon設定

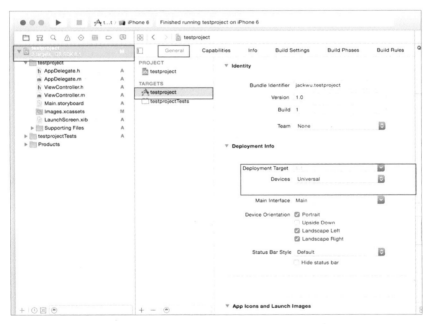

⊃ 圖3-26 專案版本及應用程式icon設定

　　點選左方的專案，如圖3-26，可以設定專案屬性，上方第一個General的分頁之中，中間Deployment Info可以選擇要編譯的iOS版本，下方的App Icons and Launch Images可修改此App在手機的Logo畫面，或執行此APP的起始畫面等設定。

3.4.8 設定圖庫

如圖3-27，將要使用的圖片拖入Images.xcassets裡面，2x代表需要原本兩倍長寬的圖片，如果不符合會顯示警告，設定的方式為同樣名稱後面加入@2x，例如：Appicon，Appicon@2x。

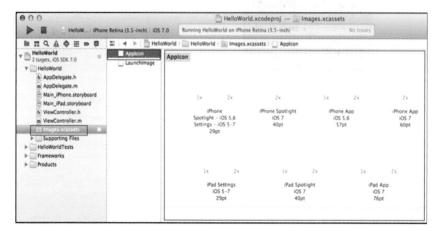

○ 圖3-27 設定圖庫

3.4.9 UI

Main.storyboad有一個起始頁面，如圖3-28，箭頭指向此頁面代表初始頁面。右下角可取Label標籤、Text Field文字區塊、Button按鈕、TextView文字欄等UI元件，也可點選元件後在右邊對元件的屬性顏色做修改。

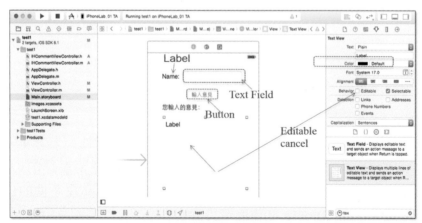

○ 圖3-28 UI介面

3.4.10 切換頁面

　　頁面切換只要按住滑鼠右鍵或Ctrl鍵並拖拉到另一個要連接的頁面，如圖3-29，將一個按鈕連到另一個頁面，則每當點擊此按鈕時，就會切換到那個連結頁面，被連結的頁面稱為Scene，相連的線稱為一個Segue。

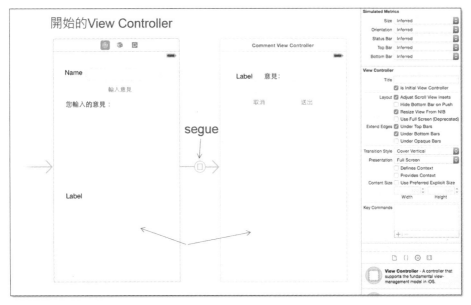

● 圖3-29 切換頁面

3.4.11 應用程式範例BMI App

　　本小節以一個單View的計算身高體重BMI值的App為例，說明Storyboard可視化介面的使用UI物件互動、切換鍵盤模式，使用IOS內建數字輸入鍵盤、以及程式撰寫方式。環境需求為Xcode工具。本App可輸入身高及體重，輸入時數值時會切換iOS內建的數字鍵盤，輸入完身高體重後利用IBAction來觸發函式，函式會去獲取身高及體重的數值，並計算BMI值。

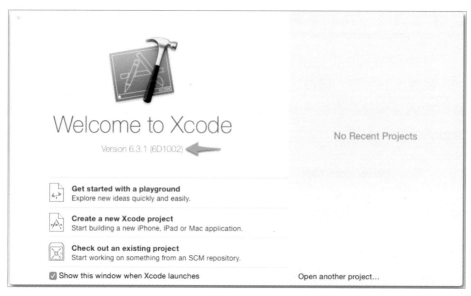

⊃ 圖3-30 創建新專案

　　開啓Xcode創建專案，如圖3-30選擇第二個選項Create a new Xcode project。如圖3-31選擇創建單頁的專案模板Single View Application。

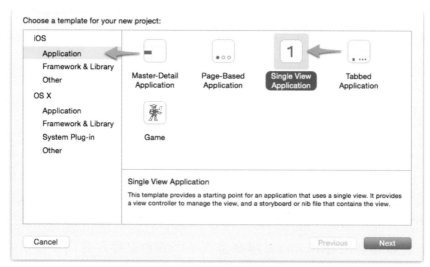

⊃ 圖3-31 選擇Single View Application 專案模板

> ⊃ 圖3-32 專案命名

　　如圖3-32將此專案命名為BMI。介面拉取，如圖3-33拖拉右側Label至Main.storyboard中。拖拉完兩個Label後，接著拖拉兩個Text Field，如圖3-34。依此類推，最後拉好全部介面如圖3-35，共有五個Label，分別為身高、體重、BMI、BMI的值、顯示是否符合標準結果的Label，以及兩個文字輸入欄位Text Field，用來輸入身高及體重的值，最後有一個按鈕觸發計算BMI的動作。

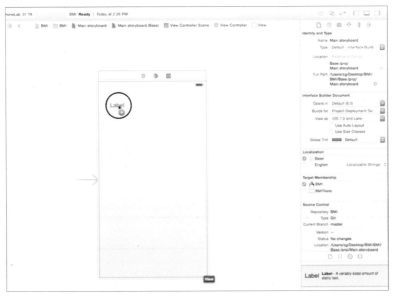

> ⊃ 圖3-33 拖拉 Label

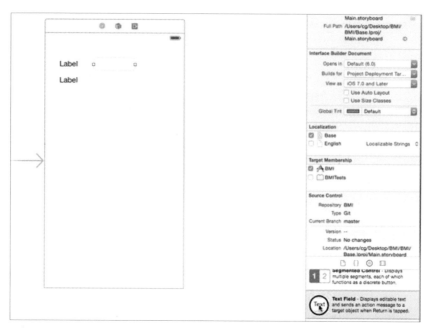

◌ 圖3-34　拖拉Text Field

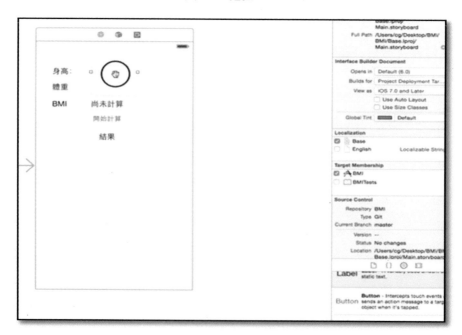

◌ 圖3-35　介面

開啟右上角的雙視窗，如圖3-36，左邊為Main.Storyboard，右邊為ViewController.h，為了能在之後取到使用者所輸入的身高及體重數值，要將身高及體重文字輸入欄位連接到ViewController.h 的 @interface中。

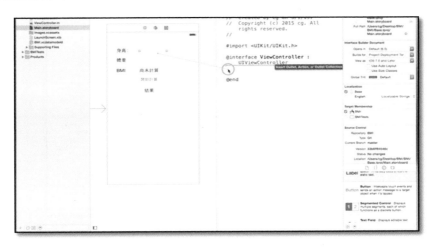

⊃ 圖3-36 拖拉元件產生 IBOutlet

◉ **撰寫程式：**拖拉後，會自動根據被拖拉的對象，產生相對應型態的變數，總共拖拉兩個Text Field及兩個Label，如圖3-37。

⊃ 圖3-37 建立 IBOutlet 變數

為了能讓按鈕按下以後的事件執行相對應的函式，將 開始計算 按鈕拉到ViewController.m的 @implementation當中並命名為Excute，產生一個IBAction類別的Excute函式，用來計算BMI值，如圖3-38。

⤷ 圖3-38 建立IBAction 函式

撰寫此函式計算BMI值，先抓取身高及體重的字串，利用關鍵字self，可簡單提取剛剛拖拉所產生的變數，Height、Weight、BMI、Result。在Height、Weight變數後，隔一個空格打上內建函式Text，就會取得此Text Field裡的字串。再隔一個空格呼叫floatValue函式，將字串轉為浮點數字。這裡取得BMI數值為體重除以身高的平方，並判斷是否低於18.5或高於24，分別代表過輕或過重，若在兩者之間則BMI值剛好符合標準。

```
- (IBAction)Excute:(id)sender {
    float h = [[self.Height text] floatValue] / 100;
    float w = [[self.Weight text] floatValue];
    float bmi = w/(h*h);
    self.BMI.text = [NSString stringWithFormat:@"%.2f",bmi];
    if(bmi<18.5){
        self.Result.text = [NSString stringWithFormat:@"過輕"];
        self.Result.textColor = [UIColor redColor];
    }
    else if(bmi<24){
        self.Result.text = [NSString stringWithFormat:@"剛剛好!"];
        self.Result.textColor = [UIColor blackColor];
    }
    else{
        self.Result.text = [NSString stringWithFormat:@"過重"];
        self.Result.textColor = [UIColor redColor];
    }
}
```

⤷ 圖3-39 撰寫程式

程式撰寫完成，如圖3-39，記得在圖3-40右側將此程式的
Keyboard輸入樣式改為Decimal pad數字輸入來輸入身高及體重。

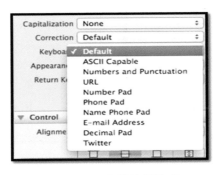

○ 圖3-40 改變鍵盤樣式

　如圖3-41，要執行程式，只要在左上角選擇要在設備或模擬器上
執行即可，接著點選三角形按鈕執行程式。輸入身高體重數值時會切換
iOS內建的數字鍵盤，輸入完身高體重後利用IBAction觸發函式，函式
會抓取身高及體重數值，計算BMI值後，紅字提醒使用者是否過重或過
輕，如圖3-42。

○ 圖3-41 執行程式

⊃ 圖3-42 程式範例

◎ **範例檔案下載：**

https://drive.google.com/file/d/0ByCUjBoSjlpPSUo1TWluX3hzcnc/
view?usp=sharing

▶ 3.5 雲端運算平台測試

　　雲端運算平台的測試探討五個重要的主題，包括基礎設施即服務 (IaaS) 驗證測試、軟體即服務 (SaaS) 驗證測試、軟體測試即服務 (Test as Service, TaaS)、行動終端裝置測試，以及雲端測試服務平台自動化測試工具的發展。

■ 3.5.1 雲端基礎設施即服務驗證測試

　　要讓企業應用程式在雲端運算架構上部署、配置，使其充分發揮雲端平台資源而運作順暢，仍然是一項挑戰[20]。雲端基礎設施提供者要建置一個公有雲，或是企業要建置私有雲，必須對雲端基礎設施實施有效的測試。雲端基礎設施測試包括以下幾個測試項目：

1. 實體主機伺服器的測試包括(1)驗證伺服器與作業系統的相容性；(2)驗證是否支援多種虛擬機器管理程式；(3)伺服器是否可由硬碟引導網路啟動；(4)網路卡對 TOE(TCP/IP Offload Engine) 的支持度；(5)

網路連接埠失效切換功能；(6)主機可靠度測試；(7)智慧主機管理介面支援度；(8)記憶體效能測試；(9)CPU效能測試等；(10)伺服器遠端維護管理功能測試；(11)透過Web介面進行伺服器韌體升級測試；(12)透過Web介面進行硬體設備管理測試；(13)硬體日誌功能測試；(14)硬體儀表警示燈功能測試；

2. 雲端虛擬化平台測試包括(1)大量虛擬機器部署、遷移、快照建立與恢復、備份與復原、匯入、匯出等功能與效能測試；(2)虛擬機器使用虛擬網路、虛擬防火牆的通訊測試；(3)虛擬機器遷移對CPU、網路效能的影響；(4)虛擬機器遷移至其他實體伺服器的可用性測試；(5)虛擬機器故障隔離測試等；(6)虛擬機器系統與實體機器系統互相轉換測試；(7)虛擬機器CPU資源分配測試；(8)虛擬機器記憶體資源分配測試；(9)虛擬機器不同服務層級協議(Service Level Agreement, SLA)測試；(10)虛擬機器線上擴充CPU、記憶體、儲存體與網路卡資源測試；(11)虛擬機器負載平衡動態調整。

3. 網路設備測試包括(1)虛擬網路輸出入控制測試；(2)多樣化網路架構與通訊協定之效能測試；(3)實體網路卡冗餘故障切換測試。

4. 儲存設備測試包括(1)虛擬儲存設備輸出入控制測試；(2)多樣化儲存架構與存取協定之效能測試；(3)儲存設備多路徑管理測試。

5. 開發或運行環境的測試包括應用程式開發、巨量資料運算等平台之功能與效能測試。

6. 安全性測試包括(1)遠端控制介面HTTPS存取功能；(2)BIOS開機密碼功能；(3)遠端硬體管理者權限測試；(4)遠端關閉不安全通訊埠；(5)虛擬機器存取控制測試；(6)虛擬機器病毒防護測試；(7)敏感資料保護測試等。

3.5.2 軟體即服務的驗證測試

> 表3-8 傳統軟體測試與雲端測試差異

	傳統軟體測試	雲端軟體測試
測試目標	檢查可用性與相容性、系統函數驗證程式品質	驗證雲端服務品質及可擴充性、驗證SaaS功能品質
測試服務	內部軟體測試	由協力廠商提供隨選測試服務、針對SLA定義進行線上測試服務
測試和執行方式	在本地測試區中進行上線測試	由協力廠商執行需求測試、在雲端服務上執行線上測試
測試環境	在測試區配置專屬測試環境	使用可擴展之開放公有測試環境或私有、測試環境進行測試、具備各種不同型態與異質運算資源
測試成本	測試所需硬體和軟體成本、測試過程中的技術人力成本	TaaS/雲端測試服務租用費用、SaaS/雲端運算之技術人力成本
測試模擬	模擬線上服務使用者存取、依權限產生流量資料進行測試	模擬虛擬/線上使用者存取雲端服務、模擬虛擬/線上雲端服務流量資料
安全測試	使用者的隱私、客戶端/伺服器存取安全測試、資料與訊息之完整性	SaaS/雲端服務安全功能驗證、SaaS/雲端API和連接安全性、端到端應用安全

　　越來越多的公司投資在雲端技術上，預估雲端軟體即服務(SaaS)的收益將達106億美元，比2015年成長25%[21]。軟體即服務商業需求的持續增加，主要來自於雲端運算技術的幾個因子，包括可用性的改善、更佳的可靠性、快速部署的需求、降低內部系統的依賴、多租戶分享、使用付費、較高的系統存取性、隨選資源、與彈性計價等[22][23]。基於上述描述，因此軟體即服務應比傳統軟體要求更高的品質，實施更嚴謹的品質驗證。

　　雲端服務架構與運作方式不同於傳統軟體系統，研究文獻[24]分析指出傳統軟體與雲端服務在測試上的差異如表3-8所示。根據ISO/IEC 25010[25]軟體品質模型以及雲端服務特性，研究文獻[26]提出雲端軟體品質特徵如下及表3-9描述：

1. **功能適用性：** 雲端服務可以滿足相關功能需求。

2. **可靠性：** 雲端服務在規定時間或特定條件下執行特定功能的程度。雲端服務可靠性來自整體服務需求、資源調配設計和容錯機制。

3. **效能：** 特定條件下，雲端服務使用特定數量資源所能達到效能表現的程度。資源包括雲端服務所使用之硬體資源以及虛擬操作系統環境。

4. **相容性：** 在共用軟硬體資源的環境下，雲端服務支援異質平台的能力程度。

5. **易用性：** 在特定使用情境下，雲端服務被特定客戶操作使用，可有效達到特定目標的程度。

6. **安全性：** 使用者依其許可權限適當地存取相關資料，系統保護機密資訊不受惡意攻擊影響的程度。安全性也應用於網路傳輸，影響雲端服務使用品質中的可信任度。

7. **可維護性：** 雲端服務可被維護、重覆使用與修改的程度，修改包括功能更新和適應性修改。可維護性評估包括雲端服務版本更新和升級作業。

8. **可攜性：** 使用者在雲端服務上的系統與資料，是否可從原平台移植到另一平台的程度。

➡ 表3-9 ISO/IEC 25010 之雲端軟體即服務品質測試指標

品質特徵	品質子特徵	子特徵定義
功能適用性	完整性	雲端服務功能覆蓋特定任務或客戶目標的程度
	正確性	雲端服務提供所需功能產出正確的程度
	適合性	雲端服務是否易於完成特定任務或使用者目標的程度
可靠性	成熟性	系統在正常運行下滿足可靠性要求的程度
	可用性	使用過程中，雲端服務是否能持續運作與被存取的程度
	容錯性	當硬體或軟體發生錯誤時，雲端服務仍可正常運作的程度
	可恢復性	雲端服務可以直接恢復發生干擾或突發事件影響中之資料的程度
效能	時間行為	影響時間、處理時間和服務吞吐率是否滿足需求的程度
	資源利用	執行功能時，服務所需的資源數量與類型
	容量	滿足要求的參數最大值
易用性	易識別性	使用者識別雲端服務是否適合其需求的程度，雲端服務提供的功能是否可以輕鬆被客戶理解其作用
	易學性	在特定使用情境下，雲端服務使用者是否可以高效率、無風險地學習使用並完成特定目標
	易操作性	雲端服務具有易於操作或控制的屬性
	使用者錯誤保護	防止使用者選取服務時，因誤解功能而犯錯，檢視服務系統是否會有檢查與防止使用者出錯的機制
	操作介面美觀性	雲端服務使用者操作呈現介面是否讓使用者滿意
	易存取性	滿足雲端特性可透過終端行動設備，隨時由網路存取到服務

品質特徵	品質子特徵	子特徵定義
安全性	保密性	雲端服務確保資料僅對授權使用者可存取的程度
	完整性	雲端服務防止未授權存取或修改電腦程式或資料的程度
	不可否認性	雲端服務動作可被證明曾發生並不可抵賴的程度
	可稽核性	雲端服務的行為可被追蹤為其所獨有的程度
	可信賴性	雲端服務主體或資源的身份可被證實屬實的程度
相容性	共存性	雲端服務共享環境與資源時，能夠正常運行不會為其他使用者帶來不良影響
	互通性	同時支援不同廠牌的軟硬體環境，讓客戶的資料可在不同系統之間轉換
可維護性	模組化	雲端服務某一功能模組變化對其他功能產生最小影響的程度
	可重複使用	雲端服務可被用於一個以上系統或服務重複使用其資源的程度
	易分析性	可根據雲端服務監控記錄，評估診斷產品功能缺陷或失效原因，且可依紀錄的使用量計價
	易修改性	在不發生缺陷或降低當前產品品質的前提下，雲端服務可被有效修改的程度
	易測試性	可為雲端服務建立測試準則，並有效率的執行測試以確認是否達到測試準則的程度
可攜性	適應性	雲端服務可適應不同的硬體、軟體、操作或使用環境的程度
	易安裝性	雲端服務在特定環境下可有效地被成功安裝或卸載的程度。
	可取代性	在相同環境下，雲端服務可替換功能相同的另一個特定雲端服務產品的程度

　　國內外已有許多組織發展出雲端軟體及服務的測試流程與標準，例如財團法人資訊工業策進會，所發展的經濟部雲端開發測試平台[27]，透過使用者關注之問題與軟體即服務品質測試指標，從雲端三大構面-應

用程式(Application)、網路(Network)和基礎設施(Infrastructure)，設計軟體即服務雲端技術特性測試表，實施測試以提供雲端軟體即服務產品之品質參考。

▶ 3.5.3 軟體測試即服務優勢

軟體測試即服務(Taas)是軟體測試重要的發展領域，TaaS是運用雲端運算技術與解決方案，在雲端平台資源(IaaS/PaaS)上提供軟體測試與測量監控的雲端服務。雲端測試服務提供者根據客戶的測試需求，運用雲端平台和預先配置的軟體架構，提供客戶其軟體系統所需的測試活動，協助客戶減少測試所需的時間與成本，並改善其軟體系統的品質。

軟體開發生命週期中，測試是提升軟體品質有效的方法，需要投入許多專用的人力資源與資訊設施。其中有些資源在特定階段才會使用到，例如系統效能測試、安全測試等，需要到軟體測試流程的「系統整合測試」階段實施，造成這些測試資源在其他開發階段無法充分運用。隨著商業應用程式越來越複雜，開發團隊要建置並維護與實際客戶生產環境相似的測試環境，似乎越來越困難。除此之外，軟體測試領域遭遇的問題還包括：(1)有限的測試預算，以及有限的測試期限；(2)隨著系統複雜化，需要設計大量的測試案例測試以及建置各種測試設施與環境，使得成本不斷增加；(3)使用者分散各個不同區域；(4)測試資料流量越來越龐大複雜，難以測量、監控與分析。

以雲端運算為基礎的軟體測試服務，可以提供上述問題的解決方案。軟體測試服務的優點，包括降低環境建置與人力成本、需求彈性、資源的可用性、計算可靠性、使用資源擴展性的分散式測試環境，強化的協同合作及更大的效率，可降低關鍵軟體上線的時間。雲端測試服務是有效減少執行大型應用程式的測試時間和提高成本效益的解決方案。

3.5.4 軟體測試即服務應用

軟體測試即服務(TaaS)的應用越來越普及，對於不需太多領域知識的系統整合測試，都適合使用軟體測試服務(TaaS)。這些系統整合測試包括軟體功能整合、自動回歸測試、系統效能測試、相容性測試、安全性測試、雲端應用程式測試等[28]。

1. **軟體功能整合與自動回歸測試：**在雲端環境針對客戶需求規格或系統功能要求來進行測試，而不是在企業內部機器進行測試。客戶需自行設計測試案例腳本，或者委外根據軟體需求規格設計測試腳本與資料，上傳到雲端平台進行測試。待測的程式可以部署在開發團隊的測試環境，或者直接部署在雲端平台的環境。

2. **系統效能測試：**效能測試的目的在尋找應用系統效能的瓶頸跟限制，又可分為負載測試與壓力測試。負載測試需要建立龐大的使用者流量，測量並監控系統處理的反應時間，而針對不同負載標準，系統須適度調整應用程式的效能參數。壓力測試的目的在於確認系統的處理能力，在加壓失效前能保持一定的水準。雲端可擴展性的測試服務，可以很容易創造大量工作負載或不同性質的流量需求，模擬大量不同區域使用者，有效地降低測試成本和時間。

3. **相容性測試：**使用雲端環境，可以根據軟體需求規格，建立不同的操作系統環境，例如不同的資料庫管理系統、作業系統、瀏覽器等，使相容性測試的環境建置成本降到最低。雲端測試服務可利用虛擬機器建置不同的測試環境，同時進行系統的相容性測試，有效減少測試時間與成本。

4. **安全性測試：**許多安全性測試需要大量的運算資源或分散式可擴展平台環境，例如阻斷服務(Denial of Service, DoS)攻擊、帳號密碼的破解、資料加密破解、網路封包的偵測與過濾等，都適合於雲端平台的軟體測試服務。

5. **雲端應用程式軟體測試：**在雲端運算平台部署的應用程式，其軟體品質的保證益形重要，包括其功能服務、業務流程和系統效能。利用軟體測試即服務，可有效驗證軟體可做為軟體即服務(SaaS)，包括軟體在一定經濟規模上的效能、可擴展性、安全性和測量。驗證基於雲端運算所提供的服務，例如自動配置功能的正確性。

　　企業使用雲端測試即服務，基本步驟爲：(1)針對待測系統制定測試計畫書；(2)設計使用者操作情境與測試案例；(3)選擇雲端服務提供者，如Compuware、HP、Load Impact、Neotys和SOASTA等；(4)服務提供者運用雲端服務平台供應商，如Amazon，Google，Rackspace等，在雲端測試環境中產生來自世界各地的網路流量提供測試；(5)執行測試活動，監控測試目標與測試數據；(6)透過測試平台的即時儀表板提供測試結果和分析報表給軟體開發人員。爲了使雲端測試更成功，企業須先了解平台提供者的彈性模式及動態配置方法，了解供應商監測服務和SLA。爲了不讓雲端測試服務被利用發動類似阻斷服務攻擊的平台，某些服務提供者[29]，設計簡單的驗證機制，提供隨機檔名給測試使用者，在待測試平台根目錄建立一個該檔名的純文字檔，檔案內容爲驗證數字，測試前先驗證該檔案是否無誤再進行壓力測試。

▶ 3.5.5 軟體測試即服務的挑戰

　　以雲端爲基礎的軟體測試服務，有下列幾點挑戰[30][31]：

1. **雲端平台的安全性議題：**目前現有的加密技術或安全防護，仍然是企業無法採用雲端服務的隱憂之一。本章將於後面描述雲端運算服務的安全議題。

2. **初期遷移建置成本：**將軟體測試遷移到雲端的初始建置成本，跟傳統測試環境的建置比較相對高，因其涉及修改原有的測試案例或腳本以適應雲端運算環境。

3. **缺乏系統整合測試的統一標準：**目前仍未有統一的軟體測試標準解決方案，用來整合公有雲資源與客戶內部數據中心資源。公有雲服務提供者其雲端平台架構、營運模式和定價機制，互通操作性仍有很大的改善空間。

4. **基礎設施的限制：**雲端測試服務提供者通常提供有限類型的配置、技術、伺服器、儲存設備、網路和頻寬，不一定能涵蓋所有隨選測試之環境需求。

5. **回歸測試的議題與挑戰：**目前軟體回歸測試都是針對特定或固定軟體版本，設計使用者劇本加以測試。針對隨選軟體服務實施軟體回歸測試，需要掌握軟體服務需求動態的變化，以及一套動態的軟體驗證與確認方法。

3.5.6 行動裝置測試

　　手機與一般純軟體測試的相異之處，主要來自於嵌入式軟體所涉及的硬體裝置及各國所訂定之通訊相關規範。研究文獻[32]將 Android 手機測試區分成四種測試類型：

1. **行動通訊品牌商(含 IDM 或 ODM 軟體整合)：**行動通訊品牌商大都委託 IDM 或 ODM 軟體整合商，整合測試所植入的 Android 軟體。此階段測試包括：

    (1) 單元、整合、和系統功能性測試，其中涵蓋 Android 的功能、為市場區隔客製化功能、行動通訊營運商要求之通訊相關功能、特定硬體的軟體功能等。

    (2) 穩定性測試(Stability Test)：測試手機在長時間運作下，是否出現非預期的關機重啟、當機、應用程式強制關閉等，評測方法有 MTBF(Mean Time Between Failure)、Monkey Test、APR(Automated Panic Reporting)等，藉以測試手機正常運作的時數比率。

    (3) 績效測試(Performance KPI Test)：以其他同等級手機當作比較基準，測試各功能或基本操作的系統運作時間。

    (4) 相容性測試(Interoperability Test)：檢測 SIM 卡功能，以及各種 SD 卡、週邊配備如耳機、藍牙、Wifi 的相容性。

    (5) 實地測試(Field Test)：測試當地行動通信環境。

    (6) 使用者試行(User Trial)：由一般使用者，透過日常生活操作找出使用問題。

2. **第三方認證測試：**由授權實驗室執行，提交測試報告給發證單位認可，包括：

    (1) 硬體認證，如 CE、FCC 等。

(2) 行業組織認證，例如GCF(Global Certification Forum)歐洲認證組織、PTCRB(PCS Type Certification Board)北美洲認證組織。

(3) 驅動程式認證，如USB驅動程式之WHQL認證等。

(4) 手機預載的應用程式認證，如瀏覽器多媒體播放器Adobe Flash Player等。

(5) 手機嵌入硬體元件認證，如BT/Wifi、HDMI及HDCP等。

3. **行動通信營運商網路測試：**著重於功能性、安全性、通訊、效能、介接等，測試的時間依申請階段、提交自測報告、排隊等待測試，再加上實際測試及反覆確認的時間，往往長達一個月到數個月不等。

4. **Google相容性測試：**Google發行的自動化測試工具，包括GTS(Google Mobile Services Test Suite)與CTS(Compatibility Test Suite)。GTS是單純的作業系統相容性測試，CTS則還包括GMS(Google Mobile Service)，即Google開發的APKs(Android Package)，如Gmail、Google Search、Google+、Play Store等。

針對行動裝置應用軟體系統，還需注意以下幾項測試：

1. **使用者介面測試：**測試使用者介面的風格是否滿足客戶要求，文字是否正確，頁面美工是否好看，背景、文字、圖片組合是否和諧，操作是否友好、人性化等系統與使用者的互動。另外，使用者介面測試還需確保介面中的物件依照預期的方式運作，得到預期的結果，並符合公司或行業的標準。

2. **交叉事件測試：**當一個功能正在執行的同時，操作另外一個事件進行干擾的測試。例如執行某一個軟體程式時，接收到簡訊、來電或鬧鐘，應執行高優先等級的事件而不會導致當機等嚴重問題出現。

3. **負載測試：**在設定不同的工作負載環境中，評測系統執行特定軟體程式的工作情況，例如回應時間、交易處理速率和其他與時間相關的資料。

4. **強度測試：**在系統資源缺乏的情況下執行軟體程式，評測因資源不足或資源爭用而導致的錯誤。例如記憶體、磁碟空間不足、資料庫鎖死或網路頻寬不足，軟體程式或系統可能出現在一般正常條件下較不明顯的缺陷。

5. **使用者手冊測試：**檢測使用者手冊中軟體功能使用說明是否準確、簡潔，不會讓客戶產生誤解。

3.5.7 雲端測試服務自動化工具

對於 Android 行動裝置而言，市面上的廠牌型號種類非常多。各廠牌為發展不同特色的 Android 裝置而採用不同螢幕大小、硬體配置、客製化的 ROM、Android 作業系統版本或 API 等，產生所謂的 Android 碎裂 (Android fragmentation) 的現象。Android App 要在這些裝置上正確地運作，需要採買許多裝置，並有效率地在眾多裝置上執行測試。要確保 Android App 可以在不同裝置上正確運行，軟體開發商會面臨的難題包括：(1)採購大量各式的 Android 裝置將增加開發成本；(2)Android 裝置的淘汰速度快速，需要持續採購新型裝置；(3)逐一在各裝置上執行測試的需要花費很多時間。

為了解決此問題，已有一些雲端測試服務提供者，如 [33][34][35][36]。國立臺北科技大學資工系與軟體研究發展中心的軟體工廠研發團隊，研發一個雲端軟體測試平台 (Software Testing Factory-Cloud Testing Platform, STF-CTP)[37]，以 OpenStack 雲端基礎運算服務 [38] 開啟虛擬機器 (Virtual Machine, VM) 與實體 Android 裝置，讓 Android 應用程式開發人員進行大量自動化測試服務。此為科技部 Open Source 研究計畫專案 [39]，計畫中不斷持續添購新型的 Android 裝置。此研究計畫發展的雲端服務架構，其目標為：(1)提供各種 Android 裝置，減少個別企業採購 Android 裝置的費用；(2)透過平行測試技術，可以同時在多個 Android 裝置上平行執行自動化測試，縮短執行測試時間 [40][41]。此研發之雲端測試服務平台支援的 Android 自動化測試工具如下：

1. **支援Robotium[42]測試：**Robotium是以Java撰寫Android App測試的工具，可以對Android App單一Activity進行UI的單元測試，也可對數個Activity進行UI的整合測試或驗收測試。Robotium測試使用Android程式碼，適合有Android App開發經驗的測試或開發人員。

2. **支援Monkey[43]測試：**此為Android官方提供的測試工具，針對待測試的Android App送出數個隨機產生的使用者操作事件，例如點擊、長按、滑動等進行測試。其最大優點就是不需撰寫任何測試程式碼就能初步評估待測試程式的強健度。

3. **支援MonkeyTalk[44]測試：**MonkeyTalk提供錄製與播放的功能，透過錄製過程自動產生測試腳本以減少對測試程式碼撰寫的依賴。

4. **支援Uiautomator[45]測試：**此為Android官方提供的測試工具，使用Java撰寫測試程式碼。Uiautomator不會直接使用Android程式碼，容易讓沒有Android開發經驗的測試人員入門使用。不限定在任何Android App中測試，因此也可測試待測試程式與其它程式之間的互動。

5. **支援CTS[46]測試：**此為Android官方提供的測試工具，測試手機軟硬體是否符合Google Play相容性規範。通過CTS測試的手機才可使用Google Play的應用程式。通常執行CTS測試需花費數小時，透過此雲端測試服務平台提供的平行測試，可將測試案例分散在數台同型號的Android手機上執行，如此可大幅減少測試執行時間。

3.6 雲端資訊安全與防護

　　雲端資訊安全是指一套廣泛的策略、技術、與控制方法，保護資料、應用程式、與雲端運算的基礎設施。雲端運算服務廣泛受到企業的認同，但仍有許多企業對公有雲服務，存有資訊安全相關的疑慮。運用雲端平台與運算，企業憂慮雲端可能使公司失去對機密資料、營運核心程序與流程的掌握。雲端運算最主要的挑戰，就是如何讓使用者感到安全與信任。

3.6.1 資訊安全概觀

　　資訊安全(Information Security)主要探討保護資訊之機密性(Confidentiality)、完整性(Integrity)與可用性(Availability)，以及鑑別性(Authenticity)、可歸責性(Accountability)、不可否認性(Non-repudiation)與可靠性(Reliability)。機密性是指資料不得被未經授權之個人、實體或程序存取。完整性是指對資訊資產之精確與完整安全保證的特性。可用性是指已授權資訊在需要時可存取與使用。鑑別性確保資訊資產之識別是其所聲明者的特性，適用於使用者、程序、系統與資訊等。可歸責性是確保資訊資產之行為可唯一追溯的特性。不可否認性是對一已發生之行動或事件的證明，使該行動或事件往後不能被否認的能力。可靠性意謂始終如預期之行為與結果的特性。

　　縱深防禦(Defense In Depth, DID)[47]是一種有效的資安防禦策略，意謂防禦不能只靠一道強大的防線，必須用多層次、多角度、多點、多面的防禦，提高攻擊者的成本與難度，延遲破解防禦的時間，讓防禦者有足夠時間、空間找出破解攻擊的方案。其防禦策略從技術面、人員素質與觀念、工作標準程序、反制手段都在其考量範圍。

3.6.2 雲端環境的安全問題

　　雲端服務環境中安全問題(Security Concerns)可分為兩類，一是雲端服務提供者關心的問題，包括多重客戶共享(Multi-Tenancy)，和攻擊速度(Velocity of attack)；另一個是雲端服務使用者關心的問題，包括資訊保證(Information assurance)，以及資料隱私與擁有(Data privacy and ownership)。

多重客戶共享包括不同客戶使用公有雲相同的服務，以及同一組織內部不同業務單位分享雲端服務的基礎設施。從服務提供者角度來看，多重使用者共享對架構和設計的要求是透過許多客戶分享基礎設施、資料、中繼資料、服務和應用等，實現可擴展、可用性、管理、分段、隔離以及運行效率等方面的「經濟性」。雲端客戶端多個虛擬機器(VM)共同在一台伺服器共用相同的資源，將增加駭客的攻擊機率。因為不同付費機制，使服務提供者難以執行統一的安全控制措施。利害衝突的客戶端隔離(Mutual client isolation)是一項有效的關鍵措施，包括網路通信隔離、資料隔離、和虛擬機器隔離。

高攻擊速度(VOA)是雲端環境安全威脅放大並迅速蔓延的重要因子。雲端基礎設施相對龐大，服務提供者使用相似的平臺元件，增加攻擊蔓延的速度，一旦遭受攻擊，潛在損失的速度將大大提高。要克服VOA挑戰或減緩攻擊速度，需要採取更強有力的安全機制，例如縱深防禦(DID)。

雲端使用者關心的資訊保證包括資訊安全鐵三角的機密性、完整性與可用性，以及認證(Authenticity)與授權(Authorized)。認證是為了核對使用者所宣稱的身分是否正確與合法，認證需要輔助資訊，以確認使用者所提供的資訊符合認證規範。授權性是使用者只能存取被授權部分的資訊，在管理上，強制型存取控制(Mandatory Access Control)環境中存取敏感性資料時需遵守「必要知道(Need-to-know)」原則。即使有資料存取權限，但還需提出資料存取的理由，這項原則通常有時間限制，時間過後即無法存取。

雲端客戶的資料擁有權，指的是資料屬於客戶，但由雲端服務提供者維護。亦即雲端服務提供者有權存取資料，但不是合法擁有者，因此會有潛在未經授權的資料存取和濫用的風險。雲端客戶私有的機密敏感資料應使用加密和存取控制機制、資料隱私機制，確保客戶私有資料不受未經授權的披露而予以保護。雲端客戶端私有資料包括個人身份的辨識、服務請求的詳細資訊、專有資料。

3.6.3 雲端資訊安全組織與發展

　　針對雲端安全的議題，世界各國已有許多組織持續研究發展中。國際標準化組織／國際電機技術委員會(International Organization for Standardization and the International Electro-Technical Commission, ISO/IEC)，資訊安全技術標準委員會(Joint Technical Committee 1/ Standard Committee 27, JTC-1/SC27)負責雲端運算安全與隱私專案工作[48]。其所制定雲端安全系統基礎架構包括：雲端安全定義、雲端安全管控、雲端安全控制措施、身分識別管理、安全隱私與技術、安全稽核、資訊安全治理等。在雲端安全與隱私標準的ISO/IEC 270xx分別由WG1負責資訊安全管理，WG4負責安全技術，以及WG5負責身分識別與隱私安全等標準的制定。

　　國際電信聯盟通訊組織(ITU Telecommunication Standardization Sector；ITU-T)[49]，下世代網路雲端研究群組SG13探討雲端服務的傳輸與雲端資料可攜性之相關標準，安全研究群組SG17則探討雲端安全架構與相關安全需求議題。

　　美國國家標準技術研究院(National Institute of Standards and Technology, NIST)為協助聯邦政府採用雲端運算架構[50]，制定NIST SP800-145雲端運算定義、NIST SP800-146雲端運算建議、以及NIST SP500-292雲端運算系統架構等。雲端安全包括雲端運算安全障礙和雲端運算安全措施列表。

　　歐盟旗下之歐洲網路資訊安全局(European Network and Information Security Agency, ENISA)針對雲端安全問題深入研究探討，發布「雲端運算資訊保證架構」、「雲端運算風險評估」、「政府雲端安全架構」、「歐洲公共區雲端服務等級安全參數分析」、「雲端契約中安全服務等級監控指引」、「政府雲端安全部署最佳實務」、「雲端運算意外報告」，以及「中小企業雲端安全指引」[51]。

雲端安全聯盟(Cloud Security Alliance)[52]成立許多雲端安全相關的研究群組(Working Group)，其中安全即服務研究群組(Security as a Service Working Group, SecaaS WG)[53]發布雲端安全定義與其分類，包括：(1)身分識別與存取管理(Identity and Access Management)；(2)資料防護(Data Loss Prevention)；(3)網站安全 (Web Security)；(4)郵件安全(Email Security)；(5)安全評估 (Security Assessments)；(6)入侵管理(Intrusion Management)；(7)安全事件管理(Security Information Event Management)；(8)加密(Encryption)；(9)業務持續運作/災難復原(Business Continuity/Disaster Recovery)；(10)網路安全(Network Security)。

雲端安全聯盟因應雲端服務發展，發佈雲端運算重要領域安全指南(Security Guidance for Critical Areas of Focus in Cloud Computing)[54]，分為雲端架構(Cloud Architecture)、雲端治理(Governing in the Cloud)、雲端營運(Operating in the Cloud)三個部分，細分14個領域包括：雲端運算架構框架(Cloud Computing Architectural Framework)、治理與企業風險管理(Governance and Enterprise Risk Management)、法律議題-合約與電子證據發現(Legal Issues: Contracts and Electronic Discovery)、法規遵循與稽核管理(Compliance and Audit Management)、資訊管理與資料安全(Information Management and Data Security)、相互運作與可移植性(Interoperability and Portability)、傳統安全、營運持續和災難復原(Traditional Security, Business Continuity, and Disaster Recovery)、資料中心營運(Data Center Operations)、事故回應(Incident Response)、應用程式安全(Application Security)、加密與金鑰管理(Encryption and Key Management)、識別、權限與存取管理(Identity, Entitlement, and Access Management)、虛擬化(Virtualization)以及安全即服務(Security as a Service)。

3.6.4 雲端運算的安全威脅

雲端運算資訊安全聯盟(Cloud Security Alliance, CSA)整理雲端運算的九大威脅如下[55]：

1. **資料危害**：企業機密敏感資料放在雲端有洩漏風險，若外洩給對手，則對公司的營運影響相當巨大。

2. **資料遺失**：雲端機密敏感的資料可能因惡意攻擊、天災人禍而損壞或遺失。雲端服務提供者須嚴謹管理資料的建立、儲存、使用、分享、保存、清除等資料生命週期。

3. **帳戶或服務劫持**：攻擊者利用釣魚、欺騙、軟體漏洞或密碼破解得到使用者存取憑證，以竊聽客戶交易活動及資訊，甚至將服務變成攻擊工具。

4. **不安全的服務介面**：雲端服務須靠服務介面與使用者或其他程式互動，雲端服務提供者必須確保這些介面是否有資安漏洞。

5. **阻斷服務(DoS)攻擊**：使用大流量攻擊特定服務，通常除了等待以外，沒有辦法存取需要的服務。

6. **惡意內部員工**：雲端服務提供者的員工可能惡意存取或毀壞客戶敏感性資料，或攻擊自身公司的服務。

7. **濫用雲端服務**：雲端運算提供強大的運算能力，可能被攻擊者用來破解密碼或植入殭屍網路、木馬發動阻斷服務(DoS)攻擊。

8. **不足的研究**：未對雲端服務有足夠的了解就採用，可能造成未知的危害。

9. **共享科技的弱點**：雲端服務中許多資源都是共享的，可能遭到惡意入侵其他使用者資料、應用程序以竊取機密。

以下進一步說明虛擬機器弱點(VM Vulnerabilities)、虛擬機器偷竊(VM Theft)、劫持(Hyperjacking)、資料洩漏(Data Leakage)、以及阻斷服務(DoS)攻擊的安全威脅。

1. **虛擬機器弱點(VM Vulnerabilities)**：當虛擬機器在運行或關閉電源，實際上都只是影像檔，易受到惡意軟體感染、駭客攻擊。虛擬機器在雲端平台遷移時，則易受網路攻擊。因此虛擬機器影像檔需要加密或其他安全機制保護。另外，虛擬機器範本(VM Template)也是容易被攻擊的弱點，一旦範本受到攻擊或被修改，所有依此產生的虛擬機器都會有問題。而當新的未授權虛擬機器從範本中產生時，也是容易受到攻擊的時機。虛擬機器範本必須加密保護，並限於特權使用者存取。

2. **虛擬機器偷竊(VM Theft)：** 此安全漏洞是指攻擊者能以未授權方式複製或移動虛擬機器影像檔案。針對虛擬機器偷竊，限制複製和移動的操作是必要的保護措施。使用虛擬化管理和儲存管理服務組合，將虛擬機器綁定到特定的實體機器，限制虛擬機器影像檔的複製和移動，不能在其他伺服器安裝的虛擬機器管理程式(Hypervisor)運行。

3. **劫持(Hyperjacking)：** 攻擊者能安裝惡意虛擬機器管理程式或虛擬機器監控程式(Virtual Machine Monitor, VMM)，控制伺服器的基礎資源。攻擊者可以運行未經授權的應用程式在客體作業系統(Guest Operation System)上，控制虛擬機器之間的相互作用和基礎伺服器。對抗劫持威脅的方法，包括硬體輔助虛擬機器管理程式安全機制，掃描硬體層詳細資訊以評估虛擬機器監控程式的完整性，辨識惡意虛擬機器管理程式的存在。

4. **資料洩漏(Data Leakage)：** 雲端儲存的機密資料，對於未授權的存取操作有潛在的弱點。攻擊服務提供的存取控制系統，例如密碼清單，將曝露所有客戶的資料弱點。在同樣伺服器上執行虛擬機器的惡意客戶，可以利用側通道攻擊(Side Channel Attacks, SCA)，以獲取其他客戶的機密資訊。側通道攻擊是在同一台雲端伺服器上，惡意虛擬機器，間接地觀察伺服器硬體在運作時洩漏出來的資訊，而取得另一虛擬機器的機密資料，而非傳統直接破解，例如透過監控網路通訊活動，或擷取緩衝區資料。對抗虛擬機器的側通道攻擊，只能將沒有利益衝突的客戶之虛擬機器部署於同一台實體伺服器。

5. **阻斷服務(Denial of Service, DoS)攻擊：** 此攻擊藉由耗盡系統資源和網路頻寬，以阻止合法使用者存取資源或服務。攻擊的弱點，例如通訊協定TCP三向交握(Three-way Handshake)會話的重置

(Session Reset)、名稱伺服器的緩衝區破壞。在相同虛擬機器管理程式中，惡意客戶的虛擬機器可能啟動阻斷服務攻擊其他虛擬機器，因此需要限制虛擬機器對於資源的消耗。

3.6.5 雲端平台計算系統的安全防護

計算系統層級(Compute Level)的保護包括實體伺服器保護、虛擬機器管理程式保護、虛擬機器保護、客戶作業系統的保護、應用程式的保護[56]。

1. **實體伺服器保護：**根據實體伺服器提供的應用程式服務類型資訊決定保護措施，這些資訊包括(1)應用程式服務是一般目的或特定用途，如果是特殊用途如備份資料，則需要強化保護機制；(2)伺服器上的網路服務是區域網路連線、廣域網路連線、虛擬私有網路(Virtual Private Network, VPN)，或是無線網路連線，各有其相對的安全防護機制；(3)確認操作伺服器和存取權限的使用者和使用群組類型。保護措施包括(1)決定身份驗證和授權機制；(2)拆解未使用的硬體，如網路卡、USB埠、或磁碟機等，降低非法存取界面的風險；(3)其他適當的實體安全保護機制。

2. **虛擬機器管理程式保護：**虛擬機器管理程式任何的單點安全失效所引發的攻擊，都會衝擊所有在上面執行的虛擬機器。安全措施包括安裝虛擬機器管理程式更新檔，以及固化虛擬機器以防止攻擊。虛擬機器管理程式保護不力，不但使現有虛擬機器暴露於攻擊風險中，也可能造出新的惡意虛擬機器。保護措施包括：

   (1) 管理程式和網路間，建構強大安全的防火牆。

   (2) 管理者只能在實體主控台直接操作管理伺服器，禁用遠端存取管理主控台，以防止未經授權的存取。

3. **虛擬機器保護：**在虛擬機器管理程式的層次設計保護機制，隔離不同的虛擬機器，以防止某一台虛擬機器上的客體作業系統(Guest Operation System)和應用程式，惡意影響其他虛擬機器的運作。使用虛擬機器固化(VM Hardening)機制，改變系統預設值以達到更強的安全性。固化機制包括：

(1) 當使用虛擬機器範本產生新的虛擬機器時,要注意使用安全的虛擬機器影像檔案以及最新弱點修正版本。

(2) 限制虛擬機器可使用的資源,以防止阻斷服務攻擊。

(3) 關閉虛擬機器上沒有使用的功能和裝置。

(4) 使用目錄服務中的身份驗證,確保授權的正確性。

(5) 執行客體作業系統的安全漏洞掃描與滲透測試。

4. **客戶作業系統的保護:**客體作業系統固化措施包括

(1) 刪除未使用的檔案和更新最後弱點修正版本。

(2) 應用特定作業系統固化檢核表於客體作業系統的部署。

(3) 若虛擬機器處理商業核心應用,其作業系統應安裝於TCB模式,此種模式的虛擬機器管理程式必須支援可信任虛擬硬體組件。

5. **應用程式的保護:**應用程式固化措施包括禁止弱點應用程式啟動任何不受信任的可執行檔、造出或修改可執行檔、或者修改客體作業系統的敏感區,如微軟作業系統的註冊表。沙箱(Sandbox)機制是客體作業系統和應用程式另一項重要的安全措施。

3.6.6 雲端網路安全防護

在雲端虛擬環境中,難以確保伺服器執行虛擬機器之間的通訊是安全的。對網路系統管理者而言,虛擬交換器是不可視的,伺服器中虛擬機器間的通訊從未離開伺服器,因此無法使用實體網路設備偵測管理。對於虛擬通訊的安全防護,需要使用虛擬防火牆(Virtual Firewall),在虛擬機器監控程式上執行防火牆安全服務,如圖3-43。

⊃ 3-43 非軍事區機制

非軍事區(Demilitarized Zone, DMZ)機制是另一個有效的雲端網路安全防護。非軍事區是一個實體或邏輯(子)網路,限制內部網路曝露於外部網路的一個中繼節點,以降低外部攻擊的風險。攻擊者只能存取DMZ而非網路任何區域,如圖3-43所示。實務上,向外部網路使用者提供的服務只放在DMZ,虛擬DMZ則是建立在虛擬化環境中使用虛擬網路元件的DMZ。

飛行資料(Data-in-Flight)是指資料正在網路傳輸中,容易遭受竊聽(Sniffing)攻擊,因此需要加密以確保機密性和完整性。在應用程式層級產生的資料需要使用如傳輸層安全(Transport Layer Security, TLS)協定予以加密。網路層的加密可使用如IPSec加密IP資料封包,使之獨立於客體作業系統。

入侵偵測(Intrusion Detection)目的是偵測可能危及系統安全的事件或程式資料。入侵偵測系統有三種類型,包括伺服器基礎、網路基礎和整合性系統。伺服器基礎入侵偵測系統,主要是分析活動日誌,包括系統呼叫、應用程式日誌等,優點是監控系統狀態的可視性高,缺點是監控系統有比較多被攻擊的弱點。網路基礎的入侵偵測系統,主要是分析網路流量和通信節點,缺點是監控系統狀態的可視性低,優點是監控系統有比較小被攻擊的弱點。整合系統則是整合以上兩種類型。在雲端虛擬環境,偵測系統可以執行於不同層級和不同模型上。層級包括客體作業系統、虛擬機器、虛擬機器管理程式、虛擬網路與實體網路;模型包括SaaS、PaaS和IaaS模型。

3.6.7 雲端儲存體安全防護

在雲端虛擬環境的儲存系統面臨的主要安全威脅包括計算機系統、網路、和實體安全層級。適當的電腦和網路層級的安全性,對儲存體安全是必備的。儲存區域網路(Storage Area Network, SAN)有其獨特的弱點,例如未經授權的光纖儲存裝置,WWN 欺騙(spoofing)等。保護儲存體的安全機制包括存取控制、分區管制和邏輯單元編號(Logical Unit Number, LUN) 遮罩、靜態資料(Data-at-rest)加密、資料切碎(Data Shredding)、虛擬管理程式安全機制。

　　靜態資料(Data-at-rest)指的是沒有在網路傳輸的資料，加密靜態資料可以提供資料的機密性和完整性服務，降低雲端服務提供者的法律責任。靜態資料加密包括備份資料加密，並將加密金鑰與資料分離儲存。由於雲端資料可能遭受未經授權的披露，全硬碟資料加密是一種關鍵安全防護方法。

　　資料切碎(Data Shredding)指的是將刪除的資料加以切碎，使其無法使用任何方法復原。雲端客戶或程序所刪除的資料，可能在系統留下痕跡，已刪除資料的痕跡包括虛擬機器或應用程式執行的日誌、舊檔、資料夾和其他資源日誌、資料通信日誌。已刪除的虛擬機器影像檔案可以提供攻擊者至關重要資訊，恢復被刪除資料將曝露許多客戶的詳細資訊。資料切碎技術可永久刪除所有已刪除資料的任何痕跡。

　　使用虛擬管理程式本身的安全機制，例如在一個群集電腦(Cluster)環境，使用虛擬機器檔案系統(Virtual Machine File System, VMFS)支援多重虛擬機器，以不同的LUN分離虛擬機器元件和虛擬機器資料，並於網路傳輸時分離虛擬機器資料傳輸和管理控制訊息的傳輸。

▶ 3.6.8 終端資訊安全防護

　　雲端運算服務的客戶端行動裝置包括智慧手機與穿戴裝置，這些終端設備的資訊安全防護機制包括[57]：

1. **隔離行動裝置應用程式**：安裝客戶端保護程式，將不同應用程式互相隔離，以避免機密敏感資料洩漏。

2. **保護行動裝置上的資料**：針對行動裝置上的敏感資料以及與雲端服務間傳輸的資料加密。當行動裝置遺失時，使用遠端存取方式將行動裝置上的資料刪除。

3. **行動裝置授權**：利用生物辨識資訊，如人臉或指紋辨識來開啓行動裝置，或存取雲端服務。雲端服務則運用行動裝置識別碼、使用者帳號密碼、行動裝置連網類型與環境，設定不同的使用權限。行動裝置遺失後，可設定雲端服務拒絕存取服務。

4. **應用程式還原與資料清除**：設計簡單還原程式與清除資料的方法，恢復行動裝置最初的出廠狀態。

3.6.9 雲端安全措施建議

IBM歸納出以下幾個企業雲端安全措施[58]：

1. **建置安全計畫**：綜合企業營運與法規衡量安全需求，考慮雲端安全機制的重要性，作為部署的優先順序。制定雲端安全政策，定義潛在威脅並加以控制。統整安全事件回應流程，建立訊息通知計畫。

2. **建置安全的雲端基礎架構**：雲端運算的基礎架構，從實體層、系統資源與虛擬資源層、雲端管理平台企業營運支援服務，都需要符合政策規定與安全需求，以保護其上的敏感資料。企業應避免使用供應商預設的密碼或安全參數，確保修補程式的管理，保護管理者的存取控制及安全連線，以及遠端與企業基礎架構間的連線。

3. **機密與隱私資料的保護**：企業對於個人資料的保護，從蒐集、處理、傳輸、儲存到銷毀須制定一套安全機制，包括外洩通知策略、盤點分類規畫、調閱紀錄稽核。對於企業關鍵機密資料，在轉移雲端前進行衝擊評估與風險忍受度，並善用加密技術。確認公有雲供應商的服務協議能涵蓋智財的保護。

4. **強固的存取以及身分管理**：確保適當的使用者存取權限，並保護存取機制。定期檢查使用者存取權限列表，確認擁有權限者能存取系統。以個人憑證搭配遠端VPN存取管理者功能。傳送及儲存密碼時需加密；確保所有系統都有適合的認證及密碼管理功能。存取各種雲端環境服務時，確保安全的聯邦式身分認證管理，例如OpenID或SAML(Security Assertion Markup Language)。

5. **建立應用程式與環境的自動供裝 (Automated Provisioning)**：企業制訂應用程式自動佈建計畫時，應確認虛擬映像檔的自動供裝符合權限控管及授權與安全機制，制定銷毀舊映像檔的機制，所有變更或取消動作都需記錄。定期檢視紀錄，確保最低存取權限原則。

6. **建立IT治理以及稽核管理計畫**：制定計畫說明時、地、蒐集日誌的方式與稽核資訊。隱私管理計畫中，確保建立個人資料及企業機密資料的蒐集、處理、利用、刪除等政策文件。建立一套監控稽核程序,並讓稽核人員及管理階層了解雲端環境中的個資安全威脅。確保稽核管理計畫符合相關法規如,ISO 27001、PCI DSS、個資法等。確保資料處理、儲存遵照法規及跨境保護要求。

7. **建立弱點及入侵管理計畫:** 定期更新防毒、入侵偵測防禦系統,包括密碼暴力攻擊,針對應用系統和資料庫的密碼保護機制進行測試。資料庫及系統服務是否被駭客利用而發動攻擊。檢查Web應用程式與網際網路通訊協定,是否含有可能被攻擊或利用的漏洞。

8. **測試與驗證:** 為了建置完善的雲端IT環境,需佈署不同測試驗證機制。導入變更管理程序,包括變更請求留下紀錄、衝擊評估說明、上線前測試結果並簽核、回復到前一階段的程序。發展安全的應用程式開發及測試計畫,包含所有修補程式在上線部署前需經過驗證;區隔測試及開發環境;劃分不同人員負責測試、開發及管理工作。

問題討論

1. 請說明何謂基礎設施及服務。

2. 請說明何謂網路虛擬化，以及有哪些虛擬化技術。

3. 請說明何謂計算機系統虛擬化，以及有哪些虛擬化技術。

4. 在Objective-C語法中，類別方法(Class Method)與物件方法(Instance Method)有何不同？

5. 在Objective-C語法中，如何區分此方法為類別方法(Class Method)或物件方法(Instance Method)？

6. 在Objective-C語法中，宣告Property有什麼好處？

7. UIOutlet可否一對多個元件？

8. UIAction可否一對多個元件？

9. 請比較傳統軟體測試與雲端測試差異。

10. 請說明ISO/IEC 25010軟體品質模型中，與雲端服務特性相關的軟體品質特徵。

11. 試舉一例目前使用的雲端運算軟體即服務，並請說明這項服務最需要實施的三項品質測試指標。

12. 請舉出三點雲端運算軟體測試即服務的優勢。

13. 請說明雲端測試服務自動化工具的重要性。

14. 請說明何謂縱身防禦，以及其對雲端運算平台的重要性。

15. 請列舉三項雲端運算的安全威脅。

16. 請列舉三項雲端運算平台安全防護的方法。

參考文獻

[1] Dan C. Marinescu, Cloud Computing: Theory and Practice, Morgan Kaufmann, 2013.

[2] 施政辰，雲端視訊會議平台設計與實作，臺北科技大學電機工程系研究所論文碩士論文，2014。

[3] http://en. wikipedia. org/wiki/Platform_as_a_service

[4] http://www. forceprepare. com/forcedotcom. html

[5] http://en. wikipedia. org/wiki/Google_App_Engine

[6] http://www. springsource. com/products/cloud

[7] http://www. neovise. com/paas-providers

[8] http://www. windowsazure. com/

[9] http://www.cc.ntu.edu.tw/chinese/epaper/0002/20070920_2011.htm.

[10] Marston, S., Li, Z., Bandyopadhyay, S., Zhang, J., & Ghalsasi, A. (2011). Cloud computing—The business perspective. Decision Support Systems, 51(1), 176-189.

[11] Armbrust, M., Fox, O., Griffith, R., Joseph, A. D., Katz, Y., Konwinski, A., & Zaharia, M. (2009). M.: Above the clouds: a Berkeley view of cloud computing.

[12] Broderick, K., Bailey, M., & Eastwood, M. (2010). Worldwide Enterprise Server cloud computing 2010–2014 Forecast. IDC, IDC.

[13] Swabey, P. (2008). China to lead SaaS adoption. Information Age.

[14] Tucker, L. (2009). Introduction to cloud computing for Enterprise Users. Sun Micro systems, Inc.

[15] Wyld, D. C. (2009). The utility of cloud computing as a new pricing-and consumption-model for information technology. International Journal of Database Management Systems, 1(1), 1-20.

[16] Weinhardt, C., Anandasivam, A., Blau, B., & Stößer, J. (2009). Business models in the service world. IT professional, (2), 28-33.

[17] Samimi, P., & Patel, A. (2011, March). Review of pricing models for grid & cloud computing. In Computers & Informatics (ISCI), 2011 IEEE Symposium on (pp. 634-639). IEEE.

[18] Wang, Q., Ren, K., & Meng, X. (2012). When cloud meets ebay: Towards effective pricing for cloud computing. In INFOCOM, 2012 Proceedings IEEE (pp. 936-944). IEEE.

[19] Li, H., & Li, H. (2011, December). A research of resource provider-oriented pricing mechanism based on game theory in cloud bank model. In Cloud and Service Computing (CSC), 2011 International Conference on (pp. 126-130). IEEE.

[20] iOS developer library https://developer.apple.com/library/ios/navigation/.

[21] Deepal Jayasinghe, Galen Swint, Simon Malkowski, Jack Li, Qingyang Wang, Junhee Park and Calton Pu, Expertus: A Generator Approach to Automate Performance Testing in IaaS Clouds, IEEE Fifth International Conference on Cloud Computing, pp. 115-122, 2012.

[22] Louis Columbus, Roundup of Cloud Computing Forecasts and Market Estimates 2015, http://www.forbes.com/sites/louiscolumbus/2015/01/24/roundup-of-cloud-computing-forecasts-and-market-estimates-2015/.

[23] V. Prakash, S. Ravikumar Ramadoss Gopalakrishnan, Software as a Service (SaaS) Testing Challenges - an In-depth Analysis, International Journal of Computer Science Issues, vol. 9, issue 3, no 3, 2012.

[24] A. Chaves Da Silva, A.; L.R. Correa, L.A. Vieira Dias, A.M. Da Cunha, A Case Study Using Testing Technique for Software as a Service (SaaS), 12th International Conference on Information Technology - New Generations, pp. 761-762, 2015.

[25] A. Kaur, N. Singh, and G. Singh, An Overview of Cloud Testing as a Service, International Journal of Computers & Technology, 2(2), pp. 18-23, 2012.

[26] ISO/IEC 25010:2011, Systems and software engineering -- Systems and software Quality Requirements and Evaluation (SQuaRE) - System and software quality models, http://www.iso.org/iso/catalogue_detail.htm?csnumber=35733.

[27] 蕭瑞祥、鄭哲斌、邱仲麟，SaaS 雲端服務軟體品質測試之研究，ICIM 2014 第25屆國際資訊管理學術研討會，2014。

[28] SaaS 服務雲端技術特性驗測表，經濟部雲端開發測試平台，財團法人資訊工業策進會，http://www.cloudopenlab.org.tw/document/SaaS_v141.pdf.

[29] Jerry Gao, Xiaoying Bai, and Wei-Tek Tsai, Testing as a Service (TaaS) on Clouds, IEEE Seventh International Symposium on Service-Oriented System Engineering, pp. 212-223, 2012.

[30] BLITZ, https://www.blitz.io/.

[31] 溫慶福，軟體測試新趨勢-雲端測試概述，電腦科技，182期，2012。

[32] Jerry Gao, Xiaoying Bai, and Wei-Tek Tsai, Cloud Testing- Issues, Challenges, Needs and Practices, Software Engineering: An International Journal, vol. 1, no. 1, 2011.

[33] 沈芊俐，行動通訊之軟體品質保證 - 綜觀Android手機測試，品質月刊，48 卷7期，2012年。

[34] Testdroid Cloud. [Online]. Available: http://testdroid.com/.

[35] CloudMonkey. [Online]. Available: https://www.cloudmonkeymobile.com/

[36] Xamarin Test Cloud. [Online]. Available: http://xamarin.com/

[37] Appurify. [Online]. Available: http://appurify.com/

[38] 鄭有進、謝金雲、陳偉凱、劉建宏、郭忠義，整合式雲端測試：平台與服務 之開發，科技部研究計畫報告，2014。

[39]　OpenStack Foundation. (2014). "Releases," Available: http://wiki.openstack. org/wiki/Releases

[40] STF-CTP. (2014, Jul. 15). "Cloud Testing" Available: http://www.openfoundry. org/ of/projects/2193.

[41] 郭忠義，建構於雲端測試服務上排程和監控資源方法，電子檢測與品管季 刊，97期，2011年。

[42] 郭忠義、俞韋廷，Android雲端測試平台資源監控管理服務之設計與實作， Taiwan Conference on Software Engineering, 2015.

[43] Robotium https://code.google.com/p/robotium/.

[44] Android Monkey http://developer.android.com/tools/help/monkey.html.

[45] MonkeyTalk http://www.gorillalogic.com/monkeytalk.

[46] Uiautomator http://developer.android.com/tools/help/uiautomator/index.html.

[47] Compatibility Test Suite (CTS) http://source.android.com/compatibility/cts-intro. html.

[48] Bradley K. Ashley and Gary L. Jackson, Information Assurance through Defense in Depth, The Newsletter for Information Assurance Technology Professionals, vol. 3, no. 2, 1999.

[49] ISO/IEC JTC 1/SC 27 IT Security techniques, http://www.iso.org/iso/iso_ technical_committee?commid=45306, http://www.jtc1sc27.din.de/cmd?level=tpl-home&contextid=jtc1sc27&languageid=en.

[50] ITU-T Study Groups 13, and 17, http://www.itu.int/en/Pages/default.aspx, http:// www.itu.int/en/ITU-T/studygroups/.

[51] NIST-SP800-146 and NIST-SP800-146, http://www.nist.gov/itl/csd/, http://csrc. nist.gov/publications/nistpubs/ 800-145/SP800-145.pdf, http://csrc.nist.gov/ publications/drafts/800-146.

[52] Cloud Security publications, European Union Agency for Network and Information Security, https://www.enisa.europa.eu/publications.

[53] Cloud Security Alliance, https://cloudsecurityalliance.org/.

[54] Security as a Service Working Group, https://cloudsecurityalliance.org/research/secaas/?r=95#_downloads

[55] Security Guidance for Critical Areas of Focus in Cloud Computing, https://cloudsecurityalliance.org/research/security-guidance/

[56] The Notorious Nine - Cloud Computing Top Threats in 2013, https://cloudsecurityalliance.org/download/the-notorious-nine-cloud-computing-top-threats-in-2013/.

[57] Cloud Infrastructure and Service, EMC Academic Alliance, https://education.emc.com/academicalliance/courses.aspx.

[58] 資訊應用研究團隊，全球雲端運算資訊安全發展趨勢，MIC研究報告，8月2013年。

[59] 林育震，回歸資安本質 打造安全雲端運算，網管人，2012年。

04
大數據

本章作者(依筆劃順序排列)
⊙ 王正豪—國立臺北科技大學資訊工程系
⊙ 吳建文—國立臺北科技大學資訊與財金管理系
⊙ 黃有評—國立臺北科技大學電機工程系

隨著社群網路與行動裝置快速的發展，巨量的資料隨時隨地地由全球使用者快速產生，因應巨量資料的產生，許多資料探勘相關研究開始針對資料密集應用(data-intensive applications)[1]，研究更適合於巨量資料的演算法。因此大數據(big data，巨量資料)便成為當今不可或缺的技術。Gartner 在 2013 年將它列為未來五年重大技術趨勢[6]，並且將對各個領域造成重大變革，包括商業、科學研究，甚至用來分析社會各層面的問題，作為政府部門決策參考。

一般對於巨量資料，有許多不同的定義，從3V、4V、到5V。Doug Laney 指出：所謂的3V指的是資料的volume(量)、velocity(速度)、以及variety(多樣性)[7]。第四及第五個V則有不同的定義：veracity(真實性)、value (價值)、或variability(變異性)。不論是3V、4V、或5V，大數據所面臨的通常是真實世界裡，變動多樣且快速產生的巨量資料，如：無線感測網路 (wireless sensor networks)、遙測(remote sensing)、行動裝置(mobile devices)、社群網路(social networks)，以及工業4.0等，利用現有的處理方法很難有效儲存、管理、與分析。因此我們急需發展新的技術以面對巨量資料的挑戰。

有鑑於巨量資料應用全球快速發展的趨勢，本章將從工業4.0中巨量資料的管理、探勘與分析、應用，以及挑戰著手，介紹巨量資料技術在工業4.0所扮演的角色，未來發展與展望。

在德國提出工業4.0的概念之後，全球各領域紛紛從各自的角度出發，探究其發展所需技術。對巨量資料而言，工業4.0所帶來的是不同類型生產過程中機器設備與裝置所可能產生的大量數據，透過資料結構化，進行巨量資料分析與呈現，使過程自動化及最佳化，進而提升生產良率與效率。同時經由市場需求、訂單分析預測，也能有效管理庫存，減少不必要的成本。

首先，多樣的巨量資料快速產生，在資料的前處理、擷取、儲存，到資料庫系統的管理方面，都會造成巨大的衝擊。其次，若要從經過處理的巨量資料中發掘出超越原始數據的更深層意義，便需要最關鍵的探勘與分析技術，然而大部分現有的資料探勘與分析技術，通常是以演算法的角度出發，分析資料間的相關性，在巨量資料的情形下，需耗費太多時間。如何從巨量資料本身的角度出發，藉由多樣巨量資料間所展現的關聯性模式，發掘出資料間所隱含的關聯性及趨勢，便需要重新思考並設計出更合適、更有效率的方法。

在各種不同的應用中，面臨多樣急遽變動的巨量資料，所需解決的問題也不盡相同。本章節將介紹目前常見的應用，如：商業智慧、社群網路探勘與意見分析、以及推薦系統。最後從工業4.0的角度及案例，討論巨量所可能面臨的問題與挑戰。

4.1 巨量資料管理

面對快速產生的巨量資料，首先會遇到的是資料格式或表示方法等問題。在巨量資料能開始發揮其效用之前，資料前處理扮演著重要的角色。根據不同多媒體資料來源，透過資料擷取與儲存的步驟進一步明確地定義出資料的屬性，並以一致的方式儲存，然後進行分散式的資料管理，以符合後續分散式的分析處理。

4.1.1 資料前處理

資料前處理是在進行資料探勘之前，為了讓資料更適合進行探勘的工作，對於資料所做的預先處理動作。在整個資料探勘的過程中，資料前置處理所需要花費的功夫通常是最多的，同時也是對探勘品質影響最大的一個關鍵步驟。

資料前置處理的主要目的就是解決資料品質不良的問題，使得探勘結果的品質得以提升，在工業4.0的情境下，未經處理的資料可能存在許多品質不良的情況，舉例如下：

1. **資料不完整(data incomplete)**：資料不完整的情況最常見的便是資料中某些屬性值有缺漏，例如：某顧客填寫會員資料表時，可能遺漏了填寫性別這一欄，當我們想要探勘顧客性別與購買商品種類的關係時，便會發現沒有該筆資料可以使用。一般在線上作業的資料

庫系統，除非管理者將資料庫中的每一個欄位均設定為不可接受空值(null)，否則即有可能在某些欄位出現資料缺漏的情況。

2. 資料有雜訊(noise)： 此問題多半是因資料有錯誤或是特例所造成的，例如：顧客填寫會員資料表時，有可能因為要保護自己的隱私而故意填寫錯誤的資料；像是一位三十歲的顧客卻故意在年齡一欄填入十歲。雜訊不一定全是故意填錯造成的，也有可能是因為填寫資料時不小心，或是資料中原本就包含特例(outlier)而產生的，例如：一般男性的身高大多介於165公分到185公分之間，然而有一位顧客的身高是197公分，這便是一個特例，雜訊不僅可能導致探勘的結果不正確，也有可能會誤導探勘結果的分析。

3. 資料不一致(data inconsistency)： 資料不一致的情形有很多，主要是因為資料由不同來源整合所產生，例如：某一跨國性的企業，其商品在台灣是以台幣計價，而在美國則是以美金計價；當二國的銷售資料被整合在一起做探勘時，若沒有經過適當的單位轉換，便會產生完全不正確的探勘結果。

　　資料前置處理主要包含資料整合(data integration)、資料清理(data cleaning)以及資料轉換(data transformation)等三項工作。

1. 資料整合： 所謂的資料整合便是將多重來源的資料整合在一個儲存庫中，因此資料整合最主要的目的便是解決多重資料來源的整合問題。

　　從資料探勘的角度來說，所謂的儲存庫指的就是資料倉儲(data warehouse)，而資料的來源非常多，有可能來自於線上作業資料庫中的資料表，也有可能來自於資料倉儲當中的資料方塊(data cube)，或者來自於各種檔案的資料，像是純文字檔(text file)，試算表格檔(Excel file) 等等。

　　資料整合的主要工作有二：消除資料不一致及消除資料重複性。其中資料不一致以及資料重複的問題皆發生在「數值」以及「綱目(schema)」這兩部分。

2. **資料清理**：資料清理的步驟主要目的是確認資料的正確性及完整性，使得資料探勘可順利進行。

在資料的正確性方面，檢查內容可能包括：屬性的有效值或有效範圍、數值的唯一性、參考完整性、資料的合理性驗證……等等。在資料的完整性方面，檢查內容可能包括：是否缺少探勘所需的屬性、是否只包含統計整合過的資訊，而缺少詳細的單筆資料……等等。

3. **資料轉換**：資料轉換的主要目的是將資料內容轉換成更容易探勘或是探勘結果可信度更高的狀態。基礎的資料轉換工作包含資料統整化(data aggregation)、資料一般化(data generalization)以及建立新屬性(attribute construction)等。更進階的資料轉換工作還有資料正規化、資料形式轉換、資料型態轉換以及資料模糊化等等。基礎的資料轉換工作說明如下：

(1) 資料統整：資料統整是指將現有的資料做加總，統計或是建立資料方塊。

(2) 資料一般化：資料一般化是指將資料的概念階層(concept hierarchy)向上提升。

(3) 建立新屬性：利用舊屬性將探勘所需的新屬性建立出來。

此外，在資料的格式上，可能為數值數據或是文字。上述提到的資料前處理內容比較針對「數值數據」這一塊。以下將介紹資料型態為文字的前處理：自然語言處理。

自然語言處理在維基百科上的定義：「在此領域中探討如何處理及運用自然語言；自然語言認知則是指讓電腦「懂」人類的語言。」

就『處理』的型態來講，大概可分為三類：分析、轉換及生成：

1. **分析(Analysis)**：透過統計機率模式(Statistical Models，Inferences)、圖形辨識(Pattern Recognition/Classification)、機器學習(Machine Learning)等功能，「分析」文字的內涵、結構，了解文件在講什麼。

2. **轉換(Transfer)**：文件經由分析之後，可以「轉換」成另一種形式的有用資訊，作進一步的應用；比如轉換到另一種語言的深層結構（自動翻譯）或資料庫（資料倉儲）。

3. **生成(Generation)**：有時候，我們也會把某些有用但是比較抽象的資訊，用文字寫出來（用文字或語音表達出來），或用語音說出來，這叫「生成」或「合成」，例如：在機器翻譯的應用中，將分析轉換後的深層結構，以另一種語言呈現出來，造出適當的句子，就是屬於生成這個層次在做的事；這方面的技術也可以應用在自動產生論文或一般文章上。

◢ 4.1.2 資料擷取與儲存

資訊擷取（Information Extraction，簡稱IE）主要是從非結構化(unstructured)或是半結構化(semi-structured)資料中自動抽取特定資訊(particular information)，以作為資料庫存取(database access)之用的技術。除了工業4.0各種生產過程所產生的種種數值資料之外，在許多網路資源的例子中，文字的資訊擷取佔絕大多數；而最近在影像、聲音以及影片上的資訊擷取例子也逐漸上升。

在自然語言處理範疇，資訊擷取技術是雷同於資訊檢索領域的一種類型，它的目的是以自動化的方式來擷取結構化資訊，例如：在某一個特定領域或是從非結構化機器可讀的文件中，對明確的資料進行分類、判斷上下文以及語義化的分析。

在文字的資訊擷取方面，其主要工作如下：

1. **命名實體識別（Named entity recognition，又譯「專名辨識」）**：識別文件中具有特定意義的實體，主要包含人名、地名、組織名、專有名詞等。

2. **指代消解（Coreference resolution）**：找回原先被替換過的字詞，為了避免重要的字詞因指代的因素而造成權重計算降低的問題。

3. **術語抽取（Terminology extraction）**：目的是自動從現有的語料庫中擷取出相關的詞彙。其方法可能為：正規表示法(regular expression)、分類器(classifier)，如：naïve Bayes classifier、maximum entropy models、統計模型，如：Hidden/Conditional/Maximum-entropy Markov model、Conditional random fields等。

資料儲存

一般而言，數位資料可以分成「結構化資料」,「半結構化資料」與「非結構化資料」三大領域。

1. **結構化資料**：結構化資料通常有明確的欄位定義，存放在 Relational Database 或 Data Warehouse 中。其缺點為當資料的規模累積到一定程度後，資料的查詢、統計、更新等操作效率很低。

2. **半結構化資料**：半結構化資料並沒有像結構化資料那樣可以完全以資料庫明確的結構加以表達，但是仍具有標籤記號，足以區別不同資料紀錄及欄位，例如各種Log檔、XML檔、CSV檔。其儲存的方式可選擇要轉換為結構化還是按照非結構化的形式儲存。

3. **非結構化資料**：非結構化資料則完全沒有明確定義的結構，例如圖檔、語音檔、影像檔、PDF檔、Office檔案、電子郵件、網頁等。其缺點為不利於檢索、查詢和儲存。

在工業4.0的情境下，將大量不確定且非結構化的資料經由前處理轉成結構化資料並儲存，對於後續的探勘分析非常重要。通常結構化資料的儲存都是使用關聯式資料庫做為資料的儲存工具，並使用SQL語法進行資料庫的操作，其特點為：資料的存取不須透過程式設計師特別的設計，只需交由資料庫管理系統處理即可；系統已經提供了資料安全及一致性的維護，比檔案式管理更有效率；在資料的存取上提供了索引的功能，因此，當資料量變得較大時，對於資料存取的速度會比直接使用檔案快上許多。缺點為：資料模型化能力弱、執行效率低、資料模型不一致等。

對於非結構化資料的儲存通常都是使用NoSQL做為資料的儲存工具,為了解決關聯式資料庫在資料量大於一定規模時所表現的糟糕效能,NoSQL是針對不同於傳統的關聯式資料庫管理系統(RDBMS)的統稱。兩者存在許多顯著的不同點,其中最重要的是NoSQL不使用SQL作為查詢語言,其資料儲存可以不需要固定的表格模式,也經常會避免使用SQL的JOIN操作,一般有水平可延伸性的特徵,常見的非結構化資料範例如圖4-1所示。

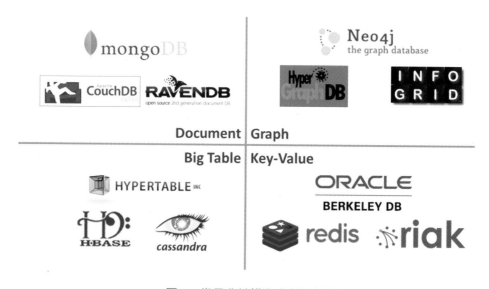

🌀 圖4-1 常見非結構化資料的範例

(圖片來源:http://garyliutw.blogspot.tw/2014/05/mongodb-nosql.html)

NoSQL主要類型可分類為:Document、Big Table、Graph以及Key-Value。通常使用硬碟,或者把隨機存取記憶體作為儲存載體。

NoSQL主要缺點為:

1. **不易轉換:**不像RDBMS有共通的標準語言——SQL,各種NoSQL都有自己的API,所以一旦選定某種NoSQL產品,便不易再轉換至其他產品,比方說由MongoDB轉換為Couchbase。

2. **不支援ACID**：ACID(Atomicity、Consistency、Isolation、Durability) 可說是「Transaction」的構成要件，也是所有RDBMS的主要特性。 但大部分的NoSQL DB都不保證ACID，必須使用一些變通技巧來實現。

3. **不支援JOIN**：因為NoSQL DB是Non-relational的，所以不支援 JOIN操作，以MongoDB而言，除了一開始就要妥善規劃data model 之外(如使用embedded document或reference)，也可搭配index和 aggregation(含MapReduce)等技巧來提高查詢效能。

NoSQL與SQL的比較圖如圖4-2。

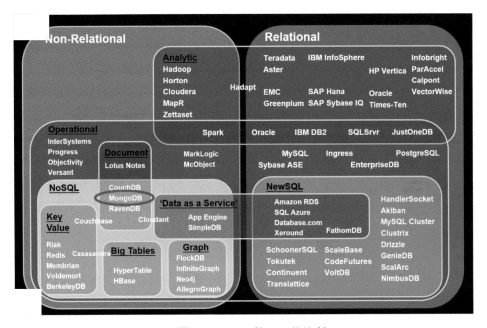

⊃ 圖4-2 NoSQL與SQL的比較

(圖片來源：http：//garyliutw.blogspot.tw/2014/05/mongodb-nosql.html)

4.1.3 巨量資料管理

在資訊擷取、儲存等步驟完成後，巨量資料若要發揮其真正的價值，仍需進行有效的管理，以便後續能加以探勘及分析。由於工業4.0的情境下資料量龐大、變化快速，傳統資料庫可能會面臨以下問題：查詢、更新的效率很低，為了避免傳統資料庫的缺點，巨量資料管理通常以分散式檔案系統的方式進行，以配合後續分散式的分析處理，提高整體系統效率。

分散式檔案系統（Distributed File System, DFS）是一種允許檔案透過網路在多台主機上分享的檔案系統，可讓多台機器上的多使用者分享檔案和儲存空間。如圖4-3所示：

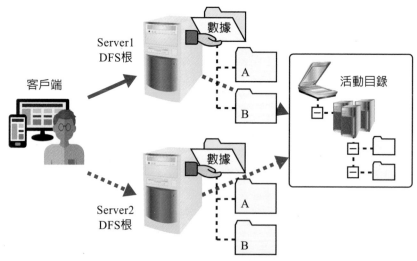

○ 圖4-3 分散式檔案系統示意圖

以下舉例介紹常見的分散式檔案系統：Google File System及HDFS。

Google檔案系統(Google File System, GFS)

Google檔案系統是一個可擴展的分散式檔案系統，用於大型的、分散式的資料密集應用(data-intensive applications)。它執行於廉價的普通硬體上，將伺服器故障視爲正常現象，透過軟體的方式自動容錯，在保證系統可靠性和可用性的同時，大大減少了系統的成本，GFS架構如圖4-4所示。

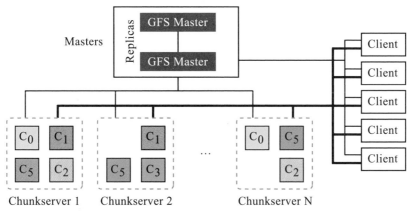

◑ 圖4-4 Google檔案系統架構圖

GFS將整個系統分爲三類角色：

1. **Client(客戶端)**：是GFS提供給應用程式的連接點。

2. **Master(主伺服器)**：是GFS的管理節點，是GFS檔案系統中的"大腦"。

3. **Chunk Server(資料區塊伺服器)**：負責具體的儲存工作。

　　客戶端在存取GFS時，首先連到Master節點，獲取將要與之進行交換的Chunk Server訊息，然後直接連到這些Chunk Server完成資料存取。

HDFS

　　Hadoop實作了一個分散式檔案系統(Hadoop Distributed File System)，簡稱HDFS。HDFS有高容錯性的特點，並且設計用來部署在低廉的(low-cost)硬體上；而且它提供高傳輸量(high throughput)來存取應用程式的資料，適合有著超大資料集(large data set)的應用程式。HDFS放寬了(relax)POSIX的要求，可以以串流的方式存取(streaming access)檔案系統中的資料，HDFS架構如圖4-5所示。

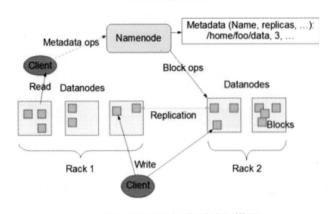

○ 圖4-5 HDFS檔案系統架構圖

如圖4-5所示，一個HDFS群集是由一個Namenode和一定數目的Datanodes組成，對外部客戶端而言，HDFS就像一個傳統的階層式檔案系統，可以建立、刪除、移動或重新命名檔案等等。

儲存在HDFS中的檔案被分成區塊，並複製到多台電腦中的DataNode；而所有檔案操作則是由NameNode所控制。

其中，NameNode是通常在HDFS的單一機器上執行的軟體。它負責管理檔案系統名稱空間和控制外部客戶端的存取，NameNode決定是否將檔案對映到DataNode的複製區塊上；而DataNode也是通常在HDFS的單一機器上執行的軟體，它們不只回應來自HDFS客戶端的讀寫請求，它們還回應來自NameNode的建立、刪除和複製區塊的命令。

在上述兩種不同的分散式檔案系統中，透過不同的設計，巨量資料得以有效率的儲存、管理，並為後續的資料探勘與分析做好準備。

4.2 巨量資料探勘與分析

現今由於網路技術發展十分的迅速且成熟，網路商城等非實體店面快速崛起並深入到各個家庭中，每日的交易量不斷擴增，巨量資料分析研究的重要性日顯重要，而巨量資料探勘便提供了企業或學術界前所未有的機會，其中包括：

1. 加快企業或工程技術發現和創新。
2. 創新隱私保護技術及新的資料安全模式。
3. 強化決策能力。
4. 深入了解消費者的行為。
5. 提高電子商務全球一體化。

然而在巨量資料分析的過程中，分析者對於資料的安全性和完整性必須要有一定程度的認知，在隱私權的保護之下，知識財產權和企業為了在競爭上面保持優勢，對於巨量資料的敏感訊息必須嚴格要求，例如：客戶詳情、銀行交易和成交量與金額等不可共享和洩漏相關問題，分析者須時時地將隱私權謹記於心才能創造出巨量資料探勘雙贏的價值。

4.2.1 巨量資料探勘與分析的目的

在進行巨量資料探勘與分析之前，我們應該先了解如何描述巨量資料，在描述方法上可以用簡單之5V模型來了解，如圖4-6所示，5V分別代表資料量(Volume)、資料產生速度(Velocity)、準確性(Veracity)、價值(Value)和資料多樣性(Variety)。

就資料來源而言，分成自動產生與手動收集，在自動產生上其數據資料量十分龐大而產生速度非常地快，因此在分析上相當耗時，例如：網路上的交易資料；而手動收集其數據資料量相對來說較小，增加的速度較慢，所以在分析上所需的時間較短，例如：學童視力檢查、健檢資料。然而不論是自動產生還是手動收集的資料，我們對其做分析的目的主要有二，一是為了獲利：收集到的所有數據中並非每一筆都是有意義的，所謂的有意義是針對各種需求、目的，從中探勘出相對應的訊息，亦即從垃圾堆裡找黃金(gold mining)、利用分析的結果推出適當商品的促銷與折扣、推出更好的服務等都可以讓我們從中獲利；二是為了讓資訊再度被利用，例如：買屋賣屋實價登錄、健保資料、學生選填志願等。如何對以上所舉之例子有系統地進行分析，並進一步挖掘出有趣訊息，便是本節巨量資料探勘與分析所要為大家介紹的主軸，以下將針對巨量資料探勘的方法進行逐一介紹，並透過應用實例的介紹來加深讀者的印象。

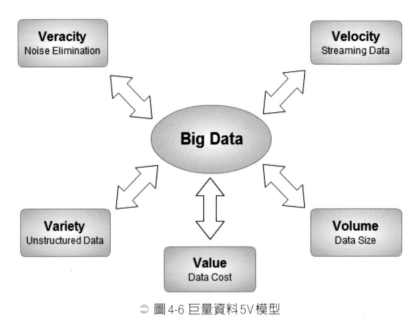

◯ 圖4-6 巨量資料5V模型

■ 4.2.2 巨量資料探勘

　　從資料中發掘知識(Knowledge Discovery from Data，簡稱為KDD)，是我們在學習資料探勘(Data Mining)的過程當中最常聽見，也是這門學科一開始接觸到的概念，如圖4-7所示；然而在這一小句話中他所蘊含的不僅僅是一個單一動作，而是由一連串的動作所構成的程序，他給予我們一個系統化的步驟，引導我們如何從龐大的資料庫中一步一步地找出有趣且有用的資訊，探勘的主要步驟如下：

1. **資料前處理：**主要動作為資料清理(data cleaning)，移除不相關的資料及雜訊，例如：蔥、小白菜等蔬菜出貨前需要先去除頭部的根與泥土。

2. **資料彙整：**對清理好的資料做整合，例如：將蔥弄成一綑送到批發市場上。

3. **資料倉儲：**將前面處理過後的資料儲存在資料倉儲中(data warehouse)，例如：果菜批發市場中存放著各種整理好的蔬果。

4. **資料探勘與分析：**透過智慧型的方法來萃取出所需資料的樣式，再根據掘取出的樣式來判別哪一種樣式對於企業、顧客才是最有趣的，這一個步驟是KDD中關鍵的一個步驟，例如：決定現在的季節或市場上應該批發哪些種類的蔬果。

5. **結果解釋與應用：**如何對我們分析的結果做解釋、如何將結果呈現給使用者知道並應用，例如：獲利分析與改善機制。

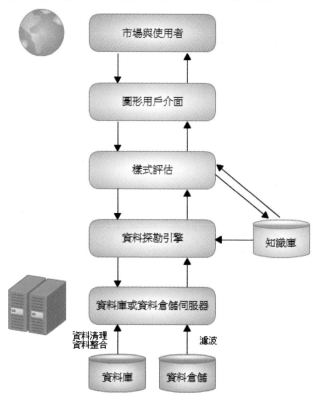

⊃ 圖 4-7 資料探勘系統架構圖

整個KDD的過程為一個持續循環的架構，資料前處理包含了資料清理(data cleaning)、資料整合(data integration)、資料轉換(data transformation)以及資料縮減(data reduction)，在這一個步驟上主要先將所有的資料去蕪存菁之後為後續的資料探勘做準備。

1. **資料清理：**原始資料庫內的資料為未經處理過的數據(raw data)，所以須針對裡面的異常值(outlier)、遺漏值進行處理，使得數據較為平整。

2. **資料整合：**將不同來源的資料做整合以便放進同一個資料庫，不同來源的資料其單位、名稱定義可能會有些許差異，因此須先做整合才能存進資料庫之中。

3. **資料轉換：**將資料轉換成便於探勘的形式，例如：在使用許多類神經網路的方法進行分類前，我們常對數據進行正歸化(normalization)，使數值介於0到1之間，以加速網路的運作、提高準確度。

4. **資料縮減：**在許多情況之下資料是以高維度的方式呈現，而高維度的資料會使得處理程序變得複雜，因此須先對其進行降低維度，但降低維度的時候要注意到資料的完整性以及意義須盡量保持不變，以確保後續探勘結果的正確性。

當資料經過資料探勘引擎、樣式評估後，此時的資料對探勘者來說就是最感興趣、最有趣的資料，最後再透過圖形化介面等方式將探勘的結果以簡潔、清晰的方式呈現給市場上的使用者知道，而使用者再將使用心得回饋給系統以便不斷地進行優化，而在資料探勘的過程當中除了和使用者之間的互動外也會和知識庫互動，知識庫給予探勘引擎訊息協助探勘，而樣式評估後的訊息也會被當成新的知識存進知識庫當中。綜上所述，可以看出在KDD中，資料探勘引擎為一個承先啟後的地位，以下將針對資料探勘的方法做進一步介紹。

4.2.3 資料探勘的方法

在進行資料探勘之前，探勘者須先了解資料探勘的目的及屬性才能選擇最恰當的方法或工具來處理。探勘的過程中也並非用同一招式使用到底，而是須因應不同的狀況而使用不同的工具，所以很有可能整個資料探勘過程中就使用了四、五種工具，甚至以上的方法來完成，這樣子的觀念讀者必須先有所了解。以下將開始介紹常見的資料探勘方法，分別是：關聯規則(association rules)、決策樹(decision trees)、類神經網路(neural networks)以及群集分析(cluster analysis)。

關聯規則

當我們在對龐大的資料庫做資料探勘的時候，藉由關聯法則可以協助我們從一堆看似雜亂無章的資料當中找出他們之間的關聯性，也就是資料當中有趣的、有意義的成分是什麼？在關聯法則的敘述上跟數學上的「若A則B」相同，符號表示為「A$\Rightarrow$B」，而利用關聯法則來做資料探勘便是建立在這簡單的邏輯上，進而推出各種的演算法。

在介紹演算法之前，我們先來舉一個例子：利用麵包跟牛奶之間的關係來說明其應用價值。在商店中，如果顧客在購買麵包，那麼他再買牛奶的機會有多高？這樣的一個問題，便可以利用關聯規則來做資料探勘，當業者發現牛奶跟麵包的關係密不可分(關聯性很高)時，那麼業者在行銷上便可以將牛奶跟麵包擺設在鄰近的位置，不僅提高顧客的方便性，也提升了整體營業額，亦即藉由關聯規則的探勘可以幫助業者調整他們的行銷策略。

知道了應用關聯規則做資料探勘的目的之後，接著來看一下在關聯規則上常用到的衡量指標：支持度(support)和信心度(confidence)，假設有一條關聯規則為(A$\Rightarrow$B)，則其支持度與信心度定義如下：

1. **支持度(support)：**支持度定義為項目A和B一起在資料庫中出現的機率為多少，如(4.1)式所示，在應用上我們常會給予資料一個最小支持度(minimum support)當作門檻值，探勘時小於最小支持度的一律捨去，除了確保資料探勘出來的關聯性高之外，也節省探勘時間。

$$Support\{A \Rightarrow B\} = P(A \cap B) \tag{4.1}$$

2. **信心度 (confidence)：**信心度的定義為在項目 A 發生的前提下，項目 B 也會同時發生的機率為何？如(4.2)式所示，跟條件機率的物理意義是相同的。同樣地，在應用上我們也給予一個最小信心度 (minimum confidence) 當作探勘門檻值，以便篩選出可信度較高的資料。

$$Confidence(A \Rightarrow B) = P(B|A) = \frac{P(A \cap B)}{P(A)} \tag{4.2}$$

◉ **範例：**表4-1為賣場的交易紀錄，試求 $A \Rightarrow C$ 及 $C \Rightarrow A$ 的支持度與信心度？

▶ 表4-1 賣場交易紀錄表

Transaction ID	Items Bought
2000	A，B，C
1000	A，C
4000	A，D
5000	B，E，F

表1中 Transaction ID (TID) 為賣場每一筆交易的代號，根據定義分別計算 $A \Rightarrow C$ 的支持度和信心度如下：

$$Support\{A \Rightarrow C\} = P(A \cap C) = \frac{2}{4} = 50\%$$

$$Confidence(A \Rightarrow C) = P(C|A) = \frac{P(A \cap C)}{P(A)} = \frac{2/4}{3/4} = 66.7\%$$

$$\therefore A \Rightarrow C = \{50\%, 66.7\%\}$$

以此類推 $C \Rightarrow A$ 的支持度和信心度如下：

$$Support\{C \Rightarrow A\} = P(C \cap A) = \frac{2}{4} = 50\%$$

$$Confidence(C \Rightarrow A) = P(A|C) = \frac{P(C \cap A)}{P(C)} = \frac{2/4}{2/4} = 100\%$$

$$\therefore C \Rightarrow A = \{50\%, 100\%\}$$

根據此範例計算出的結果，我們可以有一個結論：在關聯規則中，項目順序的調換對支持度不會有所影響，但在信心度上很有可能會有所差異，以物理意義來推論更是明顯，$Confidence(A \Rightarrow C)$表示的是：當使用者買了A商品後再買C的機率是多少；而$Confidence(C \Rightarrow A)$則是當使用者購買C商品後再買A的機率是多少，信心度越高，資料間的關聯性也就越高(以A為牛奶、C為麵包為例)。

了解了關聯規則的基本衡量指標後，我們開始介紹關聯規則的演算法，常見的演算法有：Apriori、FP-growth，Apriori演算法在資料探勘過程中由於其反覆地搜尋資料庫，尋找高頻項目集而浪費了很多時間和資源，因此在大數據處理上此演算法較不適用，取而代之的是FP-growth演算法，利用此演算法建立FP-Tree，使我們得以有效率地建立關聯規則。

頻繁樣式增長(Frequent-Pattern growth, FP-growth)演算法，首先由Han等人所提出[1]，因為不用產生候選項目集，可以有效減少執行時間。關聯規則挖掘的第一步驟就是找出大型項目集，FP-growth演算法的優點是避免產生大量的候選項目集合，解決Apriori演算法需要產生大量候選項目集的缺點，FP-growth演算法即可大大減少系統所花費的時間[2]，此演算法首先建立頻繁樣式樹(Frequent-Pattern tree, FP-Tree)，最後才是從FP-Tree上做探勘，以下為FP-Tree的建構程序：

◉ **步驟1：**先掃描資料庫一次，依照所訂下的最小支持度篩選出第一階的高頻項目集(Frequent 1-Itemsets)。

◉ **步驟2：**依照掃描後的第一階高頻項目集其支持度由大到小作降冪排列存於Frequency Head中。

◉ **步驟3：**再一次掃描資料庫，並建立FP-Tree。

(1) FP-Tree的根節點，標示為 "root"。

(2) 掃描一次交易資料庫，對每個交易找出其中的高頻項目並按Frequency Head中的順序排序，為每個交易建立一個分支，並計算節點出現次數，亦即每出現一次就加1。

(3) 為追蹤FP-Tree，替FP-Tree建立一個Header table，Header table
中每一列表示一個高頻常見項目，並有一個指針指向它在FP-Tree
中的節點。

◎ **範例**：表4-2為賣場的交易資料庫，假設最小支持度為30%，請依此
建立頻繁樣式樹(FP-Tree)？

▶ 表4-2 賣場交易資料庫

TID	Items bought
100	K，A，D，B
200	D，A，C，E，B
300	C，A，B，E
400	B，A，D

◎ **步驟1**：計算各個項目的支持度

A = 4/4×100% = 100%，B = 4/4×100% = 100%，C = 2/4×100%
= 50%，D = 3/4×100% = 75%，E = 2/4×100% = 50%，K =
1/4×100% = 25%

因為最小支持度為30%，所以K非頻繁項目，故予以刪除，因此第一
階高頻項目集為：{A，B，C，D，E}。

◎ **步驟2**：根據支持度降冪排列，並存於Frequency Head中，如表3所
示。

支持度大小：A=B>D>C=E。

▶ 表4-3 賣場交易資料庫與第一階高頻項目集

TID	Items bought	(ordered) frequent items
100	K，A，D，B	{A，B，D}
200	D，A，C，E，B	{A，B，D，C，E}
300	C，A，B，E	{A，B，C，E}
400	B，A，D	{A，B，D}

◉ **步驟3：**再一次掃描資料庫，並建立FP-Tree。

建立Header Table，由表建立FP-Tree，如圖4-8所示。

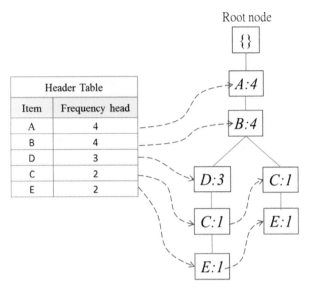

○ 圖4-8 FP-Tree的高頻項目集順序探勘路徑。

決策樹

在資料探勘中，決策樹(decision tree)是一個應用非常廣泛而且受使用者喜歡的分類方法，主要原因是因為決策樹具有下列幾個特性：

1. 分類規則相當地直覺且人性化，所以易於理解、吸收，沒有複雜的專業知識在其中。

2. 每一個節點就是一個分類的測試條件，就如同「IF-THEN」的控制架構。

3. 可以處理多維度(multidimensional)的資料。

4. 資料運算處理時間不會太長。

決策樹為一樹狀結構，如圖4-9所示，由節點和分支組成，在決策樹的建構中樹的頂端為根節點(root node)，中間每個內部節點(internal node)代表一種屬性的測試，而最後測試的結果則為葉節點(leaf node)，需特別注意的是結果通常都以橢圓形的框框表示，所以藉由決策樹的層層遞進，可以有效的協助我們將數據的特徵篩選出來，所以決策樹常用在分類與預測。

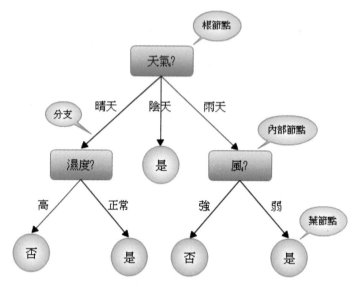

◐ 圖4-9　決策樹基本架構圖(表示是否打網球的決策樹)

　　首先舉一個簡單的例子來介紹一下決策樹的重點，表4-4為顧客在速食店消費時購買套餐意願的調查表，根據表4-4的結果可以建構出如圖4-10(a)(b)中的決策樹，雖然兩個決策樹的結構不一樣，但最終仍然達到了「是否購買套餐」的分類目的。但是當我們在面對眾多數據時，圖4-10(b)簡明扼要的決策樹才可加快資料探勘的速度，節省不必要的資源浪費，因此影響決策樹生長狀態的關鍵因素在於根節點的選取。那要如何從龐大的數據庫當中找出哪一種屬性最適合拿來當根節點呢？最常用的方法有以下三種：資訊增益(Information Gain, ID3)、增益比率(Gain Ratio, C4.5)與吉尼係數(Gini Index)，以下介紹資訊增益的運算流程。

◉ **步驟1**：進行分類所需的期望訊息量，在(4.3)式中為一個以2為基底的log函數，之所以用2為基底是因為我們使用的訊息以及結果是以位元(bits)來表示，而函數內所表示的是S_i在數據值組S中的機率。

$$I(s_1, s_2, ..., s_m) = -\sum_{i=1}^{m} \frac{s_i}{s} \log_2 \frac{s_i}{s} \qquad (4.3)$$

⊙ **步驟2：**在資料探勘中可能包含有多種的屬性，而就是根據這些屬性來對資料做分割，當使用者由步驟1求出分類這些數據所需要的訊息量後(即是常在文獻上看到所謂的熵(entropy)，資料的混亂度)，再來就是根據屬性來做分割，若經過A屬性分割後，仍需要的期望訊息量為多少才能完成分類，經由(4.4)式可求得：

$$E(A) = \sum_{j=1}^{v} \frac{s_{1j} + ... + s_{mj}}{s} I(s_1, s_2, ..., s_m) \qquad (4.4)$$

⊙ **步驟3：**資訊增益的定義為，全部訊息的需求量與單一屬性的訊息需求量之差，則在A屬性分割下的資訊增益為(4.5)式：

$$Gain(A) = I(s_1, s_2, ..., s_m) - E(A) \qquad (4.5)$$

⊙ **步驟4：**將資訊增益由大排到小，經由步驟3所得到的資訊增益可以知道，在每一種屬性下做分類的獲利為何？獲利最大的屬性即為使用者在建立決策樹時頂端根節點所要放置的屬性，依照資訊增益由大到小來選取節點的屬性，可以使我們有系統且快速地建構決策樹。

進一步對整個資訊增益運算過程來分析，如果我們想要得到某個屬性的最大資訊增益 $Gain(A)$ 那就是需要有最小的 $E(A)$，亦即在經過A屬性分割後還需要的訊息量最少即可獲得最大的資訊增益，例如：$E(A)=0$ 意思是，使用者經由A屬性分類後還需要的訊息量為0，也就是說已經分類結束了。

➥ 表4-4 顧客速食店購買套餐消費意願表

性別	身分	居住狀況	購買套餐
M	學生	外宿	是
M	學生	宿舍	是
F	上班族	外宿	是
F	學生	家中	否
F	上班族	外宿	是
F	上班族	家中	否

◎ **範例：** 表4-4爲顧客在速食店點餐時購買套餐意願的調查表，請使用資訊增益的方法(Information Gain)來建立決策樹？

首先，在表4-4中有三種屬性，分別是：性別、身分以及居住狀況，而總共有6筆資料，那麼在6筆資料中，願意購買套餐的有4筆，不買套餐的有2筆。因此在這一資料分割中所需要的期望訊息量爲：

$$I(4,2) = -(\frac{4}{6}\log_2\frac{4}{6} + \frac{2}{6}\log_2\frac{2}{6}) = 0.918$$

接著分別算出三種屬性分割後，仍需要的期望訊息量，分別是：E(身分)、E(居住狀況)以及E(性別)。

1. 在身分屬性中分成學生、上班族；學生中會買的有2筆、不會買的有1筆；而上班族中會買的有2筆、不會買的有1筆，因此

$$E(身分) = \frac{3}{6}I(2,1) + \frac{3}{6}I(2,1) = 0.918$$

2. 在居住狀況屬性中分成外宿、宿舍以及家中；外宿中會買的有3筆、不會買的0筆；宿舍中會買的有1筆、不會買的有0筆；家中會買的有0筆、不會買的有2筆，因此

$$E(居住狀況) = \frac{3}{6}I(3,0) + \frac{1}{6}I(1,0) + \frac{2}{6}I(0,2) = 0$$

3. 在性別屬性中分成男與女；男性中會買的有2筆、不會買的有0筆；女性中會買的有2筆、不會買的有2筆，因此

$$E(性別) = \frac{2}{6}I(2,0) + \frac{4}{6}I(2,2) = 0.667$$

最後求出三種屬性分割下的資訊增益量，分別是：Gain(身分)、Gain(居住狀況)以及Gain(性別)：

$$Gain(身分) = I(4,2) - E(身分) = 0$$

$$Gain(居住狀況) = I(4,2) - E(居住狀況) = 0.918$$

$$Gain(性別) = I(4,2) - E(性別) = 0.251$$

將資訊增益由大排到小爲：*Gain*(居住狀況) > *Gain*(性別) > *Gain*(身分)，因此由資訊增益最大的當作決策樹的根節點，其次是性別，最後才是身分。建構出的決策樹爲圖4-10(b)。對照前面的說明結果，在E(居住

狀況)求得爲0，所以代表由居住狀況這屬性下去分割即可分類出顧客
是否有購買套餐的意願，由圖4-10上可驗證此物理特性。

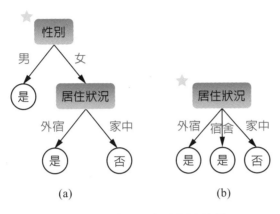

○ 圖4-10 購買套餐意願決策樹

　　最後總結以上，資訊增益提供我們一個規則、方法，讓我們遵循並
輔助建立一決策樹，當我們依照程序建立決策樹時，可以縮短我們的時
間並幫助我們更快地將數據分類到最佳的位置。

類神經網路

　　類神經網路(Neural Networks)此方法顧名思義爲模仿人類神經元
間的傳導特性而發展出來的學習方法，如圖4-11所示，類神經網路做數
據處理的特性在於探勘者不知道其數據的模型爲何？亦即輸入和輸出之
間的關係未知，而類神經網路正好可以解決這個問題。在學習方法上主
要分成兩種：監督式學習(supervised)和非監督式學習(unsupervised)，
監督式學習爲一開始即知道輸入和對應的輸出結果，往後若輸入類似的
數值或圖樣時，訓練好的網路就會自動對應其輸出結果，常用於分類以
及預測，例如：小朋友學寫字時一開始是用標準文字本練習，學會之
後即便看到不一樣的字型(斜體、草寫、粗體)也可以認出是什麼字，
常用的監督式學習網路爲：倒傳遞演算法(Back Propagation)；非監督
式學習爲一開始只有輸入資料(input value)，網路的訓練方式爲根據每
一筆資料其特性來做分類，亦即特性相似的聚爲一類，而往後只要輸入

資料則網路便會自動將資料歸類，常用於聚類，例如：一包綜合堅果內有四種堅果，將它全部倒出來看時你並不曉得核桃、杏仁、葵花籽、花生長什麼樣子，但你會將相似外觀的分成一類，最後很有可能會分出四堆，然後我再給你一顆花生，雖然你並不知道這是花生但你仍然可以對照剛剛分好的四堆將花生做正確的分類，常見的非監督式學習網路為：自組織映射網路演算法(Self-Organizing Map)。

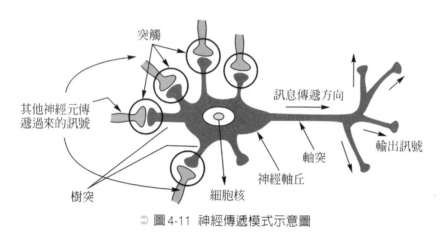

⊃ 圖4-11 神經傳遞模式示意圖

群集分析

群集分析(Cluster analysis)在分析資料物件時，不需諮詢物件的類別標籤，一個群集是一組物件的集合，此分析方法的精神即是以相似度來對數據做分群，使得同一群集內的物件擁有較高的相似度，而與其他群集間的相似度則越低越好，每一個群聚可以尋找出其群聚中心點來代替每一群聚，由於有此特性，因此分群的目的在於可以有效地將數據壓縮，當我們在面對眾多維度的資料時，群集分析便可用來快速地降維，除了可找出每一個群聚的特徵之外，還對不同群聚間的關係作探討。

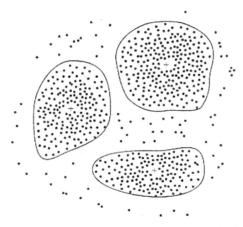

○ 圖4-12 顧客消費情形與位址散佈圖(三個群集)

以信用卡消費的情形作應用例子，圖4-12顯示的便是將一個城市中的信用卡消費情形以一個2-D顧客資料散佈圖的方式呈現，圖4-12中的點所代表的是帳單地址，並將消費情形分成三種，例如：看球賽、看電影以及購物，當將其分成三群之後我們便可以根據在不同的地方分析結果，對照其客戶消費行為進行有效的行銷動作。

▶4.3 巨量資料應用

前述的各種巨量資料擷取，擷取、儲存、管理、探勘與分析等方法，隨使用的情境不同，可能遭遇不同的問題。本節我們列舉較常見的幾種應用：商業智慧、社群網路探勘與分析、以及推薦系統，分別描述各種應用所需解決的問題。

◢ 4.3.1 商業智慧

一般所謂的商業智慧(Business Intelligence, BI)指的是，企業利用資訊技術，收集、管理與分析結構化與非結構化資料的商務資料與資訊，創造並累積商務知識與見解，改善商業決策品質，即可採取有效的商務行動完善各種商務流程，提升各方面商務績效，增強綜合競爭力的智慧和能力。一個最著名的例子就是啤酒與尿布，1990年代，美國

Walmart超市於資料庫中分析出啤酒與嬰兒尿布於週末傍晚的強烈關聯性，進而找出原因是年輕父親常被妻子交代週末下班買尿布回家而順便帶啤酒，因此調整商品陳列方式—將尿布陳列於啤酒邊，結果提升了銷售量。

商業智慧流程通常分為以下步驟：資料彙整、資料分析、資料呈現。

1. **資料彙整：**累積收集之資料、整理資料來源，利用長時間的資料收集，建構資料倉儲（Data Warehouse）

2. **資料分析：**將資料倉儲的資料擷取，再利用Data Mining技術做資料分析。

3. **資料呈現：**利用圖像化、報表等工具，將資料分析結果呈現給使用者。

資料倉儲：Data Warehouse

一種資訊系統的資料儲存理論，此理論強調利用某些特殊資料儲存方式，讓包含的資料能夠有利於分析處理，以產生有價值的資訊並依此作決策。

利用資料倉儲方式所存放的資料，具有一旦存入便不隨時間而更動的特性，同時存入的資料必定包含時間屬性，通常一個資料倉儲皆會含有大量的歷史性資料，並利用特定分析方式，自其中發掘出特定資訊。

資料探勘(data mining) 是利用統計、人工智慧(AI)或其他的分析技術，在巨量歷史資料內深度尋找與發掘未知、隱藏性的關係與規則，從而達成分類(classification)、推估(estimation)、預測(prediction)、關聯分組(affinity grouping)、同質分組(clustering)等結果。資料分析的成果，通常以報表工具產出報表，或由Web Portal等方式呈現予使用者。

商業智慧的應用主要是作為業務分析(business analysis)以支援商業決策。

4.3.2 社群網路探勘與意見分析

社群網路

　　現今在網際網路上有許多社群網路平台,如:Facebook、Google+、Youtube、Twitter等。使用者可以很快速方便地分享檔案、發表評論,因此受到全球各地廣泛地使用。社群網路擁有許多使用者,並產生大量的評論資料,但是隨著使用者人數越多,資料的整理與處理也越來越困難,因此必須利用 Social Big Data Analytics 的技術分析出有用的內容與知識。

　　社群網路中包含了人以及文章,人與人之間有許多不同的關係,例如:朋友關係,而人與文章間也有許多種關係,如:評論、回覆、分享、轉寄、按讚等,如果將人與文章都看成網路中的節點,則每個Node 分別會以不同的形式連結其他 Node。

1. 有向連結:使用者相互連結(根據人與人的關係)。

2. 無向連結:使用者與 App 軟體等項目相互連結。

　　有多種連結方式、連結項目跟邊線即構成複雜網路,通常會以graph 來表示[1]。其中 Node 表示人或項目,而 Edge 則表示其間的關係,如圖 4-13 所示。

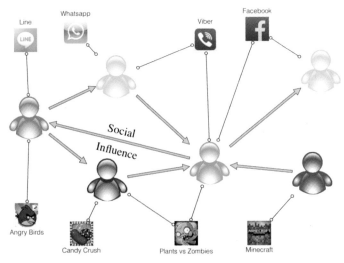

◯ 圖 4-13 複雜網路示意圖

⊃ 圖4-14 Facebook「按讚」

　　社群網路與一般網站最明顯的差異就在於，允許使用者之間的互動，透過不同方式來表達認同或是支持，例如：「按讚」(Likes)的機制，在不同社群網站上，就有不同的數值範圍，如圖4-14所示。

1. 二元（0，1）
- Facebook Like
- Google+ +1
- Flickr favorite

2. 三元（-1，0，1）
- Reddit Votes
- Youtbe (Like，Dislike，None)
- PTT：推，噓，中立

3. N元
- Amazon book ratings (1..10)
- iTunes Rating (1..5)

　　其中N元代表著較大的數值範圍，通常可以更細緻地表達使用者評分的差異。

意見分析

　　網路社群平台除了 like 之外，使用者可以針對其他使用者的發文評論與回應，我們可以利用評論與回應內容做分析，例如：針對使用者回應進行簡單的統計如：按讚數、回應數等，我們可以初步了解使用者整體大致的意見傾向；若進一步分析使用者評論或回應的內容，我們可以深入分析文字評論內容所代表的意義，例如：對人事物的看法是否包含意見，以及主觀意見的傾向和強弱等。因此，意見分析最主要的幾項工作包含了：主觀偵測(subjectivity detection)、意見傾向分類(sentiment orientation classification)、意見強度分析(sentiment strength)等，如圖 4-15 所示。

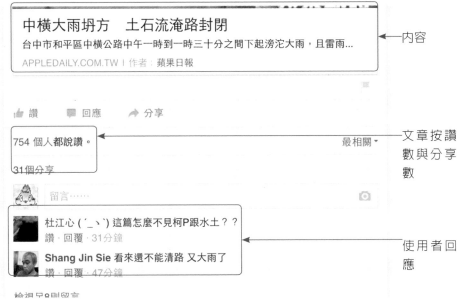

　圖 4-15 文章內容，「按讚」數與分享數，使用者回應

情緒分析

　　情緒分析是從文字內容分析其中所表達的觀點、情緒傾向和主客觀立場，幫助我們了解人們的反應，可以應用在產品評價、電影評論、選舉民調、新聞等。

　　一般的情緒分析多利用分類的方法，進行主觀偵測(subjectivity detection)，以及情緒分類(sentiment classification)等各種工作。然而在社群網路中，文章內容太短，例如：Twitter或Plurk等微網誌平台限制每篇發文字數僅能在140字以下，使得文字特徵少，不易分辨；另一方面，使用者較常表達其意見，因此有較多意見詞。

　　一般情緒分類的方法分為詞典比對以及機器學習兩種。在詞典比對法中，通常依據一個情緒詞典(sentiment lexicon)來判斷文章字詞的意見傾向(sentiment orientation)，例如：

1. **正向詞**：開心、高興、喜歡、欣賞、心情很好、雀躍
2. **負向詞**：難過、生氣、悲傷、討厭、心情不好、哀傷

　　在機器學習法中，我們可以進一步將特定領域的訓練文件資料，如：餐廳評論等，進行人工標記，再利用機器學習，自動找出該領域比較可能的正負面意見詞，以建立領域相關的情緒詞典。

社群網路影響力

　　在社群網路中，使用者可以透過各種方式去影響其他使用者，如果考慮使用者間的發文、回覆、分享等結構關係，可以將複雜網路graph簡化為使用者關係graph，其中node為使用者，edge為結構關係。如圖4-16所示：

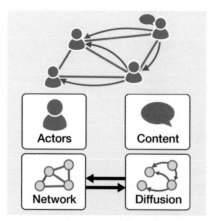

◐ 圖4-16 社群網路影響力示意圖

有了使用者關係graph，透過社群網路分析(social network analysis)的中心性分析(centrality analysis)[2]，我們能進行社群偵測(community detection)，並分析出各社群的各種角色間的重要性，如：主要意見領袖(opinion leader)、追隨者等，進一步發掘出資訊傳播(information diffusion)的途徑。

▶ 4.3.3 推薦系統

個人化推薦是根據用戶的興趣特點和購買行為，向用戶推薦可能感興趣的資訊和商品。隨著電子商務規模的不斷擴大，商品個數和種類快速增長，顧客需要花費大量的時間才能找到自己想買的商品。這種瀏覽大量無關的資訊和產品過程造成資訊過載問題，無疑會使消費者不斷流失，為了解決這些問題，個人化推薦系統應運而生。

個人化推薦系統是建立在巨量資料探勘基礎上的一種高級商業智慧平臺，以幫助電子商務網站為其顧客購物提供完全個人化的決策支持和資訊服務。購物網站的推薦系統為客戶推薦商品，自動完成個人化選擇商品的過程，滿足客戶的個性化需求，其推薦基於：網站最熱賣商品、客戶所處城市、客戶過去的購買行為和購買記錄，推測客戶將來可能的購買行為。

在電子商務時代，商家透過購物網站提供了大量的商品，客戶無法透過螢幕一眼就瞭解所有的商品，也無法直接檢查商品的品質，所以，客戶需要一種電子購物助手，能根據客戶自己的興趣愛好推薦客戶可能感興趣或者滿意的商品。

電子商務推薦系統的主要演算法有[1]：

1. 基於關聯規則的推薦演算法(Association Rule-based Recommendation)

通過相關特徵的屬性來定義項目或對象，系統基於用戶評價對象的特徵學習用戶的興趣，依據用戶資料與待預測項目的匹配程度進行推薦，努力向客戶推薦與其以前喜歡的產品相似的產品。如新聞過濾系統News Weeder。

2. 基於內容的推薦演算法 (Content-based Recommendation)

內容過濾主要採用自然語言處理、人工智慧、機率統計和機器學習等技術進行過濾。

基於內容過濾的系統其優點是簡單、有效。其缺點是特徵擷取的能力有限，過分細化，純基於內容的推薦系統不能爲客戶發現新的感興趣的資源，只能發現和客戶已有興趣相似的資源。這種方法通常被限制在容易分析內容的商品的推薦，而對於一些較難提取出內容的商品，如音樂CD、電影等就不能產生滿意的推薦效果。

3. 協同過濾推薦演算法 (Collaborative Filtering Recommendation)

協同過濾是在資訊過濾和資訊系統中正迅速成爲一項很受歡迎的技術，與傳統的基於內容過濾直接分析內容進行推薦不同，協同過濾分析用戶興趣，在用戶群中找到指定用戶的相似（興趣）用戶，綜合這些相似用戶對某一資訊的評價，形成系統對該指定用戶對此資訊的喜好程度預測。

與傳統內容過濾相比，協同過濾有下列優點：

1. 能夠過濾難以進行機器自動基於內容分析的資訊。如藝術品、音樂。

2. 能夠基於一些複雜的，難以表達的概念(資訊質量、品味)進行過濾。

3. 推薦的新穎性，正因爲如此，協同過濾在商業應用上也取得了不錯的成績，Amazon、CDNow、MovieFinder，都採用了協同過濾的技術來提高服務質量。

缺點是：

1. 稀疏性問題：用戶對商品的評價非常稀疏，這樣基於用戶的評價所得到的用戶間的相似性可能不準確。

2. 可擴展性問題：隨著用戶和商品的增多，系統的性能會越來越低。

3. 最初評價問題：如果從來沒有用戶對某一商品加以評價，則這個商品就不可能被推薦。

因此，現在的電子商務推薦系統都採用了幾種技術相結合的推薦技術。

推薦系統的作用

個人化推薦的最大優點在於，它能收集用戶特徵資料並根據用戶特徵，如興趣偏好，為用戶主動作出個人化的推薦。而且，系統給出的推薦是可以即時更新的，即當系統中的商品庫或用戶特徵庫發生改變時，給出的推薦序列會自動改變。這就大大提高了電子商務活動的簡便性和有效性，同時也提高了企業的服務水準。

總體說來，一個成功的個人化推薦系統主要表現在以下三個方面：

1. **將電子商務網站的瀏覽者轉變為購買者：** 電子商務系統的訪問者在瀏覽過程中經常沒有購買欲望，個人化推薦系統能夠向用戶推薦他們感興趣的商品，從而促成購買過程。

2. **提高電子商務網站的交叉銷售能力：** 個人化推薦系統在用戶購買過程中向用戶提供其他有價值的商品推薦，用戶能夠從系統提供的推薦列表中購買自己確實需要但在購買過程中沒有想到的商品，從而有效提高電子商務系統的交叉銷售。

3. **提高客戶對電子商務網站的忠誠度：** 與傳統的商務模式相比，電子商務系統使得用戶擁有越來越多的選擇，用戶更換商家極其方便，只需要點擊一兩次滑鼠就可以在不同的電子商務系統之間轉換。個人化推薦系統分析用戶的購買習慣，根據用戶需求提供有價值的商品推薦；如果推薦系統的推薦品質很高，那麼用戶會對該推薦系統產生依賴。因此，個人化推薦系統不僅能夠為用戶提供個人化的推薦服務，並能與用戶建立長期穩定的關係，從而有效保留客戶，提高客戶的忠誠度，防止客戶流失。

個人化推薦系統具有良好的發展和應用前景，目前，幾乎所有的大型電子商務系統，如Amazon、eBay等，都不同程度地使用了各種形式的推薦系統，各種提供個人化服務的Web網站也需要推薦系統的大力支援，在日趨激烈的競爭環境下，個人化推薦系統能有效地保留客戶，提高電子商務系統的服務能力，成功的推薦系統會帶來巨大的效益。

4.4 巨量資料的挑戰

在工業4.0的應用中，巨量資料扮演了重要的角色，本章以一些實務案例，闡述今日巨量資料所面臨的挑戰。本章分五個章節描述：

1. **巨量資料傳輸與儲存的挑戰**：以手機代工公司為例。
2. **巨量資料電子化的挑戰**：以生物科技公司為例。
3. **巨量資料清理的挑戰**：以連鎖加油站和金控公司為例。
4. **巨量資料分析的挑戰**：以DVD連鎖店為例。
5. **巨量資料保密的挑戰**：以供應鏈管理為例。

4.4.1 巨量資料傳輸與儲存的挑戰：案例一

為了達成工業4.0的「無人工廠」、「無燈工廠」的目標，工廠內必須廣設感測器，以即時將工廠內的狀況，回報、反映給管理者。

目前感測器可以偵測工廠內的溫度、溼度、壓力、振動、位置、移動、速度、氧氣等狀況，感測器不斷地偵測工廠環境的資料，同時感測器頻繁地將感測資料傳送給雲端主機，感測器的歷史資料都會存在雲端資料庫上，當感測器數目龐大時，就會需要龐大的網路頻寬，也需要功能強大的資料庫，可以快速地處理巨量資料。因此，如何提供足夠的網路頻寬和高效能的資料庫系統，成為巨量資料的一大挑戰。

案例一：以手機代工公司為例

我們以國內一家最大的手機代工公司為例，此代工廠主要代工製造國際主要品牌的手機，近年來由於各國勞力成本的增加，各國對於勞動法令的日益嚴格，加上勞工自殺事件頻傳，使得手機代工公司積極朝向工業4.0發展，熱衷研究於以機器人或機器手臂來代替人工。

然而，該公司發現要達成工業4.0的目標，在每一個機器手臂上，二公尺的距離內需要裝置1000個以上的感測器，每個感測器的感測資料必須隨時傳回主機，以判斷各項機器手臂的移動與製造命令，同時，每個感測器每個時間點的資料，都必須存於主機資料庫，以作為生產製造執行時的決策依據。

要達成這樣的目標，首先，主機必須能夠在短時間讀取所有1000個以上感測器的值，這就必須依賴高速的區域無線網路來進行資料傳輸，另外，也要有快速的資料庫系統來儲存巨量的資料。

如何設計使用高速的區域無線網路以及快速的資料庫系統，就成為巨量資料的一大挑戰。

4.4.2 巨量資料電子化的挑戰：案例二

很多企業都有大量的資料，這些資料或許是紙張的格式，或許是電子的格式。但要提高資料分析與處理的速度，資料都必須轉換成電子的格式。因此，企業要使用巨量資料管理，首先的挑戰，就是要將資料全面的電子化。

案例二：以生物科技公司為例

我們以國內最大的生物科技公司為例，此公司擁有全國最尖端的臍帶血檢核系統，每天新存入的臍帶血，會先經過一連串的偵測，其中包括免疫分析以及血液品質分析，免疫分析包括愛滋病毒分析、梅毒分析、B肝分析、C肝分析、巨細胞病毒分析等；血液品質分析包括臍帶血總重量測、有核細胞數檢測、微生物檢測、細胞活性檢測、細胞百分比等。

由於檢測法令的嚴格規定，每一項檢測都以專業機器來進行，每一項檢測的結果，都要由檢驗師核可，由於各項專業機器的品牌或網路介面不同，目前檢測的結果，都是由檢驗師填寫於紙張上，並沒有電子化與網路化，因此，無法進行分析，也無法從資料中取得任何有意義的資訊。

同時，每季每月要產生品管報表時，都需要額外的人工，將資料鍵入品管軟體，費時且費力。

對於公司而言，首要的挑戰，即是希望將機器檢測後的成果，以電子化的方式，透過網路儲存於資料庫中。這需要建構一個共同的網路介面，讓所有專業機器都可以將資料透過相同的網路介面，傳送到雲端主機。

▶ 4.4.3 巨量資料清理的挑戰：案例三、案例四

要從資料庫中擷取有用的資訊，首先就要確認資料的品質，資料要有高度的正確性與完整性，不完整或是不正確的資料，不僅會影響所擷取資訊的效益，同時也會影響擷取資訊的速度。

但是在實務上，資料常有不完整或錯誤的現像，因此如何確保資料的完整性與正確性就非常的重要。

案例三：以連鎖加油站為例

我們以國內一家大型連鎖加油站為例，此連鎖加油站體認與消費者建立良好關係的重要性，非常希望能夠得到大量的消費者資料，包含個人資料與消費資料，希望能夠提供消費者更多的服務，進而能夠讓消費者不斷地返回消費。

基於這樣的理念，因此此連鎖加油站推出貴賓卡，鼓勵會員使用貴賓卡消費，希望以貴賓卡的方式建構一個客戶關係管理系統，如此，連鎖加油站可以得到消費者的消費資訊，並藉以預測消費者的加油頻率。

舉例而言，如果預測消費者會每兩週加一次油，連鎖加油站就可以兩週時間快到時，以電話或電子郵件與消費者聯繫，並且提供加油優惠的資訊，希望鼓勵消費者回流加油，並且建立客戶的忠誠度。

另一方面，連鎖加油站也跨業和電子零售業合作，推出點數換贈品的行銷方式，消費者只要加購一定數量的油品後，就可以憑點數到電子零售業交換電子商品。

此連鎖加油站的行銷措施，都基於能夠將消費者的消費資訊存在資料庫中，並對資料庫進行分析，以分析結果來促進業績。

唯獨可惜的是，最後這項行銷措施並沒有成功，關鍵點在於客戶的資料常有變動或更改的狀況，同時，客戶常基於隱私理由，未留下所有資料，使得資料庫的資料不正確或不完整，如此，使得行銷成本大幅增加，而影響實際的行銷成果。

案例四：以金控公司為例

我們以國內一家大型的金控公司為例，此金控公司主要的行銷手法之一是利用交叉行銷的方式，來爭取保險顧客。

此金控公司將所有的客戶資料全部鍵入資料庫系統中，每一個行銷人員都配備有筆記型電腦或行動裝置，當他們要說服某一個客戶加入保險時，他們可以利用他們的筆記型電腦或行動裝置馬上上網，由公司的資料庫中，找到此客戶的工作同仁或朋友，然後告訴此客戶，和他有相似收入與職位的工作同仁或朋友，所購買的保險商品項目，藉此說服此客戶購買相同的保險商品，這項交叉行銷方式，是此保險公司認為最成功的行銷方式。

此行銷方式的成功，完全植基於要有完整正確的客戶資料庫系統，和先前連鎖加油站類似的是，他們的客戶資料庫中也常包含不完整或不正確的資料。不同的是，此保險公司確認交叉行銷是公司賴以為生、非常重要的行銷方式，因此，必須確保客戶資料庫的完整與正確。

他們也面臨相同的問題，常常客戶有些資料並不正確，如：客戶可能更換手機或者升職，這些資料都應該修正後，完整正確的存在資料庫中，此金控公司因此採用獎金鼓勵的方式，只要業務人員能夠將資料庫的資料更改正確或是將缺少的資料填寫完整，就可以獲得一定的獎金。

　　此金控公司估計每年發出上億的獎金，由於此金控公司是國內相當成功的金控公司，每年都有相當的獲利，這也意味著，金控公司認為保持客戶資料庫的完整與正確，所帶來的商業效益，將大於所支出上億元的獎金，這也被認為是此金控公司能夠在國內不斷保持競爭力的一個主要原因。

　　由以上兩個案例，要有良好的資料品質，才能獲得有價值的資料收益。如何能夠維持資料的完整性與正確性，是巨量資料的一大挑戰。

▶ 4.4.4 巨量資料分析的挑戰：案例五

　　將資料電子化，並能夠大量傳輸資料和儲存資料之後，我們就要使用演算法對這些資料進行分析，此時，演算法也必須有很高的效率，才能利用即時、有效的資訊，來協助企業經營。

案例五：以DVD連鎖店為例

　　我們以一家台灣最大的DVD連鎖店為例，此家DVD連鎖店在台灣有超過50家的連鎖分店，總部設於台北，全盛時期，每個月新設一家分店。

　　為了擊敗國內地區型的小DVD店，總公司很早就確定要使用資訊技術來提供顧客個人化的服務，並使用資訊技術來決定公司的各項管理決策，以期提高經營效率與降低經營成本。

　　此公司每一家分店都設有一個POS系統(Point of Sale，銷售點管理系統)，POS系統精準的紀錄每一個會員，每一天租借與返還的DVD項目。為了能夠快速利用分店POS系統的這項資訊，以作為分析用途，每天晚上12點各分店打烊後，各分店的POS系統都會立即將當日的銷售資料回傳到總公司，總公司約在一小時候後，亦即凌晨1點的時候，就會收到當日全台灣各分店的銷售資料。

　　為了提高經營效率與降低經營成本，總公司想利用這些資料，提供一些有用的經營資訊，比如說：總公司想預測某部剛上市的DVD需要購買多少的版本，以及想知道目前各個DVD的全台灣庫存狀況。

　　由於資料量相當龐大，總公司在製作查詢演算法以取得相關資訊時，常常動輒需要三天以上的時間，而造成所獲得的資訊並不即時，影響資訊的價值。

　　經過訪查，發現總公司在資料分析上有以下的問題需要處理：

1. 在總公司資料分析中，常常需要反覆讀取資料庫中的資料，由於資料庫的資料多半位於硬碟之中，而不是位於記憶體中，因此需要花費相當多的時間。要解決此項問題，首先可以考慮購買大量的記憶體，由於半導體技術的進步，讓記憶體價格大量滑落，讓企業配置大量記憶體的可能性大為提高，由於記憶體的速度遠勝於硬碟的速度，如此可以大幅增加分析速度。我們可以將資料庫的資料首先下載到記憶體中，然後在記憶體中處理所有相關分析的運算，將可以大量節省分析所需要的時間。

2. 使用平行處理或是格子處理的方式，來加速分析所需的時間。由於電腦設備的價格越來越便宜，因此，如何使用多部電腦來加速分析執行的時間，成為一個重要的議題，所謂平行處理或是格子處理，就是妥善使用網路中空閒的電腦與沒有被使用的記憶體，在執行上，將整個資料庫分散到網路中的各個電腦硬體中，將資料分析的工作切割成若干的小工作，由網路中空閒的電腦分別、同時進行各項小工作，如此可以最佳化使用網路的資源，來加速資料分析工作的進行。

3. 由於讀取硬碟中的資料庫，通常會是所有資料分析工作的瓶頸，分析的演算法必須朝減少重複讀取資料庫的方向來設計。

▶ 4.4.5 巨量資料保密的挑戰：案例六

由於資料儲存成本降低、分析方法的進步，企業都希望擁有更多的資料，在巨量資料的時代，許多公司都了解巨量資料的重要性，因此，也竭盡所能蒐集各種可以蒐集到的資料。尤其根據許多資料分析的應用，資料的重要性，不僅在於其原有的用途，更重要是在於資料的延伸用途上。

以谷歌公司為例，谷歌公司主要是提供使用者以關鍵字搜尋網頁的服務，在谷歌公司的資料庫中，擁有所有使用者搜尋網頁的內容、時間與地點。谷歌公司進行一項研究，欲探究使用者搜尋的內容，是否可以預測流行性感冒的發生，谷歌公司對他們的資料庫進行巨量資料分析，找出了四十五個關鍵字，放入數學模型化，可以成功地預測流感的產生。

這樣的成功案例，說明資料的功能性很大，不僅在於當初蒐集的原始用途，也可能在許多意外的用途上，獲得很好的成效。

但是應用資料於其他用途時，必須考量資料的保密因素，除非獲得原資料提供者的同意，不應該將資料用在其他用途上。

案例六：以供應鏈廠商為例

除了上述谷歌的例子外，我們舉一個供應鏈廠商的例子。以一家供應鏈廠商而言，客戶的訂單內容與產品規格絕對是必須保密的，客戶的資料如果外洩，將導致客戶不信任以及公司的信譽受損，一般在生產之前，供應鏈廠商和客戶都會簽署保密協定。

然而，在巨量資料的時代，由於大多數公司都積極於蒐集資料，很多客戶重要的保密資料，都會在不經意間洩漏出去。

現在有許多公司都開始使用智慧電錶，智慧電錶每天不斷地蒐集公司的用電資料，由於每一種電子設備都有獨特的用電模式，有些生產設備會耗用大量的電力，由智慧電錶所顯示的用電情況，如果洩漏出去，有可能被使用來推算公司是使用何種生產設備？進而推論客戶訂單資料的內容，造成客戶資料的外洩，而違反保密協定。

在實務上，供應鏈廠商會習慣分享資料給合作夥伴，藉以減少生產成本，如此地資料分享，又更加大了資料外洩的可能性。

在生產上，供應鏈廠商會分析客戶的訂單，以進行最佳化的排程，使得工廠生產的計畫、排程與適時、適量的調控原物料。同樣地，在物流規劃上、品質管制上、設備維護上，都需要利用客戶的訂單資料，例如：客戶資料會被應用在進貨的規劃上，使得生產時物料可以即時地配合生產；客戶資料也會應用在物流用途上，使得運送車輛可以靈活的調度；客戶資料也可以用在品管用途上，讓公司知道生產某些產品時的良率。

由於客戶的資料很可能會用在供應鏈中的多種用途上，因此，在每一次使用客戶資料時，都必須獲得客戶的同意；在使用客戶資料時，要有嚴格的管制，以確保資料的保密性，與客戶的權益。

近年來，企業界也在鼓吹在公司內部設置如演算學家的專業人員，這些人能夠審查巨量資料的使用、分析與預測，演算學家必須要能公正、客觀，如同會計師與企業稽核人員一般，同時，演算學家要負責審查資料的來源是否符合保密原則、企業分析巨量資料的方法是否適當，以及巨量資料的分析結果有沒有被妥善地使用。

問題討論

1. 請敘述資料探勘(data mining)的意義為何？為什麼資料探勘對一個成功的企業來說相當重要？

2. 對於政府部門而言，資料探勘的重要性為何？

3. 請問何謂商業智慧？

4. 請問何謂情緒分析？請列舉情緒分析的主要工作。

5. 請問何謂協同過濾推薦演算法？並列出優缺點。

6. 請問何謂資料前處理？其目的為何？

7. 請分別敘述結構化資料與非結構化資料的優缺點，並分別舉出兩個儲存的資料庫例子。

8. 請問何謂分散式檔案系統？請舉出分散式檔案系統的一個例子，並敘述其特色。

參考文獻

[1] J. Han, J. Pei and Y. Yin, "Mining frequent patterns without candidate generation," in Proc. of ACM SIGMOD Int. Conf. on Management of Data, Dallas, Texas, USA, pp.1-12, May 2000.

[2] Y.-P. Huang, C.-Y. Huang, S.-R. Chen, S.-I. Liu and H.-C. Huang, "Discovering association rules from responded questionnaire for diagnosing geriatric depression," in Proc. of 2012 ICME Int. Conf. on Complex Medical Engineering (CME 2012), Kobe, Japan, pp.343-348, July 2012.

[3] Jure Leskovec, Anand Rajaraman, Jeff Ullman, Mining of Massive Datasets, 2nd edition, Cambridge University Press, 2014.

[4] S. Wasserman and K. Fraust. Social Network Analysis: Methods and Applications. Cambridge University Press, 1994.

[5] C.L. Philip Chen, Chun-Yang Zhang, Data-intensive Applications, Challenges, Techniques and Technologies: A Survey on Big Data, Information Sciences, 275, pp.314-347, 2014.

[6] Eric Savitz, Gartner: 10 Critical Tech Trends for the Next Five Years, Oct. 2012.

[7] Doug Laney, 3D Data Management: Controlling Data Volume, Velocity and Variety, Appl. Delivery Strategies Meta Group (949), 2001.

05
人工智慧

本章作者(依筆劃順序排列)
- 林顯易—國立臺北科技大學自動化科技研究所
- 張正春—國立臺北科技大學電機工程系
- 黃秀英—國立臺北科技大學車輛工程系
- 劉益宏—國立臺北科技大學機械工程系
- 劉傳銘—國立臺北科技大學資訊工程系
- 蔡孟伸—國立臺北科技大學自動化科技研究所
- 蔡舜宏—國立臺北科技大學自動化科技研究所

工業 4.0 中，智慧製造扮演相當重要的角色，而智慧製造需透過人工智慧的方法來實現，因此本章將對人工智慧相關的主要課題內容進行介紹。本章的組成為 5.1 簡介人工智慧之範疇及應用方向，5.2 提到機器學習常用的機率理論，5.3 介紹演算法在機器學習的重要性，5.4 提到軟性計算在人工智慧中扮演的角色，5.5 提到工程最佳化，5.6 介紹機器學習的常見方法。

▶ 5.1 人工智慧

人工智慧(Artificial Intelligence, AI)指的是透過電腦所實現的智能，其目的是要賦予電腦或機器智能，使其能夠自我判斷、學習、解決問題，因此，在科學領域中，人工智慧也被稱為機器智能(machine intelligence)。一般來說，人工智慧的研究目的，是希望一個具有智慧的機器或系統具有下列之能力：

- ◎ 推理 (inference)
- ◎ 知識表示 (knowledge representation)
- ◎ 規劃 (planning)
- ◎ 學習 (learning)
- ◎ 知覺 (perception)
- ◎ 社交 (social)
- ◎ 創造力 (creativity)

因此，人工智慧涉及研究許多不同的領域，包括了數學、物理、心理、計算機、工程、控制、神經科學、認知科學，而這些研究領域所整合出來的具體關鍵研究方向，則包括了機率與統計(probability and statistics)、神經網路(neural networks)、模糊理論(fuzzy theory)、基因演算法(genetic algorithm)、粒子群演算法(particle swarm optimization)、機器學習(machine learning)、增強學習(reinforcement learning)、複雜系統(complex systems)、自然語言處理(natural language processing, NLP)等。近來，由於計算機能力的進步，深度學習(deep learning)也受到愈來愈多之注目，基於深度學習所設計之演算法則包括了迴旋神經網路(Convolutional Neural Networks, CNN)。由以上可知，人工智慧爲了要具備上述之能力，近幾十年來，已經陸續有不同之演算法被提出，然而，此研究領域可發展的空間依然很大。即便如此，人工智慧演算法已經被應運在各種不同之領域，並成功地幫助人類解決許多實際的問題，包括機器視覺(machine vision)、智能機器人控制(intelligent robot control)、自動化檢測(automatic inspection)、智慧型診斷與維護(intelligent diagnosis and maintenance)、人機互動(human-machine interaction)、智慧型排程(intelligent dispatching)、客戶關係管理(customer relationship management)、資料探勘(data mining)、圖形識別(pattern recognition)、情緒計算(affective computing)、網路安全控制(network safety control)、人臉辨識(face recognition)、指紋辨識(fingerprint identification)、專家系統(expert systems)、大腦動力學(brain dynamics)、醫學影像分析(medical image analysis)、智慧電網(smart electric grid)等等。現今，隨著工業4.0時代來臨，智慧工廠成爲核心議題，因此，人工智慧之應用領域再度擴大，如何應用人工智慧方法來實現智慧製造，已成爲工業4.0之關鍵。以下，本章將介紹人工智慧之各種方法。

▶ 5.2 機率

　　機率的概念常見於日常生活中，從平常扔硬幣、投骰子、玩撲克牌到大樂透以及天氣預測等等，機率都跟我們的生活息息相關，然而對大部分的同學而言，機率卻不是一門簡單的科目。機率難於其他科目的原因，在於它是偏向於抽象思考的一門學科，需要的是正確的邏輯思考，舉個例子來講，當我們在打撲克牌的時候，假如想要知道拿到葫蘆或是同花順的機率，那該怎麼算呢？本質上這是個抽象的問題，但在機率這門學科中，我們將學會如何利用邏輯思考與分析，將邏輯思考結合數學式子來進行機率計算。

那麼事不宜遲，我們馬上就來介紹機率的相關知識，在5.2.1中我們首先介紹機率空間與古典機率，在5.2.2中接著介紹條件機率與獨立事件，5.2.3將介紹貝氏定理，5.2.4介紹隨機變數，5.2.5介紹期望值、變異數與標準差，最後在5.2.6介紹標準常態分佈與中央極限定理。

5.2.1 機率空間與古典機率

每當過年期間，少不了的就是玩撲克牌、擲骰子，而玩撲克牌與擲骰子跟機率之間有著密不可分的關係，像是玩撲克牌的時候拿到同花順的機率是多少，又或者是玩骰子賭大小出現豹子的機率是多少？而要計算這些機率之前，我們必須先了解何謂機率空間以及古典機率。

機率空間

在一隨機試驗(random experiment)當中，其所有可能的結果(outcome)的集合，稱為樣本空間(sample space)，通常以字母S來表示，換而言之，樣本空間中的每一個元素，便稱之為一個結果[1]。

例如：擲公正的骰子的結果可能是1或2或3或4或5或6，那麼它的樣本空間就是這六個結果所形成的集合，又例如，兩個人猜拳的結果可能是贏或輸或和，那麼它的樣本空間就是這三種結果所形成的集合，又或者是，擲一公正硬幣的結果可能是正面或反面，那麼它的樣本空間就是這兩種結果所形成的集合，如表5-1所示。

表5-1 樣本空間(sample space)與結果(outcome)之說例

隨機試驗	結果	樣本空間
投一公正的骰子	1或2或3或4或5或6	{1,2,3,4,5,6}
兩個人猜拳	贏或輸或和	{贏,輸,和}
擲一公正的硬幣	正面或反面	{正面,反面}

在機率中，我們想計算得知某些特定事件(event)發生的機率，而事件是什麼呢？在數學上事件就是結果的集合，比如說，投一公正

骰子，若想知道出現偶數點事件的機率，則數學上我們可定義事件
A={2,4,6}，以數學符號P(A)代表投出結果是偶數的機率。

古典機率

在計算機率時，我們可用以下定義：假設樣本空間S有n個元素，
且每個元素出現的機會均等，假設事件A有k個元素，則事件A發生的
機率定義成 $\frac{K}{n}$，數學符號寫成$P(A)=\frac{K}{n}$，也就是

機率值$=\frac{A事件的元素個數}{樣本空間S的元素個數}$，由此定義，我們可得知機率值必然是
一個0~1的實數[2]。

舉例來說，投擲一公正骰子得到偶數點的機率P(A)為多少？在此
問題中，樣本空間S={1,2,3,4,5,6}共有六個元素，事件A={2,4,6}共有
三個元素，則$P(A)=\frac{3}{6}=\frac{1}{2}$

有時候我們無法像上面的例子一樣輕鬆地直接數出樣本空間及事件
的個數，舉例來說假如我們想要從一副撲克牌中抽4張牌，這4張牌恰
好同點數的機率是多少？從這個例子中，事件的個數為13，但我們就無
法輕易數出樣本空間的個數，因此我們會利用排列組合的概念計算，在
此問題中，樣本空間的個數為$C_4^{52}=\frac{52!}{4!\times48!}$，所以機率為$\frac{13}{C_4^{52}}\approx4.8\times10^{-5}$。
以下介紹幾種計算排列組合的概念：

◉ **乘法原理**：若達成一件事有很多個步驟，每個步驟又有許多不同的方
  法完成，則做完這件事有幾種不同的方式就是每個步驟的方法數相
  乘。舉例來說，若今天有五件不同衣服，三件不同褲子，那麼你有幾
  種穿搭方法？答案是衣服(5種)×褲子(3種)=15種方法。

◉ **排列**：由n個不同的事物中取出m個(m≤n)排成一列論次序，共有
  $P_m^n=\frac{n!}{(n-m)!}$種方法。比如，有紅橙黃綠藍靛紫七顆球取出三個分別
  放到1號位子、2號位子、3號位子的方法有幾種？答案是$P_3^7=\frac{7!}{(7-3)!}$
  =7×6×5=210種。

◉ **組合：**由 n 個不同的事物中取出 m 個(m≤n)做組合，共有 $C_m^n = \dfrac{n!}{m!(n-m)!}$ 種方法，組合可視爲不論次序的排列。比如，有紅橙黃綠藍靛紫七顆球取出三個放入一袋的方法有幾種？此時不同的次序視爲同一種結果，答案是 $C_3^7 = \dfrac{7!}{4!(7-3)!} = 35$ 種。

5.2.2 條件機率與獨立事件

我們都有購買東西的經驗，也常有所聞如 A 牌產品故障率高，B 牌產品故障率低的消息，以機率的觀點來看，我們若從已知購買的廠牌再來看其故障的機率，就可稱之爲條件機率。

另外簡單舉個例子，今天在高雄的降雨機率，跟今天某同學在台北玩撲克牌贏的機率，兩者是沒有任何關係的，並不會因爲今天高雄下雨此同學就比較容易贏或輸。以機率的觀點來看，像這樣兩件不相關的事件，我們可稱兩事件爲獨立事件。

接下來我們就以數學方式來爲大家呈現條件機率以及獨立事件

條件機率

在某一個樣本空間 S 中假設有兩事件分別表示爲事件 A 與事件 B，若已知發生事件 B 的情況下想求得事件 A 的發生機率，就定義爲「在 B 條件下 A 所發生的機率」，數學表示爲 P(A|B)，從定義中可得下列式子：

$$P(A|B) = \frac{P(A \cap B)}{P(B)}$$

舉例說明，假如今天投擲一個均勻的硬幣兩次，在已被告知結果至少一個正面的條件下，那結果是兩個都爲正面的機率爲多少？令樣本空間 S={ 正面正面, 正面反面, 反面正面, 反面反面 }，事件 A={ 正面正面 }，事件 B={ 正面正面, 正面反面, 反面正面 }，所以在已知至少出現一個正面的條件下求出現兩個正面的機率爲 P(A | B)。

$$P(A|B) = \frac{P(A \cap B)}{P(B)} = \frac{\frac{1}{4}}{\frac{3}{4}} = \frac{1}{3}$$

$$其中 P(B) = \frac{B事件的元素個數}{樣本空間S的元素個數} = \frac{3}{4}$$

$$P(A \cap B) = \frac{A \cap B事件的元素個數}{樣本空間S的元素個數} = \frac{1}{4}$$

$$所以 P(A|B) = \frac{P(A \cap B)}{P(B)} = \frac{\frac{1}{4}}{\frac{3}{4}} = \frac{1}{3}$$

獨立事件

在某一個樣本空間S中假設有兩事件分別表示為事件A與事件B，假設事件A與事件B是獨立的，即若已知事件B發生並不會影響事件A發生的機率。寫成數學式子就是$P(B|A) = P(B)$，又因為 $P(B|A) = \frac{P(B \cap A)}{P(A)}$，所以可推得$P(B \cap A) = P(B)P(A)$。因此我們可用 $P(A \cap B)$ 是否等於$P(A)P(B)$ 來檢視兩事件是否獨立。

舉例說明，若投擲一骰子，樣本空間S={1,2,3,4,5,6}，若令事件 A={1,2,3}、事件B={2,4,6}，那A、B兩事件是否獨立？本問題中，可計算得 $P(A \cap B) = \frac{1}{6}$，$P(A) = \frac{3}{6}$，$P(B) = \frac{3}{6}$，因為 $P(A \cap B) \neq P(A)P(B)$，所以事件A與事件B不獨立，即知道已知事件A(或B)發生會左右到事件B(或A)發生的機率。

5.2.3 貝氏定理

貝氏定理就是在說明 $P(B \mid A)$ 與 $P(A \mid B)$ 之間的關係。在已知事件 B 發生的條件下發生事件 A 的機率,與已知事件 A 發生的條件下發生事件 B 的機率是不一樣的;然而,這兩者是有關係的,利用先前的條件機率定義可得到關係如下

$$P(A|B) = \frac{P(B|A)P(A)}{P(B)}$$

比如說,2014年中有31天的月份為1月、3月、5月、7月、8月、10月、12月,今若在2014年中隨意挑選一個月份,此月份有31天的機率是 $\frac{7}{12}$,今若在2014年中隨意挑選一個月份,此月份是奇數月的機率是 $\frac{6}{12}$,今若在2014年已知有31天的月份中隨意挑選一個月份,此月份是奇數月的機率為 $\frac{4}{7}$,今若在2014年已知奇數月份中隨意挑選一個月份,此月分是31天的機率為何?此問題可用多種不同的觀點來解析,但若以貝氏定理的觀點來解,令事件 A 為有31天的月份,事件 B 是奇數月,則

$$P(A|B) = \frac{P(B|A)P(A)}{P(B)} = \frac{\frac{4}{7} \times \frac{7}{12}}{\frac{6}{12}} = \frac{2}{3}$$

5.2.4 隨機變數

假若觀察10個人對一件事贊不贊成,贊成的視為○,不贊成的視為╳,沒意見的視為△,則樣本空間就會有 3^{10} 個結果,舉例來說可能其中一種結果會是 {╳△○╳△○△╳○○},在解析問題時,可能我們只對贊成的人數有興趣,假使我們令一個"隨機變數"X 來代表觀察到○的個數,從 {╳△○╳△○△╳○○} 這個例子中可看出○有4個,即 X=4。簡單來說,隨機變數就是將隨機事件用數量的方式表現。

　　而依據隨機變數所對應的值域又分爲離散型隨機變數與連續型隨機變數。舉例說明，若隨機變數 X 對應到的值域 $S_X=\{0,1,2,3,4,5,6,7,8,9,10\}$ 則稱爲離散型的隨機變數，若隨機變數 X 對應到的值域 $S_X=\{x|0 \leq x \leq 10\}$ 則稱爲連續型的隨機變數。

　　以下介紹常用到的離散型機率分佈與連續型機率分佈，熟悉這些機率分佈將有助於日後對機率問題的建模與解析。

Probability Mass Function（PMF，機率質量函數）

　　在 PMF 中離散型隨機變數 X 等於實數 x 的機率可用以下數學式表示

$$P_X(x)=P[X=x]$$

　　以下介紹常見的 PMF，如 Bernoulli distribution(伯努力分佈)、Geometric distribution(幾何分佈)、Binomial distribution(二項分佈)、Pascal distribution(巴斯卡分佈)、Discrete uniform distribution(離散型均勻分佈)、Poisson distribution(卜瓦松分佈)。

◉ 伯努力分佈

　　舉例來說，若拿一顆燈泡起來測試，測試結果爲正常的機率爲 p，則測試結果爲不良的機率就爲 (1-p)。若以隨機變數 X 表示爲測試燈泡正常的個數，則 X 的 PMF 可寫爲

$$P_X\left(x\right)=\begin{cases}1-p & x=0\\ p & x=1\\ 0 & otherwise\end{cases}$$

　　此 PMF 即稱爲伯努力分佈。

◉ 幾何分佈

　　舉例說明，若拿好幾顆燈泡來測試，直至測量到第 x 顆燈泡是壞的才停止測試，假設每顆燈泡壞掉的機率爲 p，則測到第 x 顆才恰好檢測到燈泡壞掉的機率可解析爲 $p(1-p)^{(x-1)}$ [3]。若以隨機變數 X 代表量測個數，則隨機變數 X 的 PMF 可表示爲：

$$P_X(x) = \begin{cases} p(1-p)^{x-1} & x = 1, 2, 3\ldots \\ 0 & otherwise \end{cases}$$

此 PMF 即稱為幾何分佈。

◉ 二項分佈

舉例來說，若拿 n 顆燈泡來測試好壞，假設每顆燈泡壞掉的機率為 p，則測試 n 顆燈泡恰好有 x 個壞掉的機率為 $C_x^n \cdot (p)^x (1-p)^{n-x}$ [3]。若以隨機變數 X 代表量測到壞掉的顆數，則隨機變數 X 的 PMF 可表示為

$$P_X(x) = \begin{cases} C_x^n \cdot (p)^x (1-p)^{n-x} & x = 1, 2, 3\ldots n \\ 0 & otherwise \end{cases}$$

此 PMF 即稱為二項分佈。

若測試 10 顆燈泡，每顆壞掉的機率為 0.2，則恰好有 2 顆壞掉的機率為 $C_2^{10}(0.2)^2(1-0.2)^{10-2}$。

其他常見的 PMF，如

(1) 巴斯卡分佈，其 PMF 為

$$P_X(x) = \begin{cases} C_{k-1}^{x-1} \cdot p^k (1-p)^{x-k} & x = 1, 2, 3\ldots n \\ 0 & otherwise \end{cases}$$

(2) 離散型均勻分佈，其 PMF 為

$$P_X(x) = \begin{cases} \dfrac{1}{n} & x = 1, 2, 3\ldots n \\ 0 & otherwise? \end{cases}$$

(3) 卜瓦松分佈，其 PMF 為

$$P_X(x) = \begin{cases} \alpha^x(\dfrac{e^{-\alpha}}{x!}) & x = 1, 2, 3\ldots \\ 0 & otherwise \end{cases}$$

Probability Density Function（PDF，機率密度函數）

在PDF中連續型隨機變數X介於實數a跟b之間的機率可用以下數學式表示：

$$P[a \leq X \leq b] = \int_a^b f_X(x)dx$$

其中$f_X(x)$就是隨機變數X的PDF，值得一提的是，由定義中若欲計算X=a的機率，則令　為一極小值，可推得：

$$P[a \leq X \leq a+\epsilon] = \int_a^{a+\epsilon} f_X(x)dx = 0$$

所以在連續型隨機變數中隨機變數為某一值的機率為0，計算連續型隨機變數機率時需考慮一段區間才有意義。常見的PDF如下

(1) Uniform distribution(連續均勻分佈)，其PDF為

$$f_X(x) = \begin{cases} \dfrac{1}{b-a} & a < x < b \\ 0 & otherwise \end{cases}$$

(2) Exponential distribution (指數分佈)，其PDF為

$$f_X(\lambda, x) = \begin{cases} \lambda e^{-\lambda x}, & x \geq 0 \\ 0, & x < 0 \end{cases}$$

λ 為率參數(rate parameter)

(3) Gaussian distribution (高斯分佈)，其PDF為

$$f_X(x) = \frac{1}{\sqrt{2\pi\sigma^2}} e^{-\frac{(x-\mu)^2}{2\sigma^2}} \qquad -\infty < x < \infty$$

以下我們簡介高斯分佈隨機變數。高斯分佈是機率與統計中相當重要的分佈，也稱為常態分佈，許多應用中，如：考試的成績、智力性向測驗結果、實驗的誤差，其機率分佈常可用高斯分佈來近似。高斯分佈PDF的曲線會對稱 μ 成一鐘形。其中隨機變數X在 $\pm \sigma$ 之間出現的

機率為68.3%，在±2σ之間出現的機率為95.4%，在±3σ之間出現的機率為99.7%。在高斯分佈中 μ 代表隨機變數X的"平均值"，σ 則代表其「標準差」，當 σ 值越小則高斯圖形越尖，而 σ 越大高斯圖形越平坦。當 μ 等於0，σ 等於1時，此時的常態分佈又稱做標準常態分佈。關於平均值與標準差將在接下來的5.2.5介紹，而關於標準常態分佈較詳細的說明將在5.2.6介紹。

▶ 5.2.5　期望值、變異數與標準差

　　假設有三人，第一個人每個月可能機會均等的送你2斗、4斗、6斗或8斗米，第二個人可能機會均等的送你0斗、8斗或10斗米，第三個人可能機會均等的送你5斗、10斗、15斗或跟你要6斗米，假設你只能選擇某一個人做為送你米的對象，這時該怎麼選擇？

　　若我們用「期望值」的角度看，第一個人每個月送你的米斗數期望值為5斗，第二個人每個月送你的米斗數期望值為6斗，第三個人每個月送你的米斗數期望值為6斗，似乎第二個人和第三個人是較好的選擇，但是若以"變異數"或"標準差"的角度來看，第一個人每個月都能送你幾斗米，第二個人有時候可能1斗米也沒有送你，第三個人有時更可能會像你要走6斗米，由這個例子，我們了解到對於某一隨機試驗可藉由期望值與變異數的關係加以解析。

期望值(Expect value)

　　對一個離散型的隨機變數，其期望值E[X]常以數學符號 μ_x 表示，且期望值亦為平均值，算法如下

$$E[X] = \mu_x = \sum_{x \in S_X} x P_X(x)$$

　　如以上說例為例，第一個人送米斗數的期望值為

$$E[X_1] = 2 \times \frac{1}{4} + 4 \times \frac{1}{4} + 6 \times \frac{1}{4} + 8 \times \frac{1}{4} = 5$$

第二個人送米斗數的期望值為

$$E[X_2] = 0 \times \frac{1}{3} + 8 \times \frac{1}{3} + 10 \times \frac{1}{3} = 6$$

第三個人送米斗數的期望值為

$$E[X_3] = (-6) \times \frac{1}{4} + 5 \times \frac{1}{4} + 10 \times \frac{1}{4} + 15 \times \frac{1}{4} = 6$$

對一連續型的隨機變數，其期望值 E[X] 定義為

$$E[X] = \int_{-\infty}^{\infty} x f_X(x)\, dx$$

變異數(Variance)與標準差(Standard deviation)

數學上常以 Var[X] 來代表隨機變數 X 的變異數，變異數是用來計算隨機變數可能值到其平均數的平均距離，用以計算其分佈離散的程度，若變異數 Var[X] 越小，則代表分佈越密集，Var[X] 越大則分佈越離散，其算法如下所示

$$Var[X] = E[(X - \mu_X)^2] = E[X^2] - \mu_X^2 = E[X^2] - (E[X])^2$$

標準差為變異數之平方根，常以數學符號 σ 表示，標準差的算法如下所示

$$\sigma = \sqrt{Var[X]}$$

如本節開頭提到的例子，第一個人送米斗數的變異數為

$$Var[X_1] = E[X_1^2] - \mu_{X_1}^2 = \left(2^2 \times \frac{1}{4} + 4^2 \times \frac{1}{4} + 6^2 \times \frac{1}{4} + 8^2 \times \frac{1}{4}\right) - 5^2 = 5$$

第二個人送米斗數的變異數為

$$Var[X_2] = E[X_2^2] - \mu_{X_2}^2 = \left(0^2 \times \frac{1}{3} + 8^2 \times \frac{1}{3} + 10^2 \times \frac{1}{3}\right) - 6^2 = 18.6$$

第三個人送米斗數的變異數為

$$\mathrm{Var}\left[X_3\right] = E\left[X_3{}^2\right] - \mu_{X_3}{}^2$$

$$= \left((-6)^2 \times \frac{1}{4} + 5^2 \times \frac{1}{4} + 10^2 \times \frac{1}{4} + 15^2 \times \frac{1}{4}\right) - 6^2$$

$$= 60.5$$

▶ 5.2.6　標準常態分佈與中央極限定理

標準常態隨機變數(Standard normal random variable)常註記爲 Z，其 PDF 表示如下：

$$f_Z\left(z\right) = \frac{1}{\sqrt{2\pi}} e^{-\frac{z^2}{2}} \qquad -\infty < z < \infty$$

數學上，我們用 $\phi_Z(z)$ 記作 P[Z≤z] 的機率，也就是累積到 z 的機率，稱之爲累積機率函數：

$$\varphi_Z\left(z\right) = \int_{-\infty}^{z} f_Z\left(z\right) dz$$

此積分並無解析解，但 $\phi_Z(z)$ 可藉由查表得知。

中央極限定理在說明當加總大量獨立的隨機變數時，其分佈將趨近一個常態分佈，舉例說明，若令 $W_n = X_1 + X_2 + \cdots + X_n$，且每一個 X_i ($i=1,2,\cdots,n$) 都是獨立且具有相同的分佈，每一個平均值皆爲 μ_x，變異數均爲 $\sigma_X{}^2$，則 W_n 的累積機率密度用以下式子近似。

$$F_{W_n}\left(w\right) = P\left[W_n \leq w\right] \approx \varphi\left(\frac{w - n\mu_x}{\sqrt{n\sigma_x{}^2}}\right)$$

舉個例子來說，假如有一個數據機一次傳送 10^6 個位元，每個位元 0 與 1 的機率是相等的，試問至少有 502000 個 1 的機率是多少？令 X_i 爲第 i 個位元，則 $W_{10^6} = \sum_{i=1}^{10^6} X_i$，由於 X_i 是一個伯努力分佈的隨機變數，所

以每一項的平均值 $E[X_i]=0.5$，變異數 $Var[X_i]=0.25$，而整串數據的平均值 $E\left[W_{10}^6\right]=10^6 \times E[X_i]=500000$，變異數 $Var\left[W_{10}^6\right]=10^6 \times Var[X_i]=250000$，標準差 $\sigma(W_{10^6})=500$，根據中央極限定理

$$P\left[W \geq 502000\right] = 1 - P\left[W \leq 502000\right]$$
$$= 1 - \varphi\left(\frac{502000-500000}{500}\right)$$
$$= 1 - \varphi(4)$$

再查詢標準常態分佈表可得 $\phi(4)$，則 $1-\phi(4)$ 的結果為 3.17×10^{-5}。

▶ 5.3 演算法分析與設計

▶ 5.3.1 數學基礎

一般來說，演算法所需的執行時間會隨著輸入資料變大而成長，因此在演算法所需的時間分析上是考慮輸入的資料量大小和演算法執行時間之間的關係，並針對演算法的本質來考量，具有下列特徵：

◉ **考慮所有可能的輸入。**

◉ **與使用軟硬體環境無關。**

◉ **可用高階語言描述，不必實際撰寫或執行該演算法。**

為達到這個目標，對於每一個演算法將找出一個相關的函式 $f(n)$，而此函式代表輸入資料量大小 n 與執行時間的關係特性，並以「演算法執行時間以 $f(n)$ 的成長率成長」這樣的敘述來描述。也由此，我們可以用執行時間的成長率來區分演算法執行時間的快慢，以下是關於函數成長率的介紹。

函數成長率之漸近性質

在考慮函數成長率時，我們是考慮在資料量很大的情況下，也就是 n 趨近於無窮大時，演算法執行時間成長率漸近於 (asymptotic) 該函數，而最常用的即是 Big-O 表示法，其定義如下：

令 $f(n)$ 和 $g(n)$ 分別是從非負整數對映到實數的函數。若存在實數常數 $c > 0$ 和整數常數 $n0 \geq 1$，使得對任意整數 $n \leq n0$，皆有 $f(n) \leq c \times g(n)$ 的關係成立，則稱 $f(n)$ 是 $O(g(n))$。請參考圖 5-1。

Big-O 表示法，可以讀作「$f(n)$ is big-Oh of $g(n)$」或是「$f(n)$ is order $g(n)$」，並廣泛地使用在描述演算法執行時間及可用空間的上限，亦即演算法執行所需要最多的時間或空間。用此表示法可將所有函式依成長率歸類，一般常見的函式與其慣用的說法如表 5-2。此外尚有 big-Omega、big-Theta、little-Oh 和 little-Omega 等相關的漸進表示法。

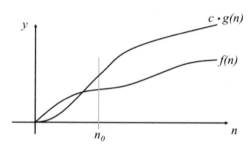

◐ 圖 5-1 Big-O 表示法的圖示

▶ 表5-2 常見的函式類別

對數	常數	線性	二次	多項式	指數
$O(\log n)$	$O(1)$	$O(n)$	$O(n^2)$	$O(n^k)$	$O(a^n),\ a > 1$

最差及平均情況分析

演算法的分析是考慮所有可能的輸入，因此在執行時間的考量上可以分成最差、最佳及平均的情形來考量。平均情況分析是將演算法的執行時間表示成所有可能輸入資料的平均時間，結論通常是很有價值且較為客觀，但往往是項艱鉅的任務。一般作法是先定義輸入資料集合的機率分布，依據給定的輸入資料分佈，計算執行時間的期望值，這種分析通常須要使用大量數學與機率理論。

最差情況分析則是對於某一輸入資料量大小為 n 的情形下，該演算法所需最多的執行時間，相對的，最佳情況分析則是討論該演算法所需最少的執行時間，亦即演算法執行所需最少的時間。最差情況分析要比平均情形的分析要容易的多，因為不必使用機率理論，而只需要能找出最差情形的輸入，通常做起來較為直覺。而且，使用最差情形的分析方式，事實上可以找出較佳的演算法。為演算法的最差表現設定高效率標準，就是要求該演算法要對每一種輸入資料都表現得很有效率。

常見的驗證技巧

往往我們希望證明我們的演算法是正確的或是執行時間複雜度，為了嚴謹地提出主張，我們必須使用數學語言，並且為了支持這種假定，我們必須驗證或證明我們的敘述。幸運的是，有許多簡單的方法可達到這個目的：

◉ 舉例說明

有些主張像以下的形式：「在集合 S 當中有元素 x 滿足性質 P。」要證明這個主張，我們只需找出一個滿足性質 P 的 $x \in S$。同樣的，有一些比較強的主張如下形式：「每一個在集合 S 當中的元素 x 都有性質 P。」要證明這個主張是錯的，我們只需在 S 當中找出一個不能滿足條件 P 的元素 x 而所找到的 x 就稱為反例。

◉ 反向證明

另外一組驗證的技巧則包含反向思維的使用，其中兩個主要的方法是使用反證法與歸謬法。反證法的使用很像經由反面鏡來看，要證明「若 p 為真，則 q 也為真。」這個敘述，我們可以用「若 q 為非真，則 p 也非真」來代替。在邏輯上這兩個敘述是相同的，但是後者一前者的反向敘述，可能會比較容易思考。另外一個反面的證明技巧為歸謬法，在使用歸謬法技巧的證明當中，我們會先假設敘述 q 為偽，然後證明此前題會導致矛盾，由此來得到敘述 q 為真的結論。由達到這種矛盾，我們證明沒有任何情形可使 q 為偽，所以 q 必須為真。當然，為了達到這個結論，在假設 q 為偽之前，我們必須先確定自己的立足點是可靠的。

◉ 歸納法

我們針對執行時間或空間界限所提出的大部分主張，都與整數參數 n（在直觀上通常表示問題的「大小」）有關。而且，大部分的主張都相當於在說某個敘述 q(n) 對於「所有的 n ≥ 1」皆為眞。因爲這主張涉及一含有無窮個數字的集合，所以我們無法直接驗證這個主張。不過，我們通常可以使用歸納法來驗證如上的主張爲眞。

這個技巧證明，對任意特別的 n ≥ 1，皆可由某個已知爲眞的狀況開始，依序實作有限次，最後使得 q(n) 爲眞。說得更清楚些，就是歸納證明法一開始證明當 n=1（以及可能的其他值 n=2, 3, …, k，其中 k 爲任意常數）的時候 q(n) 爲眞，然後我們可以證明 n > k 時推導得步驟爲眞。也就是說，我們證明「如果對任意 i < n，q(i) 皆爲眞，則 q(n) 爲眞」，組合這兩個片段就完成了歸納法。

▶ 5.3.2　基本設計技巧

在演算法設計上，有一些演算法工具是相當特殊化的，對於某些它們專精的問題上能有很好的表現，但是它們並不是多功能的。而有一些其他的演算法工具是相當基本（fundamental）的，它們可以應用在多樣化不同的資料結構與演算法設計問題上。學習使用這些基礎工具是一種技能，而這一節正是致力於發展有效地使用這些技術的知識，所涵蓋的基礎技術包括貪婪法、分擊法、以及動態規劃設計。

分擊法

隱藏在這一個技術背後的想法，是將一個給定的問題分切爲少數幾個相似子問題，遞迴地再分切每一個子問題，直到它們小到足夠容易或迅速來解決，在遞迴呼叫回傳之後，將所有的子問題合併在一起以得出原始問題的解。近日在雲端運算上有相當多的解決問題方式一是使用此一概念。

我們可以將分擊法的模型建立如下：以一個參數 n 代表原始問題的大小，並且令 S(n) 代表這一個問題。我們解決問題 S(n) 的方式爲：解決它的 k 個子問題 $S(n1), S(n2), \cdots, S(nk)$，$ni < n$, $i=1, \cdots, k$，然後再合併這一些子問題的答案。相關例子有合併排序演算法、大整數乘法問題、與矩陣乘法等。

為了分析分擊法，我們可以應用遞迴方程式的概念。我們令函數 $T(n)$ 代表在輸入大小為 n 時，該演算法所需的執行時間，接著將 $T(n)$ 以相關的方程式來描述它本身，構成方程式的各項則包括輸入大小為 ni 的執行時間函數 $T(ni)$ 以及分切與合併答案的執行時間函數 $f(n)$，得到的方程式如下：

$$T(n) = \begin{cases} g(n) & \text{small } n \\ T(n_1) + T(n_2) + \cdots + T(n_k) + f(n) & \text{otherwise} \end{cases}$$

關於 $T(n)$ 的封閉型表示，亦即以單一變數 n 來表示的方程式往往較為複雜與冗長，而我們希望的是獲得 $T(n)$ 的成長速率，而非封閉型表示，一般的做法包括：迭代式代換法、遞迴樹、猜測驗證法與主導者方法等。

貪婪法

這個技術的主要想法正如它的名字所暗示的，是作出一連串的貪婪選擇以建構出一個給定問題的最佳解（或是近似最佳解）。貪婪法應用在最佳化的問題上，也就是在一組設定中搜尋，找出一設定，可將應用此設定所定義的目標函數最小化或是最大化。貪婪法的一般式都不是很簡單。為了要解決給定的最佳化問題，我們進行一連串的選擇。這一連串選擇是從某個已清楚瞭解的起始設定開始，然後從目前可能的所有情形反覆地作出看起來最好的決策。

這貪婪法並不總是會得到最佳解。但是有一些問題，應用它確實可以達到最佳化，這樣的問題被稱為擁有貪婪選擇性質。這個性質的內涵是：從一個已清楚定義的設定開始，進行一連串區域的最佳選擇（也就是說，選擇在目前這一個時間點上所有可能中的最好的一個），便能找出全域的最佳設定。相關例子有分數型背包問題、排程問題、與霍夫曼編碼等。

動態規劃

動態規劃設計技術一開始看起來有些神秘，但是它十分有用，主要想法是使用一小組整數索引來特徵化給定的問題。這個特徵化的主要目標在於使一個問題的最佳解可經由小子問題之解的組合(有可能重疊)來定義。要建構出這個特徵描述，是動態程式設計技術裡最困難的步驟，如果我們能夠建構出，那麼我們就可以設計出一個相當直覺的演算法，利用較小子問題的解答來建立較大子問題的解答。相關例子有0-1背包問題與矩陣連鎖乘積等。

在概念上，動態規劃與分擊法不同，分擊法能夠用一兩個句子簡單地加以解釋，而且能以單一個例子適當地加以圖解。動態規劃在它可以完全地被體會之前要花去更多的解釋以及多個例子。有一些演算法技術能將看起來需要用指數時間來解決的問題用多項式的時間把它們解決。動態規劃就是一個這樣的技術。另外，應用動態規劃所發展出的演算法通常很簡單，常常只需要比幾行多一點的程式碼，寫出幾個巢狀迴圈來填表即可。一般而言，動態規劃包括下列四大步驟：

1. 定義子問題與最佳解的特徵

我們可以利用問題本質的一些觀察，將效率改善得明顯優於暴力演算法的效果。找出某種方式將全域最佳化問題切割成子問題，每一個子問題都和原始問題有類似的結構。另外，應該要有一個簡單的方式以少量的索引來定義子問題，亦即賦予最佳解一個變數值。一個全域問題的最佳解則能夠使用一些相對簡單的組合運算，由子問題的最佳解組合而成。一般來說對於不相關子問題的最佳解也可以包含子問題，而這樣的重疊可增進儲存有子問題解的動態規劃的效率。

2. 將最佳解以值來表示並導出遞迴關係式

將第一步的結論利用賦予最佳解的變數值導出問題與子問題間的遞迴關係式。

3. 計算最佳解的值

直接使用前一步的遞迴關係式來計算相當容易，但因為子問題重疊的特性，會產生重複運算的問題，因此往往不使用遞迴式直接運算，而是由基底往上計算，並接計算結果紀錄供往後計算參考以節省計算時間。

4. 建構最佳值所對應最佳解

找出最佳解的值後，再利用回溯方式將對應的解找出。

5.3.3 基本設計技巧

有些計算問題相當困難，我們絞盡腦汁想找出能有效率地解決它們的演算法，但卻一再地失敗。如果我們能夠證明，在這種情況下並不存在有效率的演算法，將會是件很棒的事。當我們找不到有效率的演算法，這種證明是很好的解脫，我們可以安心於這個問題並不存在有效率的演算法。不幸的是，這種證明的難度，通常比找到有效率的演算法還難。在這裡使用的「有效率」概念，正式定義就是對某個問題而言，有某個演算法的執行時間，和輸入資料大小 n 的多項式函數成正比。也就是若某個演算法在輸入資料大小 n 時，若執行時間是 $O(nk)$，其中 $k > 0$ 為常數，我們就認為這個演算法是「有效率」。

定義複雜度類別P和NP

1. 判定問題

為了簡化討論，我們把關注侷限在判定問題上，也就是輸出僅有「是」或「否」的計算問題。換句話說，判定問題的輸出是單一位元，不是0就是1。例如，下面的每一個都是判定問題：

◉ 給定字串 T 及字串 P，P 是否為 T 的子字串？

◉ 給定兩集合 S 和 T，斜體和 T 是否包含相同的元素？

◉ 給定一個邊有整數權重的圖 G，以及一整數 k，G 當中有沒有權重至多是 k 的最小延展數？

◉ 實上，最後一個問題說明我們如何將最佳化問題轉換成判定問題，通常是藉由試圖將某個值最小化或是最大化以達成。注意，若我們能證明判定問題是困難的，則它所對應的最佳化版本也是困難的。

2. 問題和語言

若演算法A在輸入字串x時會輸出「是」，則我們稱演算法A接受輸入x。所以我們可以將判定問題視為字串集合L；亦即所有會被能正確解決問題的演算法所接受的字串。是的，我們用字母「L」來代表判定問題，因為字串的集合通常被稱為語言。若A對L當中的每個 x 都會輸出「是」，否則就輸出「否」；則我們將這個以語言為基礎的觀點擴充後，我們就可以說演算法A接受一個語言L。在此我們假設若 x 的語法不正確，則輸入 x 到演算法中，輸出一定是「否」。(註：某些文字有可能會讓A進入無窮迴圈然後無法輸出任何值，但本書關注的焦點在演算法，亦即會在有限步驟後終止的計算。)

3. 複雜度類別P

複雜度類別P是所有在最糟狀況下，可以在多項式時間內被接受的判定問題(或語言)L的集合。亦即存在一演算法A，若輸入x L，則A會在$p(n)$時間之內輸出「是」，n為x的大小，且$p(n)$為一多項式。注意，P並沒有告訴我們否決某個輸入時─即在演算法A輸出「否」的時候，會花多少執行時間。這種狀況叫做語言L的餘集，餘集包含所有不在L中的二進位字串。儘管如此，若我們有一個在多項式時間$p(n)$內可接受語言L的演算法A，我們可以很容易建構在多項式時間內接受L餘集的演算法。確切來說，給定一個輸入L，我們可以建構一個餘集演算法B，B會簡單地執行演算法A，執行$p(n)$步，n為 x 的大小，若執行時間超過$p(n)$步，就終止演算法A。若A輸出「是」，則B輸出「否」。同樣的，若A輸出「否」，或A執行至少$p(n)$個步驟而沒有任何輸出，則B輸出「是」。在任何情況下，餘集演算法B都可以在多項式時間之內執行。所以若某個語言L是一個屬於P的判定問題，則L的餘集也屬於P。

4. 複雜度類別NP

複雜度類別NP的定義中包含複雜度類別P，但也允許可能不屬於P的語言。明確的說，對NP問題，我們允許演算法使用一個額外的操作：

choose(b)：這個操作用非決定性的方式選擇一個位元(也就是說，某個為0或1的值)，並將該位元指定給b。

當演算法A使用基本操作choose()時，則我們說A是非決定性的。如果對輸入x，有某一組choose()呼叫的結果最後能夠讓A輸出「是」，則我們說A非決定性接受字串x。換句話說，就像是考慮所有choose()呼叫可能產生的結果，然後只選擇會導致接受的結果，如果這種結果存在的話。注意，這和隨機選擇是不一樣的。

複雜度類別NP，是能在多項式時間內被非決定性接受的判定問題(或語言)L的集合，也就是，會有一個非決定性演算法A，若$x \in L$，則輸入x時，A會有一組choose()呼叫結果的集合，使得該演算法在$p(n)$時間輸出「是」，n為x的大小，且$p(n)$是一個多項式。注意，NP的定義並沒有說明拒絕時所需的執行時間。事實上，對於可以在多項式時間$p(n)$內接受語言L的演算法A，我們允許A使用超過$p(n)$個步驟以輸出「否」。此外，因為非決定性接受可能牽涉到多項式個choose()方法的呼叫，若語言L是NP，L的餘集並不必然屬於NP。事實上，有一個稱為co-NP的複雜度類別，這個類別包含所有餘集屬於NP的語言，並且很多學者認為co-NP ≠ NP。

5. P=NP問題

電腦學家並不知道P是否=NP。實際上研究者甚至不知道P=NP ∩ co-NP是否成立。但是大部分的研究者相信P不等於NP或co-NP，也不等於它們的交集。像是Hamiltonian-Cycle、問題Circuit-Sat問題、頂點涵蓋問題等，則是很多人相信屬於NP，但是不屬於P的問題。

NP-Completeness

所謂判定問題(或語言)的非決定性接收性，無可否認是個相當詭異的概念。不管怎麼說，畢竟沒有任何一般的電腦可以有效率地執行牽涉到choose()方法呼叫的非決定性演算法。實際上到目前為止，即使使用非一般電腦如量子電腦或DNA電腦，也沒有人能證明可以使用多項式數量的資源在多項式時間內有效率地模擬任何非決定性演算法。確實，我們可以透過一個個嘗試演算法裡使用的choose()陳述所有可能產生的結果，來決定式地模擬非決定性演算法。但是對於任何至少會呼叫choose()方法 n^ε 次，$\varepsilon > 0$ 為任意固定常數的非決定性演算法，這樣的模擬都會變成需要指數時間的計算。實際上，有上百個屬於複雜度類別NP的問題，讓大多數的電腦學家強烈相信並沒有任何傳統的決定性演算法可以在多項式時間內解決它們。

因此，複雜度類別NP的用途在於，它正式地描繪了一群被許多人認為是計算困難的問題。事實上，我們可以證明，就多項式時間解法而言，某些問題至少跟其他所有屬於NP的問題一樣難。這種困難度表示法建立在多項式時間可轉化性的概念上。

1. 多項式時間的可轉化性及 NP-Hardness

若存在某個可以在多項式時間內被計算的函數 f，f 讀入語言 L 的輸入 x，並轉換為語言 M 的輸入 $f(x)$，使得 x L 若且唯若 $f(x) \in M$，我們說定義判定問題的語言 L 多項式時間可轉化到語言 M。我們用符號 $L \in M$ 來表示語言 L 可以在多項式時間轉化成語言 M。

我們說定義判定問題的語言 M 為 NP-hard，如果所有其他屬於 NP 的語言都可以多項式時間轉化到 M。使用更數學的符號來說，若對每個 $L \in NP$，$L \propto M$，則 M 為 NP-hard。若某個語言 M 是 NP-hard，且本身也屬於 NP 類別，則 M 為 NP-complete。所以就多項式時間可運算性而言，用非常正式的概念來說，NP-complete 問題是 NP 中最困難的問題。如果有任何人可以證明某個 NP-complete 問題 L，可以在多項式時間內解出，則直接意味著所有屬於 NP 類別的問題，也都可在多項式時間內解決。在這種情況下，我們可以接受任何其他的 NP 語言 M，藉由將之轉化到 L，並執行 L 的演算法來接受它。換句話說，如果有任何人找到一個決定性多項式時間演算法，它只要能解任一個 NP-complete 問題，則 P=NP。

▶5.4 軟性計算

■5.4.1 模糊控制

　　模糊邏輯(fuzzy logic)這個名詞，首先出現於1965年美國加州柏克萊大學的扎德(L.A. Zadeh)教授發表於資訊與控制(Information and Control)學術期刊中。論文中首次提出關於模糊集合(fuzzy sets)的概念。並指出絕大部分的事物是無法使用明確的布林邏輯加以判斷。因此衍生出歸屬函數(membership function)及不同於布林邏輯運算的模糊邏輯運算結果。主要是為了解決在真實世界中普遍存在的模糊現象，進而發展出來的一門學問。近年來，模糊邏輯被應用在包括影像識別、醫療診斷、自動控制、管理科學等各種領域上。而模糊控制的基本概念為結合模糊邏輯之觀念及基本控制理論所構成之控制器。與傳統設計控制器的不同的是，控制器的設計不需要使用複雜的數學推導，也不需要完全了解受控對象的系統參數。當使用者設計控制器時，只需設計模糊規則庫(fuzzy rule bases)並透過模糊控制器的設計流程，即可使系統的閉迴路響應達到所需要的要求及目標，此舉大大簡化系統設計的複雜性。由於模糊控制器有以上所提之優點，因此，模糊控制已經被應用在各種非線性系統的控制器設計上。

■5.4.2 模糊控制器

　　一個完整的模糊控制主要包含四個部分，分別為模糊化(fuzzifier)、模糊規則庫(fuzzy rule base)、模糊推論工廠(fuzzy inference engine)、解模糊化(defuzzifier)。圖5.2為模糊控制器的基本架構圖。

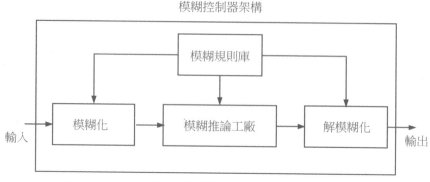

⊃ 圖5.2 模糊控制器基本架構

在圖5.2中，首先將輸入執行模糊化轉成模糊資訊後，再經由模糊推論工廠，依據所得到的模糊資訊，以及在模糊規則庫中的模糊控制法則，模擬人類思考決策的模式，解決其問題。最後執行解模糊化，將模糊推論工場所推論出的模糊資訊，轉換為外界所能接受的明確資訊。其中，模糊控制法則是以若-則模糊規則(IF-THEN fuzzy rules)形式表現的條件敘述語句。IF的部分稱為前提部分，提供判斷此語句成立與否的條件，THEN的部分稱為結論部分，用於表現符合條件的結果。

▋5.4.3　模糊化(Fuzzification)

模糊化是將明確的(crisp)外界輸入的數值，經由一個比例映射(Scaling mapping)至模糊集合的函數，將此數值傳送到輸入變數所相對應的模糊論域，再利用模糊化函數(fuzzification function)將此輸入轉成適當的語意式模糊資訊以提供模糊推論運算使用，即模糊化的功能是將明確資料模糊化成模糊資訊，把原本二值化的兩種選擇，改成在0和1之間任何一種可能答案，得到其各自的歸屬函數。而一般較常使用的模糊化函數有三角形歸屬函數(triangular membership function)、高斯歸屬函數(gaussian membership function)和梯形歸屬函數(trapezoidal membership function)。

▶ 5.4.4 模糊規則庫

模糊規則庫(fuzzy rule base)用來存放解決相關問題的知識與規則，代表著整個系統的思考法則，一個模糊規則庫是由許多模糊的推理句表示，每一個推理句都是由一組若-則(IF-THEN)的模糊法則所組合而成，藉此描述目標系統的輸入與輸出的關係，設計的好壞會影響系統的輸出效果，每條規則由前提部分和結論部分所組成。

由於多輸入多輸出的系統可分解成數個，多輸入單輸出的線性組合，因此，常見的若-則模糊法則常見的模糊規則形式可表示如下：

語意式模糊規則（Mamdani fuzzy rule）

又稱為Mamdani模糊規則，典型的語意式模糊規則表示如下：

規則i：若x_1為A_1^i且x_2為A_2^i且$\cdots$且x_j為A_j^i，

則y為B^i，$i=1,...,c$ (5.1)

其中i表示為第i條規則，x為輸入變數，y為輸出變數，A_j^i與B^i是語意式模糊變數，分別是以歸屬函數$\mu_{A_j^i}$與μ_{B^i}來定義。

◉ 函數式模糊規則（Sugeno fuzzy rule）[4, 5]：

函數式模糊規則又稱為Sugeno模糊規則或T-S(Takagi-Sugeno)模糊規則，典型的函數式模糊規則表示如下：

規則i：若x_1為A_1^i且x_2為A_2^i且$\cdots$且x_j為A_j^i，

y為$f_i(x_1,\cdots,x_j)$，$i=1,...,c$ (5.2)

其中，$f_i(x_1,\cdots,x_j)$是結論部分系統的函數。而$f_i(x_1,\cdots,x_j)$的常見型式，又有以下兩種，線性式模糊規則（linear fuzzy rule）和單點式模糊規則（singleton fuzzy rule），分別如式(5.3)和(5.4)所示：

規則i：若x_1為A_1^i且x_2為A_2^i且$\cdots$且x_j為A_j^i，

y為$a_0^i+a_1^i x_1+\cdots+a_j^i x_j$，$i=1,...,c$ (5.3)

規則 i：若 x_1 為 A_1^i 且 x_2 為 A_2^i 且 $\cdots$ 且 x_j 為 A_j^i，

y 為 a_0^i，$i=1,\ldots,c$ (5.4)

其中，$a_0^i, a_1^i, \cdots, a_j^i$ 為結論參數。

5.4.5　模糊推論工場

模糊推論工場(fuzzy inference engine)為模糊系統的核心，以模糊推論的方式來模擬人類的思考決策模式。在模糊推論過程可以有各種不同的合成運算子與模糊蘊含運算子。一般常用的合成運算為最大-最小合成，至於模糊蘊含並沒有一定的表示方式。

輸入模糊化後，必須依規則庫中所觸動的規則進行合成運算，以便推論出欲得到的輸出。而模糊推論工場便是模糊系統的核心，以模糊推論的方式模擬人類思考判斷的方式，挑選模糊規則庫中適用的規則，用並行方式對輸入的模糊化變數作運算，求得模糊化之輸出，常見的模糊化方法有幾種[3]。

5.4.6　解模糊化

將經過模糊推論之後產生的結論，經過合理和適當的計算後，轉換成明確數值的輸出，此步驟稱為解模糊化(defuzzification)。由於不同的模糊規則所採用的結論部分會有所不同，因此，經過模糊推論後所得到的結論，有的是以模糊集合來表示(如語意式模糊規則)，而有的是以明確數值(如函數式模糊規則)來表示。

當推論輸出值為模糊集合時，其中最常被使用的解模糊化方法為重心解模糊化法(center of gravity defuzzification)與中心平均值解模糊化法(center average defuzzification)。重心解模糊化法有著較精確的運算，計算上需使用較多的時間，而中心平均值解模糊化法則是以運算簡易著稱。除了此兩種解模糊化方法之外，尚有最大面積之中心解模糊化等[6, 7]。

▸5.5 工程最佳化與應用

最佳化應用層面廣泛，在許多領域已逐漸被重視、使用、和研究，例如工程、車輛、製造、人因、應用科學、醫藥學、統計、資訊、控制、經濟、數學、教育、語言學習、遊戲…等等。典型的設計、分析、規劃中，求得的可能是其中的一組解；經過不斷地改善，使能獲得到更好的產品、更好的設計、更便宜、更輕量、更耐久、更有智慧、能更快速執行或搜尋、能縮短製程、能更有效率、更佳生產動線、生產管理、更節省時間、更節能、減少成本、節省材料。一連串的迴圈迭代，在有限的時間、資源限制條件下，選擇一個最好的可能解決方案，這與最佳化設計概念相近，唯最佳化程序一般是有系統地搜尋最佳化解，因此依問題的特性，也發展出不同的最佳化方法。

■ 5.5.1 工程最佳化簡介

針對工程應用，解析一個實務問題時，我們一般都把這問題以一種可以量化的方式來敘述，以便於計算、運算、排序、搜尋，所以可以建立數學模型，可以進行計算分析，可以求得數值解，可以比較，而求得最佳化解。一般在進行最佳化前，一些初步的分析應該都已經完成，對目前的設計/狀態也已經清楚瞭解，可以變更的項目、設計的限制條件、預定目標也很明確，才開始進行最佳化。

正確地定義問題、建立模型，需要大量專業知識，是工程最佳化程序中重要的工作，通常定義問題大致需佔用總工作量的50%。將實務工程問題轉換建立為最佳化設計數學模型，是一個系統化思考過程，系統性分析，了解會影響設計的各種因素、參數及限制條件，並整體、有系統地觀看問題[8]。要有好的最佳化結果，完全仰賴是否妥善地定義最佳化問題。如果問題定義中忘記考慮很關鍵性的約束限制條件，所得的結果很可能無法滿足此限制要求；相反地，如果加入太多限制條件或是彼此相違的條件，最後可能無法求得有效解。一般正確地定義最佳化問題後，市面上已有不少最佳化軟體可以應用來求解。

最佳化問題定義，可以依循下述5步驟：

⊙ **步驟1**：問題的陳述。

⊙ **步驟2**：數據和信息的收集。

⊙ **步驟3**：定義設計變數。

⊙ **步驟4**：定義最佳化目標。

⊙ **步驟5**：定義約束／限制條件。

在步驟1中，最佳化問題的定義須由「問題的陳述」開始，要清楚地了解整體的設計目標和需求是什麼，才能清楚確切地定義最佳化問題。

在步驟2中，進行最佳化前，一些初步的分析應該都已經完成，對目前的設計／狀態也清楚瞭解，也收集過去做過的設計、分析結果和數據，瞭解過去做過的經驗知識和現在的設計情況，以便設定合理、可能希望達到的設計目標。在這步驟中，主要是收集可量化的數據，例如，性能要求，原料成本、資源限制等相關資料；藉此，可以清楚瞭解要分析的項目，清楚地知道整個最佳化過程中涉及的分析步驟，以及使用的分析工具和方法等等。

在步驟3中，主要是確定設計過程中，可以變更的參數，這參數是能夠用來描述這系統的一組變量，稱為最設計變數。我們可以有控制地改變這組參數值，不同的參數值代表著不同的設計，其所對應的系統性能也不同。一般這些設計變數盡可能是彼此獨立不相依，每個變數才能獨立的被指定，獨立變更，且每個變數對系統的某些性能是有影響的。在最佳化問題定義的初始階段，有時可以選擇較多的獨立變數，之後如果某些參數不變更，在最佳化時可以指定一個固定值，當作常數。

在步驟4中，是要能明確了解最佳化的目標，定義最佳化的目標函數，這目標函數是步驟三所定義的部分(或全部)設計變數的函數。設計變數改變時，目標函數值也隨著變更。目標函數與設計變數間，可能是很明確可以直接用表示式描述出來，也可能是隱含式函數關係。這目標函數可以是最小化、最大化，可以是單一目標，也可以是多目標，依問題特性和需要來定義。例如，希望成本最小化，重量最輕化，性能最大化等等；或是要又輕、性能又好的多目標最佳化問題。

在步驟5中，要了解設計時，有哪些限制條件，定義約束/限制條件。這些限制條件是步驟三所定義的部分(或全部)設計變數的函數。當設計變數改變時，這些限制條件函數值也隨著變更。限制條件函數與設計變數間，可能是很明確可以直接用表示式描述出來，也可能是隱含式函數關係。例如，限制使用的材料、限制車速、最大應力限制、最大變形量、性能要求等等。

綜合上述，設計變數(Design Variable, dv)定義為 $\mathbf{x} = (x_1, x_2, ... x_N)$ 目標函數(Objective Function)定義為 $f(\mathbf{x}) = f(x_1, x_2, ... x_N)$，限制條件(Constraints)定義為 $g_j(\mathbf{x}) = g_j(x_1, x_2, ... x_N)$，最佳化問題可以簡易地描述為：

$$\text{dv}: \mathbf{x} = (x_1, x_2, ... x_N) \tag{5.5}$$

$$\text{Objective: Minimize } f(\mathbf{x}) = f(x_1, x_2, ... x_N) \tag{5.6}$$

$$\text{Subject to}: g_j(\mathbf{x}) = g_j(x_1, x_2, ... x_N) \tag{5.7}$$

任何的最佳化問題皆可以轉換為類似上述的模式來定義，設計應用非常廣泛[9, 10]。一般正確地定義最佳化問題後，可應用市面上廣泛使用的最佳化軟體來求得最佳化的解。

5.5.2 人工智慧技術最佳化

人工智慧使電腦具有像人類的判斷、認知、學習與資料探勘等智慧行為或能力，電腦不只作計算、資料處理，加入人工智慧的電腦能做出同等人類思考模式的行為。人工智慧也已逐漸成為求解最佳化問題的方法之一，例如，禁忌搜尋法、門檻接受法、大洪水法、爬山演算法、基因演算法、模擬退火法、粒子群演算法、蟻群演算法與類神經網路法等等。求解問題可以是基本的單目標或是到多目標。單目標最佳化是考慮單一判斷準則(criteria)，當有一個以上必須同時考量為判斷準則時，則稱之為多目標最佳化(Multi-Objective Optimization, MOO)或稱多向量(multi-vector)、或多尺度(multi-criteria)最佳化問題[11]。在實務問題中，有不少情況是多目標最佳化問題。

人工智慧技術最佳化在應用上，舉凡日常生活、製造排程[12、13]、資料探勘、IT產業搜尋、語音視覺辨識、圖案辨識、無人駕駛、醫療系統、動作規劃、救難救援最佳化、永續發展資源最佳化利用，以及各類跨領域新興應用逐漸擴展著。這些最佳化問題是極端的複雜，有著高度不確定性。例如，風力發電因為風力、風向的不穩定造成電力的不穩定，影響電源供應而無法滿足所需，利用人工智慧不確定性推論與多代理人最佳化技術[14-16]，進行即時供電、儲電決策，可以使風力發電可行性提高。再例如，電動車充電站智慧型電網，考慮電動車上電瓶電量、用電、市電用電高峰、離峰、高低電價時段、多台電動車充電等等，加入人工智慧最佳化可以讓電動車充電、或做為儲能裝置回充或供應一般用電，這對除了提供電動車充電，有利於電動車普及，也能節省電費或高峰用電供電不足問題。

在「工業4.0」中，結合資訊科技，融合雲端、大數據、物聯網、人工智慧等技術，比較不同於前面工業3.0、2.0、或1.0，主要整合了「感控系統」(Cyber-Physical System, CPS)及「物聯網」(Internet of Things, IoT)。而其間，智慧生產流程中，大數據扮演重要的角色，透過持續收集生產數據，將各個數據整理、分析及分類，不僅能持續提升生產流程的效率、良率，更能隨時因應市場的變動，管理原料庫存狀況，大大降低購料支出。又例如，在電動車「智能充電站」，電動車到充電站充電時段、頻率、充電費率、充電量、充電時域地點、消費次數、充電型態(急速充電或一般充電)，將仰賴這些「大數據」，給予判斷、分析，藉著作為評斷、預估、預防、或即時應變最佳化分析之用。工業4.0結合了虛擬網路社會和實際工廠、機械等自動化生產線，進而昇華成為智慧工廠，整合了管理與作業流程，透過網路與外部供應商連結，掌握原物料流向，可達成生產流程最佳化。在具有人工智慧的工廠，可以即時反應機械狀況，得以快速進行處理，還可以透過中央設定，將該台機械之工作平均分配給所屬產線機台，共同完成任務，確保產線順暢。大數據透過持續收集生產數據，將各個數據整理、分析及分類，不僅能持續提升生產流程的效率、良率，更能隨時因應市場的變動，管理原料庫存狀況，大大降低購料支出；也可預測潛在風險，供決策者最佳建議，建立最佳化生產流程，降低營運成本、創造獲利。

5.5.3 大數據結合人工智慧最佳化應用於製造

大數據分析針對製造分析與最佳化（Manufacturing Analytic & Optimization, MAO）之應用模式列述如下，但不限於此些應用：

1. **物料品質監控**：主動分析趨勢變化，發現潛在問題即早做出預警，以便能及早解決，維持產品品質。

2. **設備異常監控與預測**：運用設備感測資料及維修日誌，找出發生設備異常的模式，監控並預測未來故障機率，以便即時執行最適決策，使能達到零異常。

3. **零件生命週期預測**：零件或耗材有其生命週期，製造業者多半根據供應商建議進行定期更換，而可能忽略生產及環境條件對耗損的影響，導致以下兩種情況發生，一、太早更換零件，造成不必要的開銷；二、太晚更換零件，導致品質受影響。MAO能根據生產設備所處環境建立保修資料，以供應商建議更換時程為參考，分析生產機械、零件資訊，精準預測生命週期，在最佳時機提出更換、維修建議。

4. **製程監控提前警報**：MAO透過建立產品模型，以預測最佳的製程區間，若發現製程即將偏離最佳製程區間，便會即時通知，以便進行調整、維修或其他處置。

5. **良率保固分析**：產品良率過低或出售後於保固期間內發生問題，不僅增加成本，更直接影響企業形象與客戶滿意度。因此MAO結合生產設備、產品良率及維修保固相關資料，建立預測模型，以預測良率並降低保固成本。

結合大數據分析及最佳化有更多應用項目、領域或方法，使工程問題得以最佳化。

5.5.4 大數據結合人工智慧最佳化實務應用─無人搬運車

無人搬運車(Automatic Guided Vehicle, AGV)的車輛管理[17、18]，可以透過大數據分析，進行多車管理系統的最佳化，其中包括任務排程管理、車輛派送管理、交通管理，如圖5-3所示，並簡述於後面各小節。

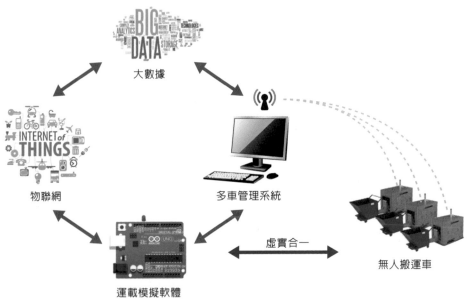

大數據

物聯網

多車管理系統

虛實合一

無人搬運車

運載模擬軟體

○ 圖5-3 工業4.0無人搬運車系統[18]

任務排程管理

當產品需要被大量製造時，工程師們就得規劃製造排程。生產過程需要決定時間、地點、材料及方法，研究指出，排程問題，考慮排程機器環境(α)，製程加工特性與限制(β)，排程目標(γ)。依據工作到達生產現場的情況區分，可分靜態及動態排程兩種。靜態排程是依據到達生產現場的工作數目為固定且工作為可一次到達之任務進行排成，後續若有新的工作，將併入下一問題再處理，其所關注的績效通常為完成所有工作數之總時間。若工作會連續、隨機且數目不固定的到達生產現場，且須不斷的更新生產排程，則為動態排程。

排程的技術[19]，常見的有：派工法則(dispatching rule)、最佳解方法(optimization method)及近似解方法(approximation methods)；其中派工法則最廣爲使用，常見的派工法則，整理於表5-3。派工法則有許多種方法，Blackstone[20]將派工法則分成四大類，包含處理時間爲基礎、交期爲基礎、組合的法則，以及其他不屬於處理、交期基礎的法則。

➡ 表5-3 常見的派工法則[19]

項次	法則	內容說明	法則定義
1	AT	Arrival Time	最小化到達時間
2	CR	Critical Ratio	最小化臨界比值
3	COVERT	Cost OVER Time	最小化成本時間比
4	EDD	Earliest Due Date	最小化最早到期日
5	FIFO	First In First Out	最小化滯留時間
6	LPT	Largest Processing Time	最小化最大處理時間
7	LR	Longest Remaining Processing Time	最小化剩餘處理時間最長者
8	MDD	Modified Due Date	最小化修改後的最早到期日
9	MST	Minimum Slack Time	最小化閒置時間
10	Random	Random	隨機
11	SLACK	SLACK	最小化時間差異
12	SPT	Shortest Processing Time	最小化處理時間
13	TIS	Tune In System	最小化實際時間差異
14	WINQ	Least Work In Next Queue	最小化工作間等待時間

車輛派送管理

無人搬運車的派送經由控制層決定後，擇一最佳法則執行，經過無線傳輸指令後執行載貨任務。工作站或車輛可依自行導向管理，進行車輛派送任務，因此派車法則可以分爲以下兩類：

◉ 工作站導向管理

當系統上有許多閒置搬運車，某個機件在工作站A上經過了初步加工，欲送至工作站B繼續後續加工時，工作站A將訊息回傳給控制中心，控制中心依照當時情況選擇一合適指令，並傳達合適的搬運車，無人搬運車接收訊息後前往工作站A搬送貨運。

常見的工作站派車法則[20]如下：

1. 隨機選取車輛法則(random vehicle rule, RV)

2. 距離最近之車輛法則(nearest idle vehicle rule, NIV)

3. 距離最遠之車輛法則(farthest vehicle rule, FV)

4. 閒置最久之車輛法則(longest idle vehicle rule, LIV)

5. 使用率最低車輛法則(least utilized vehicle rule, LUV)

◉ 車輛導向管理

當多個工作站同時送出搬運要求，而在系統上僅有一、二台車剛完成送件，控制中心會根據加工情況、急件與否…等，選擇最合宜的派車法則執行。

常見的車輛導向之派車法則[21]如下：

1. 隨機選取工作站法則(random workstation rule, RW)

2. 旅行時間／距離最短法則(shortest travel time/distance rule, SST/D)

3. 旅行時間／距離最長法則(longest travel time/distance rule, LTT/D)

4. 等候線最長法則(maximum outgoing queue size rule, MOQS)

5. 剩餘等候線最短法則(minimum remaining outgoing queue size rule, MROQS)

6. 改良式先到先服務法則(modified first come first serve rule, MFCFS)

7. 單元負載到達時間法則(unit load shop arrival time rule, ULSAT)

交通管理

無人搬運車系統中，會發生碰撞、雍塞、衝突及鎖住等問題。過去的研究歸納大致分為三種解決方式，包括軌道規劃、劃分軌道區域及車輛控制等。而在車輛控制方面，常用無衝突最短時間(conflict free shortest time)方法[22]，此方法是以時間窗口(time window)的方式來逐步計算每輛車在每個時間點所行走的軌道，若計算出兩輛AGV在某個時間會發生碰撞，就指示其中一輛AGV等待或改道以避免碰撞。

結合大數據分析計算，控制中心能將加工生產線的任務排程進行最佳化，並將生產指令傳至各個工作站，配合人工智慧及大數據的運算，無人搬運車可自行決定最適合工作地點，或是工作站能要求所需之無人搬運車，以達生產流程上之最佳化，再透過中央控制中心的監控與數據收集，來規劃每一台無人搬運車的行走軌道，以確保無人搬運車的行走路線不會發生任何危險，如此一來，整個生產線的自動化，由於導入大數據分析，將能運作的更加流暢順利，而產品生產的過程透過大數據分析來幫助製造分析與最佳化，不僅能提前預警工作機台問題，對於生產品質也能做即時的監控，對於良率的提升會有相當大的幫助。

假設有一工廠在生產時結合無人搬運車進行搬運貨物，而中央控制需排定任務順序、管理車輛派送、管理交通順暢，以及即時監控生產流程，則運作流程如圖5-4所示。令任務參數M1，M2，M3，M4，M5，分別為各單交貨時間遠近，製造時間長短，製造程序多寡，製造成本多寡，用料庫存量；車輛派送參數W1，W2，W3，分別為工作站尋找最近之車輛，閒置最久之車輛，使用率最低之車輛；C1，C2，C3分別為車輛尋找最近之工作站，等候現最長之工作站，剩餘等候線最短之工作站。今若接獲一訂單，將此訂單提供給大數據中心存取，以及提供給中央控制中心設定排定目標函數f(Mi)，再將排定參數提供給大數據分析，依限制條件求得最佳解，並回傳給中樣控制中心分配給各個工作站，各工作站可依需求函數f(Wj)指定搬運車前來進料或取件，搬運車亦可透過目標函數f(Ck)主動前往工作站進行搬運；並利用機台上之感測器將數據回傳，透過大數據分析提供機台預警機制，各個搬運車也可

提供位置(參數S)、載運狀況(參數T)及電量(參數G)等行車數據給中央控制中心,讓中控中心得以監控,並透過大數據分析各個參數,以達預警並改善交通狀況 。

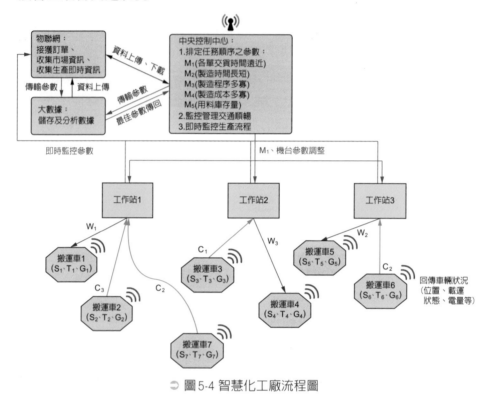

⊃ 圖5-4 智慧化工廠流程圖

5.5.5　其他應用實例

　　智能電網現階段在歐洲許多國家及中國大陸均已普遍安裝,其收集各個區域的用電習慣,間接可預測未來兩個月該區域的用電量,可作為發電量,降低能量過剩或供不應求的情形。

　　風力發電機的安裝地點,透過各地區氣象觀測站傳回的數據,經大數據分析後即可快速找出最理想的安裝位置,較以往傳統分析作業快許多。

電動汽車研究團隊，希望更進一步了解電池使用情況，找出在甚麼情況下電池使用的最有效率且壽命最長，透過MAO方法，記錄每位車主行車模式、行駛環境等等的電能消耗數據後，回傳行控中心，供技術研究團隊改良更新。

鋼鐵廠生產過程多為一次到底，不中斷的過程，否則會損失大量原物料，因此產品良率就是該產業的重要指標，一旦產品良率過差，就得停止生產檢查機台，成本影響極大，透過上百個監測變數，經過MAO分析，可依照MAO給予的建議，以不停機的處置方式解決良率問題，避免營業額損失，且能提高生產效率。

人類在成長、生活過程中積累了許多的經驗，大腦根據經驗進行歸納，整合了一套有規律的系統，當人類遇到未知的問題時，可以根據這些過往經驗對未知問題進行推測，進而瞭解下一步所需的動作，而機器人的學習也可依照同樣的模式。當我們擁有足夠的感測技術時，必能使大數據系統收集大量且完善的資料，機器人可以根據資料庫的數據輸入進行訓練，當遇到新的問題時，透過大數據的分析與比對，對未來的狀況提前預測，進而決策所需執行的動作，例如：Google開發出了一種以模擬人類大腦神經回路，來達到具有學習能力的人工智慧系統「DQN」。Google為DQN系統準備了49款老遊戲，且未輸入遊戲之任何玩法指令，DQN系統一開始還無法接好飛回來的球，但是多次經驗學習後，已經不太會漏接，更發現了打擊策略，獲得高分。人工智慧透過自主學習掌握判斷能力，進而變的越來越聰明，即使沒有人類進行指導，也能夠透過大數據的分析來提高精準度，甚至獲得超出人類的能力，將來有望能應用於機器人或自動駕駛車輛等新一代技術。

▶ 5.6 機器學習

◎ 機器學習簡介

學習爲人類獲得知識與增加智慧的主要手段，然而在數據與資訊爆炸的年代，人類迫切需要利用機器來放大和延伸自己的智能，機器學習(machine learning)是研究計算機如何實現具有學習能力的方法，爲了獲取新的知識或技能，或是重新組織已有的知識結構使之不斷改善自身的性能。機器學習是人工智慧的核心，是使計算機具有智能的根本途徑，隨著智慧自動化的時代來臨，機器學習已成爲重要的議題之一。

學習能力是智能行爲的一個非常重要的特徵，由於學習與記憶、思維、知覺、感覺等多種心理活動有密切關係，人類至今對學習的原理尚不清楚。人們曾對機器學習給出各種定義。Simon[23]認爲，學習是系統所作的適應性變化，使得系統在下一次完成同樣或類似的任務時更爲有效。Michalski[24]認爲，學習是構造或修改對於所經歷事物的表示。專家系統研製的研究則認爲學習是知識的獲取。這些觀點各有偏重，第一種觀點強調學習的外部行爲效果，第二種則強調學習的內部過程，而第三種主要是從知識工程的實用性角度出發的。

機器學習在人工智慧的研究中具有十分重要的地位，一個不具有學習能力的系統難以稱得上是一個眞正的智能系統，但是以往的智能系統都普遍缺少學習的能力。例如，它們遇到錯誤時不能自我校正；不會通過經驗改善自身的性能；不會自動獲取和發現所需要的知識。它們的推理僅限於演繹而缺少歸納，因此最多只能夠證明已存在事實、定理，而不能發現新的定理、定律和規則等。隨著人工智慧的深入發展，這些局限性表現得愈加突出，在這種情形下，機器學習逐漸成爲人工智慧研究的核心之一。它的應用已遍及人工智慧的各個分支，如專家系統、自動推理、自然語言理解、模式識別、電腦視覺、智能機器人等領域。其中尤其典型的是專家系統中的知識獲取瓶頸問題，人們一直在努力試圖採用機器學習的方法加以克服。

⊚ 機器學習的發展

機器學習的發展過程大體上可分爲五個時期[25]。

第一階段爲1955~1965年，屬於熱烈時期，主要的研究目標爲研製各類自組織與自適應系統，使得能修改自身組織以適應它們的環境，這類系統主要的研究方法爲不斷地修改系統的控制參數以改進系統地執行能力，此階段的研究理論基礎爲神經網路模型，Pitts[26]爲神經元工作方式建立了數學的模型，深刻地影響機器學習的研究。

第二階段爲1965~1975年，屬於冷靜時期，主要的目標爲模擬人類的學習過程，機器採用符號來表示概念，這階段代表性的工作有Winston[27]的結構學習系統和Hayes-Roth[28]基於邏輯的歸納學習系統，儘管這類的學習取得較大的成功，但大部分都處於理論與建立實驗模型階段且神經網路學成果不如預期，使得人們感到失望，又稱這個時期爲機器學習的黑暗時期。

第三階段爲1975~1985年，屬於復興時期，主要研究目標仍然是模擬人類學習的過程，但已從學習單個概念擴展到多個概念，探索不同學習策略與方法，此階段研究開始學習系統與各種應用系統結合起來，在實際應用中發揮了重要的作用，此階段代表的工作有Mostow[29]的指導式學習等。

第四階段爲1985~2005，屬於蓬勃發展時期，一方面提出了多層網路的學習方法克服了過去的侷限性，再加上VLSI技術、超導技術、生物技術、光學技術等發展與支持，神經網路因而重新興起，另一方面，實驗研究和應用受到前所未有的重視，隨著電腦與人工智慧迅速的發展，機器學習也擁有更有利的研究環境，機器學習進入新階段，重要的特點如下：

1. 機器學習已成爲新的學科。它綜合應用心理學、生物學和神經生理學以及數學、自動化和電腦科學形成機器學習理論基礎。

2. 結合各種學習方法，截長補短的多種形式的集成學習系統研究正在興起。

3. 機器學習與人工智慧各種基礎問題的統一性觀點正在形成。例如學習與問題求解結合進行、知識表達便於學習的觀點產生了通用智能系統。

4. 各種學習方法的應用範圍不斷擴大，一部分已形成商品。歸納學習的知識獲取工具已在診斷分類型專家系統中廣泛使用。連接學習在聲圖文識別中佔優勢。分析學習已用於設計綜合型專家系統。遺傳演算法與強化學習在工程式控制中有較好的應用前景。與符號系統耦合的神經網路連接學習將在企業的智能管理與智能機器人運動規劃中發揮作用。

　　第五階段爲2005年至今，此時期深度學習(deep learning)快速發展，過去的人工智慧程式，大部分都是將各種知識寫成各種規則陳述句，而深度學習則是讓機器自己去尋找出這些規則。深度學習[30]的概念爲類似神經網路的運算模式，以多隱藏層、分層的運算，通過組合底層學習到的特徵，形成更加抽象的高層特徵，以此來分析欲學習的資料。

▶ 5.6.1　機器學習樣本複雜度-VC維

　　VC維(Vapnik-Chervonenkis Dimension)的概念是爲了研究學習過程收斂的速度和推廣性，由統計學理論定義函數集(演算法)之學習性能的一個重要指標。傳統的定義是：對一個指標函數集，如果存在H個樣本能夠被函數集中的函數按所有可能的2的H次方種形式分開，則稱函數集能夠把H個樣本打散(shattering)，函數集的VC維就是它能打散的最大樣本數目H。若對任意數目的樣本都有函數能將它們打散，則函數集的VC維是無窮大，有界實函數的VC維可以通過用一定的閾值將它轉化成函數來定義，VC維反映了函數集的學習能力，VC維越大則學習機器越複雜。圖5-5爲包含3個樣本的集合S被2^3個假設空間劃分的結果，如果一個實例集合沒有被假設空間打散，那麼必存在某個概念可被定義在實例集之上，但不能由假設空間表示，因此H的這種打散實例集合的能力可用來定義目標概念的能力度量(capability)。

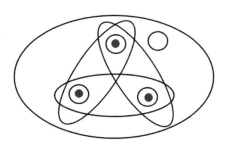

○ 圖5-5 被8個假設拆散的3個樣本

5.6.2 機器學習形式分類

依據學習策略的不同，機器學習問題可區分為監督式學習 (supervised learning)[31]、非監督式學習 (unsupervised learning)[32] 與強化學習 (reinforcement learning)[33]，監督式學習可以由訓練資料中建立一個模型，並依此模型推測新的實例，其中訓練資料是由輸入和預期輸出所組成，即訓練的資料需給予正確類別，例如手形辨識訓練時需給予每張影像屬於哪個手形，而非監督式學習訓練時不須先給定輸入的類別。根據問題的不同又可分為分群或分類，監督式學習多用於分類而非監督是學習則用於分群問題。強化學習為最接近人學習的方式，將環境轉換為不同的狀態，基於獎勵的原則規劃動作，最大化長期的回報。另外，機器學習方法又可分為參數與非參數方法，參數方法在實際訓練前都需要對數據遵從的模型進行一個假設，這個假設可以是一個已知的概率分佈或混合分佈。參數方法的優點是把估計概率密度、判別式或迴歸函數問題歸結為估計少量參數值，缺點則是模型假設並非總是成立，當不成立時就會出現很大的誤差，這時我們就需要使用非參數方法，其中我們只需要假設相似的輸入具有相似的輸出，因為一般都認為無論是密度、判別式還是迴歸函數都應當緩慢地變化。以下將分別對不同的機器學習方法進行介紹。

5.6.3 迴歸分析

迴歸分析為監督式學習，是一種統計學上分析數據的方法，目的在於了解兩個或多個變數間是否相關、相關方向與強度，並建立變數間的因果關係式以便做預測，目標是發展一種能以一個或多個自變數的數值來做為應變數預測的方法，以便觀察特定變數來預測研究者感興趣的變數。更具體的來說，迴歸分析可以幫助人們了解在自變量變化時因變量的變化量。一般來說，透過迴歸分析我們可以由給出的自變量估計因變量的條件期望值。

迴歸分析的方法中，又以線性迴歸(linear regression)最為常見，線性迴歸是利用線性方程的最小平方函數對自變量和因變量之間關係進行建模的一種迴歸分析，這種函數是迴歸係數的模型參數的線性組合。只有一個自變量的情況稱為簡單迴歸，大於一個自變量情況的叫做多元迴歸。迴歸分析的最初目的是估計模型的參數以便達到對數據的最佳擬合。在決定一個最佳擬合的不同標準之中，線性迴歸模型經常用最小平方逼近來擬合，圖5-6為線性迴歸示意圖。

當迴歸分析使用過多參數時，可能導致過度擬合(overfitting)，通常一個學習演算法是藉由訓練範例來訓練的。亦即預期結果的範例是可知的。而學習者則被認為須達到可以預測出其它範例的正確的結果，因此，適用於一般化的情況而非只是訓練時所使用的現有資料。在過度擬合情況下學習者卻會去適應訓練資料中太特殊的特徵，特別是在當學習過程太久或範例太少時。當過度擬合時，在未知資料的預測表現則變更差，下列將以多項式的曲線擬合來說明，單變量的迴歸函數可表示成(5.8)式，圖5-7中綠線為$\sin(2\pi x)$曲線圖，藍點為訓練資料。

$$y(\mathrm{x},\mathrm{w}) = \omega_0 + \omega_1 x + \omega_2 x^2 + \ldots + \omega_M x^M = \sum_{j=0}^{M} \omega_j x^j \tag{5.8}$$

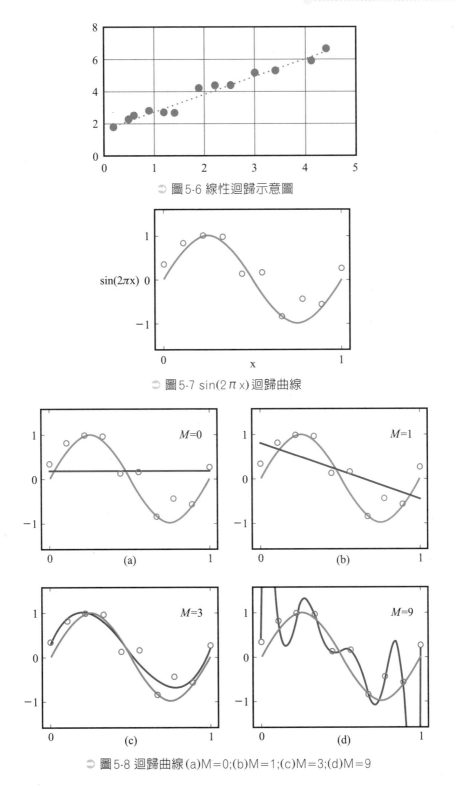

◔ 圖5-6 線性迴歸示意圖

◔ 圖5-7 sin(2πx)迴歸曲線

◔ 圖5-8 迴歸曲線(a)M=0;(b)M=1;(c)M=3;(d)M=9

從圖5-8可看出當M=0時，迴歸函數為常數，當M=1時則變為斜直線，當M=3時迴歸函數接近sin曲線，然而當M=9時雖然迴歸函數通過訓練資料的每個點，但所求得的函數和sin函數相差甚遠，產生過度擬合的問題。

5.6.4 分群演算法_K-means演算法

k-means[34]為非監督式學習的方法，k-means表示依k個質心(means)做分群，屬於典型的分割式分群演算法(partitional clustering)，主要應用於大量高維度的資料點，k-means演算法能在大量的資料中找尋最具代表的資料點，而這些被選中的資料點可以稱為群聚中心(cluster centers)，並根據這些群聚中心來進行資料分群，k-means的另一優勢為可以利用少數的資料點(從大量資料中選出最具代表性的資料點)來代表特定的類別資料，可以大為降低系統的計算量和資料量達到資料壓縮的效果。

k-means可以將資料依分群的目標分成許多群聚，而被劃分為同一群資料會有某些特性極為相似，相反地被分為不同群聚的資料就會有某些特性會有明顯的不同。此方法須給定預計的群聚數目，經由反覆的疊代運算，逐次降低每一個目標函數的誤差值，直到目標函數不再產生變化，便能達到分群的效果。k-means已成功應用於不同的領域，如市場分析、統計學、電腦視覺等。

在使用分割式分群演算法時，希望使每一個群聚中心中的每一個資料點與群聚中心的距離都能有最小的平方誤差(square error)。如果我們預設資料內含有h個群聚中心，其中第k個群聚可以用集合G_k來表示，假設G_k含有n筆資料 $\{x_{1k}, x_{2k}, x_{3k}, \cdots x_{nk}\}$，群聚中心為$y_k$，因此群聚的平方誤差 ε_k 可定義為：

$$\varepsilon_k = \sum_{i=1}^{n} \left| x_{ik} - y_k \right|^2 \tag{5.9}$$

其中，x_{ik} 屬於群集 G_k。則 h 個群聚數的總和平方誤差 E 為每個群聚平方的總和，稱為誤差函數(error function)：

$$E = \sum_{k=1}^{h} \varepsilon_k^2 \qquad (5.10)$$

k-means 演算法的步驟如下：

1. 設定分群的數目為 h，並選取 h 個群聚中心。

2. 輸入全部的樣本，計算每一筆樣本到群聚中心之間的距離，然後再比較該筆樣本到哪一個群聚中心最近，這筆資料即被歸為最接近的那個群聚中心，此時便產生了初始群集的成員集合。

3. 接著再根據群內的每一個樣本重新計算出該群集的質量中心，利用新的質量中心來做為該群新的群集中心，指定完新的群聚中心後，重新比較每一個資料所屬的群集。

4. 持續反覆步驟3，一直執行到群集成員不在變動為止，如圖5-9，在此 h=3，+ 代表質量中心，相同的顏色代表同一群。

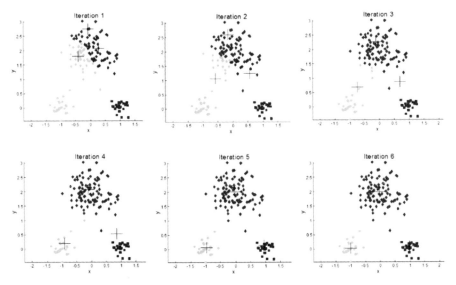

⊃ 圖5-9 k-means分群過程示意圖

5.6.5　分類演算法

K-NN分類器

K個最近鄰居(K-Nearest Neighbor, K-NN)是一種最基本且常使用的分類方法,屬於最近鄰居法(Nearest Neighbor, NN)的延伸。所謂的NN分類器是指將某筆測試資料(Test Data)歸類於距離這筆測試資料最近的訓練資料(Training Data)之類別。而K-NN分類器則是將距離這筆測試資料最近的K個訓練資料,看哪一類別的訓練資料較多,則把這筆測試資料判為那一類別,而當$K = 1$時,就會變成NN分類器。K個最近鄰居法辨別的方式為測量資料間的距離遠近,而計算距離的方法有歐式距離(Euclidean Distance, ED)、馬式距離(Mahalanobis Distance, MD)等方法。

支持向量機

支持向量機(Support Vector Machine, SVM)是由Vapnik於1995年所提出的一種分類器,屬於監督式學習理論,主要用於進行資料分類、圖形識別所用。SVM的基本想法是利用具有兩種類別的訓練集合來找出一個最佳分離超平面(Optimal Separation Hyperplane, OSH),此平面將兩類別間之分離邊限最大化,並將訓練資料的分類錯誤最小化,故對於測試資料可提供具有較好的推廣能力(Generalization Ability)。SVM在建構最佳分離超平面時,會依照訓練資料的不同,而有不同的情況,分別為線性可分離(Linearly Separable)、線性不可分離(Linearly Non-Separable)與非線性(Nonlinear)三種情況,在下面會詳細介紹。

線性可分離(Linearly Separable)

令訓練集合$T=\{x_i, i=1,\cdots,N\}$,d_i為x_i之類別標籤(class label):$d_i \in \{+1,-1\}$,若x_i為正類別訓練資料,則$d_i=+1$;反之,若x_i為負類別訓練資料,則$d_i=-1$。若此兩類別在空間中的分布可用一個超平面將其完全分開,則稱為線性可分離。

◉ Step 1 先前問題 (Primal Problem)：

面對線性可分離的情形，支持向量機的目標是要找一個 OSH(H:$\mathrm{w^T x}+b=0$)使得正類別的訓練資料落在H≥1處，而負類別訓練資料落在H≤-1處，此外，支持向量機也要將H=1與H=-1這兩個超平面之間的距離 ρ 最大化，此間距$\rho = \dfrac{2}{\|\mathrm{W}\|}$稱為分離邊限(margin of separation)，以提升未來測試資料分類正確的機率。支持向量機之原理可描述成下列之拘束最佳化問題(constrained optimization problem)：

Minimize $\frac{1}{2}\|w\|^2$

Subject to $d_i\,(\mathrm{w}^T x_i+b) - 1 \geq 0, \forall i = 1, \cdots, N,$ 　　　　　(5.11)

其中，w為超平面權重向量(weight vector)，而b為超平面之偏移量(bias)。

◉ Step 2 導出對偶問題 (Dual Problem)：

(5.11)之Lagrangian函數為：

$$L\left(\mathbf{w}, b, \alpha\right) = \frac{1}{2}\mathbf{w}^2 - \sum_{i=1}^{N}\alpha_i(d_i\left(\mathbf{w}^T\mathbf{x}_i + b\right) - 1) \tag{5.12}$$

其中，α_i為拉式乘子(Lagrange multipliers)。分別對(5.12)中的先前變數w與b做偏微，並令其等於零：

$$\mathbf{w} = \sum_{i=1}^{N}\alpha_i d_i \mathbf{x}_i \tag{5.13}$$

$$\sum_{i=1}^{N}\alpha_i d_i = 0 \tag{5.14}$$

將(5.13)與(5.14)式帶回(5.12)式：

$$L_D\left(\boldsymbol{\omega}, b, \alpha\right) = \sum_{i}^{N}\alpha_i - \sum_{i}^{N}\sum_{j}^{N}\alpha_i\alpha_j d_i d_j \mathbf{x}_i^T\mathbf{x}_j \tag{5.15}$$

最後可得到一個新的拘束型最佳化問題，稱為對偶問題：

Maximize $\displaystyle\sum_{i=1}^{N}\alpha_i - \sum_{i=1}^{N}\sum_{j=1}^{N}\alpha_i\alpha_j d_i d_j \mathbf{x}_i^T\mathbf{x}_j$ 　　　　　(5.16)

Subject to $\sum_{i=1}^{N}\alpha_i d_i = 0, \alpha_i \geq 0, \forall i = 1, \ldots, N$

只要求解對偶問題中的拉氏乘子 α_i^*，就可以利用(5.13)式求解最佳分離超平面的權重向量 $\mathbf{w}^*$。

◎ **Step 3 利用 Karush-Kuhn-Tucker 條件計算偏移量 b：**

將每一個先求問題的拘束條件與對應的拉氏乘子相乘，並令其結果為零，可得到KKT條件：

$$\alpha_i (d_i (\mathbf{w}^T \mathbf{x}_i + b) - 1) = 0, \forall i = 1, \ldots, N \tag{5.17}$$

訓練資料會有兩種情況，第一種為 $\alpha_i = 0$時，相對應的訓練資料會落於H>1或H<-1。第二種為 $\alpha_i > 0$時，相對應的訓練資料會剛好落於H=1或H=-1，這些 $\alpha_i > 0$的訓練資料稱為支持向量(Support Vector, SV)，可用來求解最佳化分離超平面的權重向量 w^* 與偏移量 b^*：

$$\mathbf{w}^* = \sum_{i=1}^{N_S}\alpha_i d_i \mathbf{x}_i^{SV}$$

$$b^* = \frac{1}{N_s}\sum_{i=1}^{N_s}\left(\frac{1}{d_i} - \boldsymbol{\omega}^T \mathbf{x}_i^{SV}\right), \alpha_i > 0 \tag{5.18}$$

其中，$\mathbf{x}_i^{SV}$ 表示為支持向量，N_s 為支持向量的個數。

◎ **Step 4 導出決策方程式 (Decision Function)：**

對於測試資料 x 來說，可以利用求解出來的OSH: H=0 對其進行分類，而決策方函數為：

$$D(\mathbf{x}) = Sign(\sum_{i=1}^{N_S}\alpha_i d_i \mathbf{x}_i^{SV^T}\mathbf{x} + b^*) \tag{5.19}$$

如果 $D(x)$=+1，則此筆測試資料就被判為正類別；而 D(x)=-1，則此筆測試資料就被判為負類別。

線性不可分離情形(Linearly Non-Separable Case)

　　如果正負類別的訓練資料在空間中的分佈有重疊，則無法用一個超平面將其完全分離，此情形稱為線性不可分離。針對此種情況，SVM引進了鬆弛變數(slack variable) ξ_i，其定義方式說明如下：

1. 若正類別訓練資料 x_i 位於超平面 H=1 或 H=1 之上方，亦即 $\mathbf{w}^T x_i + b \geq 1$，則其相對應之鬆弛變數設為 0。反之，若 $\mathbf{w}^T x_i + b < 1$，則將 ξ_i 的值設定為該訓練資料到 H=1 之距離，亦即 $x_i = 1 - (\mathbf{w}^T x_i + b)$。

2. 若負類別訓練資料 x_i 位於超平面 H=-1 或 H=-1 之下方，亦即 $\mathbf{w}^T x_i + b \leq -1$，則其相對應之鬆弛變數設為 0。反之，若 $\mathbf{w}^T x_i + b > -1$，則 ξ_i 的值為該訓練資料到 H=-1 之距離，亦即 $x_i = (\mathbf{w}^T x_i + b) + 1$。

　　由以上可知，鬆弛變數 ξ_i 可代表訓練資料的錯誤量測(error measure)，ξ_i 的總和越大，則超平面對於此兩類別訓練資料的分類錯誤率也越大。

◉ **Step 1 導出先前問題：**

　　針對線性不可分離，支持向量機的訓練目的是要將分離邊限最大化、訓練資料分類錯誤最小化，因此，可規劃成下列之拘束型最佳化問題：

$$\text{Minimize } \frac{1}{2}\mathbf{w}^2 + C\sum_{i=1}^{N}\xi_i \tag{5.20}$$
$$\text{Subject to } d_i\left(\mathbf{w}^T\mathbf{x}_i + b\right) - 1 + \xi_i \geq 0$$
$$\xi_i \geq 0, \forall i = 1, \dots, N,$$

　　其中，C 為懲罰權重(penalty weight)，為使用者自訂(user-defined)的參數，用來決定最佳化過程中，訓練錯誤最小化的權重。

◉ **Step 2 導出對偶問題：**

　　利用拉氏函數來求解(5.20)式的最佳解：

$$L\left(\mathbf{w}, b, \xi, \alpha, \beta\right) = \frac{1}{2}\mathbf{w}^2 + C\sum_{i=1}^{N}\xi_i - \sum_{i=1}^{N}\alpha_i\left(d_i\left(\mathbf{w}^T\mathbf{x}_i + b\right) - 1 + \xi_i\right) - \sum_{i=1}^{N}\beta_i\xi_i \tag{5.21}$$

　　其中，α_i 與 β_i 皆為拉式乘子。接著，分別將(5.21)式中的變數 w、b 與 ξ 做偏微並令其等於零，得到：

$$\mathbf{w} = \sum_{i=1}^{N} \alpha_i d_i \mathbf{x}_i \tag{5.22}$$

$$\sum_{i=1}^{N} \alpha_i d_i = 0 \tag{5.23}$$

$$C - \alpha_i - \beta_i = 0 \tag{5.24}$$

將(5.22)、(5.23)與(5.24)式帶回(5.21)式可得到一個新的最佳化問題為對偶問題：

$$\text{Maximize} \quad \sum_{i=1}^{N} \alpha_i - \frac{1}{2} \sum_{i=1}^{N} \sum_{j=1}^{N} \alpha_i \alpha_j d_i d_j \mathbf{x}_i^T \mathbf{x}_j$$

$$\text{Subject to} \quad \sum_{i=1}^{N} \alpha_i d_i = 0 \tag{5.25}$$

$$0 \le \alpha_i \le C, \forall i = 1, \dots, N$$

◎ **Step 3 利用KKT計算偏移量** b **：**

KKT條件式為：

$$\alpha_i \left(d_i \left(\mathbf{w}^T \mathbf{x}_i + b \right) - 1 + \xi_i \right) = 0, \forall i = 1, \dots, N \tag{5.26}$$

$$\xi_i \left(C - \alpha_i \right) = 0, \forall i = 1, \dots, N \tag{5.27}$$

當 α_i=C時，若0<ξ_i<1則表示訓練資料落在邊界限度內；若 ξ_i>1則表示訓練資料分類錯誤；當0<α_i<C時，ξ_i=0，訓練資料為分類正確且剛好位於H=1 或H=-1上。接著，可以利用拉氏乘子不等於零的資料來求解OSH的權重向量 $\mathbf{w}^*$：

$$\mathbf{w}^* = \sum_{i=1}^{N_s} \alpha_i d_i \mathbf{x}_i^{SV}, 0 < \alpha_i \le C \tag{5.28}$$

其中，$\mathbf{x}_i^{SV}$ 表示支持向量，N_s 為支持向量個數。而0<α_i<C的資料，可利用來求解偏移量 b^*：

$$b^* = \frac{1}{N_{s^*}} \sum_{i=1}^{N_{s^*}} \left(\frac{1}{d_i} - \mathbf{w}^T \mathbf{x}_i^{SV^*} \right), 0 < \alpha_i < C \tag{5.29}$$

其中，N_{s^*} 表示 $0 < \alpha_i < C$ 的資料數目。

◎ **Step 4 導出決策方程式：**

對於測試資料 x 來說，其類別標籤可由下列之決策函數來決定：

$$D(\mathbf{x}) = Sign(\sum_{i=1}^{N_S} \alpha_i d_i \mathbf{x}_i^{SV^T} \mathbf{x} + b^*) \tag{5.30}$$

其中，如果 $D(x)=+1$，則此筆測試資料就被判爲正類別；而 $D(x)=-1$，則此筆測試資料就被判爲負類別。

非線性情形(Nonlinear Case)

前面提到的線性可分離與線性不可能離情形，皆是在資料的輸入空間(input space)中求解最佳分離超平面，然而，可能會發生資料在輸入空間無法被分類的情況，則可以利用非線性映射函數(nonlinear mapping function) ϕ 將資料從輸入空間映射到更高維度的特徵空間(feature space)，然後在特徵空間中求解最佳分離超平面。假設輸入資料 x_i，經過映射到特徵空間後會變爲 $\phi(x_i)$。定義一核函數(kernel function)爲 K$(x_i, x_j) = \phi(x_i), \phi(x_j)$ 來取代特徵空間中的向量內積(inner product)。

◎ **Step 1 先前問題：**

爲了同時將邊界限度最大化與分類錯誤最小化，非線性的先前問題爲：

$$\text{Minimize } \frac{1}{2}\mathbf{w}^2 + C\sum_{i=1}^{N}\xi_i \tag{5.31}$$

$$\text{Subject to } d_i\left(\mathbf{w}^T\varphi(\mathbf{x}_i) + b\right) - 1 + \xi_i \geq 0$$

$$\xi_i \geq 0, \forall i = 1, \ldots, N, \, d_i \in \{+1, -1\}$$

其中，C 爲懲罰權重，爲使用者自訂。

◎ **Step 2 導出對偶問題：**

建立拉氏函數：

$$L\left(\mathbf{w}, b, \xi, \alpha, \beta\right) = \frac{1}{2}\mathbf{w}^2 + C\sum_{i=1}^{N}\xi_i - \sum_{i=1}^{N}\alpha_i\left(d_i\left(\mathbf{w}^T\varphi(\mathbf{x}_i)+b\right)-1+\xi_i\right) - \sum_{i=1}^{N}\beta_i\xi_i \quad (5.32)$$

則可得到其對偶問題：

$$\text{Maximize} \sum_{i=1}^{N}\alpha_i - \frac{1}{2}\sum_{i=1}^{N}\sum_{j=1}^{N}\alpha_i\alpha_j d_i d_j K(\mathbf{x}_i, \mathbf{x}_j)$$

$$\text{Subsect to} \sum_{i=1}^{N}\alpha_i d_i = 0$$

$$0 \le \alpha_i \le C, \forall i = 1, \dots, N$$

◎ **Step 3 利用KKT計算偏移量** b **：**

KKT條件式為：

$$\alpha_i(d_i\left(\mathbf{w}^T\varphi(\mathbf{x}_i)+b\right)-1+\xi_i) = 0, \forall i = 1, \dots, N \qquad (5.34)$$

$$\xi_i\left(C - \alpha_i\right) = 0, \forall i = 1, \dots, N \qquad (5.35)$$

當 α_i=C時，若0<ξ_i<1則表示訓練資料落在邊界限度內；若 ξ_i>1則表示訓練資料分類錯誤；當0<α_i<C時，ξ_i=0，訓練資料為分類正確且剛好位於H=1 或H=-1上。接著，可以利用拉氏乘子不等於零的資料來求解OSH的權重向量 $\mathbf{w}^*$：

$$\mathbf{w}^* = \sum_{i=1}^{N_s}\alpha_i d_i\varphi(\mathbf{x}_i^{SV}), 0 < \alpha_i \le C \qquad (5.36)$$

其中，$\mathbf{x}_i^{SV}$ 表示訓練資料 x_i 為支持向量，N_s 為支持向量的個數。而 0<α_i<C的資料，可利用來求解偏移量 b^*：

$$b^* = \frac{1}{N_{s^*}}\sum_{i=1}^{N_{s^*}}\left(\frac{1}{d_i} - \boldsymbol{\omega}^T\varphi(\mathbf{x}_i^{SV})\right), 0 < \alpha_i < C \qquad (5.37)$$

其中，N_{s^*})表示0<α_i<C的資料數目。

◉ **Step 4 決策函數 (Decision Function)：**

最後對於測試資料 x 來說，可以利用求解出來的最佳化分離超平面對其進行分類，而決策方程式為：

$$D(\mathbf{x}) = Sign(\sum_{i=1}^{N_S} \alpha_i d_i K(\mathbf{x}_i^{SV}, \mathbf{x}) + b^*) \qquad (5.38)$$

其中，如果 $D(\mathrm{x})$=+1，則此筆測試資料就被判為正類別；而 $D(\mathrm{x})$=-1，則此筆測試資料就被判為負類別。

上述的核函數有很多不同的類型，最常被使用的核函數為輻射基底函數 (Radial Basis Function, RBF) 或稱為高斯函數 (gaussian function)，其表示式為：

$$K(\mathbf{x}, \mathbf{y}) = \exp(-\frac{\mathbf{x} - \mathbf{y}^2}{2\sigma^2}) \qquad (5.39)$$

其中，σ 為核參數 (kernel parameter)，是由使用者自訂。使用者自訂的 C 與 σ 是可使用格子搜尋法 (grid Search) 找出最佳的參數組合。值得注意的是，雖然非線性支持向量機利用非線性函數將資料映射至高維空間，但從推導過程中可發現，我們不需要去明確 (explicitly) 定義非線性函數，因為在特徵空間中所有的映射資料之內積，皆可被核函數所取代，也就是說，核參數的值一旦改變，等同於將資料映射至不同的空間。

貝氏分類法

貝氏分類法是一種基於機率學習 (probabilistic learning) 的分類方法，其特性如下：

◉ 觀察到每個訓練樣本可以降低或升高某假設的估計機率，這提供了比其他方法更合理的學習途徑。

◉ 具有漸增性 (incremental)，因此適合應用在資料會不斷增加的問題上。

◉ 貝氏方法可允許假設做出不確定的預測 (如明天下雨機率為70%)。

◉ 新的資料分類可以由多個假設一起做出預測，用他們的機率來加權。

貝氏分類法的核心理論主要是依據貝氏定理(bayes theorem)而來，其主要是利用母體之各種可能的事前機率及各種實際發生的機率來推測事後機率。貝氏分類器需透過已知類別的訓練資料讓電腦去學習，才能有效預測未經分析的資料。貝氏定理的公式如下：

$$P\left(Y|X_1,\ldots,X_n\right)=\frac{P(X_1,\ldots,X_n\,|\,Y)P(Y)}{P(X_1,\ldots,X_n)} \tag{5.40}$$

其中，P(Y)為事前機率（prior probability），代表類別值Y在資料庫中出現的機率，P(Y | X_1,···,X_n)為事後機率（posteriori probability），即給定X_1,...,X_n條件下屬於Y類別的機率，又計算同一筆資料時P(X_1,···,X_n)是固定的，因此可簡化為：

$$P\left(Y|X_1,\ldots,X_n\right)\propto P(X_1,\ldots,X_n\,|\,Y)P(Y) \tag{5.41}$$

簡易貝氏分類器為貝氏定理的推廣，其中假設各屬性互相獨立，因此在多數的情況下都能使用，可將式子(5.41)改為：

$$P\left(Y|X_1,\ldots,X_n\right)=\prod_{i=1}^{n}P(X_i\,|\,Y) \tag{5.42}$$

為了說明簡易貝氏分類法的概念，以下將以天氣評估的資料來做範例，表5-4為天氣狀況與是否打網球對照表。

➡ 表5-4 天氣狀況與是否打網球對照表

Day	Outlook	Temp.	Humidity	Wind	Play Tennis
D1	Sunny	Hot	High	weak	No
D2	Sunny	Hot	High	strong	No
D3	Overcast	Hot	High	weak	Yes
D4	Rain	Mild	High	weak	Yes
D5	Rain	Cool	Normal	weak	Yes
D6	Rain	Cool	Normal	strong	No
D7	Overcast	Cool	Normal	weak	Yes
D8	Sunny	Mild	High	weak	No

Day	Outlook	Temp.	Humidity	Wind	Play Tennis
D9	Sunny	Cool	Normal	weak	Yes
D10	Rain	Mild	Normal	strong	Yes
D11	Sunny	Mild	Normal	strong	Yes
D12	Overcast	Mild	High	strong	Yes
D13	Overcast	Hot	Normal	weak	Yes
D14	Rain	Mild	High	strong	No

Outlook	
P(sunny | Yes) = 2/9	P(sunny | No) = 3/5
P(overcast | Yes)=4/9	P(overcast | No) = 0
P(rain | Yes) = 3/9	P(rain | No) = 2/5

Temperature	
P(hot | Yes) = 2/9	P(hot | No) = 2/5
P(mild | Yes) = 4/9	P(mild | No) = 2/5
P(cool | Yes) = 3/9	P(cool | No) = 1/5

Humidity	
P(high | Yes) = 3/9	P(high | No) = 4/5
P(normal | Yes)=6/9	P(normal | No)=1/5

Windy	
P(strong | Yes) = 3/9	P(strong | No) = 3/5
P(weak | Yes) = 6/9	P(weak | No)=2/5

此問題為在不同的天氣下，打球的機率為多少，當天氣為X=(Sunny, Cool, High, Strong)時，其打球與不打球的似然值(Likelihood)計算如下：

P(X|Yes)*P(Yes)= P(sunny | Yes)*P(cool | Yes)*P(high | Yes)*P(strong | Yes)*P(Yes)= 2/9 * 3/9 * 3/9 * 3/9 * 9/14 = 0.0053

P(X|No)*P(No)= P(sunny | No)*P(cool | No)*P(high | No)*P(strong | No)*P(No)= 3/5 * 1/5 * 4/5 * 3/5 * 5/14 = 0.0206

最後透過標準化(Normalizing)的步驟，可得打球與不打球的機率：

$$Yes = \frac{0.0053}{0\ 0053 + 0.0206} = 20.5\%$$

$$No = \frac{0.0206}{0.0053 + 0.0206} = 79.5\%$$

因此在天氣為X(Sunny, Cool, High, Strong)的情況下，不打球機率較高。

5.6.6 維度縮減(dimensionality reduction)

圖形識別的過程中，常常因為選取的特徵數目過多，造成特徵向量的維度過大，因而導致計算複雜度過高的結果。因此，如何降低特徵向量的維度，並同時增加特徵向量的鑑別度(類別間的區分程度)，在機器學習領域中一直是關鍵的研究議題。根據學習方式之不同，維度縮減演算法可區分為監督式學習與非監督式學習兩種，常見的線性鑑別分析(Linear Discriminant Analysis, LDA)與主成分分析(Principal Component Analysis, PCA)兩種方法分別屬於前者與後者。無論是線性鑑別分析還是主成分分析方法，皆屬於線性子空間分析(linear subspace analysis)方法，因為其皆在原空間中進行線性轉換。此兩種方法，皆有其非線性版本，分別稱為核費雪鑑別分析(Kernel Fisher's Discriminant Analysis, KFDA)及核主成分分析(kernel PCA)，其中，KFDA又名為Generalized Discriminant Analysis (GDA)。KFDA與kernel PCA都利用了支持向量機所採用的核把戲(kernel trick)。例如，KFDA首先利用非線性函數將資料映射至高維特徵空間,然後在特徵空間中執行LDA;而kernal PCA利用非線性函數將資料映射至高維特徵空間,然後在特徵空間中執行PCA。

除了上述方法之外,還有其他方法被提出與使用,包括基於流形學習(manifold learning)的維度縮減法與基於神經網路(neural network)學習的維度縮減法,前者最典型的方法叫做局部線性嵌入(locally linear embedding, LLE),後者最著名的神經網路方法叫做自組織映射(self-organizing map, SOM)。這兩種方法皆屬於非監度式學習法,而且在縮減維度時皆考慮到鄰近資料資訊的保留。

本節中,僅介紹最常使用的主成分分析法,其與方法皆可由文獻中得知詳細推導步驟。

主成分分析法:假設有一訓練集合 $\{x_i, i=1, \cdots, M\}$ 且 $x_i \in R^n$ 為訓練資料,此訓練集合的平均向量為 $\bar{X}$:

$$\bar{X} = \frac{1}{M} \sum_{i=1}^{M} x_i \tag{5.43}$$

訓練集合之共變異矩陣(covariance matrix)為 C:

$$C = \frac{1}{M} \sum_{i=1}^{M} (x_i - \bar{X})(x_i - \bar{X})^T \tag{5.44}$$

接著,將 $n \times n$ 之共變異矩陣 C 對角化:

$$Ce_i = \lambda_i e_i \tag{5.45}$$

其中,e_i 為相對於特徵值 λ_i 之特徵向量。將特徵向量依照特徵值從大到小排列,選取前 d 的具有最大特徵值的特徵向量排列成一個 $n \times d$ 的矩陣 A,給定一個測試資料 $x \in R^n$,經過矩陣 A 的線性轉換後可得到向量 y:

$$y = A^T \left(x - \bar{X} \right)$$

其中，$y=(y_1,\cdots,y_i,\cdots,yd)^T \in R^d$為經由主成分分析轉換後之特徵向量，而$y_i$為測試資料在特徵向量$e_i$上之投影，稱為第$i$個主成分。顯然，經由主成分分析方法轉換後，原來長度n為之測試資料，縮減為長度d為之特徵向量。

▶ 5.6.7 新穎偵測(Novelty Detection)

新穎偵測在機器學習領域中，適用於只有單一類別的資料可取得的問題，或只有單一類別的資料是取樣足夠(well-sampled)、而其餘類別的資料是取樣不足(under-sampled)的情況，以下列例子來說明此概念。

在製造、加工、機器運轉時，診斷(diagnosis)或檢測(inspection)是提升良率最常用之方式，因此，錯誤偵測(fault detection)常常被用在實際問題當中。錯誤偵測基本上可視為一個兩類別分類(two-class classification)之為問題：不是正常，就是異常。因此，為了訓練一個二元分類器，例如支持向量機來進而二元分類，工程師需要從機台收集正常運轉狀況下之資料(定義成正類別資料)，以及異常運轉狀態下之資料(定義成負類別資料)，然後用這兩個類別的資料當作訓練資料，藉以訓練支持向量機。對於一個製程較穩定、良率已達水準的工廠而言，機台大多在正常狀態下運轉，因此，正類別資料不但多，而且變異較小，所收集到的正類別訓練資料可以說是取樣足夠的，因此，正類別訓練資料具有代表性。反之，負類別訓練資料難以取得，因為機台異常運轉的機率相對小非常多，所可以取得的負類別資料量是較少的，然而，機台異常之原因非常多，在收集負類別資料時，不見得可以取得每一種異常狀態下之資料，因此，所取得的負類別訓練資料不足以代表全部的異常狀態，也就是取樣不足。如果用取樣足夠的正類別訓練資料、取樣不足的負類別訓練資料去訓練分類器，所得到的決策邊界(decision boundary)是偏頗的(biased)。舉例來說，決策邊界將資料的特徵空間一分為二，一邊屬於正類別，一邊屬於負類別，如果真實負類別的某些狀態，在訓練時被有被納入，那麼，在測試時，這些狀態的測試資料在空間中有可能會落在正類別的區域，造成誤判（分類錯誤），而這種錯誤是最不被希望的，因為錯誤偵測時，如果機台異常卻被判定為正常運轉，這樣的錯誤偵測演算法是不可靠的，也會造成真實工廠的極大損失。

　　為解決以上之問題，機器學習領域提供了解決方案，稱為單類別分類(one-class classification)，用來解決新穎偵測的問題。在單類別分類演算法當中，會定義所謂的目標類別(target class)，通常，會以取樣足夠的類別當作目標類別，然後再以目標類別的訓練資料建模，這個模可以是機率模型，也可以是一個在空間中能夠將目標訓練資料緊密包覆的邊界。如果是機率模型，當輸入一筆測試資料時，只要將此筆輸入資料帶入機率模型，就可以得到此筆測試料屬於目標類別的機率，如果機率大於某個預設的門檻值，就代表此筆測試資料屬於目標類別；否則，屬於非目標類別(non-target class)。如果是一個邊界，當輸入一筆測試資料時，只要判別此筆輸入資料之落點，即可知道所屬類別；例如，如果測試資料落在邊界內，則此筆測試資料屬於目標類別；否則，屬於非目標類別。

　　單類別分類演算法在建模時，只需要單一一個類別的資料當作訓練集合，此為其名稱之由來，只要不屬於目標類別，就是非目標類別，屬於目標類別的資料，就是新穎資料。如果是機台之錯誤偵測，則可利用正常運轉之資料當作目標資料來建模，只要不是正常運轉，就是異常；如果是影像中的瑕疵檢測(defect inspection)，可用正常影像當作目標類別資料，只要不是正常影像，就是含有瑕疵之影像；如果是訊號中的異常偵測(anomaly detection)，可用正常訊號的特徵資料當作目標類別資料，只要不是正常訊號，就是含有異常特徵之訊號；如果是人臉影像偵測(face detection)，可收集不同人的人臉影像當作目標資料，只要不是人臉影像，就是非人臉影像，可能是所有背景，包括桌子、樹木、手、腳之影像等等。

　　由以上可知，單類別分類可解決新穎偵測的問題，可應用之範圍非常廣泛，因此，機器學習領域除了解決聚類、維度縮減、分類(多類別分類)、預測(prediction)，還有新穎偵測的問題。一般來說，單類別分類演算法可分為密度法(density approach)以及邊界法(boundary approach)，高斯混合模型(Gaussian Mixture Model, GMM)及支持向量描述(Support Vector Data Description, SVDD)等方法分別屬於前者及後者，簡單介紹如下：

1. **高斯混合模型 (GMM)**：高斯混和模型以多個高斯密度函數將目標資料建模，建模過程中，首先以k-means聚類演算法將目標訓練資料自動分成k個群 (k為此演算法之參數，範圍在2與N之間，N為目標訓練資料之數目)，接著利用k個高斯密度函數將目標訓練資料建模，模型為這k個高斯密度函數之機率組合，而組合之權重，以及每個高斯函數之參數(例如標準差)，則在訓練階段時以期望值最大化(expectation maximization, EM)演算法計算得出。給定義一筆測試資料，只要將其帶入模型，就可得到一個機率值，此機率值代表此筆測試資料屬於目標類別之機率。

2. **支持向量描述 (SVDD)**：支持向量描述演算法之訓練階段包括兩個步驟：首先，利用非線性映射函數將目標訓練資料映射至一個更高維的特徵空間中，使得映射後之目標訓練資料在特徵空間中呈現球狀、或近似於球狀的分布；接著，在特徵空間中找到一個能夠包覆所有或大多數訓練資料、且體積最小的超球體(hypersphere)，此球體之邊界即為決策邊界，將此球狀邊界逆映射至原空間，就形成一個緊密包覆目標類別資料的非球狀邊界。在測試階段時，將測試資料輸入至決策函數中，即可以判定此筆輸入資料之落點：如果落在決策邊界內，則此筆測試資料屬於目標類別；否則，屬於非目標類別。

5.6.8 策略訂定

決策樹

　　決策樹為應用廣泛的歸納推理方法之一，決策樹是一種逼近離散值目標函數的方法，在這種方法中學習到的函數被表示成一棵決策樹，決策樹透過把樣本從根節點排列到某個葉子節點來分類資料，葉子的末節點即所屬的分類，圖5-10為不同的天氣下是否適合打球的問題，當天氣為(Sunny, Cool, High, Strong)時，實例被沿著這棵樹的最左邊向下排列，因而被分類為不打球。

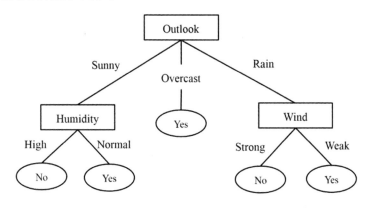

⊃ 圖5-10 決策樹示意圖

　　目前決策樹已有許多種方法，如ID3、C4.5、CART等，雖然每種方法擁有不同的能力，但通常適用決策樹學習的問題具有以下特性：

◉ 資料是由屬性與值表示，如前面所提的例子屬性溫度其值可為Hot、Mild、Cold。

◉ 目標具有離散的輸出值。

◉ 訓練數據可以包含錯誤，無論訓練資料所屬的分類或是屬性值錯誤，決策樹對錯誤皆有很好的強健性。

◉ 訓練數據可以包含缺少屬性值的實例，例如僅有一部分資料知道當天的溫度。

馬可夫決策過程

馬可夫決策過程應用在強化學習，是由隨機過程理論和馬可夫特性演變而來，可用來描述一個動態的系統。此系統在時間點t=1,2,3…，可能包含M個有限數量的狀態與K個有限數量的可能性決策，隨著時間t的變化，MDP可以求出整個系統中一連串序列狀態與策略之對應關係。

MDP狀態(state)：系統中各階段可能的各種情況；動作(action)：各狀態下可執行的動作集；回饋(reward)：操作者在狀態s執行動作a後轉換到狀態s'所的到的利潤$R_{ss'}^a$，如(5.46)式；轉換機率(transition probability)：在狀態s執行動作a轉換到狀態s'的機率$P_{ss'}^a$，如(2.47)式；四項元素所構成，其中轉換機率依目前狀態和所採取的行動而定，與過去的狀態、行動無關。MDP的目的為提供代理人在面對隨機變動的狀態時應該採取什麼行動，即在決策集合中選擇最佳的策略(policy)π^*，當目前處於某一狀態時，代理人選擇一個行動執行後，代理人將獲收到一個可正負但有限的回饋，系統在下一個時間點進入一個新的狀態(圖5-11)。

$$R_{ss'}^a = E(r_{t+1} \mid s_t = s, a_t = a, s_{t+1} = s') \tag{5.46}$$

$$P_{ss'}^a = P(s_{t+1} = s' \mid s_t = s, a_t = a) \tag{5.47}$$

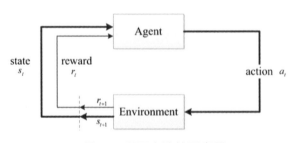

⊃ 圖5-11 馬可夫決策示意圖

為了給任務環境完整的定義，我們必須給定代理人的價值函數(value function)，價值函數為衡量策略優劣的指標，由於決策問題是循序的，所以價值函數不是由單一狀態決定的，而是取決於一個狀態序

列，在此以 v^π(s) 表示在狀態 s 採取策略 π 所得報酬的期望值，如 (5.48)
式，而 Q^π(s,a) 表示在狀態 s 採取策略 π 執行動作 a 所得報酬的期望值，
如 (5.49) 式。

$$V^\pi(s) = E_\pi\{R_t \mid s_t = s\} \tag{5.48}$$

$$Q^\pi(s,a) = E_\pi\{R_t \mid s_t = s, a_t = a\} \tag{5.49}$$

而 Bellman 公式如下式：

$$V^\pi(s) = \sum_a \pi(s,a) \sum_{s'} p_{ss'}^a \left[R_{ss'}^a + \gamma V^\pi(s') \right] \tag{5.50}$$

其中，γ 為折扣利潤因子，介於 0 和 1 之間的數，為了避免較長週
期或無限週期下，加總的結果無限大或無限小。當 γ 接近於 0 時，遙遠
未來的回報被認為不重要，當 v 等於 1 時，則考慮未來每代的報酬。

由於 MDP 目標為找出各狀態下的最佳策略，而最佳策略在此指擁
有最佳價值函數的策略，即 (5.51) 式與 (5.52) 式。

$$V^*(s) = \max_\pi V^\pi(s) \tag{5.51}$$

$$Q^*(s,a) = \max_\pi Q^\pi(s,a) \tag{5.52}$$

≡ 問題討論 ≡

1. 條件機率與貝氏定理之間存在甚麼樣的關係？

2. 如何證明 $\mathrm{E}[(X - \mu_X)^2] = E[X^2] - \mu_X^2$？

3. 考慮兩個排序演算法的效率，分別是演算法 A 是 $O(n \log n)$，另一演算法 B 是 $O(n2)$。實作並且執行演算法後，發現若 n <100，則演算法 B 實際執行速度較快，並且只有在 $n>99$ 的時候演算法 A 會較佳。請解釋為什麼這是可能的。

4. 請分別說明演算法設計上常見的方法，並嘗試找出書中未提及的方法。

5. 考慮一個具兩條模糊規則之模糊規則庫

   R^1:If x_1 is A_1, and x_2 is A_2, then y is A_1

   R^2:If x_1 is A_2, and x_2 is A_1, then y is A_2

   A_1 and A_2 are two fuzzy sets

   $$A_1(x_1) = \begin{cases} 1 - |x_1 - 1|, & 0 \le x_1 \le 2 \\ 0, & \text{otherwise} \end{cases}$$

   $$A_2(x_2) = \begin{cases} 1 - |x_2|, & -1 \le x_2 \le 1 \\ 0, & \text{otherwise} \end{cases}$$

   當輸入模糊規則庫之值為 $(x_1^*, x_2^*) = (0.4, 0.7)$ 時，
   請用中心面積法求其解模糊化之值。

6. 考慮一個具兩條模糊規則之模糊規則庫

   R^1:If x_1 is A_1, and x_2 is A_2, then y is A_1

   R^2:If x_1 is A_2, and x_2 is A_1, then y is A_2

   A_1 and A_2 are two fuzzy sets

   $$A_1(x_1) = \begin{cases} 1 - |x_1|, & -1 \le x_1 \le 1 \\ 0, & \text{otherwise} \end{cases}$$

   $$A_2(x_2) = \begin{cases} 1 - |x_2 - 1|, & 0 \le x_2 \le 2 \\ 0, & \text{otherwise} \end{cases}$$

當輸入模糊規則庫之值為 $(x_1^*, x_2^*) = (0.5, 0.6)$ 時，

請用中心平均法求其解模糊化之值。

7. 除了工業上能應用工業 4.0 及大數據分析進行最佳化，請討論其他產業的應用案例。

8. 利用基因演算法進行最佳化與大數據分析進行最佳化，兩者差異處為何？

9. 請比較分群與分類演算法最主要的差別？

10. 機器學習在訓練時如何避免過度擬合的情況發生？

參考文獻

[1] 國立中山大學應用數學系。2000。機率概念與應用網路學習研究。網址：http://eprob.math.nsysu.edu.tw/ 上網日期：2015/8/6

[2] 國立臺灣師範大學。機率教學網頁網址:http://web.cc.ntnu.edu.tw/~495402134/Teach/index.htm 上網日期:2015/8/6

[3] Roy D. Yates and David J. Goodman, Probability and Stochastic Process, 3th ed., 2014.

[4] L. A. Zadeh, "Fuzzy sets," Information and Control, vol. 8, no. 3, pp. 338-353, 1965.

[5] Li-Xin Wang, "A Course in Fuzzy Systems and Control," Prentice Hall PTR, 1997.

[6] Jan Jantzen, "Foundations of Fuzzy Control," Wiley, 2007.

[7] Ronald R Yager, "Essentials of Fuzzy Modeling and Control," Wiley, 1994.

[8] J. Arora, "Introduction to Optimum Design," Elsevier Academic Press, 2nd edition, 2004.

[9] 黃福居，全三維軸流風扇的葉片最佳化設計，國立成功大學機械工程研究所碩士論文，2001。

[10] 劉志雄，基因演算法於鋼構斜張橋斷面及幾何最佳化設計之應用，國立交通大學土木工程學系研究所碩士論文，1997。

[11] K. Dev, "Optimization for Engineering Design: Algorithms and Examples.", Prentice-Hallm, New Delhi, 1995.

[12] 吳兆凱，發展具Holonic概念之兩階段排程法，國立屏東科技大學工業管理研究所碩士論文，2002。

[13] 辛宜芳，以CAD為平台之自動排版系統使用基因演算法，中華大學科技管理研究所碩士論文，2002。

[14] Multi-agent Systems-- A Modern Approach to Distributed Artificial Intelligence Edited by Gerhard Weiss, MIT press, 1999.

[15] M. Woodridge. Introduction to Multi-agent Systems, 2nd edition, John-Wiley and Sons Ltd, 2009.

[16] P. McBurney and A. Omicini, Editorial Special Issue on Foundations, Advanced Topics and Industrial Perspectives of Multi-agent Systems, Journal of Autonomous agent and Multiagent Systems, vol.17, pp.367-371, 2009.

[17] IBM，製造業大數據分析打造新一代智慧工，天下雜誌，Jun. 25, 2015 [Online]. Available:http://www.cw.com.tw/article/article.action?id=5068696#

[18] 葉佳榮、卜悅茹，無人搬運車－多車管理技術介紹，機械工業雜誌388期，工業技術研究院，pp. 115-136, 2015。

[19] A. Jain and S. Meeran," A state-of-the-art review of job-shop scheduling techniques," Department of Applied Physics, Electronic and Mechanical Engineering University of Dundee, Dundee, Scotland, UK, 1998.

[20] J. Blackston ne, D. Phillips, and G. Hogg, "A state-of-the-art survey of dispatching rules for manufacturing job shop operations," Int. J. Prod. Res., vol. 20, pp. 27-45, 1982.

[21] P. J. Egbelu, J. M. A. Tanchoco," Characterization of automatic guided vehicle dispatching rules," Int. J. Production Res., vol. 22, no. 3, pp. 359-374, 1984.

[22] C. W. Kim and J.M.A. Tanchoco, "Conflict-free shortest-time bidirectional AGV routing," Int. J. Prod. Res., vol. 29, no. 12, pp. 2377-2391, 1991.

[23] H. A. Simon, "Applications of machine learning and rule induction," Communications of the Association for Computing Machinery, vol. 38, no. 11, pp. 54-64, 1995.

[24] R. S. Michalski, J. G. Carbonell, and T. M. Mitchell, Machine learning: An artificial intelligence approach. San Mateo: Morgan Kaufmann, 1983.

[25] 麥好，機器學習實踐指南：案例應用解析，機械工業出版社，2014。

[26] W. S. Mcculloch and W. H. Pitts, "A logical calculus of the ideas immanent in nervous activity," Bull. Math. Biophys., vol. 5, pp. 115-133, 1943.

[27] P. H. Winston, "Learning structural descriptions from examples," The Psychology of Computer Vision, McGraw-Hill, New York, 1975.

[28] B. Hayes-Roth and F. Hayes-Roth, "A cognitive model of planning," Cognitive Science, vol. 3, pp. 275-310, 1979.

[29] D. J. Mostow and F. Hayes-Roth, "Operationalizing Heuristics: Some AI Methods for Assisting AI Programming," Sixth International Joint Conference on Artificial Intelligence, 1979, pp. 601-609.

[30] M. A. Hearst, "'Natural' Search User Interfaces," Commun ACM, vol. 54, pp. 60-67, nov, 2011.

[31] X. Zhu, "Semi-supervised learning literature survey," University of Wisconsin–Madison, Tech. Rep. 1530, 2006.

[32] T. Hastie, R. Tibshirani, and J. Friedman, The Elements of Statistical Learning, second ed., Springer, New York, 2009.

[33] L. Kaelbling, M. Littman, and A. Moore, "Reinforcement learning: A survey," Journal of Artificial Intelligence Research, vol. 4, pp. 237-285, 1996.

[34] J. A. Hartigan and M. A. Wong, "HartiganAlgorithm AS 136: A k-means clustering algorithm," Applied Statistics, vol. 28, pp. 100-108, 1979.

06

智慧化現場管理

本章作者(依筆劃順序排列)
⊙ 陳凱瀛—國立臺北科技大學工業工程與管理系

6.1 E化製造(E-manufacturing)

6.1.1 E化製造

　　隨著全球競爭的日益激烈，尤其是網際網路(Internet)及無線通訊技術的快速發展與應用，加快了製造活動的全球化速度，其速度和服務已成為影響製造企業核心競爭力的二大重要因素，並迫使製造業改變其生產製造方式，使傳統工廠演進到現代化整合E化工廠(e-Factory)和E化供應鏈(e-Supply Chain)；此轉變過程使企業從舊式自動化工廠進化成全球化商務企業[1]。

　　產品依接單式生產到客製化(Customization)生產，加速市場的反應速度，且縮短交期、增加生產過程的透明性；現今以顧客為導向的市場，製造業的競爭不僅是依靠精實生產(Lean Production)，更取決於能為顧客帶來多少價值；為了滿足顧客需求，製造業必須做到顧客、供應商、產品設計及製造流程間有效率的資料收集，且無縫式的資訊傳遞。

　　製造業面臨巨大的壓力，要如何在生產發展、作業流程及資源利用率等限制條件下，加快其回應速度，以增加效益，且能夠在生產作業及品質控管建立清楚透明的可視度，便是項重要課題。生產是製造業最重要的依託，在E化製造裡，要做到接單式生產(MTO)及盡可能地達成零庫存，就必須在顧客端、製造端和產品發展部分(例如製造現場、供應商與設計)做到有效率的資訊流，並在顧客端及製造端建立緊密關係，藉由跨組織的資訊系統，將採購、製造、配送及行銷等功能結合的供應鏈管理系統，加強體系間上下游廠商緊密的結合，以提升整體體系的生產力、競爭力，成為企業經營上的一個重要議題。

　　產品的製造資訊若能確實地從生產設備中回饋回來，企業才能把握瞬間的動態規律，而製造業也將面臨以下新的挑戰[2]：

1. **產品製造流程的客戶參與性：**以產品本身的角度來看，大量製造正逐漸被小批量製造所取代，企業生產策略已經從推式(Push)生產走向以顧客為主的拉式(Pull)生產，顧客也適時地參與產品的製造流程。

2. **產品製造流程的協同性：**以顧客、供應商和製造商三方協同的互動模式，已成為新一代企業的營運模式。

3. **產品量化模型驅動下的製造資源電子化：**以產品的製造角度來看，支持整個產品生命週期的量化模型具有關鍵性之作用，以製造鏈、知識鏈、供應鏈和服務鏈的融合為主；且以產品生命週期的物流、現金流、資訊流，及相關製造資源的電子化為輔，使企業能透過網際網路及無線傳輸技術，共享資源，並創造"雙贏"的局面，以獲得更大的利益。

4. **製造資源的可重置性(Reconfiguration)：**製造產品的網路化、數字化、知識化的製造時間、製造單元和製造設備將構成新一代可重置性的製造硬體環境。

　　在上述的情況下，製造業為求自身發展，必須尋找新的製造模式來滿足新的大環境，因此，將"電子化"引入製造業中，形成所謂的"電子化製造"(e-Manufacturing)，也稱為"E化製造"，正是滿足當前製造環境要求的一種新途徑。

　　E化製造(e-Manufacturing)的構成要素如圖6-1所示，其目標乃是利用開放的網際網路(Internet)及資訊科技(Information Technology, IT)藉以有效整合工廠區之製造執行系統(Manufacturing Execution System, MES)與設備工程系統(Equipment Engineering System, EES)，並將企業間之供應鏈(Supply Chain, SC)與工程鏈(Engineering Chain, EC)等納入整體考量，以達到整體產業(包含工廠區、企業管理層、上下游工廠間、客戶端、設備與技術供應商及其它企業夥伴)間資訊的整合與流通性，期許能夠有效提高整體設備效率(Overall Equipment Efficiency, OEE)，並在正確時間提供正確資訊給所需要的使用者，且能快速反應客戶需求、縮短產品自設計與發展至上市的時間，以獲取最大的產出良率，進而達成降低整體生產成本及提高產品品質的願景[3]。

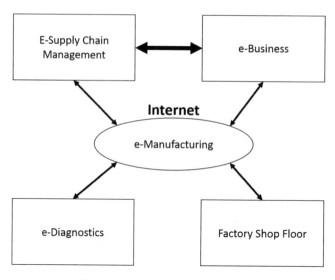

⊃ 圖6-1 e-Manufacturing 的構成要素 [3]

　　ERP(Enterprise Resources Planning)是現在大多數公司的管理中樞,然而ERP系統的現存結構無法包含工廠底層生產的即時動態資訊;而製造執行系統(Manufacturing Executive System, MES)能夠使資料(Data)在設計階段、生產流程及加工製造系統間流動。傳統的製造過程一般是發生在工廠底層的,製造部分通常是以獨立作業進行,這些活動與企業其他部分相對獨立,並由於產品生命週期及上游供應商實際能供給的產能之資訊短缺,ERP系統無法包含製造現場的動態狀況,像是無法偵測到非預期性的機器停機、機器利用率、變異度或是供應商及顧客的可靠度等。因此,上層應用系統與底層製造系統之間就存在著"隔閡"(Gap),只有產品資訊直接來自於生產線設備及設備上的控制系統,ERP對資訊的高速處理效果才能體現出來 [5]。

　　製造業中的機台設備一旦發生故障和失效問題,將嚴重影響企業的市場競爭力。其主要表現在以下幾點:

1. 製造現場的設備突然的發生故障,不僅會增加企業的維護成本,而且會嚴重影響企業的生產效率,使企業蒙受巨大損失。

2. 在"顧客至上"理念普及的今天，製造企業必須為產品提供完整服務解決方案；但由於產品出現問題的不可預知性，企業無法預先制定服務和維護計畫。為了提高企業的服務效率和服務質量，製造企業必須維持一支規模更為龐大的服務隊伍，其成本支出是非常巨大可觀的。

3. 進口設備的維護問題是更為複雜和困難，現今企業採用的遠距離跨國維修FAF(Fly and Fix)方式是既費時又所費不貲，在大幅增加企業營運成本的同時，也嚴重影響企業的生產績效。

　　因此，如何合理地制定維護計畫，防止設備和產品因故障而失效，已成為製造企業降低作業成本、提高生產效率和市場競爭力的重要手段；而要保持設備和產品的穩定性，製造企業多採用周期性檢修的方式，但這種方式同樣給企業帶來了沈重的經濟負擔。現階段最新的觀念是採用智慧維護系統(Intelligent Maintenance System, IMS)，其能連續不間斷地對設備和產品的性能狀態進行監測、預測和評估，並按照事先制定的維護計畫執行，以防止其因故障而失效[13]。

　　由於資訊科技與網際網路技術的迅速發展，在整個電子化製造中，如圖6-2所示，電子診斷(e-Diagnostics)扮演十分重要的角色，其透過網際網路對機台進行遠端連結、控制、操作、規劃、性能監測、資訊收集與分析、錯誤診斷及維護，並達到自我診斷(Self-Diagnostics)與預測保養(Predictive Maintenance)之性能，且藉由網路式診斷技術，將可快速地診斷與修復機台、大幅縮短平均修復時間(Mean Time To Repair, MTTR)及減少機台的維護服務成本；另一方面，將可進一步降低機台之故障　，以達到機台近乎於零故障(Near-Zero Downtime)之目標。上述功能將能延伸至所謂的電子預防維護(e-Preventative & Predictive Maintenance)、電子錯誤偵測(e-Fault Detection)及製程控制(Process Control)，進而達到電子化製造(e-Manufacturing)和電子化工廠(e-Factory)的目標[3][4]。

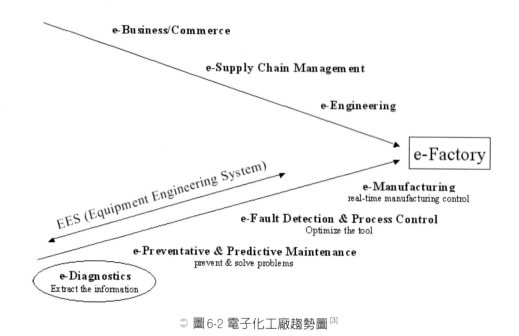

e-Business/Commerce

e-Supply Chain Management

e-Engineering

e-Factory

EES (Equipment Engineering System)

e-Manufacturing
real-time manufacturing control

e-Fault Detection & Process Control
Optimize the tool

e-Preventative & Predictive Maintenance
prevent & solve problems

e-Diagnostics
Extract the information

⊃ 圖6-2 電子化工廠趨勢圖[3]

　　為了建立E化製造系統，首先應該在製造業的機台設備上進行相關的E化改造，以使機台設備具有模組化、服務化、自我診斷等特點，最終形成一個由Web Service網路所組成，能夠連結E化製造單元的網際網路上，且兼容TCP/IP通訊協議之具有可重置性的新型加工設備。"E化"是指Web的電子化、數字化、網路化、服務化及協同等技術[10]。

　　E化製造(e-Manufacturing)是一種新的企業運作模式，它是製造業以電子化方式進行生產、經營、管理等一系列企業活動的運作模式，其包含企業生產管理過程及產品的整個生命週期。因此，E化製造實際上是透過電子化方式和網路通訊技術，做到企業製造的資訊化及整合化，並發展從工廠底層設備到上層應用管理系統再到顧客與供應商之供應鏈系統的協同合作[9]。更詳盡地說明，E化製造(e-Manufacturing)是一套包括工廠快速設計、ERP配置及全面資源管理，以製造商為主的供應鏈體系，讓製造達到可預測性的零故障性能及透過網際網路或非接觸式(如：無線傳輸)同步傳遞資訊的電子化系統[6]。E化製造整合物流、數據流(機器和生產製程層級)、資訊流(工廠和供應系統層級)、現金流

(商業系統層級)與知識流,如圖6-3所示,並對生產製造帶來更快的速度、更具彈性和更寬闊的可視性,做到降低庫存、減少過剩的產能和消除不確定因素,如此轉變取決於"電子化工廠"及"電子自動化"之下一代生產作業系統的進步[8]。

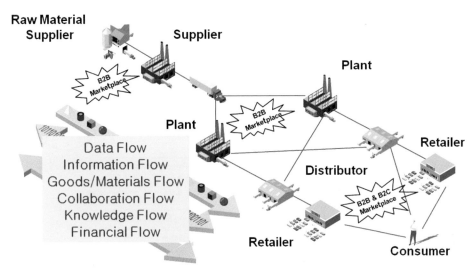

🢂 圖6-3 E化製造系統整合物流、資訊流、知識流、財務流等[12]

在E化製造環境下,E化製造系統有了以下新的特徵:網路性、協同性、動態性、準確性、即時性。由以上特徵說明:傳統的生產製造已不足以滿足E化製造環境下的需求,其原因為[7]:

1. 製造資源決策與其負荷情況有關。

2. 生產活動方案選擇與生產情況有關。

3. 生產活動的動態情況變得更加複雜多變。

一般來說,E化系統的整合包括兩個維度;縱向上,要執行企業內部不同層級的整合,即ERP上層管理系統、中層的製造執行系統及底層製造活動的現場控制系統的整合;而橫向上,要使顧客、配銷商、製造工廠和供應商之間的供應鏈整合。E化製造系統能使電子商務系統(e-Business)滿足可預期性的增加需求,並整合且緊密連結供應鏈管理

(Supply Chain Management, SCM)、企業資源規劃(Enterprise Resource Planning, ERP)和顧客關係管理(Customer Relationship Management，CRM)，使其在E化製造系統中提供必要充足的資訊[14]，如圖6-4所示：

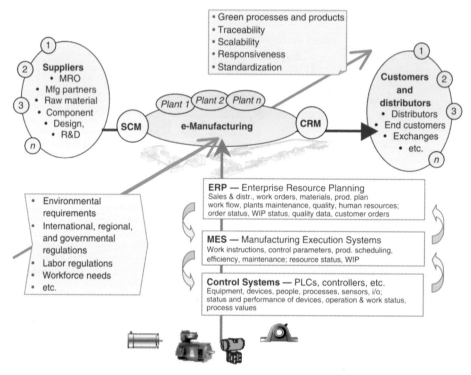

● 圖6-4 E化製造系統整合SCM、ERP及CRM[12][14]

　　E化製造系統能發展智慧機制來提供連續不間斷地、即時地且可遠端操作機台設備系統、預測機器的績效表現，並控制產能和產品之品質控管；而且藉由Web驅動的電子資訊平台(Infotronics Platform)，其具備可擴充性和可重置性，且能做到資料轉換、監測診斷、績效最佳化與同步化等功能，並發展虛擬平台給供應商、系統設計者及製程工程師在協同設計和生產製造方面提供快速驗證和決策，由於這些機制工具將系統整合，使用者可無障礙地從不同工廠分享、交換資訊[12]。

E化製造系統具有以下功能：

1. **資料收集及轉換(Data Gathering and Information Transformation)：**
   此功能已運用在E化製造系統中的不同層級，然而，從製造現場蒐集到的大量原始資料，大多是無用的，除非經過資料探勘(Data Mining)技術將資料萃取並轉換成有用的資訊（如：XML），如圖6-5所示；因此，為了實現電子商務、電子化製造和電子化服務，智慧維護系統必須與現有的企業商務系統(SCM、ERP、MES、CRM等)進行資訊交換。在Infotronics平台上，提出D2B(Device to Business)新的理念，並使用"資訊一次處理"(Only Handle Information Once, OHIO)；D2B不僅為維護決策提供了平台工具，而且做到下層的機器設備層級與上層的商務層級直接的雙向溝通，並為產品的最佳化設計提供了原始資料，在維護決策時，D2B平台系統採用P2P技術，來加強決策的準確性。

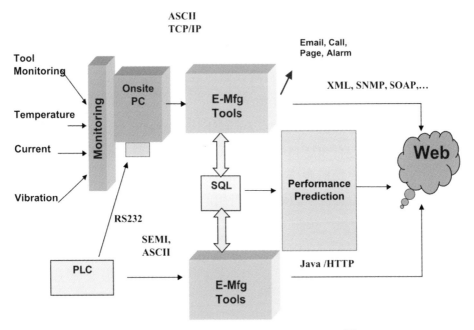

⊃ 圖6-5 E化製造系統中的資料轉換過程[12]

2. **預測(Prediction)**：智慧維護系統(IMS)發展出一套Watchdog AgentTM系統，這套系統的主要功能為可連續性地監測及診斷設備性能的衰退過程、評估其績效、最佳化製造現場的機台稼動率、預測維護(Predictive Maintenance)，且能預測到設備性能的衰退過程、績效損失和機台設備當機等問題，並做出適當的危機處理。

3. **同步化(Synchronization)**：同步化機制及其工具方法可使供應商、現場製造、顧客及電子商務系統做到商業自主化(Business Autonomous)、滿足顧客服務流程、可得知其實際狀態、預測績效損失、重置本身系統且維持一定績效，並可直接由系統設備依循一定的機制做出因應的決策。舉例來說，製造現場機台設備的績效損失，同步化機制可估計其對於物料流及產量等的衝擊，並將此資訊與ERP直接同步更新。同時，更新的庫存需求和物料運送也可直接和CRM做同步的連結隨時更新其最新資訊。

4. **最佳化(Optimization)**：在E化製造系統中，大量的原始資料可隨時隨地獲得，但尚未經過分析萃取的原始資料僅能提供有限的資訊。所以，為了有效率地監控這些製造作業流程的績效表現，最佳化機制可做到在不同層級的績效價值評比、預測及評估績效的複雜度，並自動最佳化設備的系統[12]。

　　從製造現場會經由I/O控制器或利用無線數據收集系統、並透過不同的通訊頻段，包含802.11、802.11b、藍芽等來收集到大量的原始資料，而後這些原始資料會經由Internet及無線通訊技術送到後端動態資料庫中，再將原始資料萃取轉換成有用的資訊及知識，之後會再送到E化製造系統中作分析、預測、最佳化和同步化[11]，如圖6-6所示：

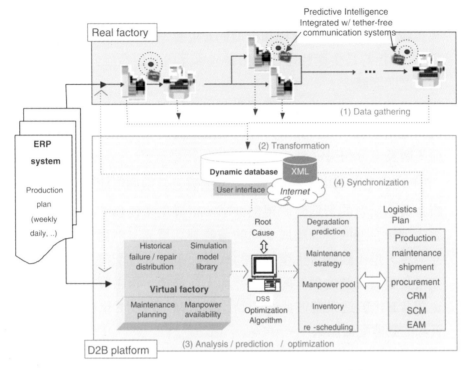

○ 圖6-6 E化製造系統的架構及其組成元素[11]

　　與產品製造過程有關的物流、資訊流及現金流等，以電子化和數字化來表現、傳遞、加工處理與存取，是E化製造的核心所在。因此，不僅需要對製造資源在製造設備端進行配置，更需要發展對邏輯製造單元在製造過程中之資訊進行重新配置的機制，以滿足實際生產線狀況的需求[5]。

　　由於E化製造系統的動態性及分散性等特點，直接從E化製造系統中進行製造資源配置成效較不顯著，遂以組成E化製造系統之各製造單元層面的製造資源配置過程作為突破點，並依據配置形成的製造單元、E化製造系統及製造企業三者間的動態關聯，導出E化製造系統製造資源動態的配置結果。選擇以E化製造系統之各製造單元層面的製造資源配置過程為突破點的主要原因在於[5]：

1. **對製造資源配置的設計和執行有顯著幫助：**由於在製造單元設備層級相較於上層的企業層級和中層的E化製造系統層級，參與配置對象(在此指的是生產製造任務和製造單元內有製造能力的製造設備)的維度明顯減少。

2. **對製造單元系統的收集有顯著幫助：**由於製造單元的配置目的在於使製造系統能夠發揮高度彈性，適應多變的生產任務，保持設備負荷平衡及充分利用資源。

在E化製造系統中，製造資源動態配置包含兩個環節[5]：

1. 將企業內所有的製造資源視為共享，根據生產任務的不同在企業資源內選擇合適的資源組成不同的邏輯製造單元；然而，作為重組單元來說，是不斷隨著生產任務的改變而重新進行配置，等待各企業完成其製造資源的動態配置和待加工任務後，再由製造單元、製造企業及E化製造系統彼此間的動態關聯鏈，導出E化製造系統製造資源的動態配置結果。

2. 建立相對應的資訊重構模型，該模型能夠根據前一環節的配置結果將製造設備動態連結到E化製造系統，並針對製造任務在製造設備實際加工過程中的數據，建立與生產作業相關的成本動態追蹤模型，進而透過生產作業、製造單元和企業的關聯關係，整合製造單元及企業內的製造任務實際進度。

6.1.2 智慧維護系統

在E化製造系統中，製造現場機台設備的預測保養(Predictive Maintenance)是個極重要的部分。預測保養也可稱做E化維護(e-Maintenance)，也就是所謂的智慧維護系統(Intelligent Maintenance System, IMS)，其藉由整合即時化同步監控操作介面、運用先進的績效衡量方法與無線通訊技術來達成製造作業系統的零故障(Near-Zero Downtime)；E化維護系統能透過網路監控系統且比較產品產出的績效，進而提升預測失效能力(Degradation prediction)及電子錯誤偵測(e-Fault Detection)[13]。

在現今的製造企業，無論是維修或是定期維護，其目的都是為了提高製造企業設備的稼動率，進而增加生產效率。因此，故障診斷技術的出現，大幅縮短確定設備故障所需的處理時間，從而提升機台設備的利用率[4]。為了最大化製造現場機台設備的產出績效，E化維護系統利用網路通訊技術和藉由Web驅動的電子資訊平台(Infotronics Platform)來做到監控、分析、比較、重置及維持系統的運作。而且，這些擁有智慧決策的系統能為CRM、ERP與電子商務等系統提供聰明且有效率的服務。圖6-7為智慧維護系統(IMS)的組成關鍵架構；IMS的驅動核心為Watchdog AgentTM系統，其主要功能為預測失效能力(Degradation Prediction)及績效損失。

智慧維護和故障診斷有著密不可分的關係，大部分技術基礎起源於故障診斷，但期間又有相當多的區別。在傳統的診斷維護領域，技術開發與應用集中在信號及資料處理、智慧演算法研究(遺傳演算法、人工神經網路等)與遠端監控技術(以資料傳送為主)。這些技術是被動的維修模式FAF(Fail and Fix)，對產品和設備的使用者而言，維修是要求達到及時修復；而智慧維護技術是基於主動的維護模式PAP(Predict and Prevent)，重點在於資訊分析、性能衰退過程預測、維護最佳化的技術開發與應用，產品和設備的維護已滿足預防性要求，進而達到近乎於零故障及自我維護[4]。

故障診斷技術在設備和產品的維護中雖然也發揮重要的作用，但目前，由於工業界對預防性維護技術的需求，故障診斷領域的研究重點已逐步轉向狀態監測、預測性維修和故障早期診斷領域，其為智慧維護技術的發展打下扎實的基礎。

圖6-7為智慧維護系統(IMS)的架構；智慧維護系統的核心技術是對設備和產品性能衰退過程的預測和評估。要對設備或產品進行預測維護，必須提前預測其性能衰退狀態，與現有的故障早期診斷不同的是：智慧維護著重在對設備或產品未來性能衰退狀態的走向預測，而不在於某個時間點的性能狀態診斷；其次，進行預測和決策時，在分析歷史資料的同時，智慧維護導入了與同類設備進行"比較"的策略(P2P：

peer-to-peer)，進而提高了預測和決策的準確度。P2P是對傳統故障診斷方法的一種超越；此外，在採集設備和產品的資料時，智慧維護系統強調"相關資訊"(包括人的回饋資訊)的蒐集與有效"整合"(包括低層次和高層次的整合)，並根據人腦的資訊處理方式從中綜合萃取性能預測所需的資訊。

另一方面，隨著Internet和Web技術的發展，利用Internet和Web來進行遠端即時監測資料的傳輸技術也已逐漸成為研究重點；其利用現代資訊電子(Infotronics)技術實現兩地間設備和產品性能衰退的監測、預測，並提出維護方案等機制，其強調的是根據實際需求，傳輸所需的"資訊"，即根據設備和產品在不同環境下各種性能衰退過程的實際快慢程度，即時地調整相對應資訊的傳輸頻率及數量，而非傳統意義上的簡單的"資料"傳輸。

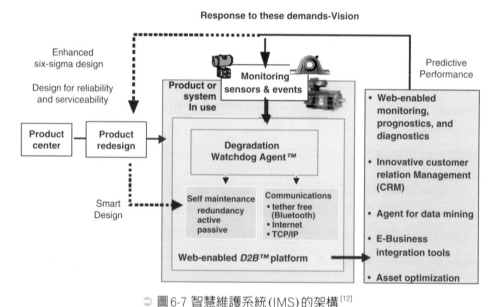

⟳ 圖6-7 智慧維護系統(IMS)的架構[12]

E化維護系統(e-Maintenance)是整合E化製造系統(e-Manufacturing)、電子商務(e-Commerce)、供應鏈管理(Supply Chain Management)與物流管理(Logistics Management)的主要關鍵所在，如圖6-8所示，為了要順利執行此整合系統，就必須發展以下功能[11]：

1. 預測智慧(Predictive Intelligence)的演算法、軟體和代理人機制。

2. 在機台設備與商務端發展更通用的資訊傳遞管道。

3. 建構可擴充式的智慧平台。

4. 強化在機台設備/產品端的資料及資訊安全。

5. 加強人員的教育訓練使其具備整體系統架構的認知及提升危機處理能力。

6. 提升資料探勘(Data Mining)技術。

7. 強化無線通訊技術的彈性及降低遠端監控系統的成本。

8. 提升動態決策的最佳化系統與同步化系統。

9. 建立符合世代潮流的新企業文化,且強化公司體制、擁有更具彈性的動態決策能力和增強企業的全球競爭力。

　　若能最佳化其效益、盡其可能地無縫整合且執行順利的話,供應商、製造商、顧客及系統使用者將從此整合系統得到穩定的製程可靠度和極大利益[14]。

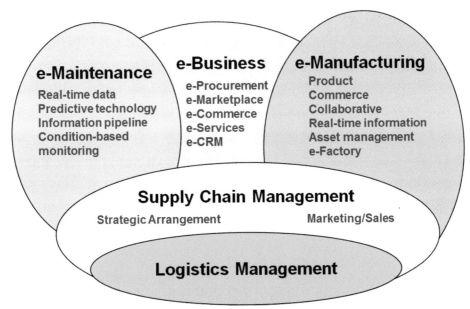

⊃ 圖6-8 E化製造、E化維護、電子商務、供應鏈管理、物流管理的整合[12]

▶6.2 製造執行系統簡介

▶6.2.1 MES的產生背景

自八十年代以後，伴隨著消費者對產品的需求愈加多樣化，製造業的生產方式開始由大批量的生產轉向多樣少批量的生產方式，以電腦網路、大型資料庫、IT技術和先進的通訊技術之發展為基礎，企業的資訊系統也開始從局部和事後處理的方式轉向全域導向且即時處理的方式。

在製造管理領域出現了JIT、TOC等新的理念和方法，並依訂單的生產方式，進行更科學的預測和制定更詳實的可行計畫；在企業級層面上，管理系統領域MRPII以及OPT系統迅速地普及，直到今天各類企業ERP系統正如火如荼的進行；在程序控制領域PLC、DCS被大量應用，最主要的關鍵因素是因為高效率的現場製造流程管理。

企業資訊化在各個領域中都有開始發展，但是在工廠以及企業範圍資訊整合的實踐過程中，仍然有難以解決的瓶頸所產生的問題，比如，在規劃過程中無法準確即時地把握生產實際狀況，另一方面則在生產過程中無法得到確實可行的作業計畫做指導；工廠管理人員和操作人員難以在生產過程中追蹤產品的狀態資料、不能有效地控制在製品庫存，而客戶在交貨之前無法了解訂單的執行狀況，產生這些問題的主要原因在於生產管理規劃系統與生產程序控制系統的相互分離，規劃系統和程序控制系統之間的界限模糊、缺乏緊密的聯繫。針對這種狀況，1990年11月，美國的調查諮詢公司AMR首次提出MES的概念，為了解決企業資訊整合問題提供了一個被廣為接受的思想，就是製造執行系統(Manufacturing Execution System, MES)。

▶6.2.2 MES的發展歷程

1980年代後期，隨著電腦技術和網路技術的迅速發展，製程工業控制中出現了多學科之間的相互滲透與交叉；同時，資訊處理技術、電腦技術、通訊技術及電腦網路與自動控制技術的結合使程序控制開始突破自動化孤島模式，出現了整合控制、最佳化、排程、管理和經營於一體的綜合自動化新模式。

1990年代，隨著電腦技術的日新月異，電腦整合製造系統 (Computer Integrated Manufacturing System, CIMS)的研究已成為自動化領域的一個重要議題。1995年美國、日本、西歐等國已有100多家煉油、化工企業在實施CIMS計畫，推動了流程工業綜合自動化系統在實際生產中的應用。透過電腦網路向上下游、產供銷一體化或整合化方向發展，義大利AGIP石油公司提出了以資料模型為核心的工廠資訊整合系統方案，資訊收集從底層到上層，從供應鏈的源頭到盡頭，而計算結果和指令則從上層一直傳遞到底層。連接即時資料庫和關聯式資料庫 (Relational Database)，對生產過程進行過程監視、控制和診斷、環境監測、單元整合、類比和最佳化，並在管理決策層進行物料平衡、生產計畫、排程、企業資源規劃、線上模擬與最佳化等。

▶ 6.2.3　MES的定義

國際製造執行系統協會(Manufacturing Execution System Association, MESA)對MES的定義是：MES系統在產品從工單發出到成品產出的過程中，扮演生產活動最佳化的資訊傳遞者。MES運用即時、準確的資訊，指導、執行、回應並記錄工廠活動，從而能夠對條件的變化做出迅速的回應、減少無附加價值的活動、提高工廠運作過程的效率。MES不但可以改善設備投資報酬率，而且有助於及時交貨、加快庫存周轉、提高收益和現金流的績效，MES在企業和供應鏈間，以雙向交互的形式提供生產活動的基礎資訊。

美國的權威機構先進製造研究中心(Advanced Manufacturing Research, AMR)提出的MES是位於上層的計畫管理系統與生產控制系統之間的現場製造執行資訊系統。它為操作人員即管理人員提供計畫的執行以及追蹤所有資源(人員、設備、物料、客戶需求等)的當前狀況。AMR於1992年提出了三層的企業整合模型，將企業分為三個層次：規劃層(MRPII/ERP)、執行層(MES)、控制層(Control)。規劃層強調企業的計畫，它以客戶訂單和市場需求為計畫源，充分利用企業內部的各種資源，降低庫存，提高企業效益；執行層強調計畫的執行，透過MES把MRPII/ERP與企業的現場控制系統整合起來；控制層強調設備的控制，如PLC、資料收集器、條碼、各種計量及檢測儀器、機械手臂等的控制。

製造執行系統是一個能幫助製造者維持一定產品品質、符合規範、縮短上市時間、減少產品成本，MES還能提供製造產品流程的整合，包括自動化系統、人力及文件密集流程。MES整合提供了所有製造生產要素的即時資訊，MES被使用去定義、監督、控制及同步五項產品的關鍵生產要素，分別是：物料、機台、人員、流程指令/文件檔案及設備。

MES可以填補企業規劃系統及控制系統的代溝，MES與規劃系統整合以獲得產品排程、財務及營運績效的資訊。當工廠運作時，來自ERP系統所產生的業務需求由MES轉變為指令的動作，批量或是產品資訊報表也是由MES提供給ERP系統的。MES整合其他控制系統以確保成功執行產品規劃，並符合客戶規格與產品規格，MES還提供配方、流程設定值及流程控制系統的操作說明，流程控制系統依次提供實際流程狀況、流程步驟完成度、運作狀況、設備績效、原料、人員等資訊。

MESA協會白皮書(MESA White Paper No.3，1997)中提出說明企業資源規劃(ERP)、MES與控制系統之間的作業互動與資訊流模式，如圖6-9所示。圖中左邊ERP系統需隨時注意產品庫存量、客戶訂單狀況與材料需求，然後將這些資訊傳送至MES由執行系統進行生產或安排庫存以滿足客戶訂單需求。中間部分為MES系統，負責完成產品製造工作，產品設計相關資料可儲存於此系統中，MES可將此產品相關資料轉化為作業程序提供給控制系統之作業人員或機器設備來使用。右邊部分為控制系統，當作業程序、程式、文件及其他相關生產需求項目就緒，控制系統便運用所有工廠內相關資源(軟、硬體及人員)負責完成生產製程以達成產品生產目標。

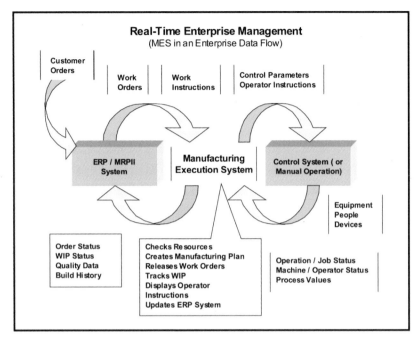

⊃ 圖6-9 ERP(Business)、MES(Execution)與控制系統間互動關係圖 [25]

6.2.4 MES的功用

製造企業關心三個問題：生產什麼？生產多少？如何生產？企業的生產規劃回答的是前兩個問題，"如何生產"則由生產現場的程序控制系統掌握。ERP、CRM等系統只為生產規劃的編制提供了資料資訊，對於規劃如何下達到生產環節，生產過程中變化因素如何快速反應給規劃，在規劃與生產之間需要有一個"即時的資訊通道"，MES就是規劃與生產之間承上啟下的"資訊樞紐"。

近年來，隨著JIT(Just in Time)、BTO(Build to Order)等新型生產模式的提出，以及客戶、市場對產品品質提出更高要求，MES才被重新發現並得到重視。同時在網路經濟泡沫的破碎後，企業開始認識到要從最基礎的生產管理上提升競爭力，只有將資料資訊從產品級(基礎自動化級)取出，穿過操作控制級，送達管理級。透過連續資訊流來實現企業資訊整合，才能使企業在日益激烈的競爭中立於不敗之地。

　　企業資訊化系統是一個資訊相互貫通的集合體，作為製造業內部最重要最基本的活動—生產，它的相關資訊尤其需要得到即時的處理和分析。具體的說，就是收集生產過程中大量的即時資料，並對即時事件即時處理，同時又與規劃層和生產控制層保持雙向通信能力，從上下兩層接收相應資料並回饋處理結果和生產指令。

　　MES不同於派工單之形式為主的生產管理和輔助的物料流為特徵的傳統工廠控制器，也不同於偏重於作業與設備調度為主的單元控制器，而應將MES作為一種生產模式，把製造系統的計畫和進度安排、追蹤、監視和控制、物料流動、品質管制、設備的控制和電腦整合製造(CIM)介面等全面化去考慮，以最終實施製造自動化之整合。

　　從MES的定義我們可以清楚的了解，MES是一套和生產製造息息相關的企業資訊系統，主要負責生產作業資訊蒐集、整體分析的工作，而MES在企業資訊系統中所扮演的角色，如圖6-10所示：

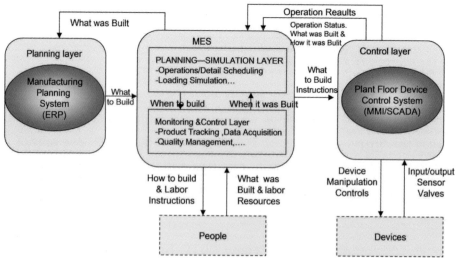

⊃ 圖6-10 MES在企業資訊系統中所扮演的角色 [25]

1. 從ERP系統得到什麼樣的產品要生產多少(What to build)。

2. 什麼時候要在哪裡生產。

3. 給自動化設備或給現場人員下達作業指示(Instructions)。

4. 從現場得到作業結果(What was Built)及作業狀態(Operation Status)。

5. 最終把生產結果通報給ERP系統等功能。

6.2.5 MES的功能

MES的核心功能

MES的各項核心功能(如圖6-11所示)，彼此相互關聯，且都是生產系統中最基本的部分。每一個功能都可能被擴張，端視公司文化的差異與生產製程不同而訂。

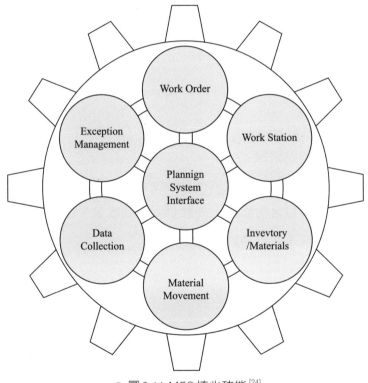

⌒ 圖6-11 MES核心功能[24]

1. **規劃系統介面(Planning System Interface)**：MES應該直接地與計畫系統結合，才能夠在每一系統之間使資訊通過；由於設置的系統有相當多的種類，所以這個介面必須是能夠經常被開發，才能夠適應特定的規劃系統與MES。

這個功能模組所提供的連結，由派單開始，橫跨主生產現場各階段資料的轉移，其他相關的資料如存貨狀態、勞力、工單流程等相關資訊都可藉由此介面傳遞給規劃部門。在設計整體製造系統時，用Hub的觀念來建構MES，使製造體系中的每一位工作者都可以透過MES，隨時存取資料。當所有資料都歸檔存入MES系統的資料庫後，MES具備將這些資料整理、歸類的功能，一旦生產線上有需要時，隨時滿足該需求。

2. **工單管理(Work Order Management)**：工單管理需將每張工單的資料，利用機器或人力輸入MES系統，使MES可以掌握每一張工單的情況，並派單至生產現場各單位執行生產。工單管理可處理訂單的改變，具備建立或修正排程、修改優先權的功能，亦可調配存貨以滿足合適的訂單。在生產的過程中，修改已派至各現場的工單是常有的事，例如MES可以：

   (1) 改變排程。

   (2) 改變產量。

   (3) 更改物料傳遞路線。

   (4) 把訂單劃分成較小的數量，以減少每張工單的負荷量。

   (5) 結合部分訂單合併為較大的數量，以利批量生產。

   (6) 下訂單購買生產短缺的數量。

   (7) 追加工單。

   (8) 利用模擬學模擬可能的結果。

   (9) 重新安排工單的優先權。

3. **工作站管理(Workstation Management)**：每座機台的生產規劃、排程、及最大生產量都在這個步驟完成，這個功能模組利用機台作業所提供的物料遞送路線資料及目前時間標準，推算出目前總生產負荷量為何，再配合規劃階層之排程規劃，自動調配存貨及生產工具，以回應料單之需求。

MES系統模組可因應每位顧客生產作業之不同而設計最符合的設施規劃。這個功能模組還具備以下功能：

(1) 分配作業給工作站。

(2) 工單的最佳化。

(3) 利用物料遞送路線規劃及標準工時等資料，建立每一個作業步驟及工作站目前的生產負荷量。

(4) 現場機器設備的生產計畫表之更正或下載。

(5) 建立/維護可用之工作站及作業站地圖。

4. **存貨追蹤與管理(Inventory Tracking and Management)**：存貨追蹤負責管理、紀錄、維護單位存貨的詳細位置、數量、使用狀況等資料。一旦存貨狀態無法滿足生產規劃，而需修改排程時，MES提供規劃所需的存貨改變資訊給規劃層，一旦突發事件導致加工順序改變時，唯有線上即時反應的MES系統掌握了該區詳細的存貨狀態。這功能還具備以下三點特色：

(1) 所有原物料、在製品的管理與控制，均可納入工作站存貨項目，以作為工單排程規劃時的參考。

(2) 紀錄、維護所有支援性物料、資訊，以備規劃階層之所需。

(3) 提供每一事件所有相關詳細資訊的擷取及維護。

5. **物料搬運管理(Material Movement Management)**：在MES系統下的物料搬運管理，必須迅速判斷物料「何時搬？要從哪裡搬到哪裡？」並下達簡潔正確的指令給搬運工人，或指示輸送系統自動安排運送物料。這個功能的工作有：

(1) 下工單給搬運車駕駛。

(2) 通知AS/RS(Automatic Storage/Retrieval System)控制系統，準備適當的棧板，以方便物料運送。

(3) 通知無人搬運車，將在製品送至下一個工作站。

(4) 控制流體物質輸送管的開關。

6. **資料蒐集(Data Collection)**：資料蒐集幫助MES隨時擁有第一手資訊，它將所有生產製造所需的相關資料通通蒐集在內。資料可用直接輸入的方式，或向上由供應商索取現成的資料，直接轉入MES系統。資料輸入來源包括：

(1) 電腦條碼(Bar Code)掃描器。

(2) 語音辨識器。

(3) 無線射頻辨識。

(4) 人事系統(工作時間和出缺席率)。

(5) 品質保證系統。

(6) 機器和製程的監控系統。

(7) 其他的電腦系統。

(8) 人員輸入。

7. **例外管理(Exception Management)**：例外管理是MES所有功能中最客製化的一項，它負責即時回應影響生產規劃的意外事件。MES應規劃幾套應變方案，以備不時之需，例如：

(1) 系統能夠重新安排產品生產排程或調動物料配送路線，以因應生產資源短缺。

(2) 系統能夠監控品質保證的資訊，自動調整機台及製程，以確保產品特性的一致。

(3) 系統必須在極短的時間內，通知意外處理人員，並允許人員進行系統的修改。

MES的輔助功能

上述描述和生產直接相關的核心功能，接著將介紹未具備直接關係，但也是MES不可或缺的一部分，稱之為輔助功能。輔助功能的種類很多，沒有數目上的限制，為因應日趨複雜的需求變化，輔助功能在未來必將大幅成長，如圖6-12所示。

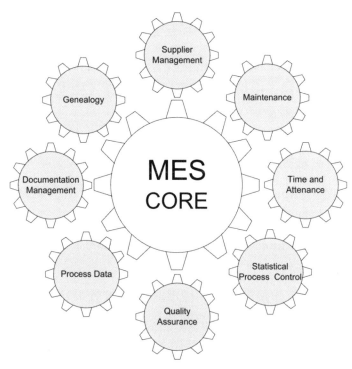

🠒 圖6-12 MES 輔助功能[24]

　　MES的輔助功能有：

1. **維修管理(Maintenance Management)：**它將系統劃分成八個模組來追蹤與排定維修的作業：

   (1) 設備模組(Equipment Module)：這個模組負責維護所有設備零件的歷史資料，包括技術資料、備用零件、過去的維修記錄等。

   (2) 工單模組(Work Order Module)：這個模組負責追蹤所有已派或未派至生產線的工單。

   (3) 預防保養模組(Preventative Maintenance Module)：這個模組負責所有與生產相關的機器、設備、零件之例行性維修工作。

   (4) 統計預測保養模組(Statistical Predictive Maintenance Module)：追蹤各機器設備的動態資料，如溫度、振幅、電壓負荷，並輔以SPC預防各機器設備當機的可能。

(5) 存貨模組(Inventory Module)：追蹤、管理備用零件的存貨量及其目前的存放的地點。

(6) 採購模組(Purchasing Module)：這個模組應和設備零件供應商的出貨系統連線，由供應商負責提供報價單，由本模組負責各維修零件的採購事宜。

(7) 人力模組(Labor Module)：這個模組以個人或技術為單位，負責追蹤具備維修技能之人力資源。

(8) 分析模組(Analysis Module)：這個模組負責所有維修資料的整理，並定期撰寫維修之分析報告。

2. **工時管理(Time and Attendance)：**這個功能的主要目的在於蒐集工作人員的出席時數、加班時數。

當工廠已建立工作績效考核的標準時，MES就可利用現有的績效資料，將這些資料傳遞給薪資部門及成本控制部門，用來提昇資金的使用率。典型的工作時間和出缺席系統包括下列幾點：

(1) 工作時間和出缺席(Time and Attendance)。

(2) 勞工蒐集(Labor Collection)。

(3) 領班管理(Supervisor Administration)。

(4) 薪水帳冊／系統管理(Payroll Administration)。

3. **統計製程品管(Statistical Process Control, SPC)：**SPC式控制品質的方法，主要強調生產過程中的連續監控，而非完成品的檢測。希望藉由SPC降低不良品的數量，透過流程控制來降低呆廢料的成本。統計製程品管工具包括：

(1) 流程圖(flow chart)。

(2) 路線圖(run chart)。

(3) 柏拉圖分析(Pareto Chart and analysis)。

(4) 特性要因圖/魚骨圖(cause-and-effect diagram)。

(5) 次數長條圖(frequency histograms)。

(6) 管制圖(control chart)。

(7) 製程能力分析(process capacity studies)。

(8) 散佈圖(scatter diagram)。

4. **品質保證(Quality Assurance)**：品保系統可和SPC或ISO9000系統連線，成為MES的一部分。

典型的品保系統包括以下的功能：

(1) 進料檢驗(Receiving Inspection)。

(2) 不一致性(Non-Conformance)。

(3) 供應商評估(Supplier Rating)。

(4) 產品修正(Corrective Action)。

(5) 量具追蹤(Cage Tracking)。

(6) 校正控制(Calibration Control)。

(7) 統計製程品管(Statistical Process Control, SPC)。

(8) 製程中的檢查／測試(In-Process Inspection/Test)。

(9) 連續檢查／測試(Serialized Inspection/Test)

5. **績效分析(Performance Analysis)**：製程資料的蒐集與績效分析，可依不同的目的發展成不同應用的套裝軟體，例如：為了分析時間與成本變異而發展出來的套裝軟體SCADA。

6. **文件管理(Documentation Management)**：對製造管理的工作者而言，必須加以處理的資訊數量每天都在成長，公司內每一筆的資料都必須正確地傳送到各個生產製造部門及工作機台。現代化的產品資料及文件管理系統擁有強大的功能，不論何時何地，只要有需求，就可提供即時又正確的資訊。

7. **產品資料管理(Product Data Management, PDM)**：是文件管理中最具代表性的一套系統，它提供一個包含所有被用來管理產品及其資料之系統；PDM提供一個架構，所有用來定義產品、管理產品、支援產品的各類資訊，都接受PDM架構的管理與控制。

典型的PDM系統包括：

(1) 資料庫和文件管理。

(2) 工作流程和製程管理。

(3) 產品結構管理。

(4) 分類管理。

(5) 計畫管理。

(6) 溝通管理。

(7) 資料傳遞。

(8) 資料轉換。

(9) 影像服務。

(10) 行政管理。

8. **產品追蹤(Product Trace Ability)：** 由於製造業者回溯一批產品之組成元件與加工狀態的需求日益增加，使得產品追蹤逐漸成為製造管理軟體必須的功能之一。好的產品追蹤功能，可讓使用者回溯至任何一個生產步驟、任何一筆加工資料，即使是特別處理的加工手續也不例外[16]。最常用產品追蹤功能的原因是為了品質保證、統計分析、或存貨管理。

9. **供應商管理(Supplier Management)：** 當委外製造(outsourcing)與JIT(Just-In-Time)愈來愈普及時，由於各製造商對即時資訊太過需求，導致上游供應商難以配合。但是，外部資源資訊同步的重要性，決不亞於工廠內各製造流程在製品的加工狀態。製造業可與供應商的MES系統連線，以了解各供應商的供貨狀態。

MES是線上整合的電腦系統，累積所有完成產品所需的方法、工具與功能，其中最重要的關鍵在於—整合。整合這些系統，實現線上即時擷取所有所需資訊，才能真正強化製造業者控制問題，回應問題的能力。

6.2.6　MES的架構

MES核心是SQL架構的關聯性資料庫管理系統、應用程式開發的CASE(Computer-Aided System Engineering)工具、CIM介面、檔案管理系統，可能還包括統計性製程控制及統計製程管制/統計品質管制(SPC/SQC)、維修及樣本管理工具。以下為Joede Spautz建議的使用架構[26]：

關聯性資料庫(Relational Database)

舊有的系統缺陷是紙本作業、知識個人化、資料分散於各資料庫且載於書面檔案。MES資料庫將資料庫的特性與可用訊息相連接，包括統計品質控制、設備與人員追蹤、物料追蹤、產品與原料庫存、人力資料、製程資料及工廠文件，所以能夠提供使用者需要的資料為其優點。使用者可能是工廠作業員、領班、生管經理、廠長、倉管人員、製程工程師、MIS分析師、企業經理及其他人，而回應工具目前已經是第四代產品，讓使用可以更簡單地使用。

圖形化介面(Graphical User Interface, GUI)

GUI是多用戶的重點，這種新介面提供使用者更簡單的辨識與客製化界面，且可跨平台使用。MES基本上提供一個採用OSF/Motif(圖形用戶界面規格)及其他標準的GUI，且MES對不同對象提供不同視窗，包括作業員、管理者、工廠經理、維修人員等公司人員。

開放式系統架構(Open Systems Architecture)

MES益於用戶的地方之一，就是連接商業系統的開放性及主從式架構提供的配銷控制系統，製造商想要優於市場競爭者又獨立的技術，為了符合這些需要，製造商開始投資開放式系統產品且允許與先前的投資及更新的電腦技術整合。開放式系統提供標準化介面、跨平台應用程式即交換式跨平台資料，MES通常以POSIX相容平台、物件導向可攜式語言，如C++。

主從式架構(Client/Server Architecture)

基本上MES都是使用此架構、圖形化且組合化介面,未來可能包含多媒體,主從式架構的優點就是允許利用桌上型電腦工作站成為成大型主機架構之一。

系統客製化工具(System Customization Tools)

製造商需要客製化的解決方案,理由是有的需要新系統,有的需要整合現存的不同製程。MES以適合的工具且物件為基礎讓使用者能夠輕鬆客製化及維護MES應用程式,因為每個產業、公司有不同的術語,因此需要設定一個語言容易自定義的語言。為了保持競爭力,公司需要全球化,解決方案標準化,且語言國際化,所以MES應該要能夠應付多種語言的需求。

整合工具(Integration Tools)

MES包括配銷控制系統的介面、工廠支援系統、MRPII及ERP。MES提供MRPII或ERP,製程控制系統的及時資料互動機制,物料、人工、原料和設備流的工作績效資訊是從DCS送到MES。MES即時的把存貨消耗量、法規符合性及線上作業績效傳給MRPII或ERP,對MES的資料庫來說第四世代的程式語言是必要的。

▶ 6.2.7 企業為何需要導入製造執行系統(MES)

資訊技術的躍進牽動企業全球化運籌時代的來臨,如何有效收集、管理製造工廠內快速多變的訊息,有效轉變成管理決策依據,並加速企業應變或回應的速度,往往就成為企業成敗的關鍵。

製造執行系統(Manufacturing Execution System, MES)是製造現場電子化之主要系統,其功能是收集加工現場各種資訊,提供管理者正確即時資訊,並進行資料整理與分析,協助管理者進行正確的管理決策[20]。

對高科技產業而言，如半導體、LCD、PCB與電子零組件等，因為製造現場的生產流程變異性高、製程彈性變化大、交期緊迫與交期掌控能力的需求及需有效提升高價值設備的利用率，因此，如何建置一套成功的MES系統，以有效追蹤、管理製造活動中的在製品(Work In Process, WIP)、原物料、機台狀況、製程預定生產狀況與實際生產結果，即時滿足來自客戶與製造現場的需求，幫助管理單位做出正確的決策，便成為企業提升競爭力的重要關鍵[21]。

所謂在製品資訊泛指所有與在製品相關之資料，例如各批生產之所在作業站、良率、加工狀態等等。在製品資訊對現場或業務決策者而言都是相當重要的。對於現場決策者而言，在製品資訊可以作為工單指派與工單排程之依據；對於業務決策者來說，在製品資訊可以提供各客戶所交付訂單之目前狀態、目前良率等，亦可由在製品資訊衡量產能之負荷來決定接單與否。由此可見，若有正確且完整的在製品資訊，現場及業務決策者便更容易作出正確的決策[22]。

在沒有電腦管理系統之前，各產業之在製品資訊是藉由人工以所謂流程卡(Run Card)的方式來記錄，流程卡是一種制式表單，跟隨著生產批由作業一開始便附於其上，由現場作業員逐一將每個生產站之生產相關資訊記錄在流程卡上，直到作業結束為止。這種以人工登記的方式具有浪費人力、容易產生錯誤等缺點，而且缺乏製程與品質即時性的管制功能，一旦發生任何狀況，很不容易立刻被察覺，因而延誤處理時機，造成成本的損失，甚至更嚴重的影響到交期。

6.2.8 MES對於整廠自動化之益處

MES是在管理及控制設備、物料、直接人力、製程、指令與品質，從原料的配方到完成品的出貨，MES會協助生產管理功能，告訴作業員該做什麼、驗證他們已完成的事而且會為已完成的事建立檔案記錄。MES提供製造商在規劃與控制層級需要的資訊與功能，包含：原料品質、成品品質、分析認證/批次記錄報告、WIP追蹤、SPC/SQC圖、樣本管理、生產監控、產品/批量追蹤、排程、警告/通知、生產分

析、可用機台追蹤、批量選擇。MES系統優先考慮由支援組織發展的執行計畫,根據生產計劃,MES執行MRP產生的工單,從製程角度,MES提供MRP在資源利用與生產製程結果方面準確且及時的回饋。

總體而言,MES讓管理者動態地連續監控製造程序,也支援及時資訊指出問題的發生點,提供立即的解決方案,還能識別無法容許的狀況,也提供警報給適當的人,MES底線就是節省時間與金錢。

製造經理每天都要對生產負責,也有許多問題要去解決,他們不能只等著MRP給的資訊,也不能依賴過時的生產計劃。雖然生管經理可以從工廠中獲得85%基本所需的資料,這些資料通常可以從流程控制系統的歷史檔案裡面獲得,然而,這些資料沒有關聯性而且不夠詳盡。傳統的流程控制系統是提出流程參數且專注在設備上而不是製造上,因此生管經理所需的資料是不正確的形式,所以流程控制系統無法回答每天都要對生產負責的製造經理所提出的問題,例如:

1. 物料管理

(1) 上一班生產時產生了多少廢料?

(2) 產品每次生產的良率是多少?

(3) 用不同等級的原料生產多樣產品時,需要什麼原料、設備及製程參數?

(4) 運送產品 X, Y, Z 給客戶時,哪些原料是最大宗的?

(5) 什麼批次最常被加工,而又是什麼最常庫存?

(6) 是否有足夠的存貨來滿足客戶需求?

(7) 是否有足夠的材料來包裝成品?

2. 設備與人力管理

(1) 上一班的設備利用率是多少?

(2) 下一班需要多少額外的人力?

(3) 該班的設備利用率是多少?

(4) 何時該停機以維修設備?

(5) 如何才能最小化設備的設定時間與換線時間?

3. **工作／訂單管理(規劃與排程)**

(1) 下次要生產什麼產品？

(2) 生產率該設定多少？

(3) 當機台X當機時，是否有足夠的產能來生產產品Y？

(4) 是否有符合生產規劃的目標？

(5) 該如何排除生產瓶頸呢？

4. **品質管理**

(1) 該如何把產品品質規格與流程控制參數相連接？

(2) 能做得出符合規格的產品嗎？

(3) 為了做出即時決策，要如何隨著製程資訊校正實驗樣本？

(4) 該如何使用等級Y的原料A,B,C再製產品X？

(5) 哪些生產要素是耗費最多的？

(6) 該如何改善生產製程？

5. **作業管理**

(1) 下一班是否了解哪些作業已經執行了呢？

(2) 作業員在每一個標準製程中表現正常嗎？

(3) 製造了不合規格的產品後該如何恢復產線標準？

6. **法規符合性管理**

(1) 我們的排放狀況跟能源消耗狀況是如何？

(2) 有替顧客及法規部門準備需求紀錄嗎？

　　生管經理、廠長、企業生產計劃者所需要的資訊與控制工程師及操作員是截然不同的，產品控制所需資訊來自一組源於流程控制甚至是一些來自於DCS的特徵資料，以生產為主的方案像是MRP，無法成功的辨識流程連接的重要性，而流程控制系統無法成功的辨認產品重心，MES試著提供產品及流程為主的方案，整合後的製造執行與控制方案連結MRP與流程控制系統將會突破困境。

經過整合的MES在這個困境中是很獨特的，他有能力將產品目標及規格自動地與流程中的設置點相聯結，進一步可以控制機械設定，像是：閥門、幫浦、機台等。這種將產品即時規格與製程控制參數相連結的能力提供了產品閉迴圈控制機制，而這種概念貫通了各種製程產業，如：煉油業、製藥廠、紙坊、食品廠、日用品廠、石油及天然氣生產機台。這些產品規格是由實驗室或是線上機台所制定出來，或是來自製程參數。

作業員關心的是製造合格品，基本上，作業員手中沒有產品規格控制項，一般都是依照指示的，而管理者被允許調整設置點，例如：馬達速度、溫度、壓力及階段設置點等。產品規格需要符合規範，如：熔點、反射性、色彩、內含濕度及酸鹼值等其他無法僅靠按鈕及PID控制器直接操縱的，這些產品規格需要經過數小時的實驗室檢驗才能得知。當作業員與經年累月的流程經驗相聯結時，這種產品規格控制與流程控制間的連結性就已經被決定了，這種環境使得製程專家、作業員及領班、R&D與經理的資訊成為產品專家。製程與產品工程師試著運用統計分析讓產品規格與製程參數相連結，假設分析師的成果可以修正產品規格與製程狀況，但在作業員回報之前都有明顯的延遲時間，這就造成控制及物料追蹤的問題。

逐漸提高的生產力需求與品質需求，促進了製程與產品之整合控制方案的發展。MIS層級的供應商提供上而下的解決方案，也提供類MRP的解決方案，但無法存取即時資料，而MES將被用來縮小即時資料與高層級之間的代溝，MRP計畫被時間驅使。

生產管理需要回答上述的問題，當生產發生干擾時我們需要即時的回應同時也需要防止干擾。MES的閉迴圈(Close Loop)生產控制在控制所有與成本相關的製造變數幾乎是最棒的解決方案，來自流程控制系統的資料，提供製造者直接成本報告同時藉由MES讓間接成本，包括大部分製造成本更具可見度。

6.2.9　MES的益處

MES可以讓製造商用比以前傳統方式更少的時間、更少的成本做出更高品質的產品，並提供製造商許多的好處，如下所示[27]：

1. 與庫存製造相比，訂單製造更能減少庫存。
2. 透過產品追蹤與品質管制，最小化運送不良品機率。
3. 減少機台安裝時間與換線時間。
4. 持續改善並檔案化製程紀錄。
5. 透過積極分析產品規格的變異增加對生產的控制，且及時修正。
6. 減少訂單式生產與交貨之間的時間。
7. 導入新製程時，增加對新製程的知識。
8. 提供管理者與作業員即時資訊。

MES的主要功能被分成以下幾類：

物料管理

物料管理包括以下功能：庫存管理、WIP管理、配方管理、BOM表管理及間接物料追蹤及控制，物料管理提供及時存取批次狀態、WIP、存貨水準，原物料及額外庫存可被追蹤及控制，當原物料在檢驗點時，可以顯示物料、批次狀況及任務的指派及相關資訊。

WIP管理、批次追蹤能力與物料控制對於決策的檢驗與使用是相當有效的，而物料管理的目標是在消除浪費、下腳料、重工、物料搬運浪費及能源浪費。

一個有效的物料管理系統提供方便存取以下資料：WIP與存貨狀態、物料分布與統計、生產與作業的良率、回收與浪費可見度、貨架壽命和物料的保存期限。在標準批次生產中，配方管理是自動化計算物料所需要的功能，BOM管理是生產製程尾端所需如工程設計檔案、庫存管理及包裝。

資源管理/設備管理

　　資源管理包括有效的設備及人員利用率，負責最主要的製造成本。MES最優先的目標之一，就是有效追蹤及設備利用率最大化，有效的排程增加利用率也最小化閒置時間，資源管理與物料管理聚焦在非生產元件上，有效利用率及預測維修需求是MES的目標，MES被設計為積極提高設備使用率同時平衡生產與維修之間的關係。

　　MES設備管理元件提供利用率、產能、設備使用相關資料、設備服務趨勢與歷史，使用MES管理生產資源有以下好處：

1. 以利用率消除瓶頸且最佳化利用率。
2. 減少維修時的反應時間與停機時間。
3. 品質及生產力最佳化。
4. 設備配置效率化。
5. 設備服務週期紀錄及維修預測。
6. 依據產能做有效地排程。
7. 正常運作與維修的測量及預測。
8. 最小化安裝時間與換線時間。

人員管理

　　人員管理包括工作力的動態規劃，MES資料庫在工作/設備技能、直接生產、即時人力維修方面都有相關資訊，MES的人員管理功能提供員工群組及評鑑，以職員資料測量使用率、生產力、配置、人力管理、職員作業說明書及項目規格說明書，使用MES人力管理功能的好處有可衡量及改善個人和群體的生產率、降低成本並提高收益、降低直接人力成本、確保技能被確切的使用。

工作/工單管理

　　工作/工單管理是MES的功能之一，包括了接受來自於MRP命令生產的工單，並協調目前生產計畫加入新工單。生產排程也是其中功能，會持續均衡物料、設備、人力，而實際的生產排程是不斷地隨著變動與製程之混亂，持續地被調整。工作/工單管理需要對即時狀況和生產運作的歷史記錄負責，藉此基於即時資訊，經理人有了一扇面對作業狀況而作出生產決策的窗口。

工作/工單管理傳統上非常需要人力及紙張的，電子批次記錄管理提供顧客生產紀錄及比較其相同規格時的績效表現。因為即時掌握工作，所以MES減少了生產時間，從以前的幾小時、幾天到現在的幾分或幾秒，而特別在作業面的影響變的容易估計，工作管理有以下好處：

1. 平衡生產計畫。
2. 當設備問題、資源限制及擔憂生產品質時，有能力更改排程來即時回應。
3. 最大化資源利用率。
4. 減少週期時間。
5. 消除瓶頸。
6. 增加生產力及收入。
7. 減少WIP水準。
8. 將內部需求及顧客需求相互搭配。

品質管理

MES提供品管導向的工具為了分析每種與生產有關的資訊，目標是對產品與製程生命週期進行品管整合，有效的品質管理能減少產品的變異。MES提供品管元件，如代表趨勢和分析的圖形化之報表工具，而MES提供的品質工具如下：

1. 質化資料可以在各個作業被擷取。
2. 非生產行為，如進貨檢驗，可被整合進生產行為中。
3. 提供每個製程的規格，達成品質管理。
4. 分析可以被執行。
5. 違反品質參數時，馬上產生回應。

MES 提供一個機制為了定義所有活動的測試和資料需求，並且可以透過全廠互通來獲得資料，而來自MES提供的品質管理工具的好處包括：

1. 縮短品質相關議題的反應時間。
2. 分析**趨勢**並作出合理預測。
3. 加速跨部門溝通。
4. 在線維修。
5. 增加組織的反應力。

作業管理

MES 提供對執行控制、協同製造及產品規格負責的作業管理。這功能提供確認半自動及全自動物料處理、程序化及檢查等分散的製程。作業管理集中在執行工作的步驟，並試圖消除作業的變異。從批次、混合到連續製程的開始、中間步驟到當機的說明，都會提示作業員指示，如標準作業程序(SOPs)、物料安全數據表(MSDS)。MES 控制物料搬運透過生產、監控流程為了最佳化生產效率，並將脫離規格的產品採取矯正措施。

法規遵守管理

MES 替法規遵守管理提供了一個有效的工具。監管機構如OSHA、EPA、FDA及其他世界性的標準如ISO 9000也增加了資料管理及製造者的生產需求。著重這些監管組織在製程安管、環境法規及符合GMP等的需求並提出解決方案。提供拉式生產所需之電子記錄，並支援標準規格，如ISO9000，MES藉由製程和生產程序檔案化及提供證據證明製程合格，以符合ISO9000的規範；並藉由整合OSHA安全資料，如作業員稽核、訓練、認證、登記簿及在正常狀況與緊急狀況下的作為諮詢，MES支援製程安全管理。

分散式控制系統整合

生產控制解決方案的強烈要求之一是，它必須提供即時訊息。大多數生產控制所需的資料載於DCS系統，因此，MES必須整合有直接生產相關的成本控制。工廠管理依靠他們的生產資訊來作出決定，牽涉到不僅是投資、勞動力需求和工廠負荷，他們正在做更多的日常經營決策，從DCS與MRP系統獲得生產資訊。生管經理被迫依賴於從DCS獲得的資訊來降低成本、改善產品質量變異、減少庫存，因為沒有其他的來源，可以提供它所需的時間框架。

▶ 6.2.10 MES的未來趨勢

現今的製造工廠，為不同類型的任務配備了異質的軟體系統，包含製造作業和工廠規劃。作業層級的軟體系統尚未整合，只能輔助個別的任務，如生產監控、排序規劃、工件識別、維護訂單管理、工人的資訊等；而MES系統的工業工程鏈結也尚未整合，如機械工程、電機工程、PLC程式操作等。以下為Olaf Sauer學者與工業合作夥伴從實際R&D計畫案，提出MES系統的六大未來相關趨勢[28]。

MES系統將全面整合於數位工廠內

主要目的是在永久規劃配置，當系統更新時立即改變生產結果。而資訊儲存在"數位工廠"的工具，將被用來參數化製造工廠和上層的IT系統，實際上則用來啟動和運行。旨在於當修改或新的生產廠運作時，相關的作業IT系統完全可得到立即資訊(如圖6-13)。

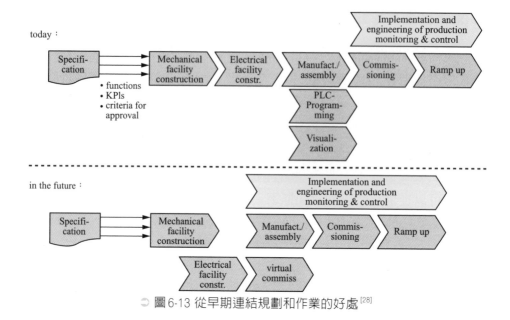

today：

Specifi-
cation
• functions
• KPls
• criteria for
  approval

Mechanical
facility
construction

Electrical
facility
constr.

Manufact./
assembly

PLC-
Program-
ming

Visuali-
zation

Commis-
sioning

Ramp up

Implementation and
engineering of production
monitoring & control

in the future：

Specifi-
cation

Mechanical
facility
construction

Electrical
facility
constr.

virtual
commiss

Manufact./
assembly

Commis-
sioning

Ramp up

Implementation and
engineering of production
monitoring & control

◐ 圖6-13 從早期連結規劃和作業的好處 [28]

當作前端共同的即時模擬器

　　MES系統在未來將由共同的模擬器輔助。在此過程中，模擬器將採取行動，因為它是作為一個前端給使用者即時模擬，允許使用者在生產的突發事件中做出立即有效回應(如圖6-14)。

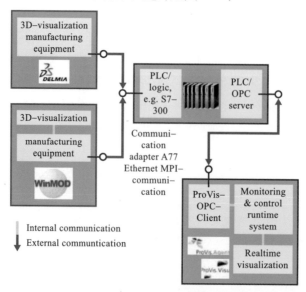

3D–visualization
manufacturing
equipment

DELMIA

3D–visualization
manufacturing
equipment

WinMOD

PLC/
logic,
e.g. S7–
300

PLC/
OPC
server

Communi–
cation
adapter A77
Ethernet MPI–
communi–
cation

ProVis–
OPC–
Client

Monitoring
& control
runtime
system

Realtime
visualization

↓ Internal communication
↓ External commuttication

◐ 圖6-14 連結監視與控制系統 [28]

與工作現場層級垂直整合

　　未來的MES系統將與底層的工作現場層級垂直整合，確保輔助標準的工作機制整合。

水平整合藉由服務導向架構與一致的資料管理

　　在製造層級上，個別的MES組件將被水平地整合，即使它們是由多個廠商提供，如圖6-15所示。

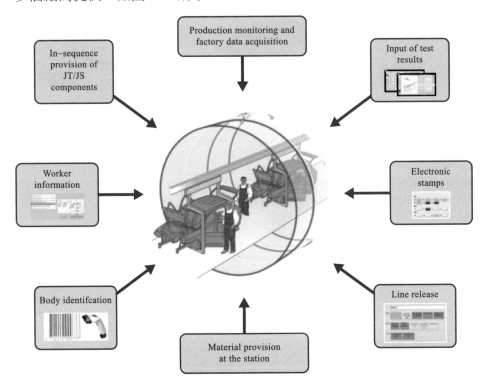

● 圖6-15 生產相關的應用程序之間的聯繫[28]

可擴展到分散式自我組織生產

　　在這個過程中，決策不再採取由中央實體和利用訂單和資源。而是工件、機器和材料流系統作為代理，自由作出決策，允許它們追求各自的目標，產生在自我組織生產(如圖6-16)。

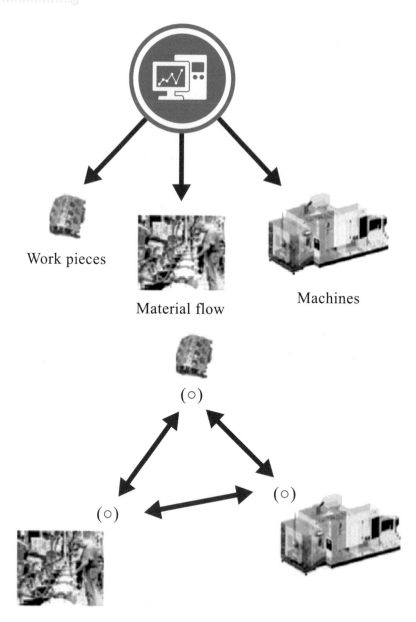

Work pieces

Material flow

Machines

(○)

(○)

(○)

⊃ 圖6-16 自我組織生產的原則[28]

具體提供使用者任務和特定角色的資訊

MES系統未來將提供工作人員，不同的角色和有興趣的資訊，以滿足他們的特定需求並考慮他們的角色和授權的方式，如圖6-17。

⊃ 圖6-17 控制室一覽整個工廠運作[28]

⇒ 參考文獻 ⇐

[1] 熊家俊，如何降低備用零件成本之案例研究—以中芯半導體廠為例，碩士論文，中原大學工業工程系研究所，桃園，2006。

[2] 洪敏鴻，一貫作業鋼鐵廠MES架構模式之研究，碩士論文，國立中山大學資訊管理學系研究所，高雄，2007。

[3] 莊書璋，具支援製造與設備工程程序能力的設備連接架構，碩士論文，國立成功大學製造工程研究所，台南，2005。

[4] 毛彥傑，周俊宏，康淵，設備效能智慧監測技術概論，機械工業雜誌，2009。

[5] 林振錦，製造業體系電子化程序模型之個案研究—以重電產業為例，碩士論文，國立中央大學資訊管理學系研究所，桃園，2002。

[6] 何默為、劉永賢、李佳，「一個執行工廠底層數據蒐集的E化製造系統的研究」，製造機械，第四十五卷，第五一四期，2007，第7-10頁。

[7] 趙剛，「面對大規模的E化製造工廠最佳化決策方法研究」，中國機械工程，第十八卷，第九期，2007，第1056-1059頁。

[8] 張映峰，「E化製造系統的製造資源動態配置過程研究」，計算機整合製造系統，第十二卷，第一期，2006，第78-83頁。

[9] 徐棋，「製造業資訊系統多元架構整合」，計算機整合製造系統，第十卷，第七期，2004，第732-736頁。

[10] 江平宇，「E化製造系統的應用研究」，計算機整合製造系統，第九卷，第四期，2003，第253-259頁。

[11] MuammerKoç, Jun Ni, Jay Lee, PulakBandyopadhyay, "Introduction to E-manufacturing", CRC Press, vol. 4, no.5, 2005, pp. 971-979.

[12] Jay Lee, "E-manufacturing—fundamental, tools, and transformation", Robotics and Computer-Integrated Manufacturing, vol.19, no.6, 2003, pp.501-507.

[13] Jay Lee, Jun Ni, Dragan Djurdjanovic, Hai Qiu, Haitao Liao, "Intelligent prognostics tools and e-maintenance", vol. 57, no. 6, 2006, pp. 476-489.

[14] Arturo Molina · Armando Ramírez Santaella, "Achieving e-Manufacturing: multihead control and web technology for the implementation of a manufacturing execution system", Springer Science+Business Media, vol. 17, 2006, pp. 715-724.

[15] Robin Qiu, "E-manufacturing：The keystone of a plant-wide real time information system", Chinese Institute of Industrial Engineers, vol. 20, no. 3, 2003, pp.266-274.

[16] 漢鼎科技，MES 的發展歷程，最新文章，2007。

[17] 漢鼎科技，產業運用，電子組裝。

[18] 江琦，中國製造執行系統的應用現狀分析，博思創業，2006。

[19] 製造現場電子化暨製程追蹤控管，鼎新電腦E化新思維系列講座，2006。

[20] 谷中昭，"電腦整合自動化技術專輯"，機械工業雜誌，2001，12月號，225 期，pp. 77-79。

[21] 劉佳芸、曾紀寧、羅淑芬，高科技產業WIP 控管技術與案例研究，機械工業雜誌，2001，12月號。

[22] 艾碼科技股份有限公司 (iMES Technology)，艾碼科技MES-製造業工廠營運控管的完全解決方案。

[23] 吳紹穎，企業如何建置提升整體生產體質的MES系統。

[24] 製造資訊與商業智慧實驗室網站，http://140.124.77.80/intro_MES.htm。

[25] MESA, http://www.mesa.org/en/index.asp。

[26] Joe deSpautz, "Quantifying the benefits of automation", ISA Transaction, No.33, 1994, pp.107-102.

[27] A.C. Deuel, "The benefits of a manufacturing execution system for plantwide automation", ISA Transactions, Vol. 33, 1994, pp. 113-124.

[28] Olaf Sauer, "Trends in Manufacturing Execution Systems", DET2009 Proceedings, AISC 66, pp. 685–693.

NOTE

07

智慧製造

本章作者(依筆劃順序排列)
⊙ 孫殷同—國立臺北科技大學製造科技研究所
⊙ 陳金聖—國立臺北科技大學自動化科技研究所
⊙ 鄭辰仰—國立臺北科技大學工業工程與管理系
⊙ 蕭俊祥—國立臺北科技大學機電整合研究所

本章將介紹工業4.0的重要內涵—智慧製造，我們知道工業生產是一連串製造過程，如何有智慧的製造產品，卻攸關現代公司的存活與成敗。第一次工業革命源於蒸汽動力帶動機械化生產，第二次工業革命是拜電力之賜所帶動的大量生產，之後資訊化的第三次工業革命才不久遠，但因應人口老化、勞力短缺、工資貴，而市場需求變化快又短的全球趨勢，第四次工業革命正悄然形成：如何靈活彈性與快速變化的去生產客製化訂單，即所謂的智慧製造。智慧製造將大量運用物聯網、大數據、雲端運算、人工智慧等知識與技術於製造系統，使用創新的近代製造技術，並整合機器人與感測系統，來生產符合未來全球趨勢與市場需求的產品。

台灣多年來便是以製造業為主要經濟命脈，近年發展面臨國內外之諸多困難與挑戰。為求製造業之積極轉型與永續發展，政府目前正大力推動「生產力4.0」，為製造、服務、與農業加值，其中為製造加值就是指發展智慧製造。智慧製造以全球進行整合，擁有高度自動化製造設備，並結合電信通訊、資訊科技與智慧型機器，來帶動全球化商機。

本章智慧製造內容包含近代製造技術特論、機器人整合製造、機器視覺之原理與工業應用、智慧型控制應用等。7.1節近代製造技術特論--將介紹近代製造程序與標準規範，應用電腦輔助機制的製造儀器與工具，經典製造的理念與精實製造的內涵等；7.2節機器人整合製造--將介紹機器人技術於智能化生產的應用，從現代化製造程序分類導引出製造現場自動化的需求、製造現場常見的加工設備、以及工業機器人的基本分類，最後以彈性製造系統說明機器人整合製造未來的可行性；7.3節機器視覺之原理與工業應用—將介紹機器視覺應用於影像伺服控制及檢測，從機器視覺之系統組成，數位影像處理，產品瑕疵檢測，到影像定位技術偕同機器手臂之物件整列等；7.4節智慧型控制應用—將介紹控制器軟硬體，智慧型控制演算法(含模糊邏輯控制器與類神經網路控制器)，與基因演算法之用於智慧型控制器參數最佳化搜尋，實現所謂的智慧型控制器，應用於各類生產之智慧製造。

▶7.1 近代製造技術特論

近代製造技術包羅萬象，但其共通點是一系列加值(Value-Added, VA)的活動。我們基本認知是：在推動工業4.0的態勢中，製造活動應該是供需價值端的全面整合，以及服務改善端的永續延伸。本節著重於介紹為何形成近代製造技術的一些重要的里程碑、如何將目前的系統以嚴謹的資訊整理來鎖定可能的發展趨勢，揭櫫工業4.0製造技術應用潛力和可能的展望，進而維護創造生產價值能力的穩定發展。

▶7.1.1 製造程序與物料處理

關於加工製造程序，表7-1所示，一般公認的三種主流是成型式(formative)、移除式(subtractive)、增加式(additive)，加上裝配(assembly)程序，都是具有加值(VA)功能的製造作業；相對的，物料搬運(material handling)不具有加值(Non-Value-Added, NVA)的功能。有人認為「檢驗與測試」作業雖是不具加值(NVA)功能的作業，但是在製造程序中安排檢驗與測試，確實有對外贏得顧客信賴的效果，並且確保這些具加值功能作業的運作時機，在製造企業體內部，受到有效率的監督、控制與管理。仔細推敲，在近代製造技術當中，檢驗與測試所牽涉到的，不但針對產品、原物料、機器設備(含維修與校正)，還包含關於它們品質保證的認證，甚至要考慮參與人員的訓練與資格認證，其目的，是避免因為延遲品質問題發現所造成的損失及浪費。值得思考的是，近代製造技術支援的製造系統裡，一定存在VA、NVA及浪費，價值的定義是掌握在企業本身及它的顧客，其他是邊際效應、機會及成本，工業4.0的倡導有沒有可能解決如何考量這三個面向的權重，本節稍後所陳述的精實製造(lean manufacturing)將有進一步的探討。

▶7.1.2 標準規範

工業4.0提倡的工廠變革中，有一點值得注意的是高級技術與標準[1]。筆者認為，這些是創造商機利潤的衍變，引用一些生活化的比方，就是網路社群評比的深入人心，國內某某購物網站列出「評價分數」、「賣家資料正面評價百分比」、一顆星、二顆星、三顆星等等，提供產品資訊的製造商、代理商、通路商很難不考慮列出各種評比標準，來提供不同層次的顧客進行比較，在各種指標的引導之下，鎖定買主的決定因素。例如RoHS是產品製造安全成份的標準，在美國，著名的自己動手(Do It Yourself, DIY)量販連鎖企業The Home Depot就會收集合約供應商(contract suppliers)及其代工製造者(Original Equipment Manufacturers, OEM)這方面的資訊，並公佈給它的最終使用者(End Users)作為購買產品的參考。另一個例子是幾乎顛覆大眾搭乘計程車概念的Uber和Lyft，在美國許多城市的市政府對這一波翻轉以"小黃"為主的產業，針對它們的產品或服務評比社交網路(Product or Service Review Social Network)，一則是科技有直接或間接影響力的評比標準[2][3]。而現代製造技術所關注的標準規範化要更進一步涉及到公信和認證是無庸置疑的。

▶ 表7-1 一般公認的三種近代主流加工製造程序

程序	成型式	移除式	增加式
部分應用實例	射出成型、輥壓成型、擠製、鍛造等方法	車、銑、鉋、磨、鑽NC加工：CNC加工；EDM加工	快速成型如3DP、SLA、SLS、FDM、LOM、J-P等原理
別名		減法製造	積層式製造

製造資訊溝通的同步化

現代製造技術所要溝通的資訊五花八門，其中產品的尺寸與公差應該是被公認涉及到最多部門與組織的一種，也就是說，尺寸與公差的溝通標準，設計、採購、製造、檢驗、市場行銷、客服等等內部部門，和外部有關的上游如供應商、下游如顧客，以及第三者角色的售後市場(Aftermarket)和認證機構，都需要參與其中。然而，以美國為例，第一套的尺寸與公差標準是在第二次世界大戰之後濫觴於1948年美國軍規的MIL-STD-8，又稱為「幾何尺寸和公差」(Geometric Dimensioning and Tolerancing, GD&T)，之後比較有名的增訂版為ANSI Y14.5-

1966、ASME Y14.5-1994 and Y14.5.1M-1994、ASME Y14.5-2009。近二十年來，ASME 與歐盟的 ISO Global Standards for Dimensioning and Tolerancing 已達到至少 95% - 97% 的一致性[4]。因爲篇幅有限，特別列舉一項以形體控制框 (Feature Control Frame, FCF) 和所個別控制的資訊類別來規範幾何尺寸和公差的資料結構特色，如表 7-2 所示，用以說明它不但能降低各部門與組織詮釋的變異性 (Variation of Interpretation)，提昇溝通效能，還可以眞實的物理現象來量化零件組裝的功能性，提高合格品的效率，如圖 7-1 所示。

➡ 表7-2 以正位度的形體控制框表達幾何公差和基本尺寸的基準

例子	⊕	Ø	0.05	M	A	B	C
公差元件	形體特性控制符號	公差帶形狀	幾何公差值	公差修飾符號	第一	第二	第三
					基準		
部分資訊類別	位置	Ø	依 10:1 法則 選 精 度 許可儀具	M	表面		
	方向			L	線		
	尺寸	寬度		S	點		
	形狀			P	孔中心線		

　　標準化不是一成不變的，相對的，它會藉著近代製造技術的推陳出新、趨勢導入，產生進一步的合理化，而愈來愈多的數據被納進工業 4.0 智慧製造的系統中，其中標準規範的溝通同步，意味著被設計出來的、被製造出來的、被量檢出來的生產資訊，值得各類型的產、官、學、研之推廣組織，投注因應的努力來改善現況。

製造程序控制的機制化

　　爲了讓可程式控制器 (Programmable Logic Controller, PLC) 的使用者作系統開發更有效率，由 PLCopen.org 主導的 IEC 61131-3 國際標準規範因應而生[5]，爲了與不同的 PLC 硬體進行介面整合，它除了支持經典的階梯圖 (Ladder Diagram, LD) 格式，還涵蓋了其它具有特色語法 (featured syntax) 的四種：

1. **Instruction List，IL：**文字型，類似組合語言 (Assembly Language)
2. **Structured Text，ST：**文字型，類似PASCAL語言
3. **Function Block Diagram，FBD：**圖型，類似電路圖
4. **Sequential Function Chart，SFC：**圖型，類似流程圖

　　至於已成顯學的機器人學 (robotics) 發展更是日新月異，預期在工業4.0推波助瀾下，ROS.org及ROSindustrial.org推廣已久、遍佈全球的機器人作業系統 (Robot Operating System, ROS)，及其軟硬韌體控制平台 (platforms)，會因上述的動機，吸引更多與機器人相關的廠商所提供之開發工具形成國際標準規範[6][7]。

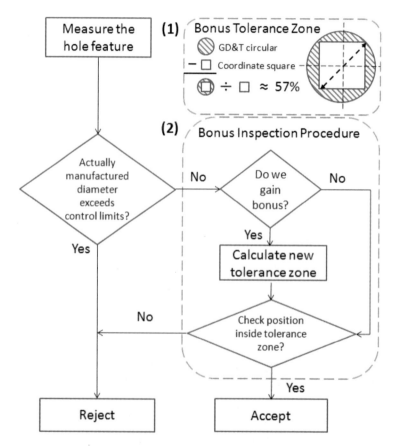

◐ 圖7-1 以裝配孔為例採用GD&T檢驗流程提昇良率：(1)孔中心公差區增加57%；(2)多加的檢驗步驟量化了孔特徵組裝功能性的公差增加

製造結果品質的認證化

讀者中可能有些是所謂的饕客(foodies)，看評論選地方吃飯是一種時尚風潮，在美國，Yelp原創的food social review network曾如此地被肯定[8]，然而後來其公信力被個人或組織產生質疑[9]。以此為一個引言，在製造領域，對評量產品品質的認證化，一直有愈趨嚴謹的演進。舉例說明，歐盟的ISO/IEC 17025是針對工廠中附設的實驗室進行規範，其內容與製造活動環環相扣，例如文件報告、量測能力、失效風險、儀具樣品、檢驗校正及合約客服等管理。筆者認為，這類型製造支援子系統若與工業4.0的優勢結合，很可能不但可以迅速及永續建立符合國情、接軌國際的專業標準，還可藉此強化雙方對其產品及服務價值之公信力的認知一致、提昇評比可信賴度變得容易。

7.1.3 儀具系統

儀具是儀器和工具在此的簡稱，加入電腦輔助機制的製造儀具是現代製造技術的表徵之一，從稍早一代的數位控制(Numerical Control, NC)進至直接電腦控制(Direct Computer Control, DCC)、再進至嵌入式系統(Embedded Systems)，提供了多面向的製造應用。

電腦輔助-設計/分析/製造/檢驗/規劃

關於「電腦輔助」這個名詞，企業界認知的是Computer Aided或是Computer Assisted應用程式，大部分與製造有關的是CAD (Design設計)、CAE (Engineering分析)、CAM (Manufacturing製造)，也被稱為CADEM。針對這一個領域，筆者在國立臺北科技大學製造科技研究所推展的，是進一步的CADEMIPS，也就是多涵蓋了Inspection檢驗、Planning規劃、Simulating模擬/模擬器，以因應製造科技於教學、產學、研究的發展趨勢。電腦能協助製造的其他應用層面，譬如製程規劃、員工訓練等，是無庸置疑的；電腦結合類神經網路(neural networks)、模糊邏輯(fuzzy logic)、專家系統(expert systems)，被公認為是演進智能製程及製造系統(intelligent manufacturing processes and systems)的重要元件之一。從過去至今，網路電腦系統帶動電腦整合製

造(Computer Integrated Manufacturing, CIM)，西門子(Siemens)曾提出的電腦輔助工業(Computer Aided Industry, CAI)，可能在標榜雲端運算(cloud computing)和信息物理融合系統(cyber-physical system)設施建置的協助之下更趨成熟。

參數模化

製造產品的資訊類別，在各項製造活動以前，有被設計出來的及被編入控制的。在實際運用製造資源之後，則有被製造出來的及被量測檢驗的—前者是理論和理想值，而後者是變異和誤差量，它們都有經過參數模化(parameterization)後而成爲可識別的製造資訊之過程。舉例來說，一個與電腦輔助設計(CAD)有關的產品模型便可由各種細分的參數和參數群所建構如圖7-2所示。

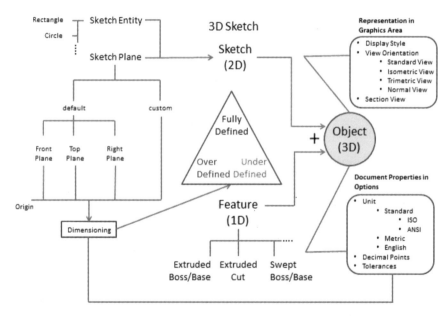

◯ 圖7-2 SolidWorks (CAD的一種系統)產品參數化的建模過程導覽圖

數位製造/模擬器

結合上述之發展，筆者認爲過去到現在談的硬體(hardware)、軟體(software)、韌體(firmware)、虛擬機器體(Virtual Machine, VMware)，

可能都是循著一個可追溯的脈絡：要讓產品的製造資訊在佈署、配置的架構上再升一級，使其充分發揮製造資訊交流平台資源的運作順暢，或許網絡體(cyber-ware)會因工業4.0在這一方面的挑戰因應而衍生出許多數位技術支持工業軟體正向的機會，模擬器(simulators)、動畫/仿真模擬(animated / emulated simulation)、人機介面(human-machine interface, hmi)、圖像使用者介面(graphic user interface, gui)會愈趨於整合，擴充大資料裡的規格相容性，從微觀(參考圖7-3)到宏觀(參考圖7-4)進行虛擬試製，配合邊界條件(boundary conditions)產生虛擬實境的物理或化學性質之改變，最佳化目前的應用。

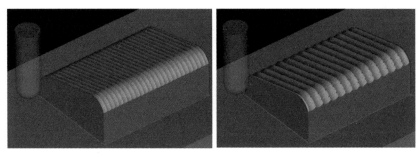

● 圖7-3 以Unigraphics NX (CAM的一種系統)模擬不同的刀具加工路徑參數產生不同的扇形餘料

7.1.4 製造典範

製造典範由二個主軸構成：經典製造列舉一些被廣泛採用的理念，包括可製造性(manufacturability)、可裝配性(assemblability)、可重複性(repeatability)、可複製性(reproducibility)的發展；精實製造預測與工業4.0接軌之面向。

經典製造

可製造性，顧名思義，將製造技術定位在介於理想需求(ideal necessity)和現實產能(factual capacity)之間，以可不可以質量穩定地製作出產品來訂定考量的因素。可裝配性會考慮在經過工程設計的產品生命週期後，符合區域或全球性生態學(ecology)的氛圍。可重複性，一

般而言與生產製造機器或工具的精密度有關，之後再納入可複製性建立
有效能效率的標準作業流程(Standard Operation Procedure, SOP)。

精實製造

行政院科技會報曾指出：台灣應結合德國工業4.0、美國AMP之兩
者優勢及精實管理，協助發展智慧製造、服務與農業之整體解決方案
[10]，精實管理包括精實製造——其理念在於企業適配(enterprise fit)和永
續經營(sustainability)。

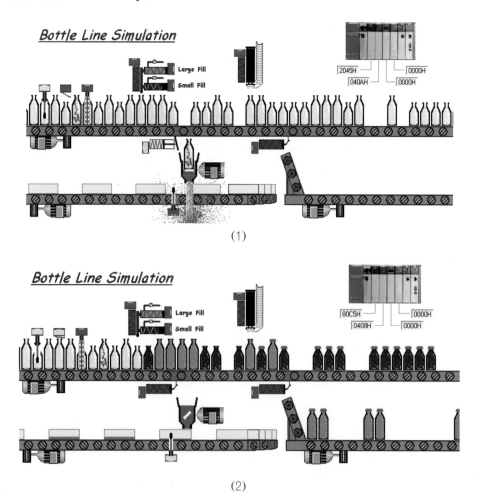

⊃ 圖7-4 LogixPro以虛擬實境的方式配合AB MicroLogix 1000可程式控制器(PLC)
驗證飲料瓶裝填廠控制流程的邏輯：(1)以爆裂作為警訊證實是破瓶不正確的處理；
(2)大小瓶裝填及分流、碎瓶處理皆正常

根據精實法則(lean principles)的鼻祖Womack & Jones[11]，企業的顧客定義價值、企業本身提供價值、價值流(value stream)等工具(lean tools)將生產力(productivity)和「可持續發展力」之分析過程視覺化(visualization)、不間斷改善(continuous improvement)，這些源自於美國福特和日本豐田汽車的製造生產[12]之製造管理實務累積，雖無法一一列舉，但確實歷經英國[13]、德國[14]、亞洲及歐洲其他國家[15]的萃煉。德國提出了工業4.0，我國也迎頭趕上，擘劃了生產力4.0，雖然俗諺有云"先跑先贏"，但最後獲得全面佳績的，很可能是歸屬於具有"路遙知馬力"的可持續發展力之企業、國家、社群。

7.2 機器人整合製造

機器人整合製造是產業自動化的推動重點，自動化不僅僅是取代人工、縮短製造時間、提高品質與降低成本等訴求，機器人整合製造更強調在無人化的環境完成從客戶接單到出貨的生產程序，並能反應在彈性應變與多樣化的客戶需求上。但這些基礎仍需建立在供應鏈資訊化、企業電子化、機電整合自動化感測與控制技術上，而現今隨著資訊科技與整合技術的快速發展下，更為企業帶來嶄新的服務契機。本節將從現代化製造程序分類導引出製造現場自動化的需求、製造現場常見的加工設備、以及工業機器人的基本分類，最後以彈性製造系統說明機器人整合製造未來的可行性。

7.2.1 何謂現代化製造程序

以Groover[16]提出的製造系統五大功能，可定義出機器人整合製造所需之各種作業及特性。

1. **加工作業**：加工作業透過熱能或機械力對形狀、物理特性、外觀的改變將原物料加工至接近完成品所需之組裝零件，增加該工件的價值，常見的作業型態如成型作業、表面處理與增加材料機械與物理特性的材料強化作業方式，在成形作業中可分為固化成型、射出成型、粉末成型、彎取成型與常見的切削加工作業。數值控制加工中心(Computer Numerical Control, CNC)即是自動化加工設備的型態，透過產品設計的細項規格，自動轉化為機器可直接執行的加工程式碼，不需人員的介入。此外，現在常見的3D printing即為另一整合型製造的加工作業型態。

2. **組裝作業**：組裝作業結合兩個或多個零件以產生新的形體，亦可稱為裝配作業，常見於電焊(welding)、焊接(Brazing and soldering)和黏接(adhesive bonding)的永久接合；而另一種組裝作業型態則是透過螺絲、螺帽裝配並可隨時拆解的機械固定。在機器人整合製造環境下，目標即是以自動化設備取代組裝作業。

3. **物料搬運**：物料或零組件在不同加工設備或組裝程序的工作站間流動，必須花費人力或機器進行搬運或儲存作業。在機器人整合製造中，必須及時將物料搬運至正確的加工站別，以減少在製品或物料在工廠各站的堆積與人力成本的浪費。

4. **檢驗與測試**：檢驗與測試的目的是確保產品符合產品設計的規範，自動化光學檢測(Automated Optical Inspection, AOI)設備即為常見的自動化機台。

5. **控制**：控制負責在有限資源下準時完成上述四種生產程序，以滿足客戶需求，並達到最佳的效能，如最小化人力成本、最高機台稼動率等。下面將介紹如何以電腦來整合生產程序，即電腦整合製造系統。

▶ 7.2.2 電腦整合製造

電腦整合製造(Computer Integrated Manufacturing, CIM)是指利用電腦及網路技術，整合製造程序的需求，提供產品從設計、生產、測試、組裝、檢驗到出貨等功能，主要目的是將工廠中不同功能的自動化加工設備整合，以最短交貨期、最低的成本及最佳的品質生產，將生產程序電腦化的完整製造流程。國際製造工程學會(Society of Manufacturing Engineers, SME)之電腦與自動化系統分會(Computer and Automated Systems Association, CASA)對電腦整合製造的定義為：「透過整體系統與資料通訊能夠改善組織和個人之效率的新管理哲學，達成整個製造企業的整合。」國際製造工程學會在1985年提出了一個CIM概念的架構，主要可以分為四個部分：

1. **工廠自動化(Factory Automation)**：將加工作業、組裝作業、物料搬運及檢驗與測試施以電腦化、自動化。

2. **產品與製程設計(Product and Process Definition)**：包含產品設計、製程設計與規劃、設計分析與模擬及資料輸入和輸出。

3. **製造規劃與管制(Manufacturing Planning and Control)**：包含廠區規劃、現場規劃、物料管理、排程及品質管制。

4. **資訊與通訊管理(Information Resource Management & Communications)**：包含資料庫管理、網路通訊及資訊管理。

　　電腦整合製造有形的效益為減少直接人工成本、提升產品品質及減少人為疏失、減少報廢、重工與維修成本、增加工廠的生產量、縮短新產品的發展時間、縮短交貨期及前置時間；而無形的效益為提供更安全的工作環境、提升公司形象並招攬優秀的人才以及更多的機會提升公司內部的競爭力。

　　產品經由製造系統完成生產到市場，主要可分為四個構面：產品設計、製程設計、設施設計與日程設計。產品設計考慮客戶所需要的產品需求以及產品的細部設計規格，製程設計定義產品生產加工所需的製造設備與裝配程序等，設施設計規劃加工機台種類與佈置，而日程設計決定何時要生產多少產品。應用電腦整合製造上，產品設計、製程設計與設施設計三個構面有電腦輔助設計與製造(CAD/CAM)類的資訊系統，日程設計構面有製造現場控制系統，製造現場作業上有工業用機器人、電腦數值控制機具、無人搬運車、自動物料搬運系統及自動化倉儲等功能，下面章節將分別針對製造現場的資訊系統與硬體設備介紹。

7.2.3 電腦輔助設計與製造(CAD/CAM)

電腦輔助設計(Computer Aided Design, CAD)與電腦輔助製造(Computer Aided Manufacturing, CAM)，CAD電腦支援設計工程，CAM電腦支援製造活動。應用CAD方面，在設計階段，設計者利用輔助設計應用系統將設計構想以2D及3D模式呈現，電腦輔助設計工具對設計結果進行模擬及分析，如電路設計的行為模擬、陸橋結構分析等計算；視覺化的呈現可協助設計師在成品完成前，對成品外觀、立體視覺、環境對比等評估。CAD系統在設計與分析的功能特性，使得設計者可以獲得設計零件外型，提高設計者的生產力，透過工程分析可研究機械運動情形、應力與應變計算、熱傳分析，透過輔助工具的分析改善品質。

CAM運用電腦技術於製程規劃和控制中，可輔助工件程式化，將CAD產生的工程圖轉換成加工程式，提供數值控制加工中心(CNC)執行加工。此外，加工所需的轉速與進給率等生產參數會根據工件材質不同而有所差異，這些參數往往皆由刀具供應商提供，CAM透過電腦連線將加工參數傳送到CNC，減少人員查詢與輸入。電腦輔助製程規劃(Computer-aided Process Planning, CAPP)是其中常見的規劃系統，在製造程序中產品可以選擇不同設備、工具與加工順序來完成工作，CAPP協助建立生產製造過程的途程規劃，列出產品與組件在加工設備的加工作業順序，以及所搭配的工具組合，透過電腦的計算最佳製程搭配，可以減少產品製造時間與成本。

7.2.4 製造現場之資訊應用系統

現場控制系統(Shop Floor Control System, SFCS)為回饋即時現場生產資訊的資訊應用系統，製造現場中包含原物料的準備、加工設備的作業與狀態、人員上工時間等，必須緊密配合才能順利產出完成品，而現場控制系統即是在規劃、協調與控制現場相關資源，達到以最短時間完成產品的目標。現場控制系統主要功能包含決定生產工單的生產優先順序、掌握工廠內在製品數量、回饋生產狀態給生產規劃人員或業務單位、提供生產規劃單位有關製造現場人力、機器設備的使用率等衡量指標、透過工時分析人力成本等。整體而言，現場控制系統的主要任務為將生產規劃的生產工單有效的轉變成實際成品的產出。製造現場控制系統可分為以下四層架構(如圖7-5所示)：

1. **製造執行系統(Manufacturing Execution System, MES)**：製造執行系統收集製造現場中的原物料、半成品、成品、機台狀況等資訊，並將所收集的資訊彙整與分析，提供人員現場監控以及反應突發狀況。

2. **製造控制系統(Manufacturing Control System, MCS)**：製造控制系統透過人機介面(Human Machine Interface, HMI)，控制現場機器設備的加工、監督加工過程，將現場機器設備狀況回饋至製造執行系統。

3. **設備控制器(Equipment controller)**：設備控制器連接現場機器設備，當加工完成或發生異常狀況等事件發生時，可即時回報現場狀況給上層的製造控制系統或製造執行系統。

目前工業最常應用的設備控制器為可程式邏輯控制器(Programmable Logic Controller, PLC)，主要目的為取代由繼電器為主的順序控制電路，又稱為順序控制器(sequence controller)。美國電機製造協會(National Electrical Manufacturers Association)在1978年將其定名成可程式控制器(Programmable Controller, PC)，並定義：「其為一種數位型態的電子裝置，可利用可程式的記憶體執行各種運算功能，舉凡邏輯、順序、計時、計數以及數學等演算功能，也可透過輸入/輸出模組，藉此控制各種機器與程式。」

PLC架構主要可分成三大部分：

(1) 程式書寫器：包含了程式輸入與編輯(program)、程式執行(run)、程式監控(monitor)。

(2) 輸入模組：偵測外接輸入裝置，如開關、按鈕。

(3) 輸出模組：驅動相對應的輸出裝置，如指示燈、電磁閥或電動機。

4. **現場機器設備(equipment)：** 製造設備用以執行加工的實體，常見的工業機器人、數值控制加工中心即屬於此類。

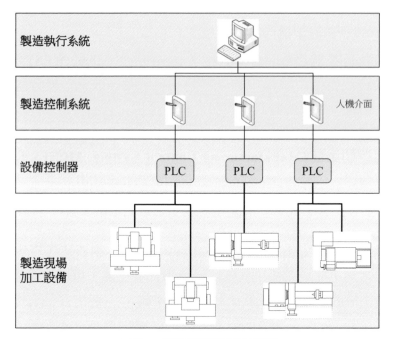

製造執行系統

製造控制系統　　　　　　　　　　　人機介面

設備控制器　　　PLC　　PLC　　PLC

製造現場
加工設備

◯ 圖7-5 現場控制系統架構圖

7.2.5　製造現場之組成元素

生產加工設備

　　大部分加工作業皆已使用機器製造，機器的種類仍可分為手動式機台、半自動機台以及全自動機台，手動式機台需要搭配人員操作，如車床、銑床、鑽床；半自動機台可透過電腦程式來執行生產加工，人員僅需裝載與卸載工件，數值控制加工中心即為典型的代表；全自動機台不需人員參與裝卸載工件，僅需隨時監控生產狀況即可，塑膠射出機即為此類型的全自動化機台。

　　3D列印是近年興起的一種新型態生產加工設備，在過去是工業設計常用的RP快速成型(Rapid Prototyping, RP)，並使用電腦輔助繪圖(Computer Aided Design, CAD)的操作，設計工程師可將作品以3D建模方式呈現，並透過工業用的快速成形機，逐層的堆積材料而成，材料上可以使用塑膠、樹酯、陶瓷或金屬等。常見的3D列印技術如立體光固定成型製程(Stereo Lithography Apparatus, SLA)，以光敏樹酯為材料，使用雷射技術對光敏樹酯進行掃描讓其逐層凝固成形，SLA製程成形效率較高，適用於結構異常複雜的模型，列印成品表面光滑且精度佳。

生產搬運設備

搬運設備主要執行機台間的工件搬運，透過自動化、省力化、減少搬運次數為目的的搬移方式，連續型生產常會以驅動滾輪或輸送帶搬運，對於不同大小的工件會以不同的方式搬運，在中型工件中會以棧板存放，再利用堆高機或牽引車搬運，而在大型工件中會使用天車以吊掛方式搬運。此外，搬運設備可協助將工件擺置於加工機台上，有時亦能提供暫時儲存功能，確保加工機台不會因缺料而停工。

無人搬運車(Automated Guided Vehicles, AGVs)是一典型的生產搬運設備，以有無鋪設感應器可分為引導式AGV與無引導式AGV，引導式AGV使用纜線、電磁、磁力或光學方式構成行走路徑，並透過AGV配置之感測器檢測出行走路徑。而無引導式AGV則藉由地上輔助器或自律行走兩種方式，除了工廠上的應用外，辦公室或醫院物流傳遞也常見此類似設備。

生產儲存設備

供應商將原物料送至工廠，需藉由生產儲存設備儲存，當原物料需要被使用時可以即時存取，不同的物料需要不同的儲存方式，如溫溼度控制等，工廠內通常以人力進行存取工作，而透過自動化可大幅提升儲存功能的效率。

自動儲存/取回系統(Automated Storage/Retrieval Systems, AS/RS)是一個自動化儲存設備，可以高速執行儲存與取回的作業，AS/RS透過機器存取儲位架上的物料並能傳遞相關的儲位資訊，一個或多個輸入/輸出站(input/output station)將物料運送至儲存設備或將物料自儲存設備移出，輸入/輸出站可連結自動搬運系統如輸送帶或無人搬運車。

7.2.6 工業用機器人

工業機器人是一種可重複程式設計與多功能用以搬運材料、工件和工具的操作裝置，最大特徵為可以透過編輯程式控制的擬人機械手臂，用於完成各類作業工作需求。其組成元件包括手臂本體、手部、控制器、動力供給設備等。

1. **手臂本體(manipulator)**：包括各類的轉動軸與滑動軸，由電力式致動器驅動，各軸內建位置感應器。工業機器人在執行不同工作時具有較好的通用性，更換其夾具或工具則可進行不同的生產加工程序，但需附加適當的末端執行器(手部)才能發揮效用。工業機器人擁有像人一樣關節，每個關節以及運動軸限定了機器人移動的範圍以及方式，稱之為自由度(degree of freedom)，工業機器人的每一軸皆有獨立的致動器與感測器，透過線路設計與程式到底指定的位置，但每增加一個維度，相對也增加一個位置誤差來源與製造維護成本。

2. **末端執行器(end effectors)**：末端執行器又稱手部，是操作機直接執行操作的裝置，機器在結構上採用類似人體關節等設計，讓它可以代替人進行工作。抓取器(gripper)是最普遍以氣動式操作的手部型式，通常為兩隻夾頭、多爪型、或平行式，能變化夾頭來配合工件的形狀。但機器人不僅是捉取工件進行加工，另一種為手臂夾具末端(end of arm fixturing)，通常依據製造程序所設計與建構，其上可安裝夾持器、工具、感測器等，可完成噴漆、焊接、切割或旋轉螺絲螺帽等進階手部加工動作。

3. **機器控制系統(robot control systems)**：控制機器人按照要求動作，機器人可以隨著工作環境變化的需求而重新編譯程式，多採用計算機控制，包括多個微處理器、記憶體及輸入/輸出裝置，通常搭配教導盒訓練機械手臂移動點座標，再輸入記憶體中，由微處理器帶出程式，根據定義好的點座標執行加工作業。透過輸入輸出裝置，以電腦網路連線輸出完成命令的訊號，並與其他機構設備整合達到自動化單元生產。

4. **關節驅動系統(Joint Drive Systems)**：驅動系統爲機器提供動力並過濾不預期的動力脈衝。動力源通常爲電動、液壓、氣缸式三種，如油壓機器人使用的油壓幫浦、氣動式機器人使用的空氣壓縮機。

　　機器人的類型依據行進方向的組合，可以分成五種機器手臂型態，如圖7-6所示。

A. **直角座標型(rectangular configuration)**：可以沿著x, y, z三個軸向移動。

B. **圓柱座標型(cylindrical configuration)**：沿著z軸升降，y軸伸縮，移動範圍限制在沿z軸掃過的範圍。

C. **極座標型(spherical configuration)**：最早期伺服控制機器人，目前仍是主流型機器人，有伸縮型的手臂以及可以進行角度變化的基座。

D. **關節型(jointed-arm configuration)**：該型機器人擁有像人一樣的關節型手臂，關節(Joint)越多手臂移動越自由敏感，通常具有三個旋轉軸。

E. **選擇順應性裝配機器手臂(Selective Compliance Assembly Robot Arm, SCARA)**：關節型機械手臂的變形，該機器人具有四軸和四個運動自由度，包括沿X,Y,Z方向的平移和繞Z軸的旋轉自由度，透過垂直旋轉軸的升降在二維空間中提供較高的精準度。

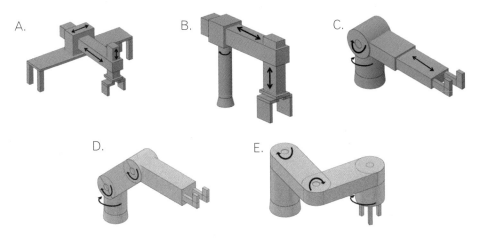

⊃ 圖7-6 機械手臂型態

機器人的市場所在，在於替代人工完成人力難以完成的工作，達到人工難以操作的精度，而其困難之處有三，其一為目前技術尚未達到人為操作的靈活度，許多細微的動作仍無法達成，或購買高規格的手臂不符合經濟效益；其二在使用中會為機器加入驅動和傳感器等硬體設備，但在工業考量成本以及大規模需求上，並沒有加入視覺觸覺重力等感應器；其三在於工業機器人在工業上最常被用於焊接以及噴漆的作業，但針對新的零件運動軌跡都需要重新定義，需搭配專業的人力，特別是對於客製化需求較高的產品。上述三點導致機器人彈性不足且必須在預先設計的環境中工作，使得一般中小型工廠或傳統產業，無法大規模的導入。

7.2.7 彈性製造系統

彈性製造系統(Flexible Manufacturing Systems, FMS)將加工性質相同或不同的工作站整合在一起，自動化的物料搬運，藉由設計具有彈性變化的一個生產流程，並透過一個整合的電腦系統執行控制的功能，可以適時反應生產模式、加工方式、工件轉換種類的變化及製造能力。彈性製造是為了能夠有彈性的去處理各種不同形狀加工物件，適用於多品種、中小批量的加工技術。

在硬體設備上，彈性製造的系統包含加工設備、儲存設備及搬運設備等單元，而各項設備的組成具有以下特性：

1. **加工設備：**將工件加工為成品所需要的各項設備，如數值控制加工中心、塑膠射出機台。

2. **儲存設備：**用來儲存零件、半成品及成品，並具有存放、取出功能的設備，包含夾取用機械手臂、工件裝卸站、儲放架、暫存站等設備。

3. **搬運設備：**將工件從儲存設備中取出，送至各個加工設備所需的搬運用設備，例如輸送帶、自動搬運車。

彈性製造系統的資訊系統可分為：設備操作管理、生產排程管理，及生產資料管理等三個部分：

1. **設備操作管理**：管理生產設備的加工程式，加工程式、生產參數、完工事件回報等都可透過機台連線傳送資料。

2. **生產排程管理**：彈性製造系統的核心，藉由企業資訊系統如ERP取得訂單資訊，再根據目前現有作業排程、物料、刀具的準備狀況及設定之優先順序，產生所需的加工排程。

3. **生產資料管理**：刀具、物料清單、途程資料等各項生產資料管理。

　　彈性製造系統能有效降低人力成本，全自動化的生產運作在電腦監控下進行，減少對人力的需求，而現場人員僅需進行日常維修保養或緊急機器維修工作。在增進機台稼動率上，彈性的調配生產機台，可進一步減少機器停機的時間。因此彈性製造系統可視為無人化工廠的縮影，再結合物聯網的應用，可將各工件的生產狀況回饋至生產監控系統，在排程規劃上更有彈性，進而縮短生產時間。經由持續監控與資料的收集能防止系統出錯，如刀具監控、機器溫度、和切割速度等擁有異常可能性之變數，進而透過大數據分析與改善作業。

7.2.8 未來趨勢

　　隨著資通訊技術的發達，物聯網、雲端運算、人工智慧、大數據分析等應用越來越普及，工業4.0的概念導入到工廠上的應用成為製造企業的顯學，在工業4.0中的重要概念在於企業不用尋求低成本人力地區設置工廠，員工可以就近工作，重複性的工作可以交由工業機器人來完成，若以這概念反觀過去談到的工廠自動化似乎沒有不同，透過電腦整合製造與現場控制資訊系統反映生產狀況，應用生產機台與工業機器人來執行生產工作，而彈性製造系統提供最佳化的排程邏輯，正確的訂單在有效的機台加工來達到準時交貨的目的。但當結合到物聯網的應用時，所有的工件都具有自己的身份，過去大量式或批量式的製造方式以掌握訂單，可以轉化為個別的生產調配；雲端運算方面提供員工隨處工作，花時間在設計與規劃而非重複性的工作，進而與其他設計者互動，產生結果可透過3D列印技術轉成成品，再由工業機器人執行組裝成成品出貨，業務與客戶也可透過雲端技術隨時掌握生產狀況；應用人工智

慧解決複雜的生產排程最佳化問題；透過大數據分析可以找出導致品質不佳的因素等。隨著這些相關技術的快速發展下，能將機器人整合製造在工廠上的應用大幅提升其具體可行性。

▶ 7.3 機器視覺之原理與工業應用

　　機器視覺(machine vision)是以機器模仿人類視覺的光學識別系統，它利用攝影機來擷取影像，然後再使用電腦分析及解釋影像內容，進而下達某些決策。

　　機器視覺系統常包括光源、光學系統、影像感測器(sensor)及電腦等設備，機器視覺的研究已有三十多年的歷史，雖然仍未具有人類視覺的威力和智慧，但是對於工業應用之可控制環境下的明確工作任務，機器視覺目前已經能以極高的正確效率及一天24小時的持續工作，來完成人類所不能完成的任務。

■ 7.3.1 機器視覺之系統組成

　　對於典型的工業機器視覺基本架構，包含了主控器、光源、鏡頭、相機(CCD或CMOS)、影像擷取卡、影像處理軟體、通訊(輸入/輸出)、影像顯示器、機構以及控制系統等。下列針對工業機器視覺系統較為核心的部分，以工作原理、影像系統、光源，來進行深入探討。

工作原理

　　關於工業機器視覺系統的基本工作原理如圖7-7所示，利用相機將預檢測的目標轉換成影像資訊，並傳送給影像處理系統，再根據影像像素分布、亮度和顏色等資訊，對這些影像資訊進行各種運算，來實現工業機器視覺的許多應用。

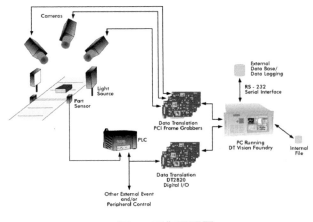

○ 圖7-7 工作原理圖

影像系統

　　工業機器視覺最基本架構包含了相機與鏡頭的影像系統，其中包含最重要的五個基本參數：感光元件大小、工作距離、景深、視野範圍、解析度，上述參數主要依據光圈、焦距、景深的挑選與調配。

　　首先介紹工業相機，成像原理是透過內建的感光元件來吸收光線，並轉換成儲存電荷，再將這些電荷傳輸至放大解碼器，可以呈現出一張完整的影像。工業相機的分類方式如下：

1. 掃描方式的分類：

　　相機的掃描方式以感光元件為依據，類型分為線掃描與面掃描兩種：使用線掃描必需搭配運動掃描才能獲得一張完整的影像，適用於檢測需求為大面積與高檢測精度的應用；面掃描的相機應用比較普及，在不需搭配運動裝置情況下就可以獲得完整影像，可依據檢測精度的要求，可選擇不同解析度的相機，高解析度的相機，價格也相對高昂。

2. 感光元件的分類：

　　若以感光元件做區分有CMOS與CCD兩類：感光元件的感光度與製程有關，以下列出兩者優缺點比較(表7-3)：

➡ 表7-3 CMOS與CCD優缺點比較表

	CCD	CMOS
設計原理	單一感光器	感光器連結放大器
感光度	較好	較差
成本	高(線路品質影響良率)	低(整合製程)
解析度	高(結構複雜度低)	傳統技術較低。 新技術擺脫面積限制,可達全片幅
雜訊比	低	高
耗能比	高	低
取像速度	慢	快

3. 影像色彩分類：

　　以顏色做區分，相機又可以分為灰階和彩色。所謂的灰階影像，是將色階由黑到白，共切割為255等分所組成的8bit影像；而彩色影像分別由3組8bit的RGB顏色所組成的24bit影像，理論上最高可組合出1,677萬種顏色。

4. 訊號傳輸類型分類：

　　相機依據傳輸的方式可分為GigE、Camera Link、USB2.0/3.0等類型(其他類型的傳輸介面這邊不多做闡述)，可依據該應用端，來評估需要挑選哪一類的相機，若檢測條件有高速取像的要求，盡可能選擇高傳輸率的相機來做為取像來源，而且相機還有傳輸距離長短的優劣以及成本考量與方便性，針對上述提到的相機類別比較表如下表7-4：

➡ 表7-4 相機類別比較表

相機介面	GigE	Camera Link	USB2.0	USB3.0
最大頻寬	1Gbps	6.8Gbps	480Mbps	5Gbps
支援線長	100 Meter	7 Meter	3 Meter	3 Meter
優勢	工作距離長	高擷取速度	便宜/普及	便宜/普及

　　探討完相機的選擇後，接著討論如何挑選一顆適合影像系統的鏡頭，常見的鏡頭有兩類，CCTV Lens 與 Telecentric Lens。其分別的優點在於，CCTV Lens 鏡頭的價格便宜且容易取得；而 Telecentric Lens 則是不需要調整光圈，在有效的景深內，既使在晃動下還是能保持清晰的影像，所以有較佳的取像品質。

　　此外，在挑擇鏡頭時，可以查證規格書上是否有標示變形量 (Distortion)，變形量越少，表示影像失真度越低，檢測的尺寸誤差就會越少。理想的取像畫面應該與待測物成比例，但由於鏡頭本身有弧度，所以鏡頭中心點到周圍會產生些許的變形量，一般的 CCTV 鏡頭都會有輕微的枕狀變形或桶狀變形，變形量會依據鏡頭材質與加工優劣程度而有所差異。

光源

　　前面探討的相機與鏡頭，主要依據檢測條件來尋找適合的規格即可，所以在挑選上比較沒有問題。但要挑選適當的光源是相當困難，只能依照現場環境因素與使用者經驗來做篩選，並且搭配不同光源類型與各種打光技巧，反覆測試驗證，才能找到適當的光源組合。雖然調整光源過程非常耗時，但能得到較為清晰的辨識特徵，以減少影像前處理的必要性，使得在軟體端更加容易去解決在影像處理中所遇到的問題，這也是在學習機器視覺中，非常重要的課題。

　　目前主流光源都採用 LED 燈，與傳統鹵素燈或螢光燈相比，具備高亮度、低耗電、低發熱量等特色，且使用壽命也較長。其光源種類包含了環形光源、同軸光源、條形光源、背光光源，以及一些特殊光源，例如：回行光源、碗狀光源等等。可依據實際需求選擇支援多 Channel 的光源控制器；另外部分控制器支援用軟體來控制光源強度，並透過不同通訊界面來進行參數設定，有利於後續將光源調控功能整合。

7.3.2 數位影像處理

數位影像處理領域是指使用數位電腦，如圖7-8為一個影像處理資料庫，含括多種方式來處理影像資料。簡單來說一張影像可被視為一個二維函數 $f(x,y)$，其中 x 和 y 是空間座標，表示一個平面；而在任意座標點位置 (x,y) 處，f 的大小稱為這張影像在該點的強度(intensity)或灰階(gray level)。所謂數位影像(digital image)則為 x、y 以及 f 的強度值皆為有限的離散量時，該影像稱為數位影像。而影像處理為一個過程，以影像中的像素點(pixel)為處理單位，其主要目的為改善影像視覺品質和達到機器視覺所要之分析的任務。本節將介紹與工業應用相關的數位影像處理技術，四個主題技術分別為：影像前處理、影像分割、影像分析和圖形識別。影像前處理包含影像的基本運算，如減少影像雜訊、增強對比度及影像的銳化等；影像分割為物體區域特徵之擷取；影像分析為理解影像之特性，並將其作為特徵值使用，最後透過圖形識別技術將物體進行辨識，以期望達到人類視覺之辨別能力。

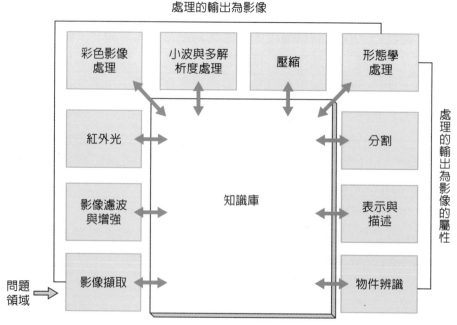

⊃ 圖 7-8　數位影像處理基本步驟

1. 影像前處理

　　影像前處理屬於影像處理分類中的低階處理，以點運算概念直接對輸入之影像的每個像素點進行灰階強度變換，前處理是非常重要的步驟，若執行效果不佳會直接導致後續工作無法順利進行。其主要功能為改善影像品質，使該影像更符合後續操作所需特性，如圖7-9所示，輸入影像 f(x,y) 經處理過程後，會得到灰階強度值重新調整後之輸出影像 g(x,y)。

⊃ 圖7-9 影像前處理流程

2. 影像切割

　　將影像切割成物件和背景，是物件辨識和影像理解前的基本工作，屬於中階影像處理，輸入影像經處理取出該影像之屬性或部分擷取，如圖7-10所示。影像切割的方法和種類非常多，一般採用的方法有邊緣偵測 (edge detection)、邊界追蹤 (edge tracing) 和區域成長 (region growing)。

⊃ 圖7-10 影像切割流程

3. 影像分析

影像輸入時通常為高維度的資料，但其實只需取出重要且感興趣的部分即可使運算量降低且獲得良好效果，所以在影像分析之步驟即是將影像中的區域或物體經分析，其分析結果為該區域或物體的特徵值，如圖7-11所示。

◯ 圖7-11 影像分析流程

4. 圖形識別

經影像分析後，可取得影像中所需之特徵值，將其影像特徵值和量測值經過圖形識別的步驟，轉換成可識別之符號，如圖7-12所示。圖形識別之主軸分為兩大類(1)特徵匹配、(2)分類方法，本節將針對特徵匹配進行探討。特徵匹配主要分為樣板比對(template matching)及幾何特徵匹配(geometrical feature matching)兩種方式。

樣板比對法使用區域影像之強度值比對，主要是計算樣本影像與待測影像中畫素強度的差異，而樣本比對中最著名的方法為正規化相關係數法(normalized cross correlation)，正規化相關係數法主要對於非線性之光源變化具有相當高的強健性，但對於物件的遮蔽與外部干擾比較敏感，所以容易造成誤判的結果。而幾何特徵方法使用的不是樣板與檢測影像的灰階值資訊，而是採用影像邊界為資訊，而影像邊界多採用梯度方式來描述，其中包括梯度大小與方向。

⊃ 圖 7-12 圖形識別流程

7.3.3 工業應用實例

影像定位技術偕同SCARA機器手臂之流道物件整列系統

　　此案例在發展具備穩定性、即時性之工業級影像物件定位及流道物件整列技術。此影像物件定位技術，是採用梯度向量積之相似度演算法，分析參考影像與檢測影像之相似性，成功整合自主開發之影像定位技術以及 SCARA 機器手臂操作，並實際應用於流道物件整列自動化製程中，成功掌握工業上流道整列自動化之關鍵技術，並藉由實際開發自動化生產設備之多元應用，了解機器如何效仿人類進行高重複性及快速地工作，以達到降低人力成本、增加產能之效果。

　　此研究之開發架構如圖 7-13 所示，包含五個主要模組：

1. **視覺處理模組**：針對待測物件之影像進行定位分析。

2. **輸送帶模組**：調整並控制輸送帶狀態，而編碼器紀錄皮帶絕對位移量可提供系統定位抓取參考。

3. **光學模組**：包含相機鏡頭及影像擷取卡，主要功能為擷取物件影像，並傳送定位影像資訊回主機端。

4. **機器手臂模組**：主要進行物件取放動作，透過視覺處理模組所分析之物件定位資訊並參考輸送帶模組紀錄之絕對位移量進行物件抓取動作，並將物件抓取至欲擺放之位置。

5. **即時多工模組**：透過建立即時多工系統的架構，將不同功能之動作分別規劃為不同執行緒，使其系統更具效能，且達到工業等級應用之要求。

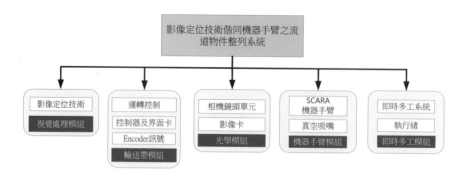

○ 圖7-13 影像定位技術應用於輸送帶物件整列系統架構

系統整列技術成果

　　研究成果中，流道速度為：80mm/sec，系統硬體架構如圖7-14所示，首先透過光學模組進行即時取像，並藉由自行開發之影像定位技術計算出標的物之座標值以及旋轉角度，再將其物件資訊藉由工業通訊協定MODBUS之TCP/IP的網路連接方式傳輸至SCARA機器手臂進行追蹤及吸取動作，藉由多執行緒溝通策略，使本研究之成果更能符合工業界所需之優越效能。

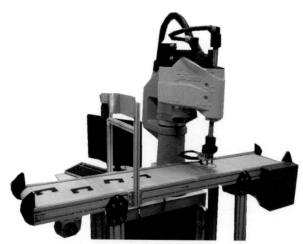

○ 圖7-14 整列系統之硬體架構

系統動作流程序列如圖7-15所示，圖7-15(a)為光學模組之物件流道取像狀況、圖7-15(b)為手臂等待物件進入工作區域、圖7-15(c)為手臂吸取物件、圖7-15(d)為手臂吸取物件後擺放到指定位置並回到第二張圖片等待下一個物件。

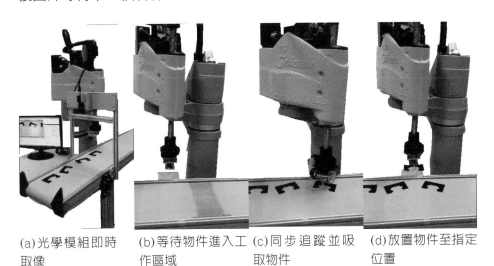

(a)光學模組即時取像　(b)等待物件進入工作區域　(c)同步追蹤並吸取物件　(d)放置物件至指定位置

🔹 圖7-15 整列系統之實際運作序列圖

接下來，進行系統準確率實驗，此實驗中將500個測試樣品任意擺放置流道上方進行整列測試並進行錯誤率分析。經由實際測試後，本研究開發之整列系統準確率達到百分之百，展現整體系統可以正確地且流暢地完成資料傳遞以及一系列物件整列動作，達到無失誤及優越產能效率之工業要求。其部分測試影片可參考影片連結網址：https://www.youtube.com/watch?v=ZfogQBAfSdU&feature=youtu.be

智慧型手機表面瑕疵檢測

智慧型手機表面瑕疵包含了高對比度以及低對比度的瑕疵，相較於高對比度瑕疵，低對比度瑕疵與背景的灰階度非常相似，而且沒有特定的形狀，因此增加了瑕疵檢測之困難。此外，智慧型手機表面由於環境光源不均影響，亦容易出現高雜訊之情形。針對具有高低比對比、光源不均且高雜訊等特性，此研究提出一套影像瑕疵演算法，可有效應用於智慧型手機表面瑕疵檢測。

◉ **硬體架構：**

　　針對智慧型手機表面瑕疵檢測進行演算法流程之開發，在硬體部分主要概念是基於智慧型手機本身之對稱特性，利用矩形對稱原理，架設光源與相機，其目的是為了要減少鏡頭與CCD使用量，以減少系統開發之成本。

　　如圖7-16檢測面示意圖，系統架構中鏡頭數量為6支C1~C6，分別歸納為圖7-16(a)區域一與7-16(b)區域二，區域一與區域二間利用滑軌進行連接，當進入區域二，且擷取完待測影像後，機構將手機順時鐘旋轉，並由區域二回到區域一，進行其對稱表面之待測影像擷取，由a~f位置擷取出12張待測影像，進行檢測。

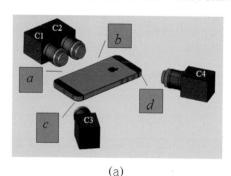
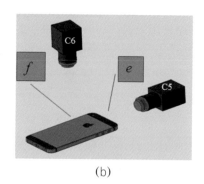

(a)　　　　　　　　　　　　　　　　(b)

⊃ 圖7-16 檢測面示意圖

　　如圖7-17所示，整體流程大致上分為建立樣本參數、影像前處理、影像分割與定位和瑕疵偵測四大部分。

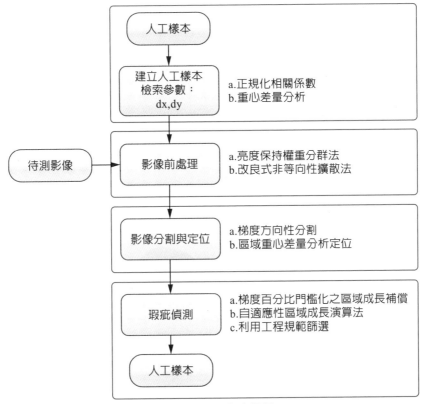

⊃ 圖 7-17 研究流程圖

◉ 瑕疵檢測技術成果

此瑕疵檢測法應用於智慧型手機表面瑕疵檢測，可克服傳統方法不可靠的缺點。此檢測法除了要克服上述這些干擾外，還要解決檢測物件本身所會遇到的問題：(1)檢測區域之取得、(2)檢測區域的微小偏移旋轉、(3)去除非檢測區域需要之定位法、(4)自適應的縮小瑕疵偵測區域、(5)自適應的分割瑕疵。以下給出三個表面檢測結果：

Case1:

⊃ 圖 7-18 如圖 7-16 手機 d 面瑕疵檢測結果

Case2:

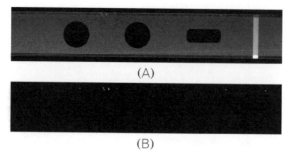

(A)

(B)

⊃ 圖7-19 如圖7-16手機b面瑕疵檢測結果

Case3:

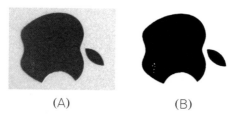

(A)　　　　　(B)

⊃ 圖7-20 蘋果Logo瑕疵檢測結果

　　由成果顯示，本案例所提方法可以有效的檢測出智慧型手機表面瑕疵缺陷。主要貢獻包括：(1)針對智慧型手機表面瑕疵檢測之系統化檢測流程，有效的檢測出瑕疵、(2)對高、低對比度，以及不同形狀的的瑕疵分割、(3)在物件微小偏移旋轉下針對光源不均、高雜訊之瑕疵進行分割、(4)採用sobel梯度百分比門檻化之區域補償，保留完整物件特性下初步分割出瑕疵區，並且解決區域成長分割種子點數目之問題，讓我們用更少的初始區域去做瑕疵搜尋，更能精確的偵測出瑕疵區域、(5)自適應性區域成長法在不同背景灰階度下，能有效的偵測出瑕疵區域。

▶ 7.4 智慧型控制應用

本章所述之智慧製造，須仰賴可靠之控制器來達成。控制器的軟硬體適當配合，才能發揮預期效能。控制器在硬體方面依情況可選用一或多種：如可程式邏輯控制器(PLC)、工業電腦(IPC)、微處理器(MCU)、或數位訊號處理器(DSP)等。限於篇幅，本節闡明重點在軟體部分，將介紹常見之智慧型控制演算法：含模糊邏輯控制器(Fuzzy Logic Controller, FLC)與類神經網路控制器(Artificial Neural Network, ANN)。此外，本節亦將介紹基因演算法(Genetic Algorithm, GA)，用來尋求上述二種智慧型控制器之最佳化參數，實現所謂的智慧型控制器，應用於各類生產之智慧製造。

▶ 7.4.1 模糊邏輯控制器

模糊集合理論[24]最早由札德L.A. Zadeh 於1965年提出，打破傳統集合元素(element)歸屬或不歸屬該集合的二分法，改由歸屬函數(membership function)描述元素屬於該集合的歸屬程度。之後模糊關係、模糊運算、模糊邏輯、模糊推論、與模糊邏輯控制先後被提出與完備發展[25]。其中模糊邏輯控制器之發展源於對領域專家之熟練操作策略的語意表示法之需求而來，也就是說，藉由領域專家之口頭溝通並理解指令，即可產生控制策略的動機而來。因此，模糊控制適合應用於領域專家存在，系統模型不完整(如具高複雜度、定義不明等)，與啟發式教育法適用之場合。第一個實驗室試驗成功的模糊邏輯控制器在1974年應用於蒸氣引擎控制，而第一個成功的工業應用則於1980年代用於水泥窯控制，目前模糊邏輯控制器廣用於各領域，如消費性電子產品、工業生產、與交通控制等等。

模糊邏輯控制器主要由四部分組成：模糊化(fuzzifier)、模糊規則庫(fuzzy rule base)、推論引擎(inference engine)與解模糊化(defuzzifier)。圖7-21說明模糊邏輯控制器與受控場關係之方塊圖，是典型的單回路及閉回授控制系統。首先，由感測器量測到明確的受控場

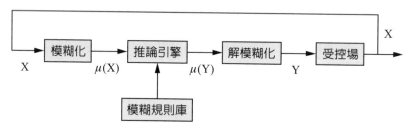

輸出訊號X，此訊號回授到控制器當輸入訊號。但因模糊邏輯控制器接受語意值，所以須先由模糊化器轉換成模糊變數 $\mu(X)$；推論引擎接受此模糊變數，瞭解受控場輸出之情況，再根據模糊規則庫的控制規則，可推論出適當的控制訊號輸出(乃是模糊變數 $\mu(Y)$)；這裡，推論引擎是模糊邏輯控制器的核心，它以近似推理方式模擬人類決策來達到想要的控制策略；最後，給受控場的控制訊號需要明確值Y，因此模糊控制訊號 $\mu(Y)$ 再經解模糊化器之轉換，即可輸入到受控場，進行控制。

🌐 圖 7-21 模糊邏輯控制器方塊圖

　　模糊規則庫的建立，可依據該領域專家之操作經驗知識而得，並以if…., then…的型式儲存。If 敘述稱前件部，then 敘述稱後件部。舉例說明，假設控制器有最常見之二輸入變數：誤差e與誤差變化率ce，及一個輸出控制變數u，那麼模糊控制規則如下所示：

$$\text{If e is A and ce is B, then u is C} \qquad (7.1)$$

　　其中A,B,C是語言變數，如NB(負大)、NM(負中)、NS(負小)、ZO(零)、PS(正小)、PM(正中)、或PB(正大)等。這些語言變數是模糊集合，其歸屬函數常選用三角型、梯型、或高斯函數表示(如圖7-22)。針對特定受控場，推導所得之模糊控制規則(式(7.1)型式)常以模糊控制規則庫方式表示，如表7-5所列[25]，共有49條，這是因為二輸入變數之模糊分割數(fuzzy partition)為7所致(7×7=49)。

　　式(7.1)稱為Mamdani模糊規則，另一常用模糊規則為T-S模糊規則[26]：

$$\text{If e is A and ce is B, then u is f(e,ce)} \qquad (7.2)$$

其中f是e與ce的可解析函數(analytic function)。相較於Mamdani
模糊規則，T-S規則較不易以直覺方式依專家經驗推得，但其優點為可
以較少規則數描述系統複雜行為。f可解析函數通常選線性函數或為定
值，以方便運算，但其參數不易決定。

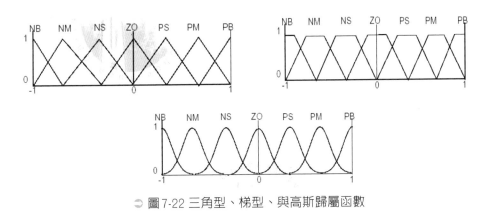

❍ 圖7-22 三角型、梯型、與高斯歸屬函數

➥ 表7-5 模糊控制規則庫

c \ ce	NB	NM	NS	ZO	PS	PM	PB
NB	NB	NB	NB	NB	NM	NM	NS
NM	NB	NB	NM	NM	NS	ZO	ZO
NS	NB	NM	NS	NS	ZO	PS	PM
ZO	NB	NM	NS	ZO	PS	PM	PB
PS	NM	NS	ZO	PS	PS	PM	PB
PM	ZO	ZO	PS	PM	PM	PB	PB
PB	PS	PM	PM	PB	PB	PB	PB

　　模糊邏輯控制器之輸出入變數其論域範圍(universe of discourse)
常正規化在[-1,+1]，見圖7-22。因此在實際應用上，還需比例因子
(scaling factor)作訊號範圍調整以適應不同之受控體，如圖7-23所示。
其中Ke與Kce比例因子作誤差e與誤差變化率ce之調整，而Kd與Ki

作輸出控制訊號之調整。注意，如果模糊控制器之輸出為u，如式 (7.1) (7.2)，則設 Ki 為零，我們有 PD 型模糊控制器；反之，如果模糊控制器之輸出為 △u (=u(n)-(n-1))，則設 Kd 為零，我們則有 PI 型模糊控制器。

模糊邏輯控制器之內部參數，如語言變數歸屬函數之中心值、寬度或 f(e,ce) 函數之係數等，可依經驗或試誤法選定。另外，我們也可應用梯度下降法 (gradient descent method) 推得各參數的疊代更新公式，使模糊邏輯控制器具有適應性[27]。

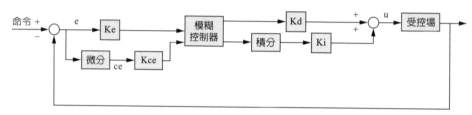

⊃ 圖 7-23 模糊邏輯控制器實際應用例

▶ 7.4.2 類神經網路控制器

類神經網路是模擬人類大腦結構的人工系統，由大量平行具規則化的神經元 (neuron) 與神經鍵 (synapse) 高度互聯所構成之網路結構。類神經網路的神經元受到刺激而產生動態反應，個別響應依其局部連結鍵與其權重值 (weight) 有關。藉由連結鍵權重的調整，給定訓練數據，類神經網路具有學習、回憶與擴展能力，亦即知識被分散儲存於連結鍵權重。因此，類神經網路是平行分散式資料處理結構，集體行為能展現強大的計算能力，已廣用於樣版匹配與分類、函數近似、最佳化、數據聚類等[28]。

類神經網路模型主要由三項實體組成：神經元模型、神經鍵互聯結構與學習 (訓練) 方法。神經元模型有輸入與輸出二部分，如圖 7-24 所示，輸入部分為線性運算。

$$\sigma_i = \sum_{j=1}^{m} \omega_{ij} x_j - \theta_i \qquad (7.3)$$

其中ω_{ij}, θ_i分別為權重係數與門檻值(threshold)。輸出部分

$$y_i = f(\sigma_i) \qquad (7.4)$$

其中f為激發函數或轉換函數，採用非線性函數，如雙曲線tangent函數(輸出層神經元激發函數例外，大都選用線性函數)。每一類神經網路皆有其特定之神經鍵互聯結構模型，有二大類分別：多層前饋網路(multilayer feedforward network)與多層遞回網路(multilayer recurrent network)。前者無穩定性問題，後者雖有穩定性問題，但其結構較簡潔。網路第1層為輸入層，最後一層為輸出層，第2層與之後皆為隱藏層。圖7-25所示為一5-4-4-2多層前饋類神經網路模型，在實際應用上神經鍵層與層互聯方式將採全連結(fully connected)方式較方便運算。

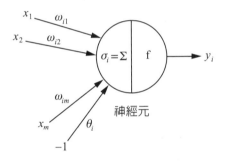

● 圖7-24 神經元模型

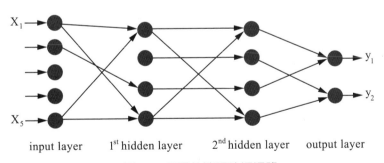

input layer   1st hidden layer   2nd hidden layer   output layer

● 圖7-25 多層前饋類神經網路

最後一項實體模型是學習(訓練)方法,我們介紹監督式學習裡最常用之誤差逆傳遞方法(error back-propagation)[29],此方法學習準度高,回憶速度;缺點為學習慢及有過度學習情況。誤差逆傳遞方法主要有二步驟:前饋步驟與逆向步驟,前饋步驟是由輸入向量在第1層給類神經網路,接著其影響一層一層傳遞下去,直到抵達輸出層。以三層前饋類神經網路K-J-I為例[7],從輸入訊號O_k到輸出訊號O_i,其轉換過程如下:

$$h_j = \sum_{k=1}^{K} \omega_{jk} o_k - \theta_j, \ o_j = f_j(h_j), \ h_i = \sum_{j=1}^{J} \omega_{ij} o_j - \theta_i, \ o_i = f_i(h_i) \quad (7.5)$$

有了輸出訊號O_i,在逆向步驟,我們將首先計算輸出層誤差$(T_i\text{-}O_i)$ $(T_i$為目標值),並將輸出層誤差以逆向傳遞方式傳到前一層誤差,再逆向方式傳遞直到抵達第一隱藏層(也就是第二層)誤差,所有各層誤差訊號知道後,就可以更新類神經網路的權重與門檻值等。當再次有輸入向量給類神經網路時,重複使用誤差逆傳遞法,類神經網路參數即可再更新。如此循環程序,就可以達到類神經網路學習或訓練目的,以誤差逆傳遞法來推導參數更新公式,只要應用梯度下降法即可[30],結果如下:

$$\delta_i = (T_i\text{-}o_i) f_i^{'}(h_i), \ \delta_j = (\sum_{i=1}^{I} \delta_i \omega_{ij}) f_j^{'}(h_j) \quad (\text{誤差逆傳遞})$$

$$\omega_{ij}(n+1) = \omega_{ij}(n) + \eta \delta_i o_j, \ \theta_i(n+1) = \theta_i(n) + \eta \delta_i(-1) \quad (7.6)$$

$$\omega_{jk}(n+1) = \omega_{jk}(n) + \eta \delta_j o_k, \ \theta_j(n+1) = \theta_j(n) + \eta \delta_j(-1)$$

瞭解了類神經網路基本特性,我們將應用類神經網路當作控制器(稱類神經網路控制器 neurocontroller),並以誤差逆傳遞法來線上即時調整控制器參數,實現適應性與智慧型控制目標。常用之二種控制方塊圖,如圖7-26所示上圖為模擬器_控制器架構,下圖為特殊學習架構[31]。在模擬器_控制器架構下,首先須做受控場系統鑑別,此模擬器採類神經網路模型,用來近似受控場動態行為,並線上逆向傳遞受控場誤差訊號e給類神經網路控制器,即可線上即時調整控制器參數。此架構無需受控場動態行為知識,但須事先建模(模擬器)。如果對受控場動態行為事先有若干瞭解，則控制方塊圖可再簡化成下圖之特殊學習架構。此架構類神經網路控制器輸出層之誤差訊號為 [32]。

$$\delta_i = (\overline{y} - y) \cdot \text{sgn}(\frac{\partial y}{\partial u}) \cdot f_i^{'}(h_i) \tag{7.7}$$

其中 sgn(·) 代表 signum 函數，$(\frac{\partial y}{\partial u})$ 則是受控場 Jacobian 函數。因此只要知道受控場 Jacobian 正負符號，即可轉化受控場誤差訊號 $(\overline{y} - y)$ 成為類神經網路控制器輸出層之誤差訊號 δ_i，控制器參數即可被線上即時調整 (使用誤差逆傳遞法，公式 (7.6))。

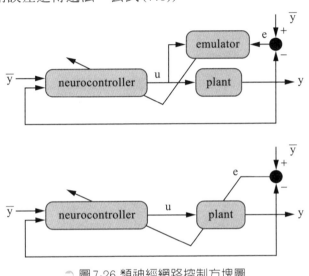

➔ 圖 7-26 類神經網路控制方塊圖

7.4.3 基因演算法

本小節將介紹基因演算法，可用來尋求上述二種控制器之最佳化參數，實現所謂的智慧型控制器。例如，圖 7-23 模糊邏輯控制器之比例因子 Ke、Kce、Kd 或 Ki 等參數，與圖 7-26 類神經網路控制器之層數、每層神經元個數、權重、與門檻值等參數的最佳化。基因演算法在 1960 年代由 Holland 所發展 [33]，其理論基礎建立在模仿自然界的物競天擇與適者生存等進化論。文獻上有眾多應用基因演算法於函數最佳化與控制問題，對未明確、不規則、複雜參數空間等多參數最佳化問題，尤其能提供強大有效率解決方案。

基因演算法尋求控制器參數之最佳化，首先把控制器參數依序串聯，如模糊邏輯控制器之(Ke、Kce、Kd)，並以二進位依序編碼每個參數串成一染色體(每個參數用5位元表示)：

0	1	0	0	1	1	0	0	1	0	0	1	1	0	1

也就是一染色體代表某一控制器。基因演算法是以多點(族群數)搜尋方式在參數空間找最佳解，染色體好壞依其適合度(fitness function)而定，高適合度染色體相對有高機率配對與產生子代；反之，劣染色體易被淘汰。第一代族群於參數空間隨機產生，並評估每個染色體適合度。據此並依適者生存進化論，族群染色體經過複製(reproduction)、交配(crossover)、突變(mutation)三過程[34]，子代族群於焉產生。子代族群重複經過適合度評估、複製、交配、與突變，再產生其下一代，此過程循環運作，直到某一代滿意的最佳解出現爲止，圖7-27說明每代族群之最大適合度與平均適合度隨著基因演算法代數之增加，而呈現上升增加驅勢。

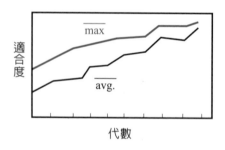

⊃ 圖7-27 適合度與代數關係

爲評估控制器參數之最佳化，這裡適合度的定義可採用受控場誤差平方和(SSE)或誤差絕對值和(SAE)的反比來表示：

$$g = \sum_{k=0}^{N} e^2(k) \quad \text{(Sum of Square Error)} \tag{7.8}$$

$$g = \sum_{k=0}^{N} |e(k)| \quad \text{(Sum of Absolute Error)} \tag{7.9}$$

這裡 e(k) 就是指圖 7-23 與圖 7-26 的受控場誤差，系統 SSE 或 SAE 大，適合度就小；反之，系統 SSE 或 SAE 小，適合度就高。

問題討論

1. 如何克服在PC中模擬器需要同時多項輸入(Simultaneous Multiple Inputs)的技術侷限？

2. 在CAD/CAM中列舉用mesh、pixel、voxel建模的例子，並作格式轉換方面的比較。

3. 請解釋現場控制系統包含哪些模組？

4. 機器人可分為哪幾種類型？

5. 模糊規則if…., then…可分那二類，其優缺點如何？

6. 如何完整描述類神經網路模型？

7. 基因演算法的族群染色體，經過那些運算過程，就可產生新一代族群。

參考文獻

[1] 高野敦, "猜一猜，什麼是「工業4.0」？," 日經科技報, Feb. 2014.

[2] Express-news Editorial Board, "Do Uber and Lyft merit more council consideration?" San Antonio Express News, July 2015.

[3] Eric Sandy, "Uber Launches in Cleveland Today," Cleveland Scene, Apr 2014.

[4] E. Max Raisor, Engineering Graphics Principles with Geometric Dimensioning and Tolerancing,, Schroff Development Corp, Jan. 2002.

[5] Plcopen, "Introduction into IEC 61131-3 Programming Languages," [Online]. Available: http://www.plcopen.org/pages/tc1_standards/iec61131-3/.

[6] ROS, "About ROS," [Online]. Available: http://www.ros.org/.

[7] ROSIndustrial, "ROS-Industrial Description," [Online].
Available: http://rosindustrial.org/about/description/.

[8] Saul Hansell, "Why Yelp Works" New York Times, May 2008. [Online]. Available:http://bits.blogs.nytimes.com/2008/05/12/why-yelp-works/. [Accessed Aug. 20, 2015].

[9] Jim Handy, "Think Yelp is Unbiased? Think Again!!" Forbes, Aug. 2012. [Online]. Available:http://www.forbes.com/sites/jimhandy/2012/08/16/think-yelp-is-unbiased-think-again/. [Accessed Aug. 20, 2015].

[10] 經濟部工業局, 生產力4.0產業與技術發展策略, 子題一：製造業生產力推動策略, Jun. 2015.

[11] J. Womack and D. Jones, "Lean Thinking," Simon & Schuster, USA, 1996.

[12] LEI, "A Brief History of Lean," [Online] Available: http://lean org/

[13] Levantar, "What is Lean Manufacturing?" Mar. 2012.

[14] Uwe Dombrowski and Stefan Schmidt, " Lean Production Systems Implementation in Germany" 31st Conference of the European Academy on Industrial Management Braunschweig, Germany, Sep. 2009.

[15] Directorate-General for Research, Industrial Technologies Unit G2, European Commission, EUR 24282 EN, "Factories of the Future PPP" , 2010.

[16] M. P. Groover, Automation, production systems, and computer-integrated manufacturing: Prentice Hall Press, 2007.

[17] S. K. Vajpayee, Principles of computer-integrated manufacturing: Prentice-Hall, Inc., 1995.

[18] J. A. Rehg and H. W. Kraebber, Computer-Integrated Manufacturing, 2005: Prentice Hall, 2012.

[19] 陳潭, 洪堯勳, 姚銘忠, and 黃欽印, 工業工程與管理概論. 台北: 前程企管, 2013.

[20] 王立志, 系統化運籌與供應鏈管理: 企業營運新典範: 滄海, 2006.

[21] 陳士凱, 程晨, 杜洋, and 王正, 3D列印大未來--觀念原理X實戰應用: 碁峰, 2014.

[22] 王文義, 宓哲民, 陳文軒, and 陳文耀, PLC原理與應用實務: 全華圖書, 2013.

[23] S. B. Morriss, Automated manufacturing systems: Actuators, controls, sensors, and robotics: Glencoe/McGraw-Hill, 1994.

[24] L.A. Zadeh, "Fuzzy sets," Inf. and Control, vol. 8, pp. 338-353, 1965.

[25] 王文俊, 認識Fuzzy, 第三版, 全華圖書公司, 2008.

[26] T. Takagi and M. Sugeno, "Fuzzy identification of systems and its application to modeling and control," IEEE Trans. Systems Man and Cybernet., vol. 15, pp. 116-132, 1985.

[27] H. Nomura, I. Hayashi, and N. Wakami, "A self tuning method of fuzzy control by descent method," in Proceedings International Fuzzy Systems Association, Engineering vol., Bruxelles, pp. 155-158, 1991.

[28] J.J. Hopfield, "Neural networks and physical systems with emergent collective computation abilities," Proc. Nat. Acad. Sci. USA. vol. 79, pp. 2554-2558, 1982.

[29] D.E. Rumelhart, G.E. Hinton, and R.J. Williams, Learning Representations by Back-propagation Errors, Nature, vol. 323, pp. 533-536, 1986.

[30] B. Muller and J. Reinhardt, Neural Networks: an Introduction, Springer-Verlag, 1991.

[31] S.I. Ahson and D.D. Joshi, A Comparison of Two Neurocontroller Architectures, Journal of Intelligent and Fuzzy Systems, vol. 2 pp. 201-203, 1994.

[32] M. Saerens and A. Soquet, Neural Controller Based on Back-propagation, IEE Proc. F, vol. 138, no 1, pp. 55-62, 1991.

[33] J.H. Holland, Adaptation in Natural and Artificial Systems, Ann Arbor, MI: University of Michigan Press.

[34] D.E. Goldberg, Genetic Algorithms in Search, Optimization and Machine Learning, Addison Wesley, 1989.

08

工業4.0之應用與發展-足鞋驗配

本章作者(依筆劃順序排列)
⊙ 汪家昌—國立臺北科技大學機械系/機電整合研究所
⊙ 鄭　融—國立臺北科技大學機電科技博士班
⊙ 謝東儒—國立臺北科技大學資訊工程系

近年來隨著製造科技之演進，加上3D列印之數位化製造技術逐漸成熟，讓世界各先進國家，為了繼續追求新工業時代的發展先機，保持世界領先的地位，紛紛提出不同的工業發展策略。舉例來說，德國提出工業4.0的概念，以其汽車工業為主體，將自動化的製造技術作為其核心發展目標；美國則是提出先進製造的概念，將3D列印應用於尖端科技之發展，如航太產業與軍火業之製造技術，同時提出了在地製造的觀念；英國則希望延續工業革命的傳統，而提出工業2050；中國則提出製造2025，以掌握關鍵技術及提升品質為目標，求晉身為製造強國。

回過頭來看看我國在這波演進中該如何找到自我定位？相較於其他國家，我國沒有具世界代表性的核心產業技術，但我國挾著質優且高密度的人才優勢，以及為數眾多且靈活的中小企業，在技術發展的進程中擁有絕佳的發展彈性，相當利於進行產業鏈的建置或整合。我國希望能發展生產力4.0，帶動中小企業升級，提升產業附加價值與生產力，進而帶動整體產業結構優化。同時希望以九年的時間，將有5萬家製造業及13.5萬家服務業能達到生產力4.0。換言之，生產力4.0或工業4.0的真正精神是將數位化的工程技術有效的應用在市場上，他不是一個曲高和寡的高科技未來，而是可以直接與生活相關的現在進行式。本案例之足鞋驗配，即是以臺北科技大學與廠商合作開發的產學合作計畫產出，導入數位化的多種工程技術，來協助製造與服務。

一個產業鏈的建置需要由知識，技術以及服務這三個層面架構而成，而本應用例的足鞋驗配即是此一架構之產業鏈體現，該產業以醫學與生物力學為知識核心，並以數位化的建模、分析、與製造作為其技術主體，最後透過醫療與及健康促進產業進行服務輸出，形成一個全新的整合性產業鏈，而能創造新的價值。

▶8.1 潛在的客製化鞋墊需求

　　以生物力學的角度來看，人體下肢結構本應適用於天然之表面，如：沙地、草地、泥土地等平面站立行走，但因文明發展，足部長時間接觸硬地面已屬不可避免，人類的足形從原來的改變地表，逆轉成被地面改變，如圖8-1所示。

⟳ 圖8-1 人類足形在自然表面(左)與人造表面(右)之應力行為差異

　　這樣的生物力學行為已被證實會衍生出許多骨骼肌肉系統疾病，在人類平均壽命增加的現代社會，反而導致了中晚年生活品質下降的問題，也加重了社會的醫療負擔。故在臨床要解決這類問題，就必須使用具備矯正功能的鞋墊來修正身體的生物力學缺陷，而鞋墊的製作如同眼鏡一般，生物力學墊片就像鏡片一樣，是必須經過專業人員量測配置的，稱之為足墊處方，也是真正對足部產生作用的環節，所以在測量上須透過相關專業人員進行整體脊椎足部評估方能配置出正確的足墊。尤其是遭遇到足部、下肢甚至是脊椎疼痛時，務必尋求醫療人員的協助，判斷問題的癥結後，配置正確生物力學的足墊，才能真正解決足部衍生的相關問題。而矯正鞋墊中，又以全接觸式的客製化鞋墊效果最佳，不但能提供正確的生物力學支撐，更能夠過全接觸式的設計提供良好的舒適性，讓顧客易於適應。

醫學界對於全接觸式客製化足墊之需求起源於糖尿病患者所需之全接觸式足墊。因糖尿病患者之末梢循環受糖尿病影響常有血液灌流不足之問題[1]，當足部受壓不均出現傷口時往往難以癒合，並進而造成需要截肢之情形，故糖尿病足所穿足墊須有全接觸之功能以降低足部壓力防止壓瘡產生[2]。後來發現全接觸式足墊對於單純有生物力學矯正需求之患者[3]，亦能提升穿著之舒適度，故後來全接觸式足墊似乎成了客製化矯正用足墊之必要條件。

而製鞋技術上之客製化成本仍高，在普遍大眾無法獲得客製化之有效足部支撐的情形下，故諸如扁平足、高弓足的天生足部型態便容易因為缺乏適當支撐而演變成眾多脊椎、下肢之疾病(脊椎側彎、腰椎結構性疾病、足底筋膜炎、退化性關節炎等)，造成醫療資源無形中浪費。據此，站在『預防勝於治療』的角度思考，早期篩檢出足部生物力學缺陷並給予適當之矯治可大大降低相關衍生疾病的風險。

足墊矯治技術已於其他先進國家醫界行之有年，並已發展出相關製鞋製墊產業，而各大鞋廠也積極投入客製化技術之發展，讓足部生物力學矯治的角色漸漸走出純粹醫學的框架，成為慢慢普及的生活必需品。

所以在足鞋驗配系統中，不但必須提供舒適且效果優良的鞋墊成品，還必須建置一套完整的教育訓練與驗證系統，才能確保足鞋驗配的服務內涵有足夠的專業深度。也因為必須建立可驗證的系統，以及可進行大量客製化的製程，將足鞋驗配的服務結構進行數位化是必要的，故在建置本系統時，已將數位化的作法落實到每個環節，一改傳統客製化鞋墊製造技術的缺陷，並同時保留了傳統做法的精髓，為整個系統的智慧製造演進埋下堅實的基礎。

8.2 足鞋驗配的檢驗配製證

　　在建置本系統之初，由於考慮到本系統在未來將橫跨多種產業，必須能符合各方之期待，以提供足夠的社會價值與說服力。故在蒐集了官、產、學、研、醫各界的意見與需求後，提出了檢、驗、配、製、證，五大面向，讓系統透過這樣的結構永續發展，以下將對本結構進行說明。

　　足鞋驗配包含了檢、驗、配、製、證五大環節，如圖8-2所示，並且透過最後一個「證」的環節將整個產業鏈由輸出端重新連結到開發端，使本產業鏈能夠成為一個不斷演進的生態系，藉此提升產業鏈中各環節之開發價值。

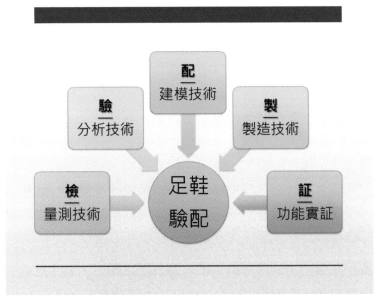

⊃ 圖8-2 足鞋驗配系統中的檢、驗、配、製、證五大環節

　　『檢』指的是量出及檢出，乃量測技術的應用，透過數位化的多種量測手段，量測足壓分佈、3D足形、體態、站姿、步態等，多項足部體姿動態與靜態的生物力學資訊。並研究出如何在實務操作上，以最簡化的步驟中，量測出足鞋驗配時之必要生物力學資訊。

『驗』指的是資料分析，乃取得量測的數位資訊後，以資訊分析的方式，反覆檢驗各項量測技術之資訊有效及正確性並予以修正，藉此分析出不同生物力學結構的足鞋需求，最後將結果作為建模技術的核心資訊。

『配』指的是配合，即建模技術，使用足形量測之資料庫分析，歸納出更為精準簡便的臨床量測方式。並建立出適用於台灣人、亞洲人之常模，以利足鞋驗配之量化發展。

『製』指的是足墊、鞋楦之加工技術，透過生物力學之資訊，使用數位製造的手段，如NC加工及3D列印技術，進行加工，以達成快速且符合成本效益的客製化製作目標。

『證』指的是實務整合，透過生物力學資料分析，分析足墊使用前後之動靜態差異，以達成臨床實證之醫學本質，並藉此建立專業訓練之準則。

在服務層面，希望透過上述五大面向之整合結果，提供社會大眾更精準完善的客製化足部生物力學矯正方式，並使臨床作業人員在執行生物力學量測與足墊配製時，能更節省時間、更精準，並透過類似配眼鏡時『驗光』、『試戴』、『選框』、『選鏡片材質』之作業流程，使足鞋驗配之服務普及度、專業度增加，強化『足』『鞋』『墊』三者之契合程度。在未來，期能善用計畫之成果結合教育訓練資源，提供一致化之專業導向課程，訓練相關人員並給予認證，使國內足鞋驗配市場之專業人員的質與量同時獲得提升，讓社會大眾獲得更便利、專業之足鞋驗配服務。

本案例將依上述的檢、驗、配、製、証之順序，對「足鞋驗配的量測技術與數位化-智慧製造的第一步」、「足鞋驗配的專業分析與大數據分析-巨量資料」、「足鞋驗配的建模技術與雲端資料庫」、「足鞋驗配的數位化製造-NC加工與3D列印」、「足鞋驗配的臨床實証及服務」等，進行說明。

▸8.3 足鞋驗配的量測技術與數位化-智慧製造的第一步

　　傳統的客製化鞋墊與鞋具製作多仰賴製作者經驗以及實體模具，這樣的製造模式讓製作歷程難以被驗證與詳實紀錄，也使得相關研究與開發進程相對緩慢，因此讓傳統客製化選鞋與製墊技術成了百家爭鳴卻無以為鑒的封閉產業。為了改善這樣的封閉環境，在足鞋驗配系統中，相關的量測與製造皆採用數位化的方式進行，這樣一來，不但能讓所有製造歷程能被詳實紀錄，也使得相關的研究與開發工作變得相當容易，預計將徹底改變客製化鞋與墊的產業生態，踏出客製化鞋、墊智慧製造的第一步。

　　在足鞋驗配的服務中，主要包含三大項目的量測：「數位化足壓量測」、「數位化足底量測」以及「數位化足型量測」，以下將分項進行說明。

■8.3.1 數位化足壓量測

　　傳統足壓量測多使用哈里氏足板進行足拓製作與分析，但因為該量測法難以進行數據分析與紀錄，近年來已漸漸被數位化的足壓量測設施所取代，目前常被使用的是電容式足壓量測設施，不過該類型設備多為國外進口且因電容式的量測機構壽命較短，維修與購置成本高昂，故國內多為研究機構使用該設施，難以推廣到商業應用；近年來在臺北科技大學與廠商合作下，已開發出光學式足壓量測設備[4]（如圖8-3所示），以足鞋驗配系統為例，其光學式足壓量測設備已具備同時量測動態與靜態足型之功能（如圖8-4所示），且具備量測速度快、機台成本低廉、使用壽命長之優勢，逐漸於商業應用端嶄露頭角。對於足壓量測的數位化提供了相當有力的工具。

🔵 圖8-3 臺北科技大學與廠商合作開發之光學式動靜態足壓量測設備

🔵 圖8-4 光學式動靜態足壓量測實測情形

8.3.2 數位化足底量測

　　在傳統客製化鞋墊製程中，足底曲面的量測與紀錄通常會使用石膏繃帶或是泡棉盒取模來複製顧客的足底曲面，接著以石膏漿料把顧客足底曲面製作成石膏陽模以進行客製化鞋墊製作[5]（如圖8-5所示），但其過程除了產生大量的製程廢棄物外，其曲面資訊之紀錄完全仰賴石膏陽模，不但占據大量空間，其保存與未來檢視製作紀錄時也是令人相當頭痛。

⊃ 圖8-5 石膏取模時之實際情形

　　有鑑於此，足鞋驗配系統透過與臺北科技大學產學合作，開發出雷射足型掃描機台[6]，可快速將顧客足型數位化（如圖8-6所示），不但省卻傳統取模過程中產生的大量廢棄物，也節省大量時間與人力，更值得一提的是，透過足型資訊數位化，讓顧客的足底資訊得以完整保留供日後檢視追蹤，也可藉此建立國人專用的足型資料庫，對於教育研究、相關產業發展以及國人整體健康的促進都有相當正面積極的意義。

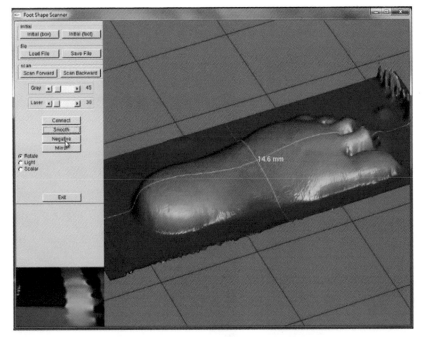

⊃ 圖8-6 雷射足型掃描機將足型資訊數位化

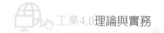

8.3.3 數位化足型量測

在取得足底曲面資訊後，客製化鞋墊製造系統可於短時間內快速製作出顧客專屬的客製鞋墊，但若是沒辦法選到合適的鞋子來作為載具，客製化鞋墊的矯正效果便會大打折扣，而每個人足型的長度、寬度、厚度及其關節相對位置皆有不同，所需要的鞋楦類型差異甚鉅，故在足鞋驗配系統中，設計了可以同時量測足壓與足型的足鞋驗配機，該機台可於數秒內迅速完成數位化的足壓量測以及足型的3D建模[7]，並對顧客足型進行簡易判讀同時作出選鞋時的建議款式，不但使選鞋配墊的服務流程更加完整便利，也讓社會大眾對於足部保健的觀念更加熟悉。該機台利用專利的影像處理技術，將顧客足型的影像快速呈現於系統中，並同時量測出足長、足寬等的選鞋參考資訊，最後則可列印出個人化的報表，不但提供完整的個人足部資訊，也同時對顧客的選鞋原則作出建議。由於該系統相當易於操作，顧客只需輕鬆站立於量測平台並按下量測鈕即可完成量測(如圖8-7所示)，故非常有利於大量蒐集足型資料，建立相關的足型足壓資料庫。

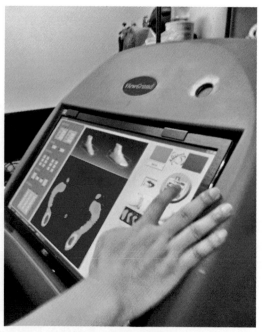

⊃ 圖8-7 足鞋驗配機外觀(圖左)與實際操作情形(圖右)

▶8.4 足鞋驗配的專業分析與大數據分析（巨量資料）

▶ 8.4.1 足壓巨量資料分析

　　巨量資料泛指資料量的規模大到既有的技術需要較長的時間進行整理，才能夠擷取出隱藏在資料本身之中的訊息，進而獲得理解。資料分析的目標在於將各種來源的資料彙整起來，進行研讀判斷，始得產出額外資訊，萃取資料之間的關聯性，用來察覺隱藏在資料中的資訊。巨量資料於各個領域的用途需求方興未艾，近年大型資料分析技術的需求顯著提升。有鑑於此，巨量資料分析技術紛紛被積極研發。

　　足壓量測資料在運動復健領域中為重要判斷依據，得以診斷足底症狀，其研究分析數據包含足弓指標、左右腳足壓分區、足壓六區分區等類型共20種參數，造成多維度複雜性以及異常個案資料，造成資料觀察不易。解決方法可以是建置一個收集足壓量測數據的資料庫，將足壓量測資料整理後，透過離群值辨識方法，找尋離群值資料，目的在於提出差異可視化方法，讓運動復健領域學者，更易觀察群組資料差異性。

　　本資料研究例子是透過收集各大專院校專業運動員足壓資料樣本，共1006筆資料，來自於26類不同的運動項目。然後將這些資料，進一步的由物理治療師進行評估並且研究各運動項目衍生的足部職業病症。首先將足壓資料群組化，接著利用平行座標顯示、足底六區直方圖顯示、散點圖顯示等資料可視畫方法，進行差異可視化，用來比對群組間各參數平均值，同時觀察標準差範圍與觀察各參數的分佈狀況。並利用差距標準差值，用來辨識離群值資料，根據平行座標顯示方法，協助運動復健領域學者，進一步觀察離群值資料。並針對羽球運動群組、網球運動群組、桌球運動群組這三種相似運動行為的項目，利用差異可視化分析，直接觀察這三種運動項目之間差異性，進而根據結果及醫療人員之專業，判斷研究群組步態行為及判斷群組衍生足部症狀。利用本研究離群值辨識方法，能讓運動復健領域學者省去辨識時間，直接研究單一群組離群值資料。

　　足底壓力研究學者在進行研究運動群組時，會將相近運動行為的運動項目，進行群組間的比較，例如羽球與桌球皆有頻繁左右橫移的運動行為，籃球與足球皆有團隊攻防的運動行為。主要會以羽球、網球、桌球作為研究對象，希望能夠利用資料可視化的方法來觀察不同運動群組之間的差異性。因應足底壓力研究學者需求，本巨量資料分析研究，提出以下目的：(1)根據足底壓力分佈資料格式，設計便於研究的資料整合系統；(2)提出直覺的搜尋研究圖檔方式，讓使用者個別容易根據研究需求，找尋研究圖檔；(3)複數資料群組差異可視化，讓研究學者直接對群組各參數狀況進行比較，觀察群組間的差異性，進而研究群組步態行為及判斷群組衍生足部症狀；(4)資料群組離群值辨識，能讓研究人員省去辨識時間，直接研究離群值資料。

資料視覺顯示平行座標法

　　平行座標法主要是利用平行軸線，每一軸線表示為單一參數，每一筆資料根據其資料內容對應至每一軸線上，能讓使用者從一個畫面中就觀察出資料多個參數資訊。平行座標法[1]自從 Inselberg 在 1990 年被提出。依據其中的 Visual Clustering[2]的性質，可以將平行座標顯示分為：(1)維度重新排序(Dimension reordering)；(2)分群與過濾(Clustering and filtering)；(3)互動技術(Interaction techniques)；(4)視覺加強(Visual enhancement)。Novotny[3]認為利用平行座標處理大量複雜資料，需將資料群組化並結合資料探勘技術，接著利用面積範圍將資料呈現，顯示顏色根據資料處理後的權重作為依據。Fua[4]提出階層方法，針對階層式資料進行簡化處理，並且加入資料過濾機制，以致大規模資料可以在平行座標中顯示，並且觀察資料數據。Geng[5]在 2011 年所提出的 Angular Histograms 方法中，將直方統計圖(Histogram)的概念帶入平行座標顯示中，利用此概念去統計每一筆參數經過的頻率，用顏色及直方統計圖的長度去顯示出來，並將直方統計圖線段去根據平行座標顯示線段趨勢調整角度，加強顯示效果。Guo[6]在 2012 年所提出將平行座標顯示的概念套入實體資料轉換函式(Volume Data Transfer Function)，並且根據實體資料值(Volume Data Value)去分類、整理，並將相同的值當作同一種群組進行分類。同一種群組在平行座標顯示的時候，加入曲線加強其群組顯示效果。在平行座標顯示參數間的空間，讓更多的資訊在畫面上同時顯示出來。足底壓力分佈資料包含許多參數，並且研究人員通常以群組爲單位進行研究，爲了能夠清楚顯示足底壓力分佈資料，得以選擇平行座標顯示方式。

足壓研究

利用足弓指標及足底壓力面積百分比爲參考標準進行研究，在足底醫療輔具或運動傷害復健領域，利用足弓指標做爲參考，進而判斷高弓足、正常足、扁平足。如果能夠平均分佈足底壓力，將有效地降低運動傷害的產生。因而可以了解，利用足弓指標及足底壓力面積百分比值進行足部病症判斷，已經成爲一種重要的方法及依據。足壓圖檔取得過程如圖8-8，利用利用足底壓力量測儀器進行足底壓力分佈量測，並取得足底壓力量測分佈灰階圖，取得灰階圖後，根據運動復健領域學者提供的灰階轉換RGB表，將灰階圖轉換成相對應的RGB足底壓力面積分佈圖。

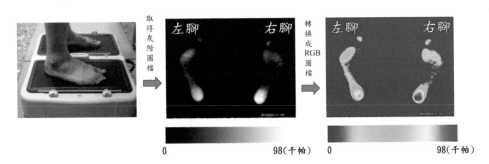

◐ 圖8-8 足底壓力量測儀器，經過測量計算後，產生RGB足底壓力面積分佈圖

個案研究之資料來源主要包含病患基本個人資料(身高體重、職業、血型、性別等資訊)、足壓指標、足底左右兩區壓力面積分佈百分比、六區壓力面積分佈百分比、專業人員診斷資料。其中，本研究所專

注的重點為足壓指標、足底左右兩區壓力面積分佈百分比、六區壓力面積分佈百分比這三類型的資料，利用這些資料，讓使用者可以進一步去分析群組的運動行為所造成的影響。在進行分析前，必須先將足底壓力資料群組化，參考資料群組化顯示的研究，資料依照運動類別進行分類，以運動類別為基本單位，算出各類別各參數平均值及標準差。利用平行座標法，參考平行座標法相關研究，將資料套入在平行座標法上，讓使用者利用平行座標法，觀察足底壓力資料群組之間所顯示的資料訊息。

足壓資料庫系統

　　資料庫系統採取MVC架構，分類為模型Model、檢視View、控制器Controller三個功能部分：Model主要負責資料庫處理及運算，View負責網頁畫面顯示，Controller負責Model與View之間的資料傳遞。著重於利用資料可視化方法將足底壓力分佈資料以不一樣的方式呈現，如何將有用的足底壓力分佈資料經過Model整理後，傳送至View並且將有用資料完整呈現。系統操作流程主要是設計給運動復健領域研究人員，特別是針對足部研究人員，研究人員希望能夠利用群組比較方式去了解資料的狀況及差異，所以在設計上會利用群組概念去設計。研究上為了能更方便了解數據意義，通常會設計一組正常足的量測資料，正常足資料可以由專業研究人員依照領域需求去自訂或是利用所有資料之BMI身高體重指數值去收集符合正常BMI值的群組。

　　系統使用流程之設定如圖8-9所示，使用者在收集大量足底壓力研究資料後，將資料上傳至足底壓力資料庫系統中，資料庫給予每筆資料一個資料號碼(SystemID)，這個號碼為唯一值，並定義為關鍵欄位(Key Field)，不可為空值(NULL)。並建立多個表格(Table)，分別用來儲存基本量測資料、壓力分佈資料、足部診斷症狀、身體診斷症狀、主要診斷症狀，每個表格都是利用資料號碼當作索引值(Index)，用來進行資料搜尋與資料管理動作。當使用者進入系統查看足底壓力分佈資料時，系統會利用SQL語法，計算出所有資料的平均值及標準差，並利用平行座標法,將其顯示在畫面上。使用者可進一步選擇觀察單一群組或是觀察複數群組。

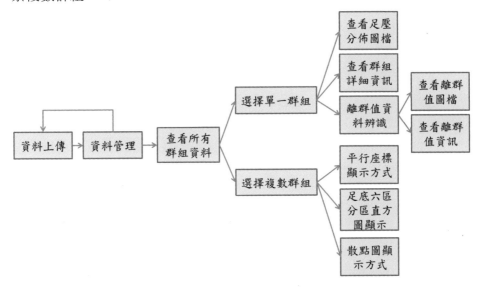

○ 圖8-9 系統使用流程:使用者上傳單筆足壓量測資料,進行資料管理,使用者選擇單一群組,查看群組圖檔、詳細資訊或辨識離群值資料,也可根據自身需求利用:平行座標顯示、足底六區分區直方圖、或是散點圖顯示方法,查看並比較群組資料。

　　選擇單一群組後,使用者可以進一步查看單一群組所有足底壓力分佈圖,或是查看單一群組詳細資訊,了解此群組各足部診斷症狀、身體診斷症狀、主要診斷症狀的統計結果。選擇單一群組觀看時,也可利用本研究提出的離群值辨識方法,利用平行座標法,去找出單一群組的離群值資料,或是利用散點圖顯示法,去觀察單一群組的分佈狀況,使用者直接觀察差異過大的資料,並進一步點選,了解此資料的詳細資訊。使用者選擇複數群組,可以先利用平行座標法觀察各群組各參數的資料,或是利用足底六區分區直方圖顯示觀察左右腳六區壓力面積分佈,接著找出差異較大的參數,利用散點圖顯示方式去觀察複數群組的差異性及分佈狀況。

足底壓力資料庫

　　如圖8-10所示，足底壓力量測資料主要是藉由患者進行足底壓力量測。量測後得到足底壓力分佈圖，利用此圖可以得到足底壓力量測資料。而這筆資料交給專業醫療人員後，專業醫療人員會根據他們的經驗以及專業知識進行診斷，經過專業醫療人員診斷後，會產生足底壓力症狀診斷資料。每一位患者經過量測後，會產生兩種資料類型，第一種是足底壓力量測資料，第二種是足底壓力症狀診斷資料。足底壓力量測資料包含雙腳足底壓力面積分佈、單腳足底壓力分區資料、足弓指標，這些資料參數屬於客觀的量測數據。

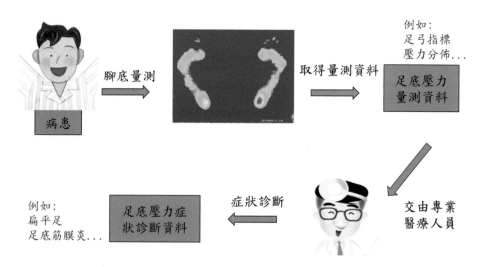

🔵 圖8-10 足底壓力量測資料主要是藉由患者進行足底壓力量測，量測後，會得到足底壓力分佈圖，利用此圖可以得到足底壓力量測資料，而這筆資料經由專業醫療人員診斷後，會產生足底壓力症狀診斷資料。

　　足底壓力症狀診斷資料包含主要症狀、身體症狀、足部症狀三大類，主要症狀及足部症狀分左右腳紀錄，身體症狀為單一紀錄，每一類症狀於下列表示。主要症狀：正常足、高弓足、低弓足、扁平足、缺陷性足型、糖尿病足、拇指外翻、雞眼、長繭、足底筋膜炎、髖關節疼痛、膝關節疼痛、踝關節疼痛、阿基里斯肌腱炎、部份截肢、蹠骨塌陷、足中區塌陷。身體症狀：腰酸背痛、膝蓋酸痛、足踝酸痛、功能性長短腳、功能性脊椎側彎、長短腳、脊椎側彎、骨盆旋前、骨盆旋後、外八字、內八字、正常腿型、X型腿、O型腿、K/D型腿。足部症狀：扁平足、高弓足、拇指外翻、旋前、旋後、骰子骨塌陷、外側弓塌陷、舟狀骨塌陷、內翻、外翻。

複數群組差異可視化

　　群組資料顯示，主要顯示方式為平行座標法顯示、足底六區分區直方圖顯示、散點圖顯示。平行座標顯示主要可以同時觀察各群組資料多個參數的資訊，足底六區分區直方圖顯示主要是觀察各群組足底六區壓力面積分佈狀況。利用這兩種顯示方式，將觀察到差異性較大的群組參數帶到散點圖顯示上進行比較，便可進一步了解群組間的差異性及分佈狀況。首先介紹單一群組資料顯示於平行座標法上，並介紹每一軸線範圍的定義方式，並介紹單一群組平均值與標準差定義方式。接著，介紹使用者選擇複數群組後，會遇到資料顯示重疊問題，本研究會加入透明度顯示於各群組資料，並且將各群組資料進行面積計算，將群組資料進行排序，用以解決重疊問題。

　　足底六區分區直方圖顯示，主要是將左右腳六區分區足型作為底圖後，並設計直方圖顯示放置在各個分區範圍內，利用直方圖比較方式，直接了解足底各個分區的分佈狀況。散點圖顯示是針對已知差異性較大的兩參數進行分佈顯示，主要是分為群組顯示及單一資料顯示。群組顯示主要是利用橢圓概念，將圓心用平均值顯示，橢圓範圍表示標準差範圍；單一資料顯示主要是將各筆資料直接用圓點方式顯示於畫面上。此顯示方式能讓使用者直接觀察群組間的差異性及分佈狀況。最後帶入羽球、桌球、網球資料進行資料顯示，並且進行討論，了解羽球、桌球、網球這三種運動行為類似的運動項目，利用本研究提出的顯示方法，所觀察到的群組資料相關訊息。

平行座標顯示方式

　　平行座標的特性，能夠讓多種參數資訊同時顯示出來。再加入運動群組足壓資料之前，會讓使用者設定正常足對照群組，用來對照其他運動群組資料。而正常足對照群組在平行座標顯示中，以用來定義每一軸線的範圍。如圖8-11，將正常足每一參數的值定義在每一軸線的中點，讓正常足對照群組顯示時，會呈現中間一條線，直接讓之後要比較的運動群組，能夠直接比較了解，每一參數是否偏高或是偏低。接著開始帶入運動項目群組資料，嘗試將單一群組資料展開後，把每一筆資料利用折線表現出來，會發現，並不易觀察出整個群組資料的分布狀況及離散程度。爲了能夠清楚地表示群組資料的分布狀況以及離散程度，於是帶入了標準差的概念進行解決。標準差是一個用來表示資料分布狀況的方式，較大的標準差，代表大部分的數據與其平均值之間差異較大，較小的標準差，代表大部分的數據與其平均值之間差異較小，也表示這些數據的值較接近於平均值。

⊃ 圖8-11 正常足對照群組顯示，每一參數的值定義在每一軸線的中點，讓之後要比較的運動群組，能夠直接比較了解，每一參數是否偏高或是偏低。

　　當求出平均值 μ 以及標準差 σ，如圖8-12，取 $\mu+\sigma$ 爲參數上限，$\mu-\sigma$ 爲下限，並將中間所有包含的面積皆著色，使用者將可以了解群組資料分布範圍及離散狀況。在使用者介面設計上，爲了能讓使用者更容易去比較不同參數之間的差異，我們設計平行座標顯示介面上的參數可拉動，讓使用者可以拉動欲比較的參數至相近的位置進行比較，更容易觀察出其差異性。

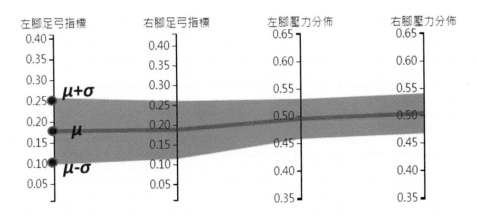

左腳足弓指標　　右腳足弓指標　　左腳壓力分佈　　右腳壓力分佈

⟲ 圖8-12 選擇單一群組，平均值 μ，用線段表示，接著加入標準差 σ 判斷，取 $\mu + \sigma$ 為參數上限，$\mu - \sigma$ 為下限，構成面積範圍。

複數群組案例討論

　　足底壓力資料分為足弓指標、足底左右兩區壓力面積分佈百分比、六區分區壓力面積分佈百分比，我們提出平行座標顯示方法、足底六區分區直方圖顯示方式、散點圖顯示方式，利用平行座標顯示方是去觀察足弓指標、足底左右兩區壓力面積分佈百分比，足底六區分區直方圖顯示方式去觀察六區分區壓力面積分佈百分比，散點圖顯示方式去觀察群組資料分佈狀況。

　　依據桌球、羽球、網球這三種相似運動行為的群組相互交叉比較，所使用的研究數據為大學校隊專業運動員。桌球、羽球、網球主要為左右橫移運動行為的運動項目，但因為場地範圍、使用球拍質量、運動規則相異，會有些許差異足底壓力分佈情況。利用本研究所提出的平行座標顯示、足底六區分區直方圖顯示、散點圖顯示，分別去顯示這三種運動項目的情況，並相互比較，去了解這三類型的足底壓力分佈狀況，進而了解之間的差異性。

將這三種運動項目群組同時於平行座標顯示，如圖8-13，直接觀察三種運動項目之間各參數的相異性，會發現左腳足弓指標及左腳下方壓力有較大的差異性。利用足底六區分區直方圖顯示，如圖8-14，可觀察出足跟區與前足區差異性較大，且網球群組明顯在外側分佈較大，內側分佈值較小。最後利用散點圖群組顯示觀察三種運動項目群組了解，如圖8-15，將X、Y參數設為左腳壓力分佈及左腳足弓指標，去觀察三個群組分佈狀況相近，在左腳壓力分佈，羽球群組值較大，桌球群組值較小；在左腳足弓指標部分，網球群組值較大，桌球群組值較小。

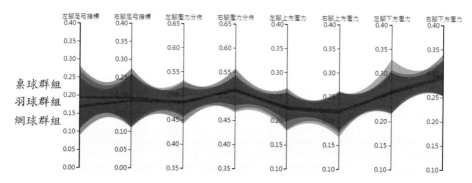

⊃ 圖8-13 平行座標顯示比較，紅色面積表示桌球運動項目群組，綠色面積表示羽球運動項目群組，藍色面積表示網球運動項目群組。

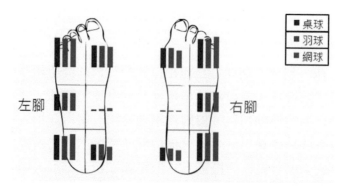

⊃ 圖8-14 足底六區分區直方圖顯示比較，紅色面積表示桌球運動項目群組，綠色面積表示羽球運動項目群組，藍色面積表示網球運動項目群組。

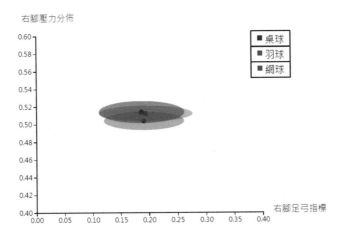

○ 圖8-15 散點圖單一資料顯示比較，紅色面積表示桌球運動項目群組，綠色面積表示羽球運動項目群組，藍色面積表示網球運動項目群組。

運動復健領域學者建議

　　將足壓資料群組化後，利用系統將足底壓力分佈資料及圖檔整理，並利用本研究提出的差異可視化方法，提供給運動復健領域學者及相關計畫研究學者使用。根據各領域學者提出的建議，經整理後可分為下列幾點：(1)在平行座標方法顯示中，同參數左腳、右腳使用同樣的最大值、最小值範圍，有助於每一個參數比較；(2)在觀察足底壓力六區分佈資料時，較習慣利用足底六區分區直方圖顯示方式進行觀察；(3)在選擇運動群組比較時，習慣上通常不會選擇超過三個群組以上進行比較。

　　根據各領域學者建議，系統在設計上，將顏色顯示設定為三種差異性較大的顏色，分別為紅色、綠色、藍色，並在平行座標顯示中，將同一種參數左腳、右腳放置在一起，並將同一種參數的左腳、右腳設定相同的最大值、最小值範圍，以利於比較。將平行座標方法顯示的參數設定為足弓指標、足底左右兩區壓力面積分佈百分比的參數，足底六區分區直方圖顯示參數設定為六區壓力面積分佈百分比參數，並將顯示區域設計為分頁選擇方式，使用者選擇群組後，可以根據觀察重點選擇平行座標方法顯示或是足底六區分區直方圖。

離群值辨識

　　辨識離群值方法，主要是利用平行座標顯示及散點圖顯示去辨識離群資料。利用平行座標法，將離群值資料一次性的顯示出來，讓使用者知道，有多少筆資料屬於離群值資料；利用散點圖顯示是根據使用者操作，直接去選擇差異性較大的資料進行了解。在平行座標中所顯示的每一條線段爲一筆群組的平均資料，但是平均資料並不能清楚表現出群組的資料分布訊息。假設有一群組包含三筆資料，其資料的左腳足弓指標爲0.5、0.5、0.5，而另一群組也是包含三筆資料，其資料的左腳足弓指標爲0.75、0.5、0.25，兩個群組資料的左腳足弓指標平均值皆爲0.5，但是其分佈狀況卻大爲不同。光是參考資料平均值現象是不夠的，因爲研究群組資料是爲了找出此群組中容易產生的症狀，如果不能了解資料分佈狀況，並無法有說服力地解釋群組現象。所以本研究在進行群組顯示時，還會進一步計算群組各參數標準差值，利用標準差去判斷群組分布狀況。根據標準差值的判斷，本研究利用標準差值概念進行離群值判斷於平行座標顯示，並定義差距標準差值進行離群值判斷，直接將離群值資料計算後，即時顯示平行座標於畫面中。

差距標準差值判斷

　　離群值資料在群組中，可能會影響整個群組統計資料結果，或者是因爲特殊資料，反而更有研究性，是否過濾或是找出取決於使用者自行需求，但如何判斷哪些資料爲離群值資料，並且找出，是接下來要解決的問題。因爲各參數的單位不盡相同，爲了能夠統一各參數的單位，利用標準差作爲判斷單位，也就是說，將每一筆資料的每一個參數數據轉換成標準差單位，定義爲差距標準差值。假設有 n 個參數，將每個參數計算成差距標準差值 c_i，x_i 表示單一資料在第 i 個參數。假設有 m 筆資料，第 j 筆資料群組皆可求得 $\overline{C_j} = \{c_1, c_2, \cdots, c_n\}$，$C$ 集合平均值 $\overline{C_j}$。計算出 $\overline{C}$ 以後，每一筆資料都有各自的 $\overline{C}$，使用者可以利用 $\overline{C}$ 爲判斷依據，進而搜尋出離群值資料。

　　利用標準差進行資料統計、分析，主要分爲基於母體資料統計與基於樣本資料統計兩種狀況。母體資料統計主要是各集合資料可能會有重疊狀況，而產生資料交集；基於樣本資料統計則是集合資料不會重疊，各集合交集皆爲空集合。而差距標準差值是屬於基於母體資料統計概念，因爲群組中的離群值資料彼此可能會有參數相同，而產生交集的狀況；所以並不適用於基於樣本資料統計概念的狀況。在使用者介面上，利用滑桿(slider bar)設計，讓使用者去控制$\overline{C}$。當使用者拉動滑桿時，平行座標顯示的離群值會根據滑桿所顯示的$\overline{C}$去做判斷，而$\overline{C}$的範圍設定主要是依據標準差的常態分佈狀況參考。在 σ 的判斷下，會有31.7%的資料在 σ 的範圍外，在 2σ 的判斷下，會有4.5%的資料在 2σ 的範圍外，在 2σ 的判斷下，會有0.27%的資料在 3σ 的範圍外，3σ 的判斷下，在資料範圍外的資料比例已經小於1，所以使用者介面上，將滑桿判斷$\overline{C}$的範圍設定在 σ 至 3σ 之間。如圖8-16，爲利用平行座標法辨識群組離群值資料，離群值資料用藍色線段表示。從$\overline{C}$爲 σ 開始辨識，每當使用者介面中的滑桿被拉動，系統會更新$\overline{C}$的值，並重新計算。當$\overline{C}$值越大，顯示在畫面上的離群值資料越少。

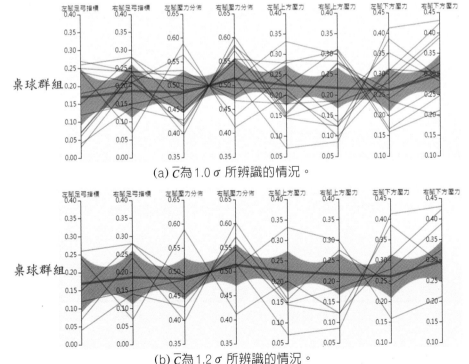

(a) $\overline{C}$爲 1.0 σ 所辨識的情況。

(b) $\overline{C}$爲 1.2 σ 所辨識的情況。

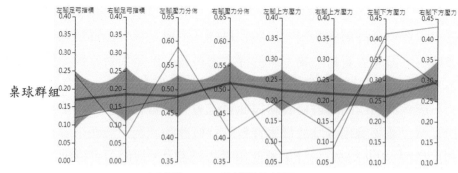

(c) $\overline{c}$ 為 1.4 σ 所辨識的情況。

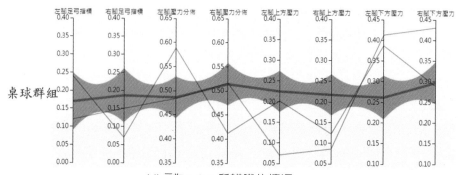

(d) $\overline{c}$ 為 1.6 σ 所辨識的情況。

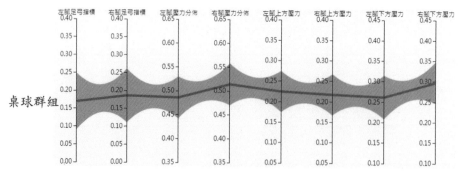

(e) $\overline{c}$ 為 1.8 σ 所辨識的情況。

◐ 圖 8-16 平行座標法辨識群組離群值資料，紅色面積表示桌球運動項目群組。

　　使用搜尋離群值功能，使用者可以讓使用者很輕易地找尋到誤差值過大的資料個案。本節主要利用平行座標法辨識桌球運動群組離群值資料，及利用散點圖單一資料顯示辨識羽球運動群組離群值資料。根據 $\overline{c}$ 設定不同，離群值顯示狀況會因此不同。當 $\overline{c}$ 為 σ 時，離群值資料共有13筆，此時並沒辦法清楚觀察出，各個離群值資料的狀況；當$\overline{C}$為1.2 σ時，離群值資料共有6筆，此時已經可以觀察出，在左腳上方壓力、左腳下方壓力、右腳上方壓力、右腳下方壓力的異常狀況較為嚴重；當$\overline{C}$為1.4 σ時，離群值資料共有兩筆，此時，已經可以觀察出，這兩筆資料在左右腳上方壓力分佈偏低，左右腳下方壓力分佈偏高；當$\overline{C}$為1.6 σ時，離群值資料共有兩筆，與$\overline{C}$為1.4 σ時相同；如圖8-16，當$\overline{C}$為1.8 σ時，離群值資料從缺，此時已經沒有離群值資料，代表$\overline{C}$大於1.8 σ之後，都沒有離群值資料顯示。利用平行座標法去顯示離群值資料，使用者可以利用滑桿控制$\overline{C}$大小，進而去顯示離群值資料，也可以利用滑桿，逐一地去觀察，當$\overline{C}$增加或是減少時，離群值的變化狀況。而使用者可以利用此功能，省去計算及尋找離群值的時間及步驟，讓系統自動辨識群組離群值資料，協助使用者了解各群組離群值狀況。

散點圖離群值判斷

　　利用散點圖進行足底壓力資料顯示時，可以直接觀察到群組或是資料的分布狀況。在單一資料的顯示狀況下，能讓群組的每一筆資料根據X、Y軸參數設定，去顯示其分佈情況。使用者根據散點圖單一資料顯示模式下，直接去觀察每一筆資料的分佈狀況，若是發現有異常個案資料，可以直接於散點圖顯示畫面中，觀察是否有哪幾筆特別的資料分佈狀況異於其它筆資料，進一步點選異常個案資料，系統將會直接顯示異常個案資料狀況，使用者將可以直接進一步觀察異常個案資料，或是回到散點圖顯示畫面，繼續觀察每一筆資料的分佈狀況，點選其他資料。如圖8-17，使用者選擇群組後，選擇X、Y軸參數，選擇散點圖單一資料顯示。使用者便可以直接在散點圖顯示上，觀察位置與其他資料差異性較大的資料，便可以直接點選，點選後的資料，便可以直接了解此資料的足底壓力分佈圖與進一步詳細資訊。

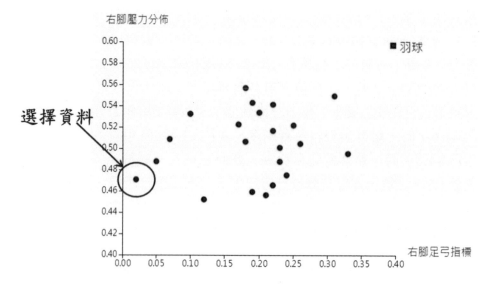

⊃ 圖8-17 散點圖單一資料顯示，紅色圓點表示各筆羽球群組資料根據X、Y軸參數為依據，顯示其相對應位置

　　利用散點圖單一資料顯示辨識羽球群組資料，主要是讓使用者自行觀察羽球群組中，各筆資料的分佈狀況，進而觀察有興趣的單筆資料。使用者觀察到一筆資料右腳足弓指標過小，其他各筆差異性過大，則使用者可以直接點選此筆資料，系統會將此筆資料的職業、右腳足弓指標值、右腳壓力分佈值，帶入資料庫中進行搜尋，將此筆資料的圖檔及資訊顯示出來。利用散點圖單一資料辨識離群值資料，主要是讓使用者自行選擇有興趣的資料於單一群組中，但一次只能點選一筆資料，如果使用者想要觀察不同筆離群值資料的話，必須個別去點選有興趣的資料，這種方式有較高的互動性與自由性，讓使用者有較高的自由度去利用系統，根據需求找尋離群值資料或有興趣的單筆資料。

▌8.4.2 結論與未來展望

　　本文提出差異可視化方法與離群值辨識，主要貢獻於協助運動復健領域研究人員更方便去了解、分析、觀察足底壓力分佈資料，減少研究人員處理資料的時間。利用平行座標顯示、足底六區分區直方圖顯示、散點圖顯示去了解、分析、觀察足底壓力分佈資料。複數群組差異可視化，可讓研究人員直接對群組各參數狀況進行比較，進而研究群組步態行為；經過系統離群值辨識，能讓研究人員省去辨識時間，直接研究或過濾離群值資料。

　　複數群組差異可視化，利用平行座標顯示方法，能夠清楚地比較群組間各參數的相同與相異處，並且了解各參數的平均值以及標準差範圍，如此便能幫忙使用者觀察不同運動項目之間的差異性，進而研究各運動項目的步態行為。根據使用者需求，在觀察六區分區壓力分佈百分比時，利用足底圖檔當作底圖，再利用直方圖的比較顯示方式，能夠讓使用者直觀地觀察各個分區內的群組比較狀況。於是我們希望使用者能夠利用平行座標顯示去觀察群組足弓指標、左右兩區壓力分佈百分比，利用足底六區分區直方圖顯示去觀察足底六區分區壓力分佈百分比，並交叉參考，能夠更容易判斷群組資料的步態行為。並提出散點圖顯示方式，目的在於讓使用者在使用平行座標顯示及足底六區分區直方圖之後，能夠利用散點圖顯示方式，將差異性較大的參數放置於散點圖顯示的X軸及Y軸，選擇群組顯示或是各筆資料顯示，進一步去了解複數群組資料更詳細的資料分佈狀況。

　　離群值辨識方法，首先能夠讓使用者輕易觀察單一群組各參數的平均值及標準差範圍，並且根據系統判斷，能直接搜尋離群值資料，並且顯示在平行座標中，讓使用者能夠直接了解是哪一些診斷圖檔及資料為群組離群值；或是使用散點圖單一資料顯示，讓使用者自行選擇有興趣的資料於單一群組中，但一次只能點選一筆資料，如果使用者想要觀察不同筆離群值資料的話，必須個別去點選有興趣的資料，這種方式有較高的互動性與自由性，讓使用者有較高的自由度去利用系統，根據需求找尋離群值資料或有興趣的單筆資料。

　　利用平行座標顯示、足底六區分區直方圖顯示、散點圖顯示去分析羽球運動群組、網球運動群組、桌球運動群組之間的差異性。從平行座標顯示中，會發現左腳足弓指標及左腳下方壓力分佈有較大的差異性。利用足底六區分區直方圖顯示，可觀察出足跟區與前足區差異性較大，且網球群組明顯在外側分佈較大，內側分佈值較小。利用散點圖群組顯示觀察三種運動項目群組，在左腳壓力分佈，羽球群組值較大，桌球群組值較小；在左腳足弓指標部分，網球群組值較大，桌球群組值較小。但是平行座標顯示方式，在本系統的運用上，因為平行參數軸線間，很大部分的區塊用來畫參數的面積，但是各參數間並沒有太大的相依性，彼此皆為獨立參數意義，所以單純將各參數連接起來並且畫出來，意義性並不大，未來可以提出其他改進的想法在這些空間運用上，例如加入群組間顯著差異顯示。本系統目前群組分類方式皆為單一方式，未來或許可以嘗試複數條件的分類方式，比方說，左腳足弓指標及職業，作為分類條件，使用者可以進一步觀察各職業的左腳足弓指標分區分類，或是左腳足弓指標及右腳足弓指標，則可以進行雙腳交叉比對。

▶8.5 足鞋驗配的建模技術與雲端資料庫

在足鞋驗配系統中，由於所有關於客製化鞋墊製作以及顧客資訊的紀錄都是數位化的，故在本系統建立之初即開始建置可流通與紀錄大量資訊之雲端資料庫，並搭配建模技術，將可廣泛且大量的蒐集系統使用者以及顧客之相關資訊。雲端資料庫與本系統之關係圖如圖8-18所示。

○ 圖8-18 足鞋驗配之服務流程仰賴雲端資料庫進行資訊傳遞，橘色箭頭為客製化鞋墊製造流程，綠色箭頭則為資訊流動的方式

在取得顧客完整的足部資訊後，須依照該資訊進行客製化鞋墊之加工製作，客製化足墊製造流程分爲三大環節，依序爲生物力學量測與建模、足墊編輯、加工製造，如圖8-19所示。而本階段足鞋驗配的建模技術需有效應用生物力學量測的資訊來協助完成一合理的客製化鞋墊數位模型。

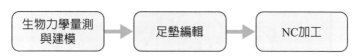

➲ 圖8-19 客製化足墊之數位化製造流程

▶ 8.5.1 生物力學量測與建模

藉經由訓練過之量測人員進行生物力學量測，於顧客趴姿下(如圖8-20所示)，量取距下關節正中時所對應的前足與後足翻轉角度(如圖8-21所示)，此爲顧客足形之生物力學資訊；並使用泡棉採模盒取得顧客之足底曲面資訊(如圖8-22所示)，以3D雷射掃描採模盒之方式將足底曲面數位化(如圖8-23所示)，並存於資料庫中待用。

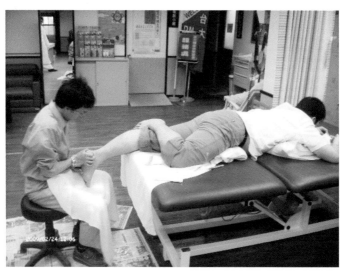

➲ 圖8-20 由專業人員進行生物力學量測

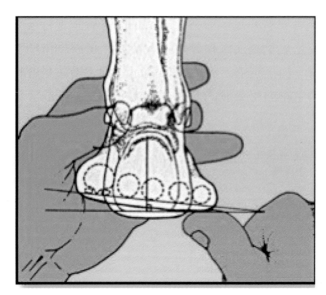

⤷ 圖8-21 常用之生物力學量測方式

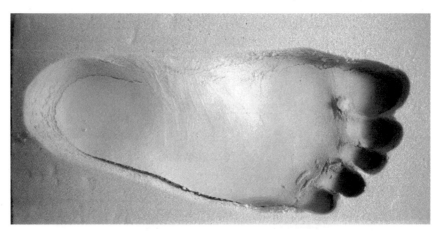

⤷ 圖8-22 以泡棉盒取得顧客足底曲面

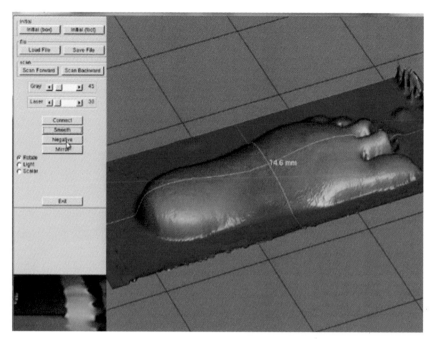

⮑ 圖 8-23 以 3D 雷射掃描技術將足底曲面數位化

▶ 8.5.2 足墊編輯

　　由於本足墊編輯系統為與台北科技大學產學合作所開發之專用編輯軟體(Insole Module Design)，如圖 8-24 所示，故於取得生物力學量測資訊與足底曲面之 3D 數位化資料後，足墊設計者可使用該軟體，結合生物力學量測測得的資訊與數位化的足底曲面資料直接編輯顧客所需之足墊，其步驟如下說明：

　　由編輯軟體開始編輯足墊前，需將顧客足部曲面與足墊所處平面進行疊合，以建立生物力學調整之基準平面(如圖 8-25 所示)，其基準平面之定義為足部主要受力的三個壓力點，分別為：足跟中心、第一蹠骨頭、第五蹠骨頭。

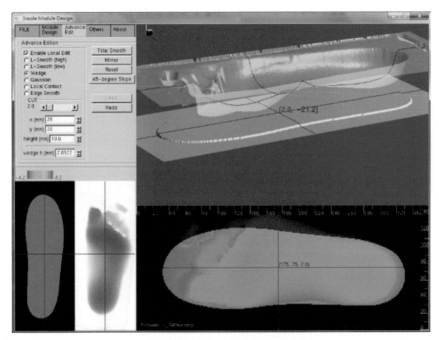

⊃ 圖8-24 使用足墊編輯軟體進行編輯

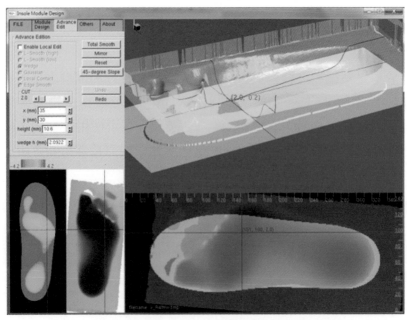

⊃ 圖8-25 將足墊與足底曲面進行三點共面運算

　　完成足底曲面與足墊之三點共面後，使用編輯軟體內之曲面貼合功能(local contact)逐步使足墊與足底曲面完全貼合，以達到最大接觸面積，進而降低足底高壓區之產生，並增加穿著舒適度，此時可以看到圖8-26中，左下的足部與足墊之接觸情形模擬，全部呈現綠色之壓力分佈。

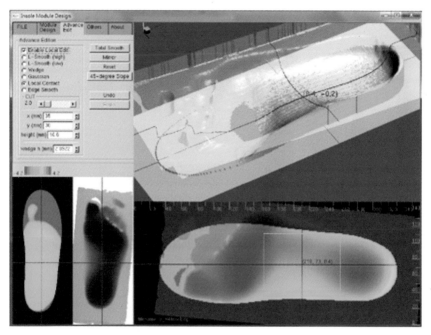

⊃ 圖8-26 編輯足墊之曲面使之與足底曲面吻合，於左下模擬足壓分佈圖中，確認足墊確實與足形完全接觸

　　將足底曲面與足墊完全貼合後，開始依照生物力學量測所得之數據在足墊中加入生物力學墊片(如圖8-27所示)，此時可以看見加入墊片的區域出現紅色較高壓力之狀態，此為修正顧客足形之生物力學缺陷所需增加之支撐。

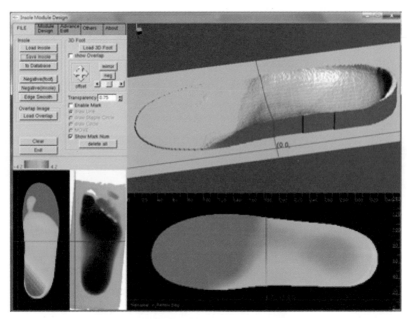

⮑ 圖 8-27 依據生物力學量測結果加入墊片

完成後再將整個足墊之表面平滑化即可將設計圖存至資料庫中待用（如圖 8-28 及圖 8-29 所示）。

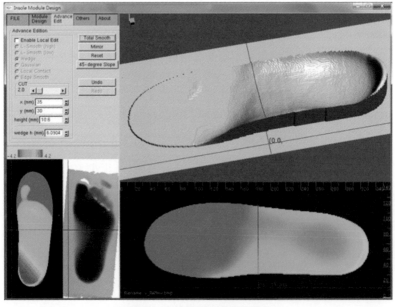

⮑ 圖 8-28 將足墊表面平滑化

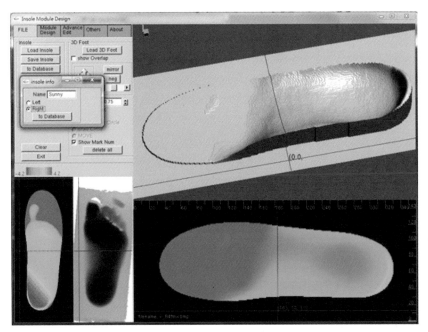

◯ 圖8-29 編輯完成後將圖檔存至資料庫

▶ 8.5.3 足墊編輯結果存入雲端資料庫

　　在整個足鞋驗配的服務流程中，從一開始的生物力學量測與建模開始，即需使用雲端資料庫將相關資訊存入雲端中，接著在設計者完成鞋墊之編輯後，其設計資訊亦須透過雲端資料庫傳送給中央工廠以進行NC加工作業來完成整個服務流程。

　　本系統是使用由旭鋒科研股份有限公司與國立臺北科技大學進行產學合作所建置的雲端資料庫(如圖8-30所示)，該資料庫不但可將顧客的基本資料與足壓、足型、足墊資訊完整記錄下來(如圖8-31)，還可透過資料可視化的方式，將不同種類的足型依照系統使用者的需求進行分類，更有利於該資料庫的研究與教學目的。

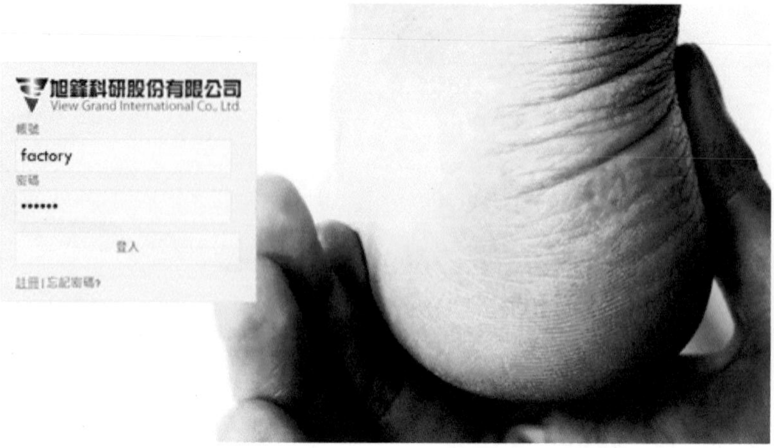

○ 圖8-30 國立臺北科技大學與旭鋒科研透過產學合作建置的足型資訊資料庫

○ 圖8-31 該資料庫可記錄與足型相關之各種資訊

　　在未來，更可透過大數據分析，整合眾多專業人員的使用經驗，建立足型足壓辨識的人工智慧模組，讓足鞋驗配的服務可直接進行雲端運算，使用者可以更輕鬆的獲得客製化的服務與產品，落實智慧製造的產業概念。

▶8.6 足鞋驗配的數位化製造(NC加工與 3D列印)

在足鞋驗配系統的發展過程中，雖然成功的將客製化鞋墊量測與製造技術數位化，但由於材料與加工機台的限制，其主要製造方式仍以 CNC (Computerized Numerical Control)對原料塊進行切削加工為主[8]，而全新3D列印的客製化鞋墊數位化設計編輯及加工等，仍在系統合作開發中。本章將依序闡述足鞋驗配系統之數位製造模式及其開發進程[9]。

在前面完成顧客之鞋墊設計後，須依照該資訊進行客製化鞋墊之加工製作，本部分將分為兩種方式進行說明，分別為NC加工以及3D列印。透過資料庫與雲端運算的建置，讓遠端中央廚房式，或近端高機動配合式等不同的數位製造得以實踐，使客製化服務之建置成本不再高昂[10] [11]。客製化足墊由各通路之專業人員編輯完後上傳至雲端，即可由其所對應的工廠統一使用CNC加工輸出，本部分將介紹足鞋驗配系統開發初期所使用的CNC加工方式。惟該軟體開發時是定義為編輯CNC足墊之用途，而本系統之長程目標為開發出適用於3D列印製程之足墊編輯軟體與其加工機台，故本系統將以此編輯軟體為開發基礎，設計出符合3D列印加工特性之編輯功能以與3D列印加工機台配合。

▶ 8.6.1 NC加工

足墊編輯完成後，須透過刀具路徑的計算，將設計資訊轉換為NC加工的路徑，以標準G-Code加工碼輸出，此一加工碼需以軟體模擬出NC加工之實境，以確認可加工性，如圖8-32所示。

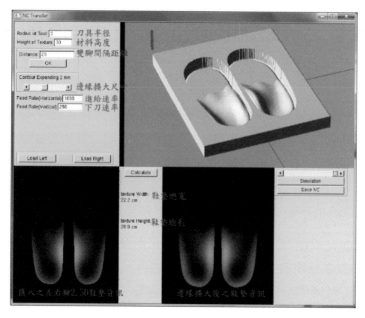

● 圖8-32 足墊設計圖NC實體輸出前之前置作業：由雲端運算將圖檔轉換為NC加工碼並以軟體模擬出NC加工之實境

經模擬判斷該設計圖為可雕刻之圖形後，方可使用NC雕刻機台輸出為足墊（如圖8-33所示），接著再依照顧客需求之不同，貼上不同功能之功能層（如圖8-34所示）。其完成品如圖8-35所示。

● 圖8-33 直接於NC加工機台刻製出足墊

⊃ 圖8-34 各功能層示意圖

⊃ 圖8-35 客製化足墊完成品

8.6.2 3D列印

　　本系統初期因應臨床需求,將以CNC製程之足墊作為初期足墊主要來源,並同時使用市售3D列印機台所製成之足墊與CNC足墊比較其差異之處,以設計出最適用於足墊之3D列印製程。以下將針對3D列印客製化鞋墊製程的開發進程與各階段加工原理進行說明。

開發進程

◉ **第一階段：**單材質客製化足墊之3D列印加工製造

　　本階段將著重於以市售3D列印加工機台及其CAD(Computer Aided Design)軟體製作客製化足墊，與現行CNC客製化足墊進行比較，同時使用3D列印與CNC客製化足墊供臨床研究使用，研究3D列印製成之足墊成品於臨床使用之可行性與相關注意事項。本階段所採用之3D列印製程屬單材質ME(材料擠出，Material Extrusion)類，其加工情形如圖8-36所示。

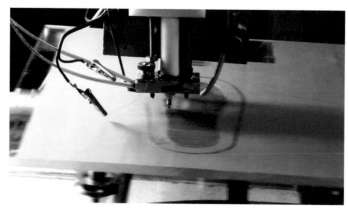

🖙 圖8-36 單材質3D列印足墊示意圖

◉ **第二階段：**單材質多重結構客製化足墊之3D列印加工製造

　　本階段之目標旨在解決單一材質之3D列印客製化足墊無法提供多重支撐需求的困境，並開發出適用於客製化足墊之3D列印加工機台。故需以軟體依支撐需求設計出不同之編織路徑，惟市售3D列印系統之編輯軟體無法提供加工路徑之編輯功能，故本階段將以現有足墊編輯軟體為主體，增加不同支撐力之編輯選項，並自主開發出客製化足墊之3D列印加工機台。以下為本階段開發之兩大重點分項說明：

1. **自主ME類3D列印系統開發(單噴嘴單材質)：**以單一材質於加工成型區列印出單一材質之客製化足墊。開發足墊編輯程式：以現有編輯程式(如圖8-37所示)為主體進行開發。

(1) 以複合材質之標準模進行編輯。

(2) 建立不同支撐力之編輯選項：依照不同之壓力分布需求給予適當編織路徑。

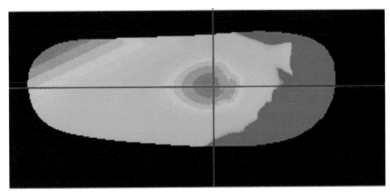

⤷ 圖8-37 在編輯軟體中以不同顏色顯示不同之支撐力需求

　　依編輯者之支撐力分佈需求由軟體自動產生加工路徑之變化，以圖8-38與圖8-39之蜂巢形與三角形編織路徑為例，於支撐力需求較低之區域產生較鬆散之加工路徑，反之，於支撐力需求較高處產生較密集之加工路徑。除此之外，亦可因應顧客之動作需求調整其變形方向，舉例來說，若有止滑需求，則可將加工路徑變形成橫向路徑(垂直於行走時推進方向)較密而縱向路徑較疏之編織，增加摩擦力；若有抗剪力需求，則可將加工路徑變形成縱向路徑較密而橫向路徑教疏之編織以降低行進時足墊與足部間之剪力。

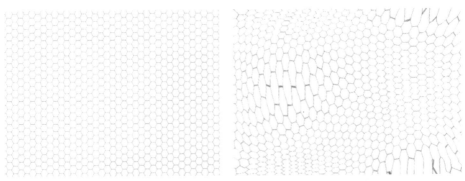

⤷ 圖8-38 多重結構編織路徑示意圖(蜂巢形)

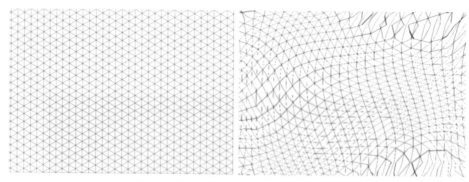

⊃ 圖 8-39 多重結構編織路徑示意圖(三角形)

◉ **第三階段**：複材質客製化足墊之 3D 列印加工製造

　　一般客製化足墊之多重材質皆以多層鋪面達成，如需在特定區域如：壓瘡區、高衝擊區、高剪力區等位置加入個別功能之編織結構或材質，往往需透過人工進行剪裁黏貼，過程耗時費力且易因黏貼接合處較多而導致良率與耐用性下降之問題，若能以不同材質同時配合編織法之變化直接於 3D 列印時將多重功能需求一次列印出來，不但可大量節省人力，又可因一體成型而提高耐用年限。然而第二階段目標產出之單噴嘴單材質之 3D 列印加工機台雖可透過加工路徑之變化滿足不同支撐需求，但單一材質之編織疏密程度有其極限，最密以材質間無任何縫隙為其密度極限，過疏則因跨距變大而有材料塌陷之問題，故需以多重材質列印之方式來克服其極限，第三階段即以此為目標開發出多噴嘴多材質之 ME 類 3D 列印加工機台與其編輯軟體。

1. 自主 ME 類 3D 列印系統開發(加減法及多噴嘴多材質複合機台)，如圖 8-40 所示。

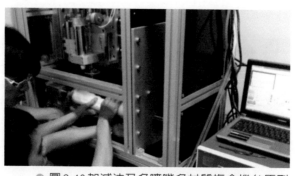

⊃ 圖 8-40 加減法及多噴嘴多材質複合機台原型

2. 足墊設計編輯導入支撐區塊及區塊之支撐力需求之設計，如圖8-41所示。

3. 配合支撐區而自動產生適當之噴嘴切換及編織路徑。

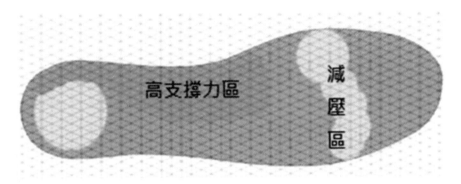

⊃ 圖8-41 多材質多重結構示意圖

▶ 8.7 足鞋驗配的臨床實証及服務

雖然我國目前尚未建立普遍的足鞋驗配商業模式，但目前已有物理治療所[12]開始採用整套足鞋驗配之服務流程(如圖8-42所示)，強調脊椎與足部整體思維，並應用下肢生物力學原理作為臨床治療的方式。

⊃ 圖8-42 該院所提供足鞋驗配服務之實況

在該院所中開設之足醫專科門診更是培養臨床足鞋驗配專業人員的極佳平台，醫療人員在該平台中實際操作客製化鞋墊的數位化製程並提供完整的評估與治療，平台開發者也正在積極籌備中華體態矯形與足鞋驗配學會，希望能將足鞋驗配的臨床經驗透過數位化的平台，整合出可供研究與驗證的資料庫，並提供足鞋驗配的從業人員系統化的訓練，以確保其服務品質與專業水準，同時可透過學會的力量，對產業進行垂直整合，將上游材料商與系統商的開發能力以及下游的通路商與臨床工作者的需求結合在一起，期望能建構出一個全新的產業鏈，以提供更專業、更具附加價值的足部健康產業。

▶ 8.8 總結

我國希望能發展生產力4.0，帶動中小企業升級，提升產業附加價值與生產力，進而帶動整體產業結構優化。換言之，本工業4.0的應用標的在中小企業上，所以希望以九年的時間，將有5萬家製造業及13.5萬家服務業能達到生產力4.0。本案例說明了，工業4.0的精神在於數位化的應用，如何數位化，如何將數位的資訊有效的分析，並導入在所處的產業上。工業4.0不局限在非應用機器人不可，也不在無人加工廠上，而在有效的將所掌握的技術數位化，藉由此關鍵技術研發，建立國產化的解決方案，使能被有效分析，被系統化及被複製化。以此自主掌握的關鍵技術及系統能力，在未來能進一步的與國際接軌，進而得以化被動為主動，以解決方案的提供者角度，進行整廠輸出，而能在世界上站有一席之地。

本案例足鞋驗配系統的架構中，檢、驗、配、製、證，五大面向的客製化選鞋配墊服務，充分利用了數位化與大量客製化的優勢，將數位量測、數據分析、數位設計、與數位製造等，進行自主的技術開發，使能緊密結合醫療與服務的需求，不但解決了傳統客製化鞋墊產業的技術劣勢，還將該產業的需求面透過學會的建立以及足鞋驗配機的使用，從醫療端延伸到日常生活應用中，讓客製化鞋墊不再只局限於醫療產業，進而創造出全新的產業價值，其產業鏈的演進模式將可供其它中小企業在發展具自我特色的工業4.0時之參考。

問題討論

1. 想想看，透過工業4.0的應用，未來的醫療輔具將有什麼樣的變化？

2. 工業4.0的精髓在於資訊流動平台的建立，能將使用者的需求與開發者的能力快速的串聯起來，意味著在未來的產品開發周期將大幅縮短，大量客製化將成為可能，而哪些日常用品將會邁入這樣的新時代呢？

3. 大量蒐集使用者的資訊將使開發者能夠準確預測未來商品可能的型態與功能，在本章的足鞋驗配案例裡，哪些資訊會是跟商品開發有高度相關的呢？

4. 想像在未來，站上足鞋驗配機，系統會自動為你挑選出適合你的鞋子與鞋墊，將會對你的購鞋行為產生什麼樣的影響呢？

參考文獻

[1] Hsieh,Yueh-Yun, Finite Element Contast Stress Analysis of the Diabetic Patient's Foot and Orthosis. Master's thesis. Chung Yuan Christian University, Taiwan, 1997.

[2] Hsu, Sheng-Fa, Effect of shoe insert in reduction of planter pressure, Master's thesis, National Yang-Ming University, Taipei, 1996

[3] Wu Shu-Hsia, Biomechanical Study of the Total Contact Insole and the Foot, Master's thesis. Chung Yuan Christian University, Taiwan, 1997

[4] Wang JC, Patent CN102283657 A, Dec 21, 2011

[5] 呂東武，足墊製作用足底取模方法之簡介，代步與休閒產業雙月刊，第42卷，2008，第8-15頁。

[6] Jing Han Lin, The Development of Total Foot Laser Scanning Measuring System. Master's thesis. National Taipei University of Technology, Taiwan, 2014.

[7] Che Ming Kuo, Customized Foot and Shoe Last Model Design Accounting to Standard Foot Model by Deformation, Master's thesis, National Taipei University of Technology, Taiwan, 2014.

[8] Chung-Neng Huang, Ming-Yih Lee, Chong-Ching Chang, Computer-Aided Design and Manufacturing of Customized Insoles, Computer Graphics and Applications, Nat. Univ. of Tainan, Tainan, Taiwan, 2011.

[9] Jia-Chang Wang; Jung Cheng, "The development of foot orthosis customization system", Annual Conference on Engineering and Technology, 2014, Japan

[10] Jia-Chang Wang; Jung Cheng, "The innovative shoe last customization system", International Research Symposium on Engineering and Technology, 2014, Malaysia

[11] Jung Cheng; Jia-Chang Wang; Chang-Po Kuo, "Development of the total solution system for customized insole", Asian Prosthetic and Orthotic Scientific Meeting, 2014, Taiwan

[12] 易康脊足體態物理治療所 http://www.ezcareptc.tw

[13] A. Inselberg, and B. Dimsdale, "Parallel Coordinates: A Tool for Visualizing Multi-Dimensional Geometry," Proceedings of the 1st conference on Visualization, Los Alamitos, USA, 1990, pp. 361-378.

[14] H. Zhou, X. R. Yuan, H. M. Qu, W. W. Cui, B. Q. Chen, "Visual Clustering in Parallel Coordinates," Computer Graphics Forum, vol. 27, issue 3, 2008, pp.1047-1054.

[15] M. Novotny, "Visually Effective Information Visualization of Large Data," Central European Seminar on Computer Graphics, vol. 8, 2004, pp. 41-48.

[16] Y. H. Fua, O. W. Matthew, and A. R. Elke, "Hierarchical Parallel Coordinates for Exploration of Large Datasets.," In Proceedings of the conference on Visualization, Los Alamitos, USA, 1999, pp. 43-50.

[17] Z. Geng, Z. M. Peng, R. S. Laramee, C. R. Jonathan, and W. Rick, "Angular Histograms: Frequency-Based Visualizations for Large, High Dimensional Data," IEEE Transactions on Visualization and Computer Graphics, vol. 17, issue 12, 2011, pp. 2572-2580.

[18] H. Q. Guo, H. Xiao, and X. R. Yuan, "Scalable Multivariate Volume Visualization and Analysis Based on Dimension Projection and Parallel Coordinates.," IEEE Transactions on Visualization and Computer Graphics, vol. 18, issue 9, 2012, pp. 1397-1410.

國家圖書館出版品預行編目資料

工業 4.0 理論與實務 / 臺北科技大學編著. --初
　版. -- 新北市　：全華圖書, 2019.03
　　面　；　公分
　ISBN 978-986-503-040-7(平裝)

　1.CST：工業革命　2.CST：產業發展

555.29　　　　　　　　　　　　108001280

工業 4.0 理論與實務

作者／臺北科技大學

發行人／陳本源

執行編輯／楊智博

出版者／全華圖書股份有限公司

郵政帳號／0100836-1 號

印刷者／宏懋打字印刷股份有限公司

圖書編號／06412

初版三刷／2022 年 1 月

定價／新台幣 590 元

ISBN／978-986-503-040-7(平裝)

全華圖書／www.chwa.com.tw

全華網路書店 Open Tech／www.opentech.com.tw

若您對本書有任何問題，歡迎來信指導 book@chwa.com.tw

臺北總公司(北區營業處)
地址：23671 新北市土城區忠義路 21 號
電話：(02) 2262-5666
傳真：(02) 6637-3695、6637-3696

南區營業處
地址：80769 高雄市三民區應安街 12 號
電話：(07) 381-1377
傳真：(07) 862-5562

中區營業處
地址：40256 臺中市南區樹義一巷 26 號
電話：(04) 2261-8485
傳真：(04) 3600-9806(高中職)
　　　(04) 3601-8600(大專)

歡迎加入 全華會員

● 會員獨享

會員享購書折扣、紅利積點、生日禮金、不定期優惠活動…等。

● 如何加入會員

掃 QRcode 或填安請卡直接傳真 (02) 2262-0900 或寄回，將由專人協助登入會員資料，待收到 E-MAIL 通知後即可成為會員。

全華書籍

如何購買

1. 網路購書

全華網路書店「http://www.opentech.com.tw」，加入會員購書更便利，並享有紅利積點回饋等各式優惠。

2. 實體門市

歡迎至全華門市（新北市土城區忠義路 21 號）或各大書局選購。

3. 來電訂購

(1) 訂購專線：(02) 2262-5666 轉 321-324
(2) 傳真專線：(02) 6637-3696
(3) 郵局劃撥（帳號：0100836-1　戶名：全華圖書股份有限公司）
※ 購書未滿 990 元者，酌收運費 80 元。

OpenTech全華網路書店.com.tw

全華網路書店 www.opentech.com.tw
E-mail: service@chwa.com.tw

※ 本會員制如有變更則以最新修訂制度為準，造成不便請見諒。

讀者回函卡

掃 QRcode 線上填寫 ▶▶▶

姓名：

生日：西元　　　年　　月　　日　　性別：□男 □女

電話：（　　　）　　手機：

e-mail：（必填）

註：數字零，請用 Φ 表示，數字 1 與英文 L 請另註明並書寫端正，謝謝。

通訊處：□□□□□

學歷：□高中‧職 □專科 □大學 □碩士 □博士

職業：□工程師 □教師 □學生 □軍‧公 □其他

學校／公司：　　　　　　　科系／部門：

‧需求書類：

□A. 電子 □B. 電機 □C. 資訊 □D. 機械 □E. 汽車 □F. 工管 □G. 土木 □H. 化工

□I. 設計 □J. 商管 □K. 日文 □L. 美容 □M. 休閒 □N. 餐飲 □O. 其他

‧本次購買圖書為：　　　　　　　　　書號：

‧您對本書的評價：

封面設計：□非常滿意 □滿意 □尚可 □需改善，請說明

內容表達：□非常滿意 □滿意 □尚可 □需改善，請說明

版面編排：□非常滿意 □滿意 □尚可 □需改善，請說明

印刷品質：□非常滿意 □滿意 □尚可 □需改善，請說明

書籍定價：□非常滿意 □滿意 □尚可 □需改善，請說明

整體評價：請說明

‧您在何處購買本書？

□書局 □網路書店 □書展 □團購 □其他

‧您購買本書的原因？（可複選）

□個人需要 □公司採購 □親友推薦 □老師指定用書 □其他

‧您希望全華以何種方式提供出版訊息及特惠活動？

□電子報 □DM □廣告（媒體名稱　　　　　）

‧您是否上過全華網路書店？（www.opentech.com.tw）

□是 □否 您的建議

‧您希望全華出版哪方面書籍？

‧您希望全華加強哪些服務？

感謝您提供寶貴意見，全華將秉持服務的熱忱，出版更多好書，以饗讀者。

填寫日期：　　　／　　　／

2020.09 修訂

親愛的讀者：

感謝您對全華圖書的支持與愛護，雖然我們很慎重的處理每一本書，但恐仍有疏漏之處，若您發現本書有任何錯誤，請填寫於勘誤表內寄回，我們將於再版時修正，您的批評與指教是我們進步的原動力，謝謝！

全華圖書　敬上

勘誤表

書號　頁數　行數	書名	作者
書號　頁數　行數	錯誤或不當之詞句	建議修改之詞句

我有話要說：（其它之批評與建議，如封面、編排、內容、印刷品質等⋯⋯）